J. Helm

Gesprächspsychotherapie

Johannes Helm

Gesprächspsychotherapie

Forschung – Praxis – Ausbildung

VEB Deutscher Verlag der Wissenschaften
Berlin 1979

ISBN-13: 978-3-7985-0543-8 e-ISBN-13: 978-3-642-48172-7
DOI: 10.1007/978-3-642-48172-7

2. Auflage
Verlagslektor: Peter Hertzfeldt
Verlagshersteller: Gisela Hoepfner
Einbandgestalter: Hans-Joachim Petzak

Softcover reprint of the hardcover 1st edition 1979
Lizenz-Nr.: 206 · 435/176/79
Satz: IV/2/14 VEB Druckerei »Gottfried Wilhelm Leibniz«, 445 Gräfenhainichen
Offsetdruck: Volksdruckerei Zwickau, 95 Zwickau (Sachs.)
LSV 0195
Bestellnummer: 570 646 1
DDR 17,80 M

Inhaltsverzeichnis

Vorwort

Vor etwa 7 Jahren haben wir begonnen, die Forschungsarbeit des Lehrbereichs Klinische Psychologie der Sektion Psychologie der Humboldt-Universität Berlin neu auszurichten, um den Erfordernissen der Praxis des klinischen Psychologen auf dem Gebiet der Neurosendiagnostik und -therapie besser zu entsprechen.
Drei Forschungsgruppen befaßten sich in enger Abstimmung mit Problemen der Klassifizierung, der Veränderungsmessung und der Psychotherapieprozeßforschung, da sowohl die Untersuchungen zur Effektivitätsbestimmung als auch zur Indikationsdiagnostik in der Psychotherapie auf konkreten Ergebnissen über die Klassifizierung neurotischen Verhaltens beruhen müssen.
Diese beiden Problemgebiete sind ihrerseits aber abhängig von Erkenntnissen über die wirksamen Bedingungen des psychotherapeutischen Prozesses selbst.
Die Konzentration unserer Forschungsarbeit auf dieses Gebiet erschien aus verschiedenen Gründen erforderlich zu sein: Es liegen verschiedene Angaben darüber vor, daß besonders in den hochindustrialisierten Ländern die Zahl neurotisch-funktioneller Störungen relativ und absolut zunimmt und dies unabhängig von der jeweiligen ökonomischen Struktur des Gesellschaftssystems (Seidel 1972). Auch in den Prager Psychotherapiethesen (1973) wird eine Veränderung der Morbiditätsstruktur mit relativer Zunahme neurotisch-funktioneller Störungen festgestellt. Wenn auch die Methodik der wenigen epidemiologischen Untersuchungen noch lückenhaft ist und wenig befriedigt, so stimmen die Schätzungen verschiedener Autoren darin überein, daß etwa 10% bis 20% der Bevölkerung in verschiedener Hinsicht durch psychische Komponenten in ihrer vollen Leistungsfähigkeit, ihrer sozialen Kontaktfähigkeit und ihrer individuellen Erlebnisfähigkeit beeinträchtigt sind oder funktionelle Störungen aufweisen (Dobias 1975, vgl. auch Höck, Szewczyk und Wendt 1971, Seidel 1973, Katzenstein 1975). Es kann vermutet werden, daß unter den Bedingungen unserer sozialistischen Entwicklung diese Erscheinung vorübergehender Natur ist und mit der Übergangsphase sich komplizierender Produktionsbedingungen zusammenhängt (Seidel 1975). Doch auch andere Faktoren mögen hier die gesellschaftliche Entwicklung zunächst konflikthafter gestalten: M. Jager (1975) berichtet über ihre Erfahrungen in der Neurosenabteilung des Instituts „W. M. Bechterew“ in Leningrad, daß Familienkonflikte 80% aller „psychotraumatisierenden Situationen“ darstellen, die eine neurotische Entwicklung einleiten und erhalten können; Leder (1975) weist auf zahlreiche Konfliktmöglichkeiten und Stressbedingungen im normativen Bereich, im Bereich zwischenmenschlicher Beziehungen, in der Arbeitsorganisation usw. als neurosefördernde Faktoren hin. Er macht damit zugleich deutlich, daß die optimalen

Möglichkeiten des sozialistischen Gesundheitswesens in psychotherapeutischer und psychoprophylaktischer Hinsicht besser genutzt werden müssen und daß vor allem eine systematische epidemiologisch-ökologische und klinische Forschung im psychotherapeutischen Sektor dringlich und notwendig ist.

In den Prager Psychotherapiethesen (1973) wird ebenfalls deutlich ausgesprochen, daß „eine systematische und kontinuierliche Förderung und Entwicklung der Psychotherapie in den sozialistischen Ländern einen wichtigen Beitrag zur Meisterung der technischen Revolution, zur Steigerung des sozialistischen Lebensgefühls und der Arbeitsproduktivität sowie zur Verbreiterung und Qualifizierung der Prophylaxe, Therapie und Rehabilitation in vielen medizinischen Disziplinen des Gesundheitswesens leisten wird".

Gemäß den auf dem VIII. und IX. Parteitag der SED dargestellten gesundheitspolitischen Zielstellungen bzw. dem dort beschlossenen sozialpolitischen Programm ist es als notwendige und gesellschaftlich wichtige Aufgabe zu bezeichnen, bei der anwachsenden Zahl von Patienten mit neurotisch-funktionellen Beeinträchtigungen eine qualitätsvolle und effektive Psychotherapie zu realisieren. Dies bedeutet beim gegenwärtigen wissenschaftlichen Stand der Psychotherapie für uns, unsere Forschungsarbeit weiterhin auf die genannten Themen zu konzentrieren, die diesen gesellschaftlichen Erfordernissen entsprechen und eine rasche Überleitung der Forschungsergebnisse in die Praxis mit zu gewährleisten.

Daß die Klinische Psychologie im interdisziplinären Gebiet der Psychotherapie in Praxis und Forschung wie in der Psychodiagnostik eine ihrer Hauptaufgaben sehen muß, wird bei der Darstellung unseres gesprächspsychotherapeutischen Forschungsansatzes und der Ergebnisse deutlich werden. Es ist für uns erfreulich, daß die Klinische Psychologie der DDR bei der Erarbeitung der wissenschaftlichen Grundlagen der Gesprächspsychotherapie und bei der Entwicklung von psychotherapeutischen Ausbildungsmethoden anerkannte und besonders auch im sozialistischen Lager mehrfach gewürdigte Leistungen erbringen konnte, die dazu beitragen, daß bereits gemeinsame (Neurosenklinik Warschau, Bechterew-Institut Leningrad) Forschungsvorhaben durchgeführt bzw. in die künftige Planung aufgenommen werden konnten.

Einen Teil der Ergebnisse unserer Forschungsarbeit (bezogen auf Prozeß- und Effektivitätsforschung) möchte ich hier als Beitrag zur besseren, d. h. wirksameren Gestaltung psychotherapeutischer Gespräche vorstellen. Dabei ist zu bedenken, daß die einzelnen Untersuchungen, deren Ergebnisse in diese Arbeit eingehen, bis auf Ausnahmen im Rahmen der studentischen Forschungsarbeit durchgeführt wurden, weshalb Zielstellung, Hypothesenstruktur und Untersuchungsmethodik – immer bezogen auf die jeweilige Forschungskonzeption meines Arbeitskollektivs – den Bearbeitern weitgehend vorgegeben werden mußten.

Für die methodische Mitbetreuung einzelner Untersuchungen danke ich Frau Dr. Ffohburg, Oberassistentin im Lehrbereich Klinische Psychologie, sehr herzlich. Auch Herrn Dr. Mehl, Oberassistent im Lehrbereich Klinische Psychologie, danke ich sehr für seine Betreuungsarbeit, besonders im Teilgebiet der Veränderungsmessung. Besonderen Dank schulde ich allen Studenten, die im Rahmen ihrer Diplomarbeiten geholfen haben, die Gesprächspsychotherapie wissenschaftlich durchschaubarer zu machen und – wie ich hoffe – effektiver zu gestalten. Dieser Dank gilt auch allen Kollegen und Forschungsstudenten, die im Rahmen ihrer

Dissertationen zu dieser Aufgabe beitrugen. Schließlich ist es mir ein Bedürfnis, Herrn Hertzfeldt, dem Leiter der Abteilung Psychologie im VEB Deutscher Verlag der Wissenschaften, und seinen Mitarbeitern für die freundliche Unterstützung bei der Publikation zu danken.

Berlin, im Mai 1977 JOHANNES HELM

Einleitung

Jedem praktisch tätigen Psychotherapeuten, der über sein eigenes psychotherapeutisches Verhalten und das seiner Therapeutenkollegen kritisch reflektiert, ist bekannt, daß in der realen Praxis des psychotherapeutischen Gesprächs außerordentlich uneinheitlich verfahren wird. Sicher drücken sich in gewissem Ausmaß im konkreten Gesprächsverhalten von Psychotherapeuten theorie- und konzeptionsspezifische Prinzipien aus, doch verhalten sich unter den konkreten Anforderungen einer gesprächspsychotherapeutischen Situation selbst Therapeuten mit gleichen oder ähnlichen theoretischen und methodischen Auffassungen recht verschieden. Selbst umfassende Kenntnisse und Erfahrungen scheinen die Unterschiede im Gesprächsverhalten nur wenig zu nivellieren (Strupp 1955, 1957, 1958, 1969). Man kann annehmen, daß viele Psychotherapeuten während ihrer individuellen praktischen Erfahrung persönliche Konzepte aufbauen, wie sie verschiedenen Patienten im therapeutischen Gespräch erfolgreich gegenübertreten können. Es gibt viele bevorzugte Verhaltensausrichtungen dieser Art, und oft findet man auch die Meinung, daß ein guter Psychotherapeut im Gespräch die ganze Palette möglicher therapeutischer Reaktionen beherrschen und kunstvoll einsetzen müsse (Frohburg und Helm 1974). Leider bleibt es dabei weitgehend nur der Plausibilität der Argumente überlassen, in welcher Weise anläßlich welcher therapeutischen Situationen bei welchen Patienten oder welcher Störungsart konkret das Gespräch zu führen ist, um welchen Effekt zu erreichen. So sind die auf kritische Untersuchungen sich gründenden Meinungen verschiedener Autoren ernst zu nehmen, nach denen die Effekte einer traditionellen psychotherapeutischen Gesprächsführung im Durchschnitt nicht wesentlich positiver ausfallen sollen als die Wirkungen einer vergleichsweise therapiefreien Zeit, die ausschließlich durch außertherapeutische Bedingungen erreicht werden, wie Hilfe durch das Arbeitskollektiv, durch Freunde, gesellschaftliche Einrichtungen oder andere soziale Bezugspersonen (Eysenck 1960, Frank 1961, Truax und Mitchell 1971, Bergin 1971, Truax und Carkhuff 1967). Dabei ist anzunehmen (Bergin 1971), daß traditionelle psychotherapeutische Gespräche bei einigen Patienten ineffektiv oder sogar destruktiv wirken, während sie bei anderen recht effektiv zu sein scheinen. Das bedeutet: Traditionelle psychotherapeutische Gespräche verschiedener Richtungen und Schulen stellen ein heterogenes Gemisch therapeutisch fördernder und hemmender psychologischer Bedingungen dar, so daß die durchschnittliche Besserungsrate nicht höher zu veranschlagen ist, als der Durchschnitt nichtberufsmäßiger Hilfe.

In diese nicht gerade erfreuliche Situation hat die Psychotherapieforschung,

besonders die der letzten 20 Jahre, eine Wende gebracht, indem sie zunehmend solche Faktoren isolieren konnte, auf die positive therapeutische Effekte zurückgehen, aber auch solche, die negative Auswirkungen haben. Damit wurde es möglich, therapeutische Bedingungen gezielt einzusetzen und mit angemessenen Versuchsplänen in der Forschungsarbeit erarbeitete neue Erkenntnisse über effektive Variablen des gesprächstherapeutischen Prozesses, ihre Zusammenhänge und Wirkungsbeziehungen zu gewinnen. In dem Maße, wie unsere Einsichten in diese Zusammenhänge wuchsen, wurden parallel Möglichkeiten erprobt, die wirksamen psychotherapeutischen Bedingungen in die Psychotherapeutenausbildung durch konkrete Verhaltenstrainingsprogramme einzubeziehen und auf diese Weise in die Praxis zu überführen.
Als Ausgangspunkt unserer eigenen Konzeption zur Untersuchung der Wirkungsweise psychotherapeutischer Gespräche wählten wir die ursprünglich auf ROGERS (1973) zurückgehende klientzentrierte (wir nennen sie seit 1972 patientzentrierte) Gesprächspsychotherapie, die besonders von TRUAX und CARKHUFF (1967) und TAUSCH (1973) weiterentwickelt wurde.
Dies hat verschiedene Gründe:

1. In der ursprünglich von ROGERS ausgehenden Forschungsrichtung zur Gesprächspsychotherapie läßt sich in neuerer Zeit eine ausgesprochen empirisch-experimentelle Arbeitseinstellung erkennen, die unseres Erachtens forschungsmethodisch der marxistischen Dialektik von empirisch-induktiver und theoretisch-deduktiver Vorgehensweise entspricht. Deshalb sind die Versuche zur Objektivierung von Bedingungen des therapeutischen Prozesses und ihrer Wirkungen dort am weitesten vorangeschritten.
2. Als wichtiger Forschungsgegenstand erscheint dabei das aktuelle Verhalten des Therapeuten und des Patienten in der therapeutischen Interaktion. Dadurch wird berücksichtigt, daß die Angaben von allgemeinen theoretischen Prinzipien und Regeln, durch die eine bestimmte therapeutische Konzeption gekennzeichnet ist, ebensowenig ausreichen können, um den therapeutischen Prozeß hinreichend zu charakterisieren, wie Angaben von Therapeuten selbst über ihr eigenes Verhalten. Entscheidend ist auch die Erkenntnis, daß die Ermittlung der Effektivität von psychotherapeutischen Gesprächen erst dann möglich wird, wenn die Bedingungen des therapeutischen Prozesses mit den Kriterien der Effektivität in Verbindung gebracht werden (prozeßbezogene Effektivitätsforschung).
3. Seit 1960 wurde erstens die Operationalisierung der von ROGERS zunächst hypothetisch aus der psychotherapeutischen Praxiserfahrung heraus formulierten therapeutisch wirksamen Bedingungen vorangetrieben und zweitens mit der Entwicklung von geeigneten Methoden zu ihrer quantitativen Erfassung begonnen. Dadurch stand uns ein hypothesenträchtiger Kenntnisvorlauf über wirksame Variablengruppen des therapeutischen Prozesses zur Verfügung, an dem unsere Arbeit kritisch orientiert werden konnte.
4. Besonders in den letzten Jahren wird in der patientzentrierten Forschung ein Trend zur stärkeren theoretischen Durchdringung des Wirkungsmechanismus der ermittelten Variablenzusammenhänge deutlich, wobei alle, besonders aus dem psychoanalytischen Erbe herstammenden Spekulationen vermieden werden und eine Orientierung am psychologischen Grundlagenwissen, besonders der Lern-

theorie und informationstheoretischer Konzepte sichtbar wird. Damit werden zugleich die noch unbestimmten theoretischen Aussagen von ROGERS (z. B. über die Selbstaktualisierungstendenz) teilweise überwunden bzw. präzisiert. Wir werden im einzelnen darauf zurückkommen.

5. Wie später zu zeigen sein wird, gibt es Entsprechungen zwischen den konkret realisierten therapeutischen Effekten der patientzentrierten Gesprächstherapie bzw. den daraus abzuleitenden Zielstellungen (Veränderungskonzept der Gesprächstherapie, vgl. S. 124) und den für unsere Gesellschaft kennzeichnenden Leitkategorien des sozialistischen Menschenbildes. Sie sind ihnen angemessener als die globalen Zielstellungen psychoanalytisch orientierter Konzeptionen, aber auch als die der Verhaltenstherapie.

Überschaut man diese Begründungshinweise, dann wird leicht ersichtlich, daß die patientzentrierte Gesprächspsychotherapie im Vergleich zu anderen psychotherapeutischen Schulen und Konzeptionen einen forschungsintensiveren und problemoffeneren Ansatz darstellt. In seinem Rahmen läßt sich eine praxisrelevante Forschung auf empirisch-experimenteller Basis, unter zunehmender Einbeziehung psychologischen Grundlagenwissens und Orientierung an den Normativen unserer sozialistischen Gesellschaft ansiedeln.

Auch BOSHOWITSCH (1970) verweist auf die große Resonanz, die die ROGERS-Konzeption in Psychologie und Psychiatrie gefunden habe und auf ihren großen Anregungswert, der in den vielen konkreten Untersuchungen innerhalb dieses Ansatzes deutlich werde.

Wenn wir auch aus allen genannten Gründen unsere Arbeit in forschungs-methodischer Hinsicht an der Konzeption der patientzentrierten Gesprächspsychotherapie orientiert haben, dürfen wir doch nicht verkennen, daß diesem Ansatz im Prinzip „eine von den konkreten Bedingungen der sozial-ökonomischen Struktur losgelöste Subjektauffassung zugrunde liegt" (KOHLER 1974, S. 24), d. h., daß die sozialen Beziehungen weitgehend ahistorisch gesehen werden (vgl. auch die Kritiken von JAROSCHEWSKI 1975, TSCHESNOKOWA 1976 und ANZYFEROWA 1976). Diese wesentlichen Kritikpunkte werden uns daher besonders zur Auseinandersetzung mit und Stellungnahme zu der Theorie von ROGERS herausfordern.

Teil I: Grundlagen der Gesprächspsychotherapie

1. Gesellschaftliche Implikationen der Gesprächspsychotherapie und ihrer Zielstellungen

Bevor wir im nächsten Abschnitt einen Überblick über den gegenwärtigen Stand der Forschungsergebnisse und der theoretischen Konzepte zur Gesprächspsychotherapie darstellen, wollen wir einige Fragen behandeln, die die gesellschaftliche Bedeutung gesprächspsychotherapeutischer Zielstellungen und Wirkungen betreffen. Wir beziehen uns dabei auf eine Arbeit, die wir zusammen mit Thom (Helm und Thom, 1976) publizierten.

1. 1. Psychotherapeutische Zielbestimmungen und gesellschaftliche Normative

Wie wir später zeigen werden, können Zielstellungen der Psychotherapie zur Zeit weder aus den Theorien psychopathologischer Störungen abgeleitet noch voll befriedigend als Korrektur psychopathologisch ausgeprägter Normabweichungen bei persönlichkeitsdiagnostischen Verfahren oder anderen diagnostischen Verfahren mit klinischer Relevanz definiert werden. Dabei ist besonders gravierend, daß eine Orientierung derart definierter Ziele an gesellschaftlichen Normativen bisher weitgehend ausgeklammert blieb bzw. bei der Konstruktion psychodiagnostischer Verfahren, die zur Effektivitätsmessung eingesetzt wurden, nicht berücksichtigt wurde. Wir sind der Meinung, daß alle an operationalen Normkriterien orientierten Versuche zur Zielbestimmung als auch Ansätze zur theoriebestimmten Ableitung von therapeutischen Zielsetzungen in keinem Fall unabhängig von den konkreten gesellschaftlichen Rahmenbedingungen psychotherapeutischen Handelns gesehen werden können, da die Normative der sozialistischen Lebenspraxis bei der Bewertung von Störungen der psychologischen Widerspiegelungs- und Verarbeitungsprozesse sowie der Handlungsregulation eine wichtige Rolle spielen. In dieser Hinsicht hat das sozialistische Menschenbild für die Psychotherapie eine zielbestimmende Funktion, da es zum Ausdruck bringt, welchen Aspekten der Persönlichkeit in unserer Gesellschaft vorrangig theoretische und praktische Bedeutung zukommt.
Wie aus der Darstellung der verschiedenen Wirkungen der Gesprächspsychotherapie (Kap. 6 und 7) bzw. aus ihrem daraus verallgemeinerten Veränderungskonzept zu ersehen ist, beeinflußt sie, wenn auch interindividuell in verschie-

denem Grade, Einstellungen und Wertmaßstäbe der Patienten gegenüber der Umwelt und gegenüber sich selbst. Sie verändert die Lebens- und Selbstgestaltung hinsichtlich der Entscheidungs- und Handlungsfähigkeit gegenüber gesellschaftlichen Anforderungen und fördert schließlich auch Fähigkeiten zur Konflikt- und Lebensbewältigung. Alle diese angestrebten Veränderungen sind natürlich mehr oder weniger stark von den gesellschaftlichen Möglichkeiten und Anforderungen abhängig. Deshalb können die therapeutischen Zielsetzungen im einzelnen nicht unabhängig davon festgelegt werden. Wenn sich Patienten durch psychotherapeutische Gespräche in ihren sozialen Einstellungen und Verhaltensnormen neu orientieren, dann hat die Gesprächspsychotherapie immer einen normativen Aspekt. Dies bedeutet, daß jeder Psychotherapeut eine erhebliche gesellschaftliche Verantwortung trägt, der er sich bewußt sein muß.

Das Problem der gesellschaftlichen Folgewirkungen von Psychotherapie hat im kapitalistischen Ausland in den letzten Jahren zu Diskussionen mit oft extremer Argumentation geführt (Wulf 1972, Fürstenau 1972, Keupp und Bergold 1972, Schlirf und Drust 1973, Rosemeier 1973). Immerhin kommt darin die zunehmende Reflektion über den normativen Aspekt der therapeutischen Zielsetzungen und die damit verbundene gesellschaftliche Verantwortung des Psychotherapeuten im internationalen Maßstab zum Ausdruck.

Dieser Gesichtspunkt wird auch sehr deutlich, wenn im Zusammenhang mit Psychotherapie Personen und Institutionen aus der Umwelt des Patienten (Partner, Leiter, Kollektiv usw.) einbezogen werden.

Sicher ist es nicht möglich, gesellschaftlich relevante Therapieziele in jeder Hinsicht mit den geltenden gesellschaftlichen Erziehungszielen und Zielen der Persönlichkeitsbildung im Rahmen der Pädagogik zu identifizieren.

Die Therapiezielbestimmung muß unbedingt die Spezifika der Psychotherapie beachten, und zwar als eine innerhalb des sozialistischen Gesundheitswesens organisierte Behandlung von Störungen der psychologischen Widerspiegelungstätigkeit und Handlungsregulation, die „Krankheitswert" annehmen können. Insofern sind diese psychotherapeutischen Ziele von den besonderen Störungscharakteristika, von den damit zusammenhängenden dispositionellen Faktoren und von pathogenen Bedingungen abhängig. Sie können daher auch nur im Hinblick auf die von den speziellen Bedingungen der gesprächspsychotherapeutischen Methodik realisierten Wirkungen bestimmt werden. Persönlichkeitsbezogene Störkomponenten betreffen den Einstellungsbereich, Bewertungen und Wahrnehmungsweisen gegenüber dem Selbstkonzept, gegenüber der Umwelt und gesellschaftlichen Anforderungen, Normen und Werten. Sie betreffen Fähigkeiten zur Selbstgestaltung, zur eigenen Entscheidung, zur Kooperation und zur emotional befriedigenden Kommunikation, zur realitätsgerechten Kritik und Verantwortungsübernahme sowie zur Produktivität und angemessenen Leistung. Solche persönlichkeitsbezogenen Störkomponenten können bei Patienten in der gesellschaftlichen und sozialen Lebenspraxis typische Folgewirkungen haben: künftige Konflikte mit der sozialen Umwelt, verbunden mit mangelnder Fähigkeit, sie zu lösen. Dadurch können sich die emotionalen Beziehungen zwischen dem Patienten und seinen Bezugspersonen nur unbefriedigend gestalten.

Hinzu kommen eingeschränkte Fähigkeiten, sowohl das eigene Verhalten als auch bestimmte Umweltbedingungen konstruktiv zu verändern und den Er-

fordernissen der Situation und Entwicklung anzupassen. Häufig findet sich auch die Neigung zu Scheinlösungen und konfliktspezifischen Strategien, wie z. B. Rückzug auf einen begrenzten Lebens- und Erlebensraum oder der Ausbau von Verteidigungshaltungen.
Sowohl die genannten Störungscharakteristika als auch deren Folgen weisen eindeutig auf die gesellschaftliche Bedeutung und auf normative Gesichtspunkte von Therapiezielbestimmungen hin. Sie machen deutlich, daß die Therapieziele nicht allein aus einer biologisch-medizinischen Sichtweise heraus definiert werden können. Die Begrenzung der therapeutischen Zielstellungen auf die somatisch-funktionelle Ebene oder auf die Beseitigung engerer psychopathologischer Erscheinungen, Symptome, Beschwerden usw. erscheint unzweckmäßig, wenn Untersuchungsbefunde aus der Neurosen- und Psychotherapieforschung in die Betrachtung einbezogen werden. In ihnen finden sich deutliche Zusammenhänge zwischen einerseits therapiebedingten Änderungen spezieller umgrenzter Symptome und andererseits Einstellungsänderungen sowie andere kognitive Veränderungen. Als Beispiele für solche Zusammenhänge können die Befunde von Leder und Siwiak (1975) und von Frohburg (1974) genannt werden.
Psychische Störungen, besonders solche neurotischer Art, sind deshalb nicht dem traditionellen, vorwiegend somatisch bezogenen Krankheitsbegriff unterzuordnen. Solche Störungen reichen sowohl wegen ihrer Verursachung durch Lernprozesse im allgemeinen Sinne als auch wegen ihres engen Bezugs zur Persönlichkeit und deren Umweltbeziehungen sowie ihrer Verbindung zu gesellschaftlichen Verhaltensnormen weit über das übliche Krankheitsschema hinaus (Pflanz 1970, Keupp 1972, Seidel 1973, Thom und Weise 1973). Ebenso läßt sich die Psychotherapie wegen ihrer persönlichkeitsfördernden Aspekte, die mit den im Kapitel 3 dargestellten kognitiven Wirkungsmechanismen, besonders komplexen Lernprozessen, zusammenhängen, nicht mit somatischen Behandlungsmethoden von Krankheiten im traditionellen medizinischen Sinne gleichsetzen.

1. 2.
Therapeutische Zielstellungen in der sozialistischen Gesellschaft

Fragen wir nun etwas spezifischer, in welcher Hinsicht die gesellschaftlichen Existenzbedingungen für die inhaltliche Bestimmung von Zielen gesprächspsychotherapeutischer Bemühungen wichtig sind. Wir können dabei zwei Aspekte unterscheiden:

1. gehören die gesellschaftsspezifischen Bedingungen, die dafür typischen sozialen Anforderungen und Widersprüche, zu dem Netz von Faktoren, aus denen psychopathologisches Verhalten entstehen kann und
2. setzt jedes gesellschaftliche System für die Persönlichkeitsbildung allgemeine Erfordernisse und Maßstäbe, mit denen sich der psychisch gestörte Mensch genauso wie jeder andere auseinandersetzen muß.

Von dem Resultat dieser Auseinandersetzung hängt es aber mit ab, in welchem Maß ein produktives Leben gelingen kann.

Beginnen wir mit dem 1. Punkt:
Wenn sich auch die Frage nach den in unserer sozialistischen Gesellschaft vor-

handenen Faktoren für psychische Fehlentwicklungen zur Zeit nicht klar beantworten läßt, so sind doch einige Annahmen möglich:

1. Bei der Entwicklung der sozialistischen Lebensverhältnisse nehmen die Anforderungen in der Bildung und in der beruflichen Verantwortung für breite Schichten der Bevölkerung zu, womit auch höhere Bewertungsmaßstäbe gesetzt werden.
2. Der Kollektivität im gesellschaftlichen Lebensprozeß und der Integration kommt besonders bei komplexer werdenden Aufgaben wachsendes Gewicht zu.
3. In den tradierten Formen des gesellschaftlichen Zusammenlebens vollziehen sich besonders im Bereich der Partnerbeziehungen, z. B. hinsichtlich der „Geschlechterrollen", rasche Veränderungen. Damit wird die Fähigkeit, persönliche Interessen und Neigungen in Übereinstimmung mit gesellschaftlichen Normen zu bringen, stärker gefordert.
4. Der rasche Fortschritt auf wissenschaftlich-technischem Gebiet macht flexible Umstellungen in der Lebensweise notwendig (Arbeitsrhythmus, Bildung, Informationsangebot usw.), wodurch die Fähigkeiten zur sinnvollen Veränderung erworbener Haltungen und Gewohnheiten stärker beansprucht werden (PLATONOW 1973, TARASSOW und DISHER 1973).

Die sich daraus ergebenden Konflikte und Widersprüche wirken sich besonders im Beruf und in den Familienbeziehungen aus. Deshalb haben sich ätiologische und psychotherapeutische Untersuchungen in den letzten Jahren auf diese Lebensbereiche konzentriert (HÖCK, SZEWCZYK und WENDT 1971, M. JAGER und MISHINA 1973). Natürlich darf man die konstruktive Seite solcher Widersprüche nicht verkennen, da aus ihnen neue Impulse für eine Weiterentwicklung der Gesellschaft und ihrer Mitglieder ausgelöst werden können. Andererseits können sie aber auch in Konflikte umschlagen, die vom einzelnen ohne Hilfe nur noch schwer oder nicht mehr bewältigt werden können (SZEWCZYK 1968, KUNZENDORF, ANDRZEJAKA, GEYER 1974, SCHMIDT 1975). Dies ist der Fall, wenn verschiedene pathogene Faktoren eine Fehlentwicklung einleiten, verstärken oder fixieren. Hier können bestimmte Persönlichkeitscharakteristika mitspielen, die in der früheren Auseinandersetzung des Menschen mit seiner Umwelt oder während spezieller Entwicklungseinwirkungen auf der Basis dispositioneller Komponenten entstanden sind; es kann sich um aktuelle Person-Umwelt-Störungen im Sinne von Überlastungs-, Überforderungs- und Stressituationen und deren Konsequenzen handeln; spezifische inadäquate Modi der Informationsverarbeitung können eine Rolle spielen; insgesamt liegt zum Ätiologieproblem eine umfangreiche Fachliteratur vor, die in diesem Zusammenhang nicht diskutiert werden soll und kann.
Zum Punkt 2 läßt sich sagen:
Vergleicht man die bei psychisch beeinträchtigten Personen häufiger auftretenden persönlichkeitsbezogenen Störungen wie unrealistisches oder verunsichertes Selbstbild, Ichbezogenheit, fehlende Flexibilität bei der Lösung von Konfliktbeziehungen, unangemessene Informationsverarbeitungsstile usw. mit den im Sozialismus geforderten Einstellungen und Haltungen, so erkennt man hier einen deutlichen Gegensatz.
In welche Richtung gehen diese Forderungen?

Zunächst können wir davon ausgehen, daß die neuen Züge im gesellschaftlichen Anspruch an die Persönlichkeitsentwicklung eine notwendige Konsequenz der objektiv existierenden gesellschaftlich-ökonomischen Struktur darstellen (Hahn 1974, Gutsche 1974, Miller 1974). Gesellschaftliches Eigentum an den Produktionsmitteln führt im Sozialismus zu einer planmäßigen Gestaltung des gesellschaftlichen Lebensprozesses. Deshalb ist die *Bewußtheit* über gesellschaftliche Zusammenhänge und Erfordernisse einschließlich des Bewußtseins von der eigenen Stellung im gesellschaftlichen Lebensprozeß ein erstes entscheidendes Merkmal für die Persönlichkeitsentfaltung. Hierzu gehören gesellschaftliche Erkenntnisse, Wissen um gesellschaftliche Entwicklungsgesetze, rationale Einsichten in gesellschaftliche Normen und Wertmaßstäbe und in optimale soziale Kommunikationsgestaltungen. Mit diesem Merkmal der Bewußtheit steht die *Parteilichkeit* des Verhaltens im engsten Zusammenhang, da damit die Übernahme der genannten Einsichten und Erkenntnisse in das eigene Wertsystem ausgedrückt wird, so daß daraus verbindliche Überzeugungen als Grundlage von Entscheidungen und Handlungen werden.

Als weitere Leitkategorie kann die *Kollektivität* angeführt werden. In ihr kommt die Bereitschaft zur eigenen Teilnahme an der Gestaltung des gesellschaftlichen Lebensprozesses, die über die notwendige spezialisierte Arbeitstätigkeit hinausgeht, zum Ausdruck. Zugleich werden dadurch die soziale Kommunikation und das kollektive Handeln gefördert. Dieses Merkmal kann sowohl Bedingung progressiver gesellschaftlicher Entwicklung als auch zugleich Medium der individuellen Persönlichkeitsentwicklung sein, da nur ein Reichtum an sozialen Beziehungen zur Entwicklung vielseitiger Fähigkeiten unserer Menschen beitragen kann.

Schließlich soll noch die *schöpferische Aktivität* des Subjekts erwähnt werden, d. h. die Fähigkeit und Bereitschaft, konstruktiv und auf neue Weise an die Lösung gesellschaftlich relevanter Aufgaben herangehen zu können.

Diese Qualitätsmerkmale Bewußtheit, Parteilichkeit, Kollektivität und schöpferische Aktivität können auch als Aspekte des sozialistischen Menschenbildes bezeichnet werden. Insofern sind sie für die marxistisch-leninistische Persönlichkeitsauffassung richtungweisend. Daß ihre Herausbildung nur in der aktiven Tätigkeit des Menschen bei der Teilnahme am gesellschaftlichen Lebensprozeß möglich ist, betonte besonders Mitrochin (1972). Die persönlichkeits- und entwicklungstheoretische Bestimmung dieser Merkmale und ihre methodische Erfassung wird zunehmend als wichtige Aufgabe der marxistisch-leninistischen Psychologie erkannt (Hiebsch 1962, Kossakowski 1971, Schmidt 1974).

Da sich nun beim Bemühen, solchen gesellschaftlichen Maßstäben und Erfordernissen zu entsprechen, bei psychisch beeinträchtigten Personen häufig Komplikationen und Schwierigkeiten ergeben, andererseits aber die Lebensbewältigung ein Mindestmaß an Orientierung daran voraussetzt, muß es zu den allgemeinen Zielstellungen der Psychotherapie gehören, die Merkmale des sozialistischen Menschenbildes mittelbar zu fördern. Die Effektivitätsforschung in der Psychotherapie hat deshalb damit begonnen, für solche Persönlichkeitseigenschaften, die mit den genannten Leitkategorien zusammenhängen, Erfassungs- und Bewertungsmethoden, Normen und entsprechende Objektivierungen zu erarbeiten.

Wir werden darauf zurückkommen.

1.3. Zur gesellschaftlichen Relevanz gesprächspsychotherapeutischer Zielstellungen

An dieser Stelle entsteht nun auch die Frage, ob das gesprächspsychotherapeutische Konzept, dessen gegenwärtigen Stand wir im folgenden Kapitel darstellen wollen, solchen Zielstellungen entsprechen kann. Immerhin ist es beachtenswert, daß die Zielstellungen der Gesprächspsychotherapie nicht vorschnell hypothetisch-deduktiv, sondern auf der Basis umfangreicher Untersuchungsergebnisse über reale Änderungen bei psychisch beeinträchtigten Personen formuliert werden können (Übersichten bei Rogers 1973, Tausch 1973, 1975, Helm 1974, 1976, Frohburg 1974). Da solche Ergebnisse aber zunächst in der kapitalistischen Gesellschaft ermittelt und zu spezifischen Zielen formuliert wurden (vgl. Veränderungskonzept der Gesprächspsychotherapie im Kap. 6), ist es bemerkenswert, daß sich trotzdem deutliche Beziehungen zu bestimmten Aspekten des sozialistischen Menschenbildes abzeichnen. Andererseits zeigt sich aber auch der begrenzte Charakter solcher Zielsetzungen, denn der konkret-inhaltliche Bezug zum sozialistischen Menschenbild bleibt vorerst noch subjektzentriert.
Näher betrachtet werden aus den vorliegenden Ergebnissen etwa folgende Beziehungen im verschiedenen Grade sichtbar (vgl. Wolfram 1974): Zunehmende Einsicht und Bewußtheit kommt zum Ausdruck in therapiebedingter differenzierterer Auffassung der eigenen Personeigenschaften und der sozialen Umwelt, ferner in zunehmender Offenheit gegenüber sozialen Erfahrungen sowie in vermehrter Selbstkongruenz. Einem verbesserten Gesellschaftsbezug und größerer Kooperationsfähigkeit entsprechen in den Zielsetzungen bzw. Effektivitätsbefunden ein sozial verantwortungsvolleres, flexibleres und reiferes, d. h. weniger ichbezogenes Verhalten oder eine verbesserte Akzeptierung anderer Personen, verbunden mit erhöhtem Verständnis ihrer Probleme, befriedigendere interpersonelle Beziehungen, angemessenere soziale Kommunikationsstrategien bzw. Verminderung von Defensivhaltungen, aber auch bessere Entscheidungsfähigkeit und angemessenere Kritikfähigkeit. Das Merkmal der schöpferischen Aktivität schließlich basiert auf den Kriterien einer besseren Leistungsfähigkeit durch Wegfall emotional bedingter Blockierungen und Hemmungen, auf realistischeren Zielsetzungen, produktiverer Selbstgestaltung bzw. verbesserter Möglichkeit zur Realisierung eigener Potenzen, aber vielleicht auch auf besserer Selbstkontrolle und -steuerung. Bei diesem Versuch, Beziehungen zwischen empirisch ermittelten Zielkriterien der Gesprächspsychotherapie und entscheidenden Merkmalen des sozialistischen Menschenbildes hervorzuheben, zeigt sich, daß solche Qualitäten, wie z. B. Bewußtsein und Kollektivität in den Zielkriterien nur relativ auf den engeren Lebensraum bezogen bleiben, d. h., nicht vollständig die Bewußtheit des Menschen bezüglich seiner gesellschaftlich-historischen Situation umfassen. Eine solche Begrenzung ergibt sich offenbar daraus, daß gesprächspsychotherapeutische Zielsetzungen bisher aus Effektivitätsstudien in kapitalistischen Ländern abgeleitet wurden. Die gesprächspsychotherapeutische Forschung in der DDR steht also hier vor der wichtigen Aufgabe, die für unsere sozialistische Gesellschaft bedeutsamen Zielstellungen in ihrem konkreten inhaltlichen Bezug zum sozialistischen Menschenbild an Hand empirischer Untersuchungen zu spezifizieren. Dabei müssen aber sicher auch die durch die Besonder-

heiten der Psychotherapie gegebenen Grenzen beachtet werden, um einem überhöhten Anspruch bzw. einer Überschätzung psychotherapeutischer Möglichkeiten vorzubeugen.
Zu weit gehende Entsprechungen sind im psychotherapeutischen Rahmen nicht zu erwarten, da die Zielstellung hier nicht so sehr in der *unmittelbaren* Verwirklichung und Entwicklung von Verhaltensweisen besteht, die den Leitkategorien des sozialistischen Menschenbildes entsprechen. Psychotherapie hat u. E. in dieser Hinsicht eher eine *mittelbare* Aufgabe, nämlich die Voraussetzungen dafür zu schaffen, daß die Patienten in der Gesellschaft im Hinblick auf die genannten Leitkategorien wieder sozial funktionstüchtig und produktiv werden. Wir sind dabei der Überzeugung, daß die eine bessere Persönlichkeitsentwicklung und schöpferische Aktualisierung fördernden Wirkungen der Gesprächspsychotherapie eigentlich erst unter den Bedingungen einer ausbeutungsfreien Gesellschaft zum Tragen kommen können, in der die Sorge um den Menschen im Sinne der Hebung seines materiellen und geistigen Lebensniveaus im Mittelpunkt steht.

2. Überblick über den methodischen Ansatz und den gegenwärtigen Ergebnisstand der Forschung zur Gesprächspsychotherapie

Da Berichte über die Entwicklung und den gegenwärtigen Stand der internationalen Forschungsarbeiten zur Isolierung effektiver Therapeuten- und Patientenvariablen, über die Ermittlung ihrer Beziehungen untereinander und mit Effektivitätsvariablen, sowie Möglichkeiten ihrer quantitativen Bestimmung in zusammenfassenden Darstellungen bereits vorliegen (Tausch 1973, Helm 1974, 1976, Frohburg und Helm 1974, Minsel 1974), wollen wir im folgenden zum Verständnis der in dieser Arbeit dargestellten Methoden und Untersuchungsbefunde lediglich einen kurzen Überblick voranstellen.

2.1. Das gesprächspsychotherapeutische Basisverhalten und seine Wirkungen

Aus den von Rogers bereits 1957 vorläufig formulierten „notwendigen und hinreichenden Bedingungen" des psychotherapeutischen Verhaltens, ließen sich später drei Verhaltensmerkmale formulieren, deren Auswirkung auf das Patientenverhalten und auf den Behandlungserfolg anschließend Gegenstand umfangreicher Forschungsarbeit waren. Diese drei Therapeutenvariablen wurden später auch als Kernvariablen (Minsel und Langer 1973) oder als therapeutisches Basisverhalten (Bastine 1970) bezeichnet:

1. Kommunikation eines genauen einfühlenden Verständnisses (Empathy), von Tausch als „Verbalisierung emotionaler Erlebnisinhalte" bezeichnet.
Beim Vorhandensein eines hohen Verbalisierungsgrades versteht der Psychotherapeut sehr genau die emotionalen und motivationalen Aspekte des konkreten gegenwärtigen Erlebens vom inneren Standpunkt des Patienten aus. Die äußeren, externalen Inhalte, also z. B. Beschreibungen von äußeren Dingen und

Hergängen, muß der gut verbalisierende Therapeut von solchen Inhalten differenzieren, die das eigene Verhalten und Erleben, die eigenen Probleme, Sorgen und Schwierigkeiten des Patienten, also die internalen Inhalte seiner Darstellungen betreffen. Von diesen internalen Inhalten sind dann wiederum die wesentlichen, problembezogenen, dem Patienten selbst nicht immer völlig klar und deutlich bewußten internalen Inhalte abzutrennen und dem Patienten in konkret-anschaulicher, faßlicher und treffender Weise zu kommunizieren. Diese Teilleistungen der Verbalisierung können vom Psychotherapeuten nur in einem Verhaltenstraining und nicht durch einfaches Zur-Kenntnis-Nehmen erworben werden. Es wird auch viel zu wenig beachtet, daß ein Therapeut durchaus in der Lage sein kann, seinen Patienten in hohem Grade einfühlsam zu verstehen, aber daß ihn dies noch nicht dazu qualifiziert, das Verstandene in einer guten Verbalisierung zu kommunizieren. Das Merkmal „Empathy" (einfühlendes Verständnis und Kommunikation wesentlicher emotionaler Erlebnisse) unterscheidet sich von dem Merkmal Verbalisierung dadurch, daß dem „empathischen" Psychotherapeuten mehr Spielraum in seinen Reaktionen auf solche Patientenäußerungen gelassen wird, in denen emotionale und motivationale Aspekte angedeutet werden, deren Qualität oder Bedeutung den Patienten selbst nur unklar oder gar nicht bewußt sind. Die Aufgabe des Psychotherapeuten besteht aber auch hier weniger in einem an persönlich-subjektiven oder neurosetheoretischen Bezugssystemen orientierten Interpretieren, sondern in einem vorsichtigen und versuchsweisen Anbieten von dem Patienten unklaren, von ihm abgewehrten bzw. vermiedenen emotionalen Inhalten, die ein Patient im zutreffenden Fall dann als neu, aber nicht fremd erlebt. Der Psychotherapeut muß sich bei diesem Vorgehen eng an den Inhalten der Selbstexploration des Patienten orientieren und ein eher suchendes und korrekturbereites als deutendes und inhaltlich ausrichtendes Verhalten anstreben.

2. Es gehört zu den Kernbedingungen, daß der Psychotherapeut in seiner Beziehung zum Patienten eine warme, wertschätzende und akzeptierende Haltung einnimmt, die möglichst jede Wertung, besonders Abwertung ausschließt. Dabei ist es wichtig, daß die Wertschätzung und Akzeptierung vom Therapeuten nicht an bestimmte Bedingungen gebunden wird. Dieses Merkmal soll ausschließen, daß der Psychotherapeut seine eigenen persönlichen Ansichten und Probleme in das Gespräch – etwa im Sinne einer Gegenübertragung – einbringt; ferner, daß er den Patienten überredet, belehrt, kritisiert, lenkt, ungeduldig wird und in kühler Distanz bleibt. Es fordert vom Psychotherapeuten einen hohen Grad an Zuwendung und persönliches Engagement. Wir werden später ausführlicher darstellen, daß dieses Merkmal besonders eine Verringerung von Abwehr- und Verteidigungshaltungen beim Patienten als Voraussetzung konstruktiver Situationsverarbeitung bewirkt.

3. Die dritte therapeutische Bedingung besteht darin, daß der Therapeut selbst frei von Verteidigung, berufsmäßiger Fassade und Professionalismus ist, daß er fähig ist, sich natürlich, echt und spontan zu geben. ROGERS (1957) bezeichnete dieses Merkmal als Selbstkongruenz.

Diese drei Merkmale können in verschiedener Ausprägung von Psychotherapeuten verwirklicht werden. Um den Ausprägungsgrad für den einzelnen Therapeu-

ten zu ermitteln, sind später reliable Beurteilungsskalen entwickelt worden, mit denen trainierte Beurteilungsgruppen mit hinreichender Zuverlässigkeit aus Stichproben von Tonbandaufzeichnungen oder Texten von therapeutischen Gesprächen den Grad von Verbalisierung (Tausch u. a. 1969, Eckert und Schwartz 1973), Wertschätzungen (Truax 1962) und Selbstkongruenz (Truax 1962) quantitativ ermitteln können.
Die Metrisierung von therapeutischen Prozeßmerkmalen bildete auch die Grundlage zur Erforschung und Kontrolle ihrer Effektivität. In zahlreichen Untersuchungen, besonders der sechziger Jahre, wurden die Zusammenhänge zwischen den genannten und weiteren Therapeutenmerkmalen mit Patientenmerkmalen und mit Erfolgskriterien teilweise aufgeklärt. Die therapeutische Trias führt danach sowohl zu einer Verbesserung der Selbstexploration (SE) (Truax 1961) von Patienten als auch zur Verminderung ihrer Verhaltensbeeinträchtigungen und ihrer Störungen in den Widerspiegelungsleistungen.
Die bisher ermittelten allgemeinen Ergebnisse der Gesprächspsychotherapieforschung lassen sich folgendermaßen zusammenfassen:

1. Sowohl in einzel- als auch in gruppenpsychotherapeutischen Gesprächen bewirkt ein hohes Niveau der drei Kernvariablen eine Verbesserung der Selbstexploration von Patienten sowie Änderungen in der emotionalen Erfahrung (Experiencing). Den Grad der Selbstexploration bestimmt das Ausmaß, in dem ein Patient sein eigenes Verhalten und persönlich-emotionale Erlebnisinhalte in das Gespräch einbringt, sich damit auseinandersetzt oder auch Konsequenzen daraus zieht. Hohe SE bedeutet, daß der Patient eigene problembezogene Erlebnisinhalte ausführlich zum Gegenstand der Gespräche macht, sich intensiv und klärend damit auseinandersetzt, dadurch neue Erfahrungen gewinnt, neue Bewertungen vornimmt, neue Einstellungen bildet, sich selbst unverzerrter wahrnehmen kann und daß er im Ergebnis dieser Auseinandersetzung auch versucht, neue Verhaltensweisen zu erproben und darüber berichtet. Ein niedriger Grad bedeutet, daß der Patient überwiegend über äußere Vorgänge und andere Personen berichtet, ohne eigene persönlich-emotionale Erlebnisinhalte zu erwähnen.
Auch zur Erfassung des Grades der SE liegen verschiedene Skalen vor (Truax und Carkhuff 1967, Tausch 1973, Eckert und Schwartz 1973). In mehreren Untersuchungen hat sich gezeigt, daß erfolgreiche im Gegensatz zu nicht erfolgreichen Patienten ein höheres Ausmaß an SE zeigen (Truax und Carkhuff 1965, Truax 1966, Tausch, Eppel, Zehelein, Fittkau und Minsel 1969, Tausch u. a. 1970, Truax und Wittmer 1971, Bommert u. a. 1972).
Unter einer Verbesserung von Experiencing (Gendlin 1961) wird eine produktive Änderung in der Erfahrung im Sinne der besseren Aktivierung, Wahrnehmung und Unmittelbarkeit emotionaler Erlebnisse verstanden, wobei eine niedrige Stufe bedeutet, daß sich ein Patient seiner emotionalen Erfahrungen weniger bewußt wird, während bei einer höheren Stufe eine größere Kongruenz zwischen Erfahrung und ihrem Bewußtwerden besteht, d. h., der Patient kann seinen eigenen Gefühlen gegenüber offener und weniger defensiv leben.
2. Ein hohes Niveau der drei Kernvariablen bewirkt bei Patienten signifikant positive Verhaltens- und Erlebensänderungen sowie Symptomreduktionen. Als

Erfolgskriterien dienen in den meisten Untersuchungen prä-post-therapeutische Messungen mit Hilfe von persönlichkeitsdiagnostischen Verfahren, Patienten- und Therapeutenfragebögen, Beschwerdelisten u. ä. (BARRETT-LENNARD 1962, TRUAX 1963, 1966, WALLACH und WOGAN 1964, TRUAX, CARKHUFF und KODMAN 1965, LORR 1965, DICKENSON und TRUAX 1966, TRUAX u. a. 1966, TRUAX, WARGO und SILBER 1966, ROGERS, GENDLIN, KIESLER und TRUAX 1967, TAUSCH u. a. 1970, MINSEL u. a. 1972, STRUPP 1964, RUDOLPH, LANGER und TAUSCH 1973).

Einen Überblick über Untersuchungen, in denen die Zusammenhänge zwischen den drei Kernvariablen und Erfolgskriterien deutlich werden, zeigt Tab. 1, in der allerdings die inzwischen umfangreichen, in die gleiche Richtung gehenden und kreuzvalidierenden Ergebnisse der TAUSCH-Gruppe nicht enthalten sind, da diese bereits mehrfach publiziert wurden (TAUSCH 1973, 1976). Die Tabelle wurde aus einer Auflistung von Forschungsarbeiten in einem Bericht von TRUAX und MITCHELL (1971) zusammengestellt. Aus der ersten Zeile ist ersichtlich, daß in 14 Untersuchungen an 992 Patienten 125 Erfolgsmessungen (davon 66 signifikant) für die Hypothese des positiven Zusammenhangs zwischen allen drei Kernvariablen und Effektivitätsvariablen sprechen, während bei 33 Erfolgsmessungen (davon eine signifikant) kein Zusammenhang gefunden werden konnte. In den Zeilen 2 bis 4 sind diese Feststellungen für die Untersuchung des Zusammenhangs zwischen den einzelnen Kernvariablen gesondert und mit Erfolgsmessungen dargestellt.

Tab. 1:
Zusammenhang zwischen Therapiebedingungen und Effektivitätsmessungen (Auflistung nach TRUAX *und* MITCHELL *(1971)*
Hyp. + (bzw. Hyp. –) bedeutet: Hypothese des positiven Zusammenhangs von hohem Ausmaß der genannten therapeutischen Bedingungen und Erfolgskriterien bestätigt bzw. nicht bestätigt (aus HELM 1976)

Therapeutische Bedingung	Zahl der Untersuchungen	Zahl der Patienten	Zahl der Erfolgsmessungen (Hyp. +)	Zahl der Erfolgsmessungen (Hyp. –)	Hyp. + $p = 0{,}05$	Hyp. – $p = 0{,}05$
V; W; SK	14	992	125	33	**66**	**1**
V	14	1099	80	29	**24**	**0**
W	12	925	93	15	**34**	**0**
SK	8	564	54	34	**20**	**6**

3. Ein niedriges Niveau der drei Kernvariablen bewirkt vermutlich bei stationären Patienten eher Verschlechterungen als überhaupt keine Änderungen. Außerdem scheint die SE der Patienten dadurch gehemmt zu werden. Bei ambulanten Gruppenpatienten fanden sich weniger Verschlechterungen, sondern eher keine oder nur geringe Erfolge bei einem zu niedrigen Niveau der Kernvariablen. TRUAX und WARGO (1969) vermuten, daß die Spontanremission bei ambulanten Patienten relativ häufiger ist. Daher komme es bei ungünstigen Therapiebedingungen eher zu einer Reduzierung der Spontanremission als zu absoluten Verschlechterungen.

In den Untersuchungen, die zu diesen Ergebnissen führten, waren zahlreiche Therapeuten mit unterschiedlicher Ausbildungsrichtung und Erfahrung beteiligt. Ebenso waren verschiedenartige Patientengruppen einbezogen, also Neurotiker, Schizophrene, Leistungsversager, Ratsuchende in Konfliktsituationen. Ferner scheinen diese allgemeinen Ergebnisse sowohl für Einzel- als auch begrenzt für Gruppenpsychotherapie zu gelten. Jedoch spielen in dem komplexen sozialen Geschehen bei der Gruppenpsychotherapie vermutlich noch verschiedene unbekannte Faktoren eine Rolle (vgl. TAUSCH 1973, TIATOR 1972, MINSEL 1974, FRANKE 1975).

2.2. Ergebnisse zu verschiedenen Problemtypen gesprächspsychotherapeutischer Forschung

Die den ursprünglichen Ansatz von ROGERS weiterführenden Forschungsarbeiten haben inzwischen viele neue Erkenntnisse über therapeutische Bedingungen und auch wesentliche Erweiterungen in der Therapie ihrer Wirkungsweise erbracht. Voraussetzung dafür waren umfangreiche Analysen von auf Tonband aufgezeichneten Therapien, in denen die Prozeßbedingungen systematisch variiert wurden, und die Entwicklung von Erfassungsinstrumenten für Verhaltensvariablen, die über die ROGERS-Bedingungen hinausreichen.

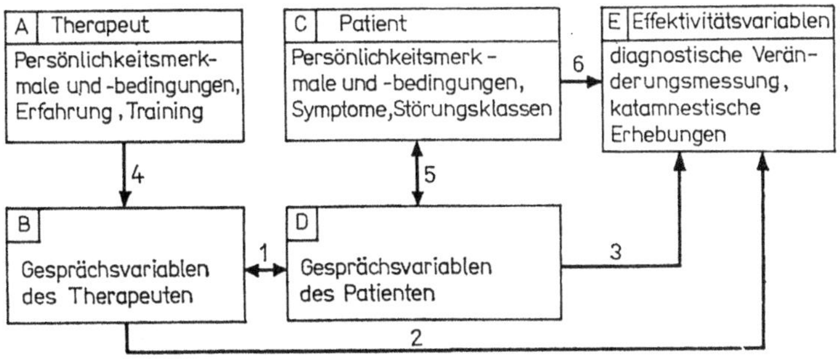

Abb. 1:
Schema zur Variablengruppierung (A–D) des psychotherapeutischen Prozesses (Zahlen 1–6 geben Problemtypen der Forschung an).

Ein an TRUAX und CARKHUFF (1964) angelehntes Schema (Abb. 1) (HELM 1974) kann unseres Erachtens behilflich sein, die für die Psychotherapieforschung bedeutsamen Variablengruppen didaktisch in ihrem Zusammenhang zu ordnen: Die für die psychotherapeutisch bedeutsamen Persönlichkeitsmerkmale und auch weitere Bedingungen, wie Erfahrung, Alter, Geschlecht, theoretische Überzeugungen usw., stellen eine Variablengruppe dar (A). Die Gesprächs- und Verhaltensvariablen des Psychotherapeuten (B) bilden dann selbst eine wichtige Gruppe, durch welche die eigentlichen psychotherapeutischen Interventionen, mit denen der Psychotherapeut in Interaktion mit den Patienten tritt, gekennzeichnet werden. Die Gesprächsverhaltensvariablen des Patienten (D) stehen

in Wechselwirkung mit den psychotherapierelevanten Persönlichkeitsmerkmalen des Patienten und sonstigen Patientenbedingungen, die auch seine Symptome, Beeinträchtigungen usw. einschließen (C). Die Effektivitätsvariablen (-kriterien) können schließlich als eine Funktion der anderen Gruppen aufgefaßt werden (E). Dieses Schema könnte um weitere Bedingungen erweitert werden, z. B. um Situationsvariablen (Einzel- oder Gruppenpsychotherapie, Einbeziehung des Partners usw.) oder um spezifische gesellschaftliche Normative.
In ihm ist zugleich die ganze Vielfalt von Problemen angedeutet, vor denen die Psychotherapieforschung stand und steht. In dem Maße, wie es gelingt, hypothesengeleitet die „Variablenvernetzung" herauszuarbeiten, wird die Theorie der Gesprächspsychotherapie an Substanz gewinnen können. Die von uns bereits früher herausgestellten Problemtypen einer solchen Vernetzung (Helm 1974) lassen sich folgendermaßen formulieren (ihre Numerierung entspricht den Pfeilen 1 bis 6 in Abb. 1):

1. Welche Zusammenhänge bestehen zwischen den Prozeßvariablen des Psychotherapeuten und des Patienten?
2./3. Welche Prozeßvariablen oder Variablenkombinationen des Psychotherapeuten oder Patienten sind psychotherapeutisch effektiv?
4. Welche Persönlichkeitseigenschaften und mit dem Psychotherapeuten zusammenhängenden Bedingungen wirken sich im psychotherapeutischen Prozeß aus?
5. Welche Patientenmerkmale, Diagnosen usw. wirken sich im psychotherapeutischen Prozeß aus und umgekehrt?
6. Welchen Einfluß haben Patientenmerkmale auf die Effektivität der Gespräche?

Die bisher dargestellten Ergebnisse und ihre theoretische Interpretation bezüglich der drei Kernvariablen betreffen lediglich die Problemtypen 1 bis 3 dieses Schemas. Bedenkt man, daß die Literatur zur Psychotherapieforschung heute fast fünftausend Titel umfaßt und sich seit 1964 etwa vervierfachte (Minsel 1974), dann läßt sich ermessen, mit welcher Intensität die Probleme in den letzten 10 Jahren aufgegriffen wurden. Leider steht die Verbindlichkeit der Aussagen und Ergebnisse in diesem komplexen Gebiet hierzu in keinem rechten Verhältnis. Gründe dafür liegen zum Teil in der großen Schwierigkeit, in der Psychotherapieforschung die Grundmerkmale psychologischen Experimentierens und der Forschungsplanung angemessen zu realisieren. Ohne jetzt näher darauf einzugehen (vgl. Bastine 1969, Leder 1970, Bergold 1973), sollen statt dessen die bisher erarbeiteten Ergebnisse in zusammenfassender Form vorgestellt werden. Ihre Auswahl richtet sich nach der Bedeutung für unsere eigene Forschungsarbeit.

Ergebnisse zum Problemtyp 1
(Zusammenhänge zwischen Prozeßvariablen des Psychotherapeuten und des Patienten)
Zusätzlich zu den bereits dargestellten Ergebnissen über die Wirkung der drei Kernvariablen wären hier zu nennen:

- Spezielle Typen der *Konfrontation* des Patienten mit Widersprüchen oder auch mit Informationen fördern die SE unter der Voraussetzung eines hohen

Niveaus der Kernvariablen (Berenson, Mitchell und Laney 1968, Berenson, Mitchell und Moravec 1968, Anderson 1968).

- Sowohl ein hoher Grad an *Spezifität* als auch an *Unkonkretheit* in den Psychotherapeutenäußerungen verringert die Sprachproduktivität von Patienten (Lennard und Bernstein 1960, Siegman und Pope 1962, Howe 1962, Truax und Carkhuff 1964, Lazarus 1967).
- Das Ausmaß an „aktivem Bemühen und innerer Anteilnahme an den Problemen des Patienten" korreliert positiv mit der Höhe der Verbalisierung emotionaler Erlebnisinhalte des Patienten durch den Psychotherapeuten (Sander u. a. 1972, Eckert und Schwartz 1973, Minsel, Peters und Tausch 1973). In gewisser Weise entgegengesetzt ist der Befund, daß ein hoher Grad an „aktivem Bemühen" die SE nicht fördert (Tausch u. a. 1971).
- Sowohl tiefere als auch oberflächliche Interpretationen von unbewußten Motiven, Gefühlen usw. des Patienten verringern deren Äußerungsbereitschaft und Sprachproduktivität (Bergmann 1950, Harway u. a. 1955, Speisman 1959, Howe 1962, Strupp, Wallach und Wogan 1964, Matarazzo 1965).
- Exploratives Psychotherapeutenverhalten verringert ebenfalls die Äußerungsbereitschaft und die Sprachproduktivität (Bergmann 1950, Siegman und Pope 1962, Frank 1964).
- Im Verlauf der Psychotherapie werden die Werthaltungen der Patienten denen der Psychotherapeuten ähnlicher (Farmer 1969).

Ergebnisse zum Problemtyp 2
(Zusammenhänge zwischen Prozeßvariablen des Psychotherapeuten und Effektivität)

- Psychotherapeuten erfolgreicher Patienten halten sich in ihren Verbalisierungen weniger wörtlich an die Patientenäußerung als Psychotherapeuten nicht gebesserter Patienten (Eckert und Schwartz 1973).
- Besteht neben einem hohen Ausmaß an Verbalisierung eine Zentrierung auf erlebnismäßige Quellen von Ängsten, kann der Erfolg verbessert werden (Truax und Wittmer 1971).
- Zentrierung auf Verteidigungshaltungen der Patienten kann selbst dann zu positiven Effekten führen, wenn die Kernvariablen nur mäßig realisiert werden (Truax 1971).
- Das Merkmal „Aktives Bemühen – Suchen – Nachdenken" steht mit der Effektivität im positiven Zusammenhang (Minsel, Peters und Tausch 1973).
- Das komplexe Merkmal „Innere Anteilnahme – Interesse – Sorge – Wertschätzung – Wärme" hängt eng mit dem Therapieerfolg zusammen (Eckert und Schwartz 1973), ebenso „Interessezuwendung" (Strupp, Wallach und Wogan 1964).
- Erfolgreiche Psychotherapeuten zeigen einen geringeren Grad an autoritär-lenkend-direktivem Verhalten (Rottshafer und Renzaglia 1962, Porter 1963, Frank 1964, Pilowski und Spear 1964, Lorr 1965).
- Die Bereitschaft des Psychotherapeuten, von sich zu berichten, steht mit dem Erfolg in keinem Zusammenhang (Barrett-Lennard 1962).
- Frische, bilderreiche und expressive Sprache fördert den Erfolg (Rice 1965).

Ergebnisse zum Problemtyp 3
(Zusammenhänge zwischen Prozeßvariablen des Patienten und Effektivität)

- Hohes Ausmaß an Ansprechbarkeit der Patienten zu Beginn der Psychotherapie und positive Anfangserfahrungen führen zu größerer Effektivität (ECKERT und SCHWARTZ 1973, KRAUSE u. a. 1973).
- Äußerungen über Gefühle, Einstellungen und Verhalten anderer, für die Patienten wichtige Personen können (neben der SE) den psychotherapeutischen Erfolg verbessern (MITCHELL, MITCHELL und BERENSON 1970, TRUAX und WITTMER 1971, LANGER u. a. 1973).
- Für den Erfolg der psychotherapeutischen Gespräche ist es wichtig, daß Patienten sich gefühlsmäßig mit den für sie wichtigen Bezugspersonen auseinandersetzen (MITCHELL und MITCHELL 1968).
- Bei erfolgreichen Patienten nimmt das Ausmaß von Äußerungen über ihren *aktuellen* psychischen Zustand während des ersten Kontakts sowie während der Gesamtpsychotherapie zu (TAUSCH und SCHMITZ 1964).
- Selbstreferenzen nehmen bei erfolgreichen Patienten während der Psychotherapie zu (RAIMY 1948, VARGAS 1954, BRAATEN 1961).
- Erfolgreiche Patienten zeigen im Gegensatz zu nicht erfolgreichen eine größere Abnahme innerer Spannungen im „Discomfort-Relief-Quotienten" im Verlauf der Psychotherapie (KAUFMANN und RAIMY 1949).
- Erfolgreiche Patienten erreichen höhere Werte in der Variable Experiencing (unmittelbar gefühlter und wahrgenommener Erlebnisvorgang/Erlebnisaktivierung) (KIESLER, MATHIEU und KLEIN 1967).
- Erfolgreiche Patienten äußern sich mehr über internale Inhalte (KIRTNER und CARTWRIGHT 1958, FISKE, CARTWRIGHT und KIRTNER 1964, TRUAX 1964, 1966).
- Erfolgreiche Patienten haben am Anfang der Psychotherapie höhere Werte in der Prozeßskala von ROGERS (1957) oder erreichen höhere Werte während der Therapie. Dies bedeutet, daß sie ihre Gefühle freier und unmittelbarer ausdrücken, selbstkritischer und weniger rigide wahrnehmen und urteilen und flexibler in ihren sozialen Beziehungen sind (WALKER, RABLEN und ROGERS 1962, TOMLINSON und HART 1962, BETZ 1962, TOMLINSON 1967, GENDLIN und TOMLINSON 1967, GENDLIN u. a. 1968).
  Diese Unterschiede konnte van der VEEN (1967) nicht nachweisen.
- Die Gesprächsinhalte erfolgreicher Patienten beziehen sich weniger auf Symptome, dagegen mehr auf Pläne (BLAU 1953), auf Probleme und deren Ursachen und Lösungen (STEELE 1948).

Ergebnisse zum Problemtyp 4
(Zusammenhänge zwischen Therapeutenmerkmalen und Prozeßvariablen)

- Erfolgreiche erfahrene Psychotherapeuten öffnen sich anderen Personen gegenüber bereitwilliger und explorieren sich selbst stärker als weniger erfolgreiche (TRUAX und CARKHUFF 1967).
- Sich selbst akzeptierende und wertschätzende Psychotherapeuten sind in der Lage, auch Patienten gegenüber eine mehr akzeptierende und wertschätzende Haltung einzunehmen (FEY 1955, KANFER und MARSTONE 1963).

- B-Psychotherapeuten (nach der Interessenskala von WHITEHORN und BETZ 1954 eher naturwissenschaftlich interessiert) sind bei neurotischen Patienten erfolgreicher als A-Psychotherapeuten (eher „sozialwissenschaftlich" interessiert) (MC NAIR u. a. 1962), zeigen eine genauere Wahrnehmungsdifferenzierung und verhalten sich feldunabhängiger (POLLACK und KIEV 1963).
- Antipathie gegenüber den Patienten ist dem Erfolg abträglich und führt öfter zum Psychotherapieabbruch (STRUPP und WILLIAMS 1960, CARACENA 1965). Sympathie fördert den Erfolg (STOLER 1963).
- Psychotherapeuten mit großer Erfahrung verhalten sich spontaner, emotional wärmer und realisieren effektive Psychotherapeutenvariablen flexibler und gekonnter (TAUSCH 1973).

Ergebnisse zum Problemtyp 5
(Zusammenhänge zwischen Patientenmerkmalen und Prozeßvariablen)

- Steht die Anfangserwartung der Patienten im Gegensatz zu den psychotherapeutischen Bedingungen (medizinische und diagnostische Information, Ratschläge usw.), dann führt dies häufiger zum Abbruch der Mitarbeit in der Psychotherapie (HEINE und TROSMAN 1960, HEINE 1962, FRIEDMAN 1963, MC NAIR, LORR und CALLAHAN 1963).
- Geringe Anfangsmotivation führt zum Abbruch der Psychotherapie (MC NAIR, LORR und CALLAHAN 1963).
- Niedrige F-Werte des MMPI führen eher zur Aufgabe der psychotherapeutischen Mitarbeit bei Patienten (MC NAIR, LORR und CALLAHAN 1963).
- Geringere Angstwerte in der TAYLOR-Skala des MMPI bedingen eher Psychotherapieabbruch (GALLAGHER 1953, 1954, HILER 1958).
- Höhere Rigiditätswerte und größeres Durchsetzungsstreben behindern den Fortschritt im psychotherapeutischen Prozeß (HILER 1958).
- Erhöhte Aggressivität und emotionale Labilität finden sich häufiger bei Abbruchpatienten (HILER 1958),
  geringere Aggressivität und bessere emotionale Ausgeglichenheit erhöht die SE bei Strafgefangenen (A. TAUSCH u. a. 1972).
- Geringere Selbstakzeptierung erhöht die Psychotherapieabbruchsneigung (HILER 1958, MC NAIR, LORR, CALLAHAN 1963).
- Geringe Ausdauer und geringe Neigung zur Problemerkundung zusammen mit erhöhter Selbstzufriedenheit behindern die Weiterführung der Psychotherapie (RUBINSTEIN und LORR 1956, LORR, KATZ und RUBINSTEIN 1958).
- Das Vorhandensein nur rein organischer Beschwerden sowie antisozialen Verhaltens erschwert den Fortgang der Psychotherapie im Gegensatz zum Vorhandensein von Zwangs- und Angstsymptomen sowie Depressionen und Konzentrationsstörungen (HILER 1958).

Ergebnisse zum Problemtyp 6
(Zusammenhänge zwischen Patientenmerkmalen und Effektivität)

- Hinsichtlich des Alters der Patienten ergab sich keine Beziehung zum Erfolg und zum Psychotherapieabbruch (HILER 1954, 1958, 1959, CARTWRIGHT 1955,

IMBER, NASH und STONE 1955, IMBER u. a. 1956, RUBINSTEIN und LORR 1956, GLIEDMAN 1957, FRIEDMAN 1958, BAILEY, WARSHAW und EICHLER 1959, AFFLECK und GARFIELD 1961, SEEMAN 1966, TAUSCH u. a. 1969).

- Hinsichtlich des Geschlechts der Patienten sind die Ergebnisse unterschiedlich: Bei männlichen Psychotherapeuten fand SEEMAN (1966) bessere Erfolge als bei weiblichen Patienten, während MINSEL (1970), BOMMERT (1971) und MINSEL u. a. (1972) männliche Patienten als erfolgreicher nachwiesen. RUDOLPH, LANGER und TAUSCH (1973) fanden keine Unterschiede zwischen den Geschlechtern.
- Die Dauer des Bestehens der psychischen Störungen wird für die Effektivität der Psychotherapie unterschiedlich beurteilt (SWENSEN und PASCAL 1954, FRANK u. a. 1957, LESSE 1964).
- In der Erlebnisfähigkeit stärker und im Verhalten weniger gestörte Patienten profitieren am meisten von der Gesprächspsychotherapie (TRUAX und CARKHUFF 1967).
- In Persönlichkeitsfragebögen als ängstlich, unzufrieden, abhängig, isoliert und aktuell belastet erscheinende Patienten mit guten sprachlichen Fähigkeiten sind besonders erfolgreich und brechen die Psychotherapie seltener ab. Kein Zusammenhang mit Erfolg zeigt sich in Daten von Intelligenztests und projektiven Verfahren (FISKE u. a. 1964, MC NAIR u. a. 1964, MORGENSTERN u. a. 1965, FRANK 1967, DI LORETO 1971). Andererseits fand aber BARRON (1953) höhere Intelligenzquotienten bei erfolgreichen Patienten.
- Zu hohe Erwartungen an die Behandlungsergebnisse sind ungünstiger als mittlere oder geringere Erwartungen (MELTZOFF und KORNREICH 1970). Dementsprechend fanden CHANCE (1960) sowie GOLDSTEIN und SHIPMAN (1961), daß erfolgreiche Patienten eine mittlere Erwartung hatten.
- Hohe Motivation zur Psychotherapie (Bereitschaft zur Mitarbeit) ist für den psychotherapeutischen Effekt günstig (KIRTNER und CARTWRIGHT 1958, CARTWRIGHT und LERNER 1963, ROGERS u. a. 1967, TRUAX und CARKHUFF 1967, TAUSCH 1973).
- Psychophysiologische Parameter zeigen keine eindeutigen Unterschiede zwischen erfolgreichen und nicht erfolgreichen Patienten (LACEY 1959, LANG 1971, STEFANIDES 1972, MINSEL und LANGER 1973, RICHTER-HEINRICH 1974).

Ergebnisse zu verschiedenen Situationsbedingungen

- Die Anzahl der Gesprächspsychotherapiekontakte sollte zu Beginn der Psychotherapie auf acht Stunden begrenzt werden (SHLIEN u. a. 1962, MUENCH 1965).
- Am meisten profitieren Patienten in den ersten 10 Stunden (GARFIELD und AFFLECK 1959) oder nach der 20. Stunde (SEEMAN 1954).
- Beeinträchtigungen durch Tonbandregistrierungen lassen sehr bald nach; in Gegenwart des Tonbandgerätes gestalten sich die psychotherapeutischen Kontakte sogar intensiver im Sinne der Realisierung intendierter Merkmale (ROBERTS und RENZAGLIA 1965).
- Vorpsychotherapeutisches Training (z. B. Anhören von Psychotherapietonbändern) kann teilweise die Gesprächspsychotherapie intensivieren (TAUSCH 1973).

– Das Vorspielen eigener Tonbänder kann besonders bei Patienten mit stärkeren Verteidigungshaltungen Stagnationen überwinden helfen (BARCAI 1967, ROGERS 1968).
– Alternierende Psychotherapie mit zwei Psychotherapeuten verringert die Erfolge nicht und ist für Ausbildungszwecke günstig (TRUAX und CARKHUFF 1965, TAUSCH und ROEDLER 1970, LANGER 1971, RUDOLPH 1971).

Überblickt man diese Zusammenstellung von Ergebnissen aus der Forschungsarbeit zum psychotherapeutischen Gespräch, dann zeigt sich recht deutlich, daß bereits ein umfangreiches Wissen über die Beziehungsstruktur des psychotherapeutischen Prozesses erarbeitet worden ist. Dies bedeutet, daß wir über Faktoren, die positive Effekte patientzentrierter Gespräche komplex determinieren, bereits so hinreichende Kenntnisse haben, daß diese für die konkrete psychotherapeutische Gestaltung nutzbar gemacht werden können. Der flexible Einsatz der genannten psychotherapeutischen Faktoren dürfte den Erfolg psychotherapeutischer Gespräche erheblich verbessern. Dabei ist aber andererseits auch zu bedenken, daß manche der angeführten Ergebnisse auf Grund nicht immer ausreichender methodischer Strenge in der Versuchsplanung und -durchführung bestenfalls nur als weiter zu präzisierende Hinweise bzw. als Anregungen für die weitere Hypothesenbildung gelten können. Auffallend ist auch die Heterogenität, zum Teil sogar Widersprüchlichkeit der einzelnen Befunde, deren Bedeutung für das psychotherapeutische Geschehen unterschiedlich zu sein scheint. Hier sind weitere Forschungsbemühungen nötig, um das breite Ergebnisspektrum in einen integrierenden theoretischen Rahmen zu bringen. Auf Ansätze dazu wollen wir im folgenden eingehen.

3. Zur Theorie psychotherapeutischer Gespräche und ihrer Wirkungen

Wir sind überzeugt, daß die Ergebnisse der gesprächspsychotherapeutischen Forschung der klinisch-psychotherapeutischen Praxis eine echte Alternative zu den meistens unsystematischen, subjektiven und unüberprüften eklektizistischen Vorgehensweisen bieten. Durch die flexible Realisierung effektiver psychotherapeutischer Bedingungen wird es dem Patienten ermöglicht, angstfreier zu werden, neue Erfahrungen zu machen, Erkenntnisse über sich selbst und über Zusammenhänge zwischen seinem Verhalten und emotionalen Einstellungen und Bewertungen im Zusammenhang mit Aspekten seiner Lebenssituation zu gewinnen, woraus sich neue Verhaltensstrategien, Möglichkeiten zur Konfliktlösung und Entscheidungsfindung ergeben können. Sicher wird dabei oft auch auf gespeicherte vergangene Erfahrungen zurückgegriffen, doch sind die Themen der Selbstexploration vor allem auf die Gegenwart und die Zukunft des Patienten zentriert.
In der psychoanalytischen Behandlung spielt bekanntlich die Übertragung als eine Projektion von Eltern-Kind-Beziehungen in die psychotherapeutische Situation, also die Annahme eines vergangenheitsbezogenen Nachvollziehens sozialer

Abhängigkeitsbeziehungen, eine ganz entscheidende Rolle. Es gehört aber zu den Ergebnissen der empirischen Erforschung psychotherapeutischer Prozesse (Gesprächspsychotherapie und Verhaltenstherapie), daß der Aufbau emotionaler Abhängigkeiten in der psychotherapeutischen Situation den Behandlungsprozeß eher behindern als fördern kann, zumal dadurch die Autonomie und das Potential zur Selbstklärung des Patienten gehemmt werden. Vielmehr muß versucht werden, den Patienten selbständig zu einer differenzierten Wahrnehmung und Selbstklärung seiner gegenwärtigen Gefühle, Wünsche und Motive zu veranlassen und darauf aufbauend den Erwerb neuer Einstellungen, Erkenntnisse und Lösungen zu ermöglichen. Dieser die psychischen Konflikte und Beeinträchtigungen verändernde Prozeß ist aber keineswegs in erster Linie als „rationale Einsicht" zu begreifen, wenn auch Einsichten in eigene Verhaltens- und Erlebenszusammenhänge in der Psychotherapie eine sehr wichtige Rolle spielen. Voraussetzung dafür sind jedoch Lernprozesse im emotionalen Erlebens- und Einstellungsbereich, die nicht durch die in eklektizistischen Methoden oft gegebenen rationalen Erklärungen über Ursachen neurotischer Störungen allein zustande kommen können. Interpretationen, Ratschläge und Selbstbeherrschungsanweisungen sind deshalb meistens ebenso ungeeignet wie Bagatellisierungen oder Tröstungen zur Modifikation von Tätigkeits- und Widerspiegelungsprozessen. Eine Theorie der Wirkungsbedingungen im psychotherapeutischen Gespräch sollte sich deshalb an die faktisch erarbeiteten Zusammenhänge halten und dabei weitgehend die von den psychologischen Disziplinen, besonders der Allgemeinen Psychologie erarbeiteten Gesetzmäßigkeiten berücksichtigen.

3.1. Das theoretische Konzept von C. R. Rogers

Der ursprünglich von Rogers (1957) formulierte theoretische Ansatz zur Erklärung der Wirkungsweise der psychotherapeutischen Kernbedingungen, den wir im folgenden kurz skizzieren wollen, erscheint uns in seiner Allgemeinheit erheblich präzisierungsbedürftig. Die von Rogers als „notwendig und hinreichend" bezeichneten psychotherapeutischen Bedingungen wurden zum Teil aus phänomenologischen Analysen psychotherapeutischer Interaktionen postuliert und erst später sekundär theoretisch interpretiert. Dabei wurden die theoretischen Konzepte entsprechend dem jeweiligen Erfahrungsstand mehrfach modifiziert (Rogers 1973).

3.1.1. Der psychopathogenetische Ansatz

Seine Verhaltenstheorie geht davon aus, daß sich eine Person nur eines Teiles ihrer Erfahrungen, besonders emotionaler Erfahrungen, vollständig bewußt ist, während ein anderer Teil zwar wirksam, aber nur in unreflektierter Form außerhalb ihrer individuellen Wahrnehmungen bleiben kann. Zur Wahrnehmungswelt, zum Bewußtsein des Menschen gehören aber nicht nur das Objektbewußtsein bzw. die Umweltwahrnehmungen, sondern auch das Subjektbewußtsein, also ein Bewußtsein des Menschen von sich selbst. Rogers nennt dieses in der eigenen Lerngeschichte geformte Eigen-Abbild „Selbst" oder „Selbstkonzept", also alles das, was wir meinen, wenn wir sagen: „Das bin ich."

Das Selbstkonzept differenziert sich über Lernprozesse beim Kleinkind allmählich aus den Wahrnehmungen anderer Dinge und Personen deutlicher heraus, und im Zusammenhang damit entwickeln sich auch die Bewertungsfunktionen für Wahrnehmungen bis hin zu einem im Sozialisationsprozeß erworbenen realitätsbezogenen Bewertungssystem, das in Diskrepanz geraten kann zu einer sogenannten „organismischen Bewertung". Der Sozialisationsprozeß kann also unter bestimmten Bedingungen zu Fehlentwicklungen führen, besonders dann, wenn die (z. B. von den Eltern übernommenen) introjizierten Wertungen zur Leugnung oder Verzerrung neuer Erfahrungen führen, statt zu einer echten Auseinandersetzung mit den bestehenden Diskrepanzen. Wenn in dieser Weise eigene emotionale Erfahrungen nicht zugelassen, verleugnet oder verzerrt werden, dann soll dies unter Umständen dazu führen, daß sich die Person später als widersprüchlich erlebt oder das Gefühl hat, sich selbst nicht zu verstehen, nicht mehr richtig sie selbst zu sein (niedrige Stufe von Experiencing).
Zum Verständnis der Möglichkeit, daß Erfahrungen unterschwellig und unbemerkt bleiben können, bezieht sich ROGERS auf den Begriff der „Subception", der unterschwelligen Wahrnehmung, über die zwar eine Reihe experimenteller, aber zum Teil widersprüchlicher Befunde vorliegen.
Diese reichen insgesamt noch nicht aus, um daraus eine Theorie der unbewußten Verhaltensregulation zu entwickeln (HELM 1968). Während die postulierten Prozesse der Erfahrungsabwehr mehr Beweismaterial z. B. aus dem Gebiet der sozialen Wahrnehmung auf ihrer Seite haben, gilt dies aber bis heute noch nicht für die dynamische Wirksamkeit „unbewußter" Prozesse.
Für das Verhalten einer Person kann nach ROGERS die Verleugnung oder Verzerrung von Erfahrungen beträchtliche Konsequenzen haben. „Bei der typischen Neurose befriedigt der Organismus ein Bedürfnis, das im Bewußtsein nicht erkannt wird, auf verhaltensmäßige Arten und Weisen, die mit dem Selbstkonzept übereinstimmen und demzufolge bewußt akzeptiert werden können" (ROGERS 1973, S. 438). Daß bei diesem Ansatz der rationale Kern psychoanalytischer Konzeptionen Pate gestanden hat, ist wohl unverkennbar. Das gilt auch für die psychischen Folgen von Erfahrungsabwehr und dem daraus entstehenden Verhaltenskompromiß zwischen Selbstkonzept und abgewehrten emotionalen Erfahrungen; denn nach ROGERS entstehen Ängste und neurotische Spannungen, wenn ein größerer Teil der Erfahrungen eines Menschen permanent in Diskrepanz zu dessen Selbstkonzept steht. Angst, Spannung und deren physiologische Folgen sind also ein Ausdruck dafür, daß das Selbstkonzept eines Menschen dessen Erfahrungen nicht hinreichend repräsentiert, wodurch er sich als desintegriert erlebt: ich weiß nicht, was ich will; ich weiß nicht, wovor ich eigentlich Angst habe; ich kann mich zu nichts entschließen; ich habe kein Ziel mehr.
Um zu verstehen, daß sich neurotisches Verhalten stabilisieren und ausweiten kann, muß man beachten, daß die Erfahrungsabwehr einem Selbstverstärkungsprozeß unterliegt. Je mehr Erfahrungen verzerrt oder geleugnet werden, um so bedrohlicher werden auch neue Erfahrungen selbst, die dem bereits „reduzierten" Selbstkonzept diskrepant sind. Mit größerer Wahrscheinlichkeit werden daher neue Erfahrungen ebenfalls nicht mehr integriert.
Bei einem gesunden und integrierten Menschen bestehen im Gegensatz dazu nur wenige Diskrepanzen zwischen unreflektierten Erfahrungen und dem Selbst-

konzept, da er meistens seine Erfahrungen weitgehend akzeptieren bzw. in sein Selbstkonzept integrieren kann. Solch ein Mensch habe das Gefühl, wirklich er selbst zu sein.

3.1.2
Die Wirkungsweise gesprächspsychotherapeutischer Interventionen

Aus dem Gesagten wird deutlich, worin nach Rogers das Prinzip der Psychotherapie besteht und wie der psychotherapeutische Prozeß zu verstehen ist. Entsprechend seiner Konzeption ist die Integration nicht zugelassener und nicht reflektierter Erfahrungen Ziel und Aufgabe psychotherapeutischer Gespräche. Die Wirkungen der psychotherapeutisch als effektiv nachgewiesenen Gesprächsmerkmale erklären sich nach Rogers so, daß der Patient durch eine intensive Erforschung seines Selbstkonzepts in angstfreier Situation die bisher nicht akzeptierten Erfahrungen und Bedürfnisse seinem Bewußtsein schrittweise und ganz allmählich wieder zugänglicher machen kann. Dies ist für ihn besonders am Anfang ein angstvoller Weg, auf dem sich sein bisheriges Selbstkonzept „reorganisiert". Diese Veränderungen werden nach Rogers als ein Lernprozeß verstanden, „den wichtigsten Lernprozeß, zu dem ein Individuum imstande ist, nämlich das Erlernen des Selbst. Es steht zu hoffen, daß diejenigen, die sich speziell mit Lerntheorien beschäftigen, auch beginnen, das Wissen dieses Gebietes bei der Beschreibung der Art und Weise zu benutzen, in der das Individuum eine neue Konfiguration des Selbst erlernt" (Rogers 1973). Allen Änderungsprozessen bzw. Lernvorgängen liegt nach Rogers eine sogenannte Selbstaktualisierungstendenz des Organismus als allgemeiner Motivationsfaktor zur Realisierung der eigenen Potenzen zugrunde, dessen Wirksamkeit durch die psychotherapeutischen Bedingungen erheblich gefördert werden soll.
Im einzelnen bewirken die Kernvariablen des Psychotherapeuten nach der Rogers-Konzeption etwa folgendes:
Durch die *Akzeptierung* und *Wertschätzung* wird der Patient in die Lage versetzt, seine bisher geleugneten Erfahrungen oder Gefühle wieder selbst besser akzeptieren zu können, denn er erfährt, daß das Zulassen seiner bisher stark abgelehnten Erfahrungen für ihn keine negativen Konsequenzen hat. Indem der Psychotherapeut den Patienten so akzeptiert, wie er ist und sich äußert, wird diesem Gelegenheit gegeben, sich selbst die abgewehrten Erfahrungen allmählich bewußter zu machen und damit sein Selbstkonzept zu erweitern. Dabei erfährt er keine Bewertung oder negative Konsequenzen, sondern erlebt, daß der Psychotherapeut ihn auch mit seiner spezifischen Angst respektiert.
In dem Maße nun, wie der Patient die Struktur seines Selbstkonzepts erweitert und sich selbst besser akzeptieren kann, wird er aber auch fähig, andere Menschen besser zu akzeptieren und auf Grund aufgegebener Abwehrhaltungen andere Personen unverzerrter wahrzunehmen. Dies ist sicher ein wichtiger Besserungsfaktor, da sich die meisten gestörten sozialen Beziehungen durch verbesserte Rückmeldungsmöglichkeiten realistischer und befriedigender gestalten lassen. Diese aus der klinischen Arbeit entstandene Annahme, wonach sich selbst akzeptierende Personen auch andere Personen besser akzeptieren können, wurde von Sheerer (1949) und Fey (1955) bestätigt.
Welche Funktion hat in dieser Konzeption die psychotherapeutische Kernvariable

Verbalisierung emotionaler Erlebnisinhalte? Bei ihrer Realisierung verhält sich der Psychotherapeut weder positiv abwartend noch gibt er Interpretationen und Erklärungen darüber, welche Erfahrungen und Gefühle der Patient verleugnet und nun akzeptieren lernen müsse. Ein kritischer Psychotherapeut müßte sich hier oft überfordert fühlen, wenn er nicht der Versuchung, über unbewußte Zusammenhänge zu spekulieren, nachgeben will. Bei der Verbalisierung bemüht sich der Psychotherapeut vielmehr darum, eine Art zweites Selbst, ein „alter ego" für den Patienten zu sein und ihm dadurch Gelegenheit zu geben, sich selbst realer zu erfahren. Indem der Psychotherapeut die vom Patienten geäußerten Einstellungen, Verwirrungen, Ambivalenzen und Wahrnehmungen genau und richtig kommuniziert, vermag der Patient sich selbst und seine Umweltbeziehungen objektiver, distanzierter und differenzierter zu sehen, wodurch ihm auch die Akzeptierung bisher abgewehrter Erfahrungen erleichtert werden kann. Bei einer guten Verbalisierung versteht der Psychotherapeut das innere Bezugssystem des Patienten, aber er identifiziert sich nicht mit ihm im Sinne des Mitfühlens oder Mitleidens. Es ist eher so, daß er sich in einer ständigen Balance zwischen Identifikation und Objektivität befindet und eben dies befähigt offenbar den Patienten zur Klärung von Problemen und Schwierigkeiten und zur Integration bzw. Korrektur verzerrter Erfahrungen. Er kann auf diese Weise ganz allmählich in das ihm bedrohlich erscheinende und deshalb gefürchtete und gemiedene Thema eindringen und sich damit konstruktiv auseinandersetzen.

Wie ist schließlich die Funktion der *Selbstkongruenz*, der Verhaltensechtheit des Psychotherapeuten im Ansatz von ROGERS zu verstehen? Es ist anzunehmen, daß Verbalisierungen von hoher Qualität und hinreichende Akzeptierung und Wertschätzung nur von einem Psychotherapeuten kommuniziert werden können, der sich selbst wenig defensiv und fassadenhaft verhält. Äußerungen, die Akzeptierung und Verständnis ausdrücken sollen, wirken eher bedrohlich als förderlich und verhindern dadurch die aktive Auseinandersetzung des Patienten, wenn sie von einem unecht wirkenden oder sich selbst aus Unsicherheit verteidigenden oder rechtfertigenden Psychotherapeuten kommen. Eine selbstkongruente Haltung des Psychotherapeuten kann daher eher eine nicht-defensive Haltung beim Patienten bewirken, so daß er kommunikationsbereiter und zum offenen, spontanen Verhalten angeregt wird.

Eine gewisse Bestätigung dieser Überlegungen zum Verständnis der Wirkungen des gesprächspsychotherapeutischen Prozesses erhielt ROGERS durch verschiedene Studien, die schon vor der Phase methodisch strenger Untersuchungen zur Gesprächspsychotherapie publiziert wurden. So fanden RAIMY (1948), SEEMAN (1949) und SNYDER (1945) eine starke Zunahme der Selbstakzeptierung im Psychotherapieverlauf, verbunden mit einer deutlichen Abnahme der Verzerrungen in der sozialen Wahrnehmung. Nach KESSLERS (1947) Befunden werden die Bewertungen und Beurteilungen der Patienten während der Psychotherapie flexibler und eher an der eignen unmittelbaren Erfahrung und Auseinandersetzung mit der Umwelt orientiert als an erfahrungsdiskrepanten übernommenen Fremdnormen. SNYGG und COMBS (1949) folgerten aus Psychotherapieanalysen, daß sich in der Psychotherapie die Wahrnehmungen der Patienten von sich selbst und von ihrer Umwelt zunehmend differenzieren, wodurch sie auch fähiger werden, sich offener mit eigenen Widersprüchen und antagonistischen Haltungen zu konfron-

tieren. Dies hat oft zur Folge, daß die besser wahrgenommenen Problemsituationen und Widersprüche stärker zur Lösung drängen.
Zum theoretischen Verständnis dieser Beobachtungen bieten sich heute verschiedene Ansätze aus der allgemeinen Psychologie an, z. B. über die Funktionsweise der Orientierungsreaktion (SOKOLOW 1963, BERLYNE 1963, LYNN 1966, KLIX 1971) und ihre physiologischen Grundlagen im Zusammenspiel zwischen der Formatio reticularis und der Großhirnrinde (MAGOUN 1958) sowie Ansätze aus der Motivationstheorie, z. B. die Theorie der kognitiven Dissonanz von FESTINGER (1957) und weitere sogenannte Diskrepanzmodelle, die im Zusammenhang mit der Neugiermotivation KELLER und VOSS (1976) im Überblick darstellen.

3.1.3. Kritische Analyse der theoretischen Annahmen von C. R. ROGERS

Die dargestellten Befunde stützen zwar im wesentlichen den globalen Ansatz von ROGERS über die Wirkung der psychotherapeutischen Bedingungen. Doch darf nicht übersehen werden, daß in die angeführten Daten methodische Mängel eingehen. Nicht selten handelt es sich hier um Ableitungen aus persönlichen Analysen von Tonaufzeichnungen ohne Anwendung von Meßverfahren. Phänomenologische Beschreibungen standen hier noch im Vordergrund, während experimentell angelegte Prozeßanalysen zur Aufklärung der Wirkungsprinzipien, besonders der hier zugrunde liegenden Lernprinzipien oder der Regulationsmechanismen über Beziehungen zwischen „dynamischen" Faktoren und Informationsverarbeitung noch fehlen.
Eine kritische Analyse der theoretischen Überlegungen von ROGERS führt unseres Erachtens zu folgenden Feststellungen:

1. ROGERS verwendet den Sozialisationsbegriff zur Erklärung seiner Annahme, daß Erfahrungen während der Ontogenese in Diskrepanz zum Selbstkonzept geraten können. Er verwendet diesen Begriff in einer oberflächlich reflektierten Weise und ignoriert neue entwicklungs-psychologische Ergebnisse und Konzepte weitgehend. Besonders geht er nirgends auf die Rolle der gesellschaftlich-ökonomischen Bedingungen und der sozialen Überbauformen bei der Entwicklung von eigenen Norm- und Wertungssystemen im Selbstkonzept während der tätigen Auseinandersetzung in einer gesellschaftsspezifischen Lebenspraxis ein. Ferner ist in diesem Zusammenhang zu bedenken, daß ROGERS einen Gegensatz zwischen den Bewertungsfunktionen, die durch die Sozialisation entstehen, und sogenannten „organismischen" Bewertungsprozessen konstruiert. Letztere hätten ihren Ursprung in unmittelbaren somatischen Reaktionen des Organismus, auf die ein Individuum „vertrauen" könne, wenn es in Diskrepanz zu den während der Sozialisation erworbenen Normen und Maßstäben gerate. Eine solche Unterscheidung zwischen „organismischer" Bewertung und in der Ontogenese erworbener Bewertung ist insofern problematisch, als erstens die Objektivierung „organismischer" Bewertungsprozesse bisher aussteht und zweitens eher anzunehmen ist, daß Bewertungsprozesse generell Sozialisationsresultate sind. Uns erscheint die Gegenüberstellung von organismischer Bewertung und Bewertung auf der Grundlage eines im Sozialisierungsprozeß erworbenen Wertsystems als eine theoretisch unglückliche Formulierung für einen störungsätiologisch allerdings

relevanten Sachverhalt. Er besteht darin, daß bei psychisch fehlentwickelten Personen das Vertrauen in die eigene Urteils-, Entscheidungs- und Bewertungsfähigkeit und damit im Zusammenhang die eigene Durchsetzungsfähigkeit in unterschiedlichem Ausmaß vermindert sind. Das hat zur Folge, daß diese Menschen sich verstärkt an den Erwartungen und Normen anderer dann orientieren, wenn sie sich auf eigene Maßstäbe beziehen müßten, obgleich sie unbestimmt erleben mögen, daß sie sich dabei selbst nicht in Übereinstimmung mit ihren gegenwärtig bestehenden eigenen Normen befinden. Wird diese Diskrepanz zunächst noch erlebt, kann sie bei entsprechender Bekräftigung von Fremdnormenorientierung zunehmend unterdrückt werden. Anfängliche Heuchelei bei der Meinungs- und Bewertungsbekundung schlägt um in Überanpassung an innerlich nicht übernommene Fremdnormen, eine Bedingung für hohe innere Anspannung, Verkrampfung und ihre Folgen. Statt gesunder und konstruktiver Auseinandersetzung bei Normen- und Bewertungskonflikten mit der Umwelt, aus der eigene Normenkorrekturen oder auch Durchsetzung, vielleicht auch echte Abfindung hervorgehen können, stehen hier Unterdrückungs- bzw. „Verdrängungsprozesse", die eine Lösung bestehender Normenkonflikte gerade nicht ermöglichen. Genau diese wichtige Unterscheidung, die ROGERS zwar in seinen beschreibenden Verhaltensanalysen trifft, geht in seinen theoretischen Analysen verloren: Hier erscheint „Sozialisation" als Unterdrückung von Normendiskrepanzen oder eigenen Normen mit nur destruktiven Folgen, und „organismisches Bewerten" hat als Grundlage eine sozialisationsfreie und damit verzerrungsfreie Offenheit gegenüber allen Informationen und emotionalen Erfahrungen. Hierbei verkennt ROGERS offenbar, daß die in der Sozialisation erworbenen Normen- und Bewertungssysteme 1. immer wirksam, 2. mit den eigenen Ansprüchen und Bedürfnissen nicht im Widerspruch stehen müssen, sondern realistische soziale Orientierung ermöglichen, und 3. deshalb nicht mit Verzerrungs- und Unterdrückungsinstanzen schlechthin identifiziert werden dürfen.

2. Durch die Postulierung unbewußter Erfahrungen und ihrer Auswirkungen ergeben sich spezifische Probleme, die ganz ähnlich bei psychoanalytischen Konzeptionen bestehen und theoretisch bisher nur wenig aufgeklärt werden konnten. Wenn ROGERS Spekulationen über unbewußte Komplexbildungen, über Verdrängungs- und Hemmungsprozesse biologischer Grundantriebe in der frühen Kindheit oder auch die psychoanalytische Phasenlehre der Ontogenese vermieden hat, so bleibt bei ihm der Sachverhalt einer wirksamen unbewußten Erfahrung theoretisch unreflektiert.

Sicher geschieht die Wahrnehmungsorganisation zu einem großen Teil unbewußt, d. h. „unterhalb" des psychophysischen Niveaus (KÖHLER 1920, BISCHOF 1966), und vieles spricht dafür, daß sich Bezugssysteme, Einstellungen und andere Organisationsbedingungen in der Wahrnehmung, im Lernen, im Gedächtnis und im offenen Verhalten auswirken, ohne bewußt zu sein. Ferner zeigen motivationspsychologische Analysen, daß die Tätigkeitsregulation nicht ausschließlich bewußt geschieht.

So führen die während der Ontogenese erfolgenden Sozialisierungsprozesse zu Einstellungen und gesellschaftlichen Bezugssystemen der Bewertung und schaffen damit einen unbewußten Bedingungsrahmen, der normgerechtes Verhalten auch ohne bewußte Kontrolle in der Regel kontinuierlich gewährleistet. Offenbar müssen wir verschiedene Niveaus unbewußter Bedingungen unterscheiden, um den unterschiedlichen Fakten aus experimentellen und empirischen Studien gerecht zu werden. So wird man zweckmäßig zwischen unbewußten Bedingungen der Wahrnehmungsorganisation (z. B. TAUSCH 1955) und unbewußten Anteilen der Verhaltensmotivation unterscheiden. Wir haben an anderer Stelle zu bedenken gegeben (HELM 1968), ob man dem Vorschlag von KLAUS (1966) folgen sollte, im ersten Fall von unbewußten und im zweiten Fall von unterbewußten Prozessen mit eigener Semantik zu sprechen. Ihre Abgrenzung ist aber sicher recht schwierig vorzunehmen.

Wie man sich hier auch entscheidet, in jedem Fall bliebe es sehr problematisch, unbewußte Bedingungen oder Prozesse als eine Art zweites Bewußtsein zu konzipieren und mit den gleichen Begriffen zu beschreiben, die auch zur Symbolisierung von Bewußtseinsinhalten dienen (Gedanken, Vorstellungen, Gefühle usw.). Diesen Weg geht ROGERS, wenn er Erfahrungen annimmt, die unter der Wirkung von Abwehrhaltungen vom Bewußtsein ausgeschlossen werden, aber weiterhin wirksam bleiben.

Unbewußte Prozesse stellen eher Bedingungen für bewußte Prozesse dar. Deshalb kann ihre Beschreibung mit den für die Bewußtseinsanalyse verwendeten Deskriptionsbegriffen theoretisch nicht befriedigen und bestenfalls nur vorläufig praktikabel sein. Künftig werden Erklärungsbegriffe (Konstrukta) für die Definition unbewußter Prozesse und ihrer Verhaltens- und Erlebenswirksamkeit erarbeitet werden müssen, und zwar durch ein System gesetzmäßiger Beziehungen zwischen beobachtbaren Variablen. Was bisher an Datenzusammenhängen über unbewußte Prozesse vorliegt, ist zu bescheiden, um die Bezeichnung „Theorie unbewußter Verhaltensregulation“ zu verdienen.

Daß ROGERS dem Begriff eines unbewußten Erlebnis- oder Erfahrungsreservoirs sehr verhaftet ist, geht auch besonders aus seiner speziellen Verwendung des Begriffs Erfahrung (Experiencing) hervor. Im Prozeß des „Experiencing“ werde deutlich, in welchem Ausmaß eine Person sich ihrer Gefühle bewußt ist. Eine solche Formulierung setzt eigentlich voraus, daß 1. Gefühle eine besondere von anderen abgehobene Klasse von psychischen Erscheinungen darstellen und daß 2. diese Kategorie auch dann existiert, wenn sich ein Mensch ihrer nicht bewußt ist. Zunächst dürfte es sehr schwierig sein, Gefühle und Affekte unabhängig von ihrer Informationsgrundlage, auf die sie bezogen sind, zu identifizieren. Dabei wird nicht beachtet, daß Emotionen Ausdruck kognitiver Verarbeitungsleistungen darstellen und sich immer auf bestimmte Bedeutungen von Informationen beziehen. So können verschiedene, miteinander unverträgliche Informationen oder die Erkenntnis der Unmöglichkeit, eine Aufgabe zu bewältigen, stärkere emotionale Prozesse (z. B. Mißerfolge) erzeugen. Eine Abtrennung des „zuständlichen“ Charakters des Erlebens vom „gegenständlichen“, die Verkennung des Aspektcharakters der Emotionalität als Beschreibungskategorie für das Selbstkonzept (Subjektbewußtsein), führt zu einer Isolierung und Verdinglichung der Emotion als Klasse psychischer Erscheinungen, aus der sich dann folgerichtig für ROGERS auch die Hypothese des Unbewußten als eines „Behälters“ ergab, in dem Emotionen aufgehoben werden. Da im Verlauf der Therapie die Patienten in der Regel zunehmend emotionaler reagieren, wird angenommen, daß sie den unbewußten Gefühlen gegenüber eine größere „Offenheit“ erwerben, wodurch ihre Gefühle ihnen wieder bewußt und verbalisierbar werden (vgl. auch Kritikpunkt 5). Eine realistischere, weil durch Beobachtung überhaupt erst einmal zugängliche Auffassung, bestünde darin, daß während des psychotherapeutischen Prozesses der Patient auf Grund zunehmender kognitiver Differenzierung seiner Person- und Umweltwahrnehmung mit immer größerer emotionaler Differenziertheit und Ansprechbarkeit reagiert.

In neuerer Zeit wird in dieser Weise die Frage nach den Bedingungen einer therapeutisch bedingten Veränderung der emotionalen Lage des Patienten in Abhängigkeit von kognitiven Verarbeitungsleistungen während der Psychotherapie sinnvoller gestellt (Wexler 1974).

3. Auch die Abwehrmechanismen mit ihrer erfahrungsverzerrenden oder -ausschließenden Wirkung sind theoretisch noch wenig aufgeklärt. Ihre phänomenologische Analyse ist sicher eines der größten Verdienste psychoanalytischer Bemühungen, trotz mancher Fehleinschätzungen ihrer psychologischen Bedeutung. Bisher liegen nur wenige, zum Teil widerspruchsvolle Untersuchungen dazu vor (Rosenzweig und Mason 1934, Sharp 1938, Keet 1948, Glixman 1948, Keller 1950, 1951, Alper 1952, Mc Geoch und Iron 1952, Mittag 1955, Worchel 1957, Kragh 1960, vgl. Sammeldarstellung von Feger 1965).

Auch hier ergibt sich die Frage, wie die Mechanismen theoretisch zu denken sind, durch die Erfahrungen verzerrt oder ganz vom Bewußtsein ausgeschlossen werden. Im Prinzip wird wiederum vorausgesetzt, daß emotionale Erfahrungen außerhalb des Bewußtseins existieren und dann beim Übergang zum Bewußtwerden deformiert oder selegiert werden. Dabei wird eine Instanz unterstellt, die dies mit Hilfe besonderer Wertungskriterien (Diskrepanz zum Selbstkonzept) leistet. Diese theoretisch wenig befriedigende Ansicht erübrigt sich aber mit dem Verzicht auf an sich paradoxe Begriffe wie „unterschwellige Wahrnehmung“, „vorbewußte Erfahrungen“ usw. Statt dessen ist es sicher angemessener, nach den Regeln und Bedingungen zu fragen, durch die die Informationsverarbeitung in spezifischer Weise gestört wird bzw. nach denen besondere Informationen aus dem Informationsangebot selegiert werden. Wenngleich die bisher versuchten Antworten im Rahmen psychotherapeutischer Fragestellungen noch wenig befriedigen, ist doch das Verdienst von Wexler (1974) hervorzuheben, auf eine solche Sichtweise aufmerksam gemacht zu haben.

4. Auch das von Rogers verwendete motivationspsychologische Konstrukt „Selbstaktualisierungstendenz“ (Rogers 1963) ist unseres Erachtens theoretisch nicht tragfähig und enthält Elemente, die der marxistischen Persönlichkeits- und Entwicklungstheorie fremd sind (Schmidt 1969). Diese in These 4 seines theoretischen Bezugsrahmens (Rogers 1973) formulierte Selbstaktualisierungstendenz wird als eine im Organismus grundlegende Tendenz, sich zu verwirklichen, zu erhalten oder zu vervollkommnen, aufgefaßt. Die Hypothese einer dem Menschen innewohnenden Selbstverwirklichungskraft in Richtung einer Erhaltung und Erhöhung der Lebensmöglichkeiten ist besonders von verschiedenen Lerntheoretikern und auch von Vertretern kognitiver Richtungen bezweifelt worden. Wexler (1974) schlägt vor, den Begriff Selbstaktualisierung nicht als Realisierung eines immanenten Potentials zu verstehen, sondern einer Optimierung der Informationsverarbeitung mit produktivem Erfahrungsgewinn gleichzusetzen.

Indem ein Patient über bedeutungsdifferenzierende und -integrierende Verarbeitungsleistungen zu befriedigenden Effekten gelangt, bekräftigt er diesen Verarbei-

tungsstil und seine entsprechenden Regeln, so daß er selbst Quelle weiterer Reorganisierung und Veränderung werden kann. In diesem besonderen Sinne aktualisiert er seine eigenen Potenzen besser (vgl. S. 51).
Auch Klix (1971) kritisiert das Konzept der Selbstaktualisierung von Rogers in ähnlicher Richtung. Er geht davon aus, daß bei bestimmten neurotischen Zuständen eine angemessene Habituierung der ursprünglich zweckmäßigen Orientierungsreaktion auf bestimmte Anlässe ausbleibt, so daß auf diese nun immer mit überstarker Erregung reagiert wird. Dies verhindert dann eine adäquate Informationsverarbeitung. Durch die Verbalisierung des Psychotherapeuten erhält der Patient über seine gegenwärtige Lage Informationen, die er selbst wegen der Übererregung nicht beschaffen konnte. Über eine Neubewertung der Situation kann nun die Orientierungsreaktion ins Optimum geschaltet werden, so daß der Patient in seiner Selbstexploration die neuen Informationen kognitiv verarbeiten kann. Dieser Ansatz bezieht also das Verhältnis von Kognition und Motivation ein.
Ein anderer kritischer Einwand stammt von Martin (1975). Er hält die Annahme einer Selbstaktualisierungstendenz als Motivgrundlage zur Eigenaktivierung der Patienten für überflüssig. Bei den oft anzutreffenden internalen Konflikten von Patienten ließe sich die spontane selbstexplorative Zuwendung zu ihren eigenen Problemen und Schwierigkeiten sowie das die Selbstaktualisierung konkret kennzeichnende Verhalten durch den bei Annäherungs-Meidungs-Konflikten wirksamen Annäherungsgradienten hinreichend verstehen. Dabei müsse in Betracht gezogen werden, daß durch die Verbalisierung des Psychotherapeuten ein „Arbeiten im Grenzbereich der Konfliktregion" (d. h. in der Angstzone um den Schnittpunkt von Annäherungs- und Meidungsgradient) erfolgt, durch das der Patient ständig in die Nähe der angstauslösenden Situationsmerkmale gerät, die dann gegenkonditioniert werden. Während also nach dem Ansatz von Rogers der Patient von sich aus zur Selbstklärung gelangt, weil ihn eine angeborene Selbstaktualisierungstendenz dazu ständig motiviert (wobei der Therapeut nicht führt, sondern dem Patienten lediglich seine Auseinandersetzungen und Klärungen erleichtert), wird im Ansatz von Martin die relative Selbststeuerung des Patienten in der Gesprächspsychotherapie durch die den Konflikt spezifisch kennzeichnende Annäherungstendenz (die auf primärer, aber meistens sekundärer Motivation beruht) bewirkt. Bei der Gegenkonditionierung (vgl. S. 46) angsterregender Situationsmerkmale wird der Meidungsgradient flacher, bzw. die Konfliktregion rückt näher an das Ziel heran. Gleichzeitig reagiert der Therapeut nur immer dann, wenn der Patient sich den angstauslösenden Merkmalen nähert, wodurch die Annäherungsreaktion eine massive Verstärkung erfährt. Uns erscheint der Ansatz von Martin besonders wegen seiner Operationalisierbarkeit und Überprüfbarkeit für die künftige Forschung nutzbar zu sein.
Insgesamt bemühen sich die Kritiker der Selbstaktualisierungstendenz um eine Überwindung dieses endogenistischen Ansatzes und um künftige mögliche Wege für theoretisch präzisere und am psychologischen Grundlagenwissen orientierte Erklärungen (Frohburg und Helm 1976).
Auf die notwendige kritische Stellungnahme zum Begriff Selbstaktualisierungstendenz aus *philosophischer* Sichtweise heraus möchten wir an dieser Stelle zugunsten ihrer Einbettung in den Kontext des Kapitels 6 (S. 123 ff.) verzichten.
5. Die Integration bisher abgewehrter Erfahrungen in das Selbstkonzept ist bei

Rogers weitgehend als passiver Vorgang dargestellt. Ein bevorzugter Begriff für die Voraussetzung der Erfahrungsintegration ist „Offenheit für Erfahrungen". Hier klingt besonders deutlich an, daß sich der Patient nicht neue emotionale Erfahrungen und Bedeutungen aktiv erwirbt, sondern daß er diese passiv aufsteigen läßt, wenn er dafür nur „offen", d. h. wenig defensiv, ist. Auch diese Auffassung ist darin begründet, daß emotionale Erfahrungen außerhalb des Bewußtseins im Menschen existieren sollen (vgl. Kritikpunkte 2 und 3). Nun entstehen aber neue Erfahrungen, Bedeutungen, Einsichten usw. im Prozeß der aktiven Informationsverarbeitung, wodurch die Annahme überflüssig wird, daß sie „unbewußt" bereitliegen und bei genügender „Offenheit" wahrgenommen werden.

In Abweichung von Rogers betrachtet Gendlin (1970) die Mitarbeit von Patienten als aktiver, da diese sich ständig zu bemühen haben, implizite (d. h. erfühlte, präkonzeptuelle und unausgeformte bzw. unvollständige) Bedeutungsgehalte von Erfahrungen zu strukturieren und zu symbolisieren. Eine Neustrukturierung der Bedeutungsgehalte (=Umorganisierung von Information) erfolgt nach Ansicht Gendlins dadurch, daß implizite emotionale Erfahrungen mit expliziten Symbolen interagieren. Wie immer dies auch auslegbar sein mag, ist damit doch sichtbar, daß Gendlin den Gegensatz von Bewußtsein und Unbewußtem vermeidet, denn die impliziten Gehalte sind hier eindeutig dem Bewußtsein zuzurechnen, wenn sie auch in noch so unreflektierter und unklarer Form existieren. Gendlin ist der Meinung, für das Unbewußte in dieser Hinsicht eine Neuformulierung geliefert zu haben (vgl. Kritikpunkt 2).
(Eine ausführliche Darstellung der Experiencing-Theorie von Gendlin, ihrer Implikationen sowie daraus abgeleiteter Verhaltensregeln für die Gesprächsführung in der Psychotherapie stellt soeben Bense (1977) vor. Zu unserem Bedauern können wir auf diese informative Publikation nicht mehr eingehen, da sie uns erst nach Redaktionsschluß zugänglich wurde.)

Daß im theoretischen Ansatz von Rogers der Aktivitätsaspekt vernachlässigt wurde, ist insofern fast paradox, als die patientzentrierte Gesprächspsychotherapie den Menschen als aktiven und kreativen Selbstgestalter pointiert hat.
6. Damit im Zusammenhang muß festgestellt werden, daß Rogers zwar immer wieder die Bedeutung kognitiver Prozesse, besonders von Lernprozessen für psychotherapeutisch bedingte Modifikationen betonte, diesen Aspekt aber nur in einer wissenschaftlich wenig befriedigenden Weise in seinem theoretischen Konzept über die psychotherapeutische Wirkungsweise integrierte. Da uns gerade Ergebnisse und Methoden auf dem Gebiet der Lernpsychologie oder, allgemeiner gesagt, aus der Analyse kognitiver Prozesse für eine theoretische Analyse der gesprächspsychotherapeutischen Wirkungsmechanismen besonders trächtig erscheinen, möchten wir im folgenden diesem Aspekt nachgehen. Dabei lehnen wir uns an eine eigene frühere Darstellung an (Helm 1976).

3.2. Kognitive Konzepte zur Wirkungsweise der Gesprächspsychotherapie

Erst seit etwa 10 bis 15 Jahren sind im Zusammenhang mit der Entwicklung der Verhaltenstherapie lernpsychologische Erklärungsansätze für gesprächspsychotherapeutische Wirkungen versucht worden. Und es mehren sich in den letzten Jahren die Stimmen, nach denen Verhaltenstherapie und Gesprächspsychotherapie in ihren Wirkungen ganz ähnlichen Lerngesetzen folgen. Dabei schien allerdings die lernpsychologische Analyse der Gesprächspsychotherapie zunächst bedeutend schwieriger. Noch in letzter Zeit äußerte BASTINE erhebliche Zweifel an dem Gewinn, den die Einbeziehung lerntheoretischer Konzepte in die Bemühungen um eine Theorie der Gesprächspsychotherapie bringen könnte: „Lerntheoretische Konzepte sind häufig genug ein Anhängsel, das in den übrigen ‚Körper' der gesprächspsychotherapeutischen Konzepte nur dürftig integriert ist" (BASTINE 1974, S. 195). Er vermutet die Gründe dafür in den unzureichenden lerntheoretischen Konzeptionen selbst. Doch auch in der Verhaltenstherapie komplizieren sich die theoretischen Probleme erheblich, nachdem die experimentellen Befunde zunehmend mehr Widersprüche zutage förderten (STRAUSS 1976). Für die Untersuchung gesprächspsychotherapeutischer Prozesse sind die verhaltenstherapeutischen Arbeiten aber insofern interessant, als sich eine Reihe dort bereits näher untersuchter Probleme eng mit der Gesprächspsychotherapie berühren, besonders hinsichtlich der im Gespräch wirksamen Lernformen. Hier bieten sich viele experimentelle und empirische Befunde an, aus denen sich unseres Erachtens ein größeres theoretisches Verständnis für die Zusammenhänge der Prozeßvariablen und ihrer Effekte abzeichnet, als manche Kritiker meinen. Dies soll im folgenden erläutert werden.

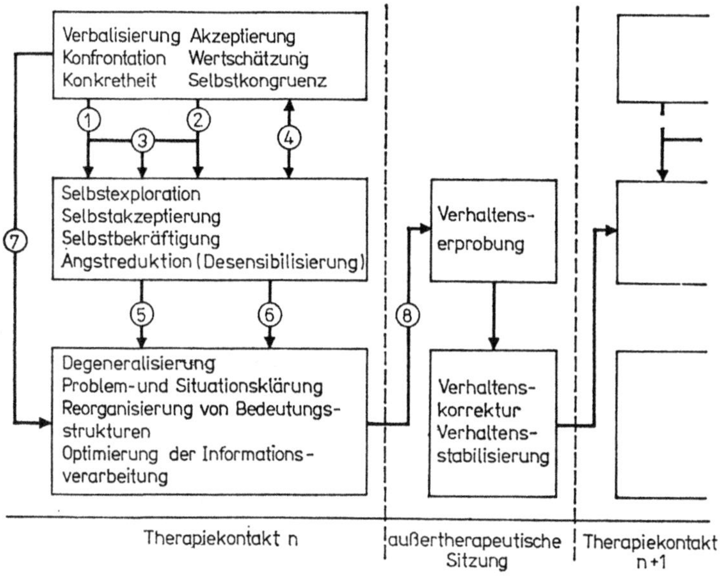

Abb. 2:
Schema zur Wirkungsweise der Gesprächspsychotherapie (aus HELM 1976).

Abb. 2 stellt dabei eine Orientierungshilfe dar, in der schematisch die Wirkungen verschiedener Lernformen und kognitiver Prozesse im psychotherapeutischen Gespräch eingetragen sind. Wir sind uns bei der gewählten Darstellungsform des Nachteils einer groben Schematisierung bewußt.

Besonders problematisch erscheint uns dabei die isolierte Behandlung der verschiedenen Prinzipien, da ihre begriffliche Abgrenzung und die zwischen ihnen bestehenden psychologisch-sachlichen Beziehungen noch wenig geklärt sein dürften. Andererseits scheint uns aber das dargestellte Schema zu einer Ordnung verschiedener lernpsychologischer und kognitionspsychologischer Untersuchungsbefunde, die im Zusammenhang mit psychotherapeutischen Wirkungen stehen, von heuristischem Nutzen.

Einzelne Verhaltensmerkmale und deren Auswirkungen auf andere Merkmale des Gesprächsprozesses sind in den Boxen dargestellt: in der oberen sind die psychotherapeutischen Kernvariablen Verbalisierung, Akzeptierung/Wertschätzung und Selbstkongruenz neben einigen weiteren wirksamen Merkmalen beispielhaft enthalten; in die darunterliegende Box gehören die durch noch näher zu kennzeichnende Lernformen unmittelbar beim Patienten erreichten Änderungen, also Änderung in der Selbstexploration, im Selbstbekräftigungssystem, im emotionalen Bereich (Angst) usw. Die unterste Box enthält die darauf aufbauenden, über andere Lernformen und kognitive Verarbeitungsprozesse allmählich eintretenden Modifikationen wie Degeneralisierungen, Reorganisierung von Bedeutungsstrukturen, Optimierung der Informationsverarbeitung, Situationserklärungen usw. Diese drei Boxen veranschaulichen Prozesse, die in der Psychotherapiesituation ablaufen, während die beiden rechts danebenstehenden auf Prozesse hinweisen, die für Änderungen des Patienten von Interesse sind, die sich in der außerpsychotherapeutischen Lebensrealität vollziehen, wie Verhaltenserprobungen, -korrekturen oder -stabilisierungen. Die Ergebnisse außerpsychotherapeutischer Prozesse können dann wiederum in die Selbstexploration der nächsten Psychotherapiesituation hineingenommen werden, wie in der ganz rechten Box angedeutet ist. Die zwischen den Boxen dargestellten numerierten Pfeile symbolisieren die Lernformen oder Kognitionen, die vermutlich einen Teil der gesprächspsychotherapeutischen Wirkungen bestimmen.

3.2.1.
Verbale Konditionierung im gesprächspsychotherapeutischen Prozeß

Eine sehr wirksame Form des operanten Bedingens besteht in der Konditionierung verbaler Patientenmerkmale[1], die durch eine selektive positive Bekräftigung durch den Psychotherapeuten erfolgt (Abb. 2, Pfeil 1). Sie ist ein in zahlreichen Untersuchungen nachgewiesener Sachverhalt. Dieser bedeutet für die Gesprächspsychotherapie, daß sich bestimmte formale oder inhaltliche Merkmalsklassen des Sprechverhaltens in den Patientenäußerungen erheblich vermehren, wenn sich der Psychotherapeut ihnen in einer für den Patienten befriedigenden Weise zuwendet und sie damit positiv bekräftigt. Umgekehrt kann ein Psychotherapeut durch negative Bekräftigungen Sprachmerkmale von Patienten in der Häufigkeit ihres Auftretens hemmen. Die verbale Konditionierung ist also eine Form des instrumentellen oder operanten, also verhaltensbezogenen Bedingens.

Versucht man, die Ergebnisse aus Experimenten mit der verbalen Konditionierung zur Analyse einiger psychotherapeutisch relevanter Wirkungen heranzuziehen, dann müssen zunächst die Analysen von vollständig aufgezeichneten Psychotherapiefällen in Betracht gezogen werden, in denen gezeigt wurde, daß ein nichtdirektiver, also nichtausrichtender Einsatz der psychotherapeutischen Bedingungen kaum möglich ist. So zeigte MURRAY (1966) mit Hilfe einer Inhaltsanalyse, daß selbst ROGERS in seinen Psychotherapien nur auf spezielle Inhalte des Sprechverhaltens

[1] Wir stützen uns hier teilweise auf Literaturauswertungen aus der unveröffentlichten Diplomarbeit von BEHZADI-STARK (Berlin 1972).

seiner Patienten (z. B. Unabhängigkeit) mit einem hohen Niveau von Verständnis, Wertschätzung und Akzeptierung reagierte, während er dies bei anderen Inhalten (soziale Abhängigkeit oder Abwehrverhalten) nicht tat. Als Folge wurden die auf diese Weise „belohnten" Inhalte im Psychotherapieverlauf häufiger, im Gegensatz zu den Inhalten, die nicht oder negativ beantwortet wurden.
TRUAX (1966) berichtete von ähnlichen Ergebnissen, aus denen hervorgeht, daß Psychotherapeuten im Gespräch die wirksamen Bedingungen – besonders wohl die Verbalisierung – selektiv als Bekräftiger einsetzen.

Bei den durchgeführten Analysen wurden Psychotherapeut-Patient-Psychotherapeut-Einheiten zufällig aus den mittleren Dritteln aller 85 Psychotherapiekontakte einer erfolgreichen Behandlung von ROGERS entnommen. Fünf erfahrene Psychotherapeuten beurteilten die Patientenäußerungen nach 9 verschiedenen Merkmalsklassen und die Psychotherapeutenäußerungen einmal nach den drei Kernvariablen und zum anderen nach dem Grad ihrer Direktivität.

Als Ergebnis zeigten sich enge Beziehungen zwischen den Merkmalsklassen des Patienten und dem Niveau der Kernvariablen, d. h., der Psychotherapeut vermittelte selektiv verschieden hohe Niveaus psychotherapeutischer Variablen, in Abhängigkeit von bestimmten Merkmalsklassen des Patienten. Daraus sollten Konsequenzen für das Verbalverhalten des Psychotherapeuten gezogen werden, da offenbar unablässig im Gespräch verbale Konditionierungen erfolgen. Ein Gesprächspsychotherapeut muß daher sehr genau wissen, welches Verhalten und welche Inhalte er beim Patienten in welcher Weise bekräftigen muß und ebenso, was er nicht bekräftigen darf, damit positive Effekte eintreten.
Da die Selbstexploration der Patienten mit der Effektivität psychotherapeutischer Gespräche korreliert, sollte sie auch stärker verbal konditioniert werden. Dies geschieht auch tatsächlich dann, wenn eine gute Verbalisierungsleistung des Psychotherapeuten gegeben ist. Denn dieser antwortet dabei stark selektiv nur auf solche Patientenäußerungen, die sich durch eine hohe Selbstexploration auszeichnen. Patientenäußerungen bzw. Anteile davon mit nur geringer Selbstexploration werden dagegen nicht verbalisiert, d. h. auch nicht bekräftigt. Die Korrelationen zwischen der Höhe der Verbalisierung des Psychotherapeuten und dem Niveau der Selbstexploration des Patienten sind daher in der Regel signifikant positiv (TRUAX und CARKHUFF 1965, TAUSCH u. a. 1969, TAUSCH 1973, HELM 1974).
Ferner konnte mehrfach gezeigt werden, daß sich innerhalb eines Psychotherapiekontaktes die Höhe der Selbstexploration gleichzeitig mit der Verbalisierungshöhe verändert, wenn der Psychotherapeut experimentell sein Verbalisierungsniveau manipuliert (TRUAX und CARKHUFF 1965, SANDER u. a. 1969).
Wie CARKHUFF und ALEXIK (1967) nachwiesen, besteht aber auch eine Gefahr der verbalen Konditionierung des Psychotherapeuten durch den Patienten: Während Psychotherapeuten mit einem hohen Niveau psychotherapeutischer Bedingungen sich durch eine experimentell eingeblendete niedrige Selbstexploration vorinstruierter Patienten wenig beeinflussen ließen, zeigten Psychotherapeuten mit nur mäßigen psychotherapeutischen Fertigkeiten (Kernvariablen) bei zeitweilig niedriger Selbstexploration der Patienten einen deutlichen Konditionierungseffekt im Sinne einer Verringerung der Kernvariablen.
Durch das Psychotherapeutenmerkmal Verbalisierung ist also eine selektive Kon-

ditionierung der Selbstexploration der Patienten sehr wahrscheinlich. Aber auch die anderen Psychotherapeutenvariablen sollten als selektive Bekräftiger eingesetzt werden.

Truax (1968) analysierte die Psychotherapien von 30 Patienten mit 4 Psychotherapeuten und kam zu dem Ergebnis, daß diejenigen Patienten, deren Selbstexploration selektiv durch die Kernvariablen bekräftigt wurden, sich nach 3 Monaten besser selbst explorierten und größere positive Änderungen aufwiesen.

Truax und Carkhuff (1967) zeigten ebenfalls, daß erfolgreiche Psychotherapeuten die Kernvariablen selektiv als positive Bekräftiger einsetzen, während weniger erfolgreiche sie nur in nicht selektiver bzw. unsystematischer Weise kommunizieren. Erfolgreiche Psychotherapeuten bekräftigen insbesondere eine hohe Selbstexploration, daneben das Selbstbekräftigungssystem ihrer Patienten (also die positive Selbstbewertung eigenen Verhaltens) und ferner Äußerungen, die die Aufnahme positiver sozialer Beziehungen oder überhaupt sozialer Aktivitäten zum Inhalt haben.

Auf die bekräftigende Bedeutung des aktiv zugewendeten Verhaltens des Psychotherapeuten weisen besonders Bandura, Lipsher und Miller (1960) hin. Die aktive Zuwendung des Psychotherapeuten, z. B. auf die Probleme oder die Gefühle der Patienten, führte dazu, daß die Patienten bestimmte Gesprächsthemen relativ lange beibehielten und weiterführten, während Abwendungsverhalten des Psychotherapeuten die Patienten mehr als doppelt so häufig veranlaßte, die Gesprächsthemen bald zu wechseln.

Es ist für eine bewußte Ausnutzung der Ergebnisse zur verbalen Konditionierung für die Psychotherapie beachtenswert, daß eine Reihe von Bedingungen den Konditionierungseffekt begünstigen. So fand Reece (1964) einen viereinhalbfach größeren Lerneffekt durch Bekräftigungen in einer wertschätzenden und warmen Atmosphäre gegenüber der gleichen Bekräftigungsanwendung in einem kalten und distanzierten sozialen Klima. Dies stimmt mit früheren Ergebnissen von Weiss u. a. (1960) überein, die die verbalen Konditionierungseffekte bei feindseligem Verhalten des Versuchsleiters erheblich verringert fanden.

Weitere Resultate legen nahe, daß die Konditionierungswirkungen besser sind, wenn die bekräftigende Person als sympathisch wahrgenommen wird (Sapolsky 1960) und wenn der Psychotherapeut seinen Patienten mit positiven Erwartungen begegnet.

Es wird also deutlich, daß die verbale Konditionierung ein wichtiges und kontrollierbares Lernelement im gesprächspsychotherapeutischen Prozeß darstellt. Psychotherapeuten sollten sich daher ihrer Konditionierungseffekte bewußt sein, da sie damit einen nicht unwesentlichen Teil des Patientenverhaltens steuern, der für dessen Veränderung wichtig ist. Prinzipiell gilt dies nicht nur für die verbalen, sondern auch für die nichtverbalen Aktivitäten, wie Mimik und Gestik.

3.2.2. Die Wirkung sogenannter „reziproker Affekte" als angstinkompatible Reaktionen

Die in Abb. 2 mit dem Pfeil 2 veranschaulichte Wirkung wird in der Literatur vielleicht etwas mißverständlich als „Prinzip der reziproken Affekte" beschrieben (Truax und Mitchell 1971). Es bedeutet, daß ein für Patienten wahrnehmbarer

emotionaler Zustand des Psychotherapeuten beim Patienten häufiger unmittelbar gleiche oder ähnliche emotionale Zustände hervorruft, die proportional zu Art und Stärke des Reizes stehen sollen. Die Wirkung dieses Prinzips ist theoretisch noch ungeklärt. Im psychotherapeutischen Bereich ist dieses Prinzip mit sogenannten Schauspielerpatienten untersucht worden (RUSSELL und SNYDER 1963, HELLER, MYERS und KLINE 1963). Verschiedenen Psychotherapeuten wurden Patienten zugewiesen, die in Wirklichkeit Schauspieler waren und ihrem Psychotherapeuten verschiedene emotionale Verhaltensweisen vorspielten. Mittels Registrierung von 17 Merkmalen (Lidschlagreflex, Sprechstörungen, Stimmschwankungen usw.) zeigte sich deutlich, daß z. B. freundliches Verhalten der Patienten auch mit freundlichem Verhalten durch den Psychotherapeuten beantwortet wurde, und ebenso war es mit feindseligem Verhalten. Diese Ergebnisse konnte TRUAX (1962) auch in realen Psychotherapieuntersuchungen bestätigen.
Es darf also auch in umgekehrter Richtung angenommen werden, daß die vom Psychotherapeuten ausgedrückten Emotionen und Einstellungen, wie Wärme, Wertschätzung, Akzeptierung, Verständnis, Sicherheitsgefühl usw., beim Patienten oft ähnliche Gefühle erzeugen. Dieser Sachverhalt wäre künftig unter dem Gesichtspunkt der Bewertung von Information in Abhängigkeit vom Zustand des informationsaufnehmenden Systems zu analysieren.
Für die Psychotherapie erscheint er aber noch in einem anderen Zusammenhang wichtig zu sein (Pfeil 3), nämlich bei der Erzeugung von reziproken Hemmungen. Damit bezeichnet WOLPE (1972) in Anlehnung an SHERINGTON (1906) die Hemmung von Angst- und Spannungszuständen oder anderen unangenehmen Gefühlen durch sogenannte angstunverträgliche Reaktionen entsprechend seiner Desensibilisierungsmethode im Rahmen der Verhaltenstherapie.

In neuerer Zeit hat BIRBAUMER einen theoretischen Ansatz zur Desensibilisierungswirkung vorgestellt. Im Prinzip geht es hier darum, daß der Patient lernt, auf stark angsterzeugende Reize seine Aktivierung und zugleich die kognitive Inkonsistenz der Meidungsreize zu reduzieren, d. h., er gibt allmählich Meidungsreaktionen auf und ersetzt sie durch Reaktionen, die eine kognitive Konsistenz fördern. BIRBAUMER geht erstens von Bio-feed-back-Ergebnissen aus, nach denen Versuchspersonen, deren Alpha-Aktivität im EEG operant konditioniert wurde, subjektives Wohlbefinden und Entspannung erleben, also angstinkompatible Reaktionen. Vpn mit desynchronisiertem EEG (Beta-Aktivität) oder auch Theta-Wellen haben hingegen keine Erlebnisse angstinkompatiblen Charakters.
Zweitens ist synchrone EEG-Aktivität auch eine Voraussetzung zur Speicherung aufgenommener Inhalte bzw. kann sie als optimale Behaltensbedingung gelten.
Drittens ist zunehmende Synchronisation als „Zeichen positiver Verstärkerstrukturen" aufzufassen. Es werden also Lernprozesse angenommen, die zwischen den Darbietungen einzelner Angstitems der Hierarchie geschehen, somit die angstauslösende Wirkung verringern und zu kognitiven Umstrukturierungen führen, deren elektrophysiologische Grundlage vermutlich die kortikalen Gleichspannungsänderungen darstellt.

Wenn in der Verhaltenstherapie aber als angstunverträgliche Reaktionen überwiegend Muskelrelaxationen eingesetzt werden, während sich der Patient eine Hierarchie von Reizen bzw. Situationen mit immer stärkerer Angstbesetzung kontinuierlich vorstellt, können im psychotherapeutischen Gespräch statt dessen positive reziproke Affekte als angstunverträgliche Reaktionen einbezogen werden. Zumindest wird dies durch kritische Untersuchungen zur Desensibilisierung nahegelegt (GILLAN, NAWAS u. a. 1970, COOKE 1968).

Daß psychotherapeutische Gespräche sich zur reziproken Hemmung von Angst eventuell besser eignen können als traditionelle Desensibilisierungsmethoden, geht aus Arbeiten von PAIVIO (1970) hervor. Bei multiplen Phobien ist die Generalisierung der Effekte geringer, wenn die Desensibilisierung mit Vorstellungen von Angstobjekten oder -ereignissen erfolgt, und größer, wenn während der Desensibilisierung über die Angstobjekte oder -ereignisse im Sinne einer kognitiven Situationsbewältigung gesprochen wird. Es gibt also verschiedene Hinweise für Wirkungen im Sinne reziproker Hemmungen in der Gesprächstherapie. TRUAX und CARKHUFF (1967) sind der Meinung, daß es sinnvoll wäre, psychotherapeutische Gespräche entlang einer Reihe von Situationen mit zunehmender Angstbesetzung zu führen. Konkret bedeutet dies zum Beispiel, daß der Psychotherapeut ständig Veränderungen des Angstniveaus bei den Patienten beachten muß, die durch eine vermehrte Selbstexploration bewirkt werden können.

Sie empfehlen, daß der Psychotherapeut zu Beginn der Psychotherapie von einer mittelhohen Bekräftigung der Selbstexploration ausgehen und seine weiteren Bekräftigungen in Abhängigkeit vom Angstniveau der Patienten nur allmählich erhöhen sollte. Dafür spricht auch, daß Psychotherapeuten, die gleich zu Behandlungsbeginn die Selbstexploration der Patienten stark zu erhöhen versuchen, diese dadurch leicht zum Abbruch der Psychotherapie bringen können. Die Wirkung reziproker Hemmungen im psychotherapeutischen Gespräch ist in verschiedenen Untersuchungen deutlich geworden. Schon bei SHOBEN (1949) erzeugten Gesprächswirkungen einmal reziproke Affekte und zum anderen eine erhebliche Abnahme von Befürchtungen, Ängsten und sozialen Meidungsreaktionen. Es ist zu vermuten (TRUAX und CARKHUFF 1967), daß die Akzeptierung und positive Wertschätzung durch den Psychotherapeuten besser als angstunverträgliche Reaktionen für reziproke Hemmungen geeignet sind, als die in der Verhaltenstherapie verwendete Muskelrelaxation oder der Genuß von Süßigkeiten.

Als angstunverträgliche Reaktion kann auch die positive Selbstbekräftigung von Patienten ausgenutzt werden (REHN und MARSTONE 1968). Wenn es dem Psychotherapeuten gelingt, bei Patienten positive Selbstbekräftigungen für behandlungsförderliche Verhaltensweisen zu erreichen, kann dies zu einer erheblichen Angstreduktion führen.

Insgesamt dürften also reziproke Hemmungen durch die kombinierte Anwendung selektiver Bekräftigungen und reziproker Affekte als Wirkungsprinzip in der Gesprächspsychotherapie angenommen werden.

3.2.3. Wirkungen durch Modellernen

Als weiteres Element gesprächspsychotherapeutischer Wirkungsbedingungen ist das Modellernen anzusehen (Imitationslernen, soziales Lernen), in Abb. 2 als Pfeil 4 eingetragen. Auch dieser Lernvorgang, der ohne sichtbare äußere Bekräftigung und ohne wesentliche Zwischenschritte abläuft und bevorzugt einsetzt, wenn der Lernende selbstunsicher ist, wenn er sich in einer ungeklärten Situation befindet (HIEBSCH und VORWERG 1968) oder wenn das Modell überlegen wirkt, ist theoretisch noch wenig aufgeklärt, zumal es hier Abgrenzungsprobleme zum instrumentellen Bedingen und vielleicht auch zum Prinzip der reziproken Affekte gibt. Generell darf aus den Arbeiten von BANDURA (1969, 1971) gefolgert werden, daß das Modellernen in der Psychotherapie eine wichtige Rolle spielt, vielleicht schon deshalb, weil der Psychotherapeut als Modell effektiver menschlicher Beziehungen funktioniert. Ruhiges und entspanntes Verhalten sowie die Kommunikation der psychotherapeutischen Kernvariablen kann hier Modellwirkungen haben, worauf besonders TAUSCH (1973) hinweist. Die Beobachtung eines Modells kann dem Patienten eigene Erfahrungen ersetzen und damit erstens zum Erlernen neuer Verhaltensweisen führen, ohne daß diese selbst erprobt werden müssen, zweitens zur Hemmung bestehender Verhaltensweisen beitragen, etwa indem angstvolle Meidungsreaktionen vom Patienten aufgegeben werden, da er beobachten kann, daß daraus keine negativen Konsequenzen entstehen. Drittens kann das Modellernen zur Reizdiskrimination führen. Erwähnenswert sind in diesem Zusammenhang Untersuchungen von BANDURA und KUPERS (1964), die Veränderungen im Selbstbekräftigungssystem von Patienten durch Modellernen feststellten. Das Selbstbekräftigungssystem wird während der Psychotherapie dem des Psychotherapeuten ähnlicher, indem die Patienten die Aufnahme positiver zwischenmenschlicher Beziehungen immer positiver bewerten lernen. Man darf annehmen, daß auch die durch Modellernen bewirkten Veränderungen als angstinkompatible Reaktionen bei der reziproken Hemmung beteiligt sind.

3.2.4. Wirkungen durch Diskriminierungslernen

Ein Diskriminierungslernen (Abb. 2, Pfeil 5) erfolgt immer dann, wenn ein Patient die in der Pathogenese erfolgte Reizgeneralisierung bezüglich seiner gelernten Fehlreaktionen einschränkt und rückgängig macht. Indem er, durch reziproke Hemmung bedingt, sich selbst zunächst angstfreier explorieren kann, erkennt er z. B., daß generalisierte Angstreaktionen bei bestimmten Situationen anders oder häufiger auftreten als bei anderen. Diesen Prozeß nennt CAMERON (1968) auch Degeneralisierung. Nach KANFER (1961) führen psychotherapeutische Gespräche zu einem nachweisbaren Diskriminierungslernen, wenn der Psychotherapeut Information und Verstärkung liefert, wobei die Wahrnehmung von der Umwelt und von der eigenen Person sich zunehmend differenziert. Auf veränderte Wahrnehmungen wird dementsprechend mit verändertem Verhalten reagiert, das extrapsychotherapeutisch verstärkt wird, wenn es sozial befriedigende Effekte hat. Die Wahrnehmungs- und Verhaltensdifferenzierung wird von KANFER hier mit dem herkömmlichen Begriff der Einsicht verglichen.

3.2.5. Kognitive Strukturierungen

Alle diese im psychotherapeutischen Gespräch offenbar wirksamen Lernaspekte bilden die Voraussetzung für weitere, vielleicht überhaupt die wesentlichsten Patientenänderungen im Psychotherapieprozeß. Zur Zeit ist es aber außerordentlich schwierig, diese veränderungsinduzierenden kognitiven Vorgänge richtig einzuordnen. Wahrscheinlich sind hier Lernformen wichtig, die als Einsichtslernen bezeichnet werden bzw. in einem weiteren Sinne als verschiedene Formen der kognitiven Strukturierung durch Prozesse der Informationsverarbeitung im psychotherapeutischen Prozeß verstanden werden können (Abb. 2, Pfeil 6).

3.2.5.1. Kognitive Strukturierungen durch Förderung der sprachlichen Symbolisierung

Im Zusammenhang mit komplexeren kognitiven Prozessen stehen Untersuchungen von Guerney und Stollak (1965), nach denen das Aussprechen von Problemen, Gedanken und Gefühlen Lösungsprozesse bedeutsam beschleunigen kann. Bei Kainz (1964) fanden sich ebenfalls Hinweise dafür, daß sprachliches Formulieren bei Problemen und Schwierigkeiten zu konstruktiven Denkanregungen führt. Zahlreiche neuere Untersuchungen über den Einfluß des Selbstverbalisierens auf die Leistung bei Intelligenzprüfungen stellen Fränzen und Merz (1975) im Überblick vor. Offenbar wird durch das Selbstverbalisieren eine Änderung des Lösungsverhaltens im Sinne eines analytischen Lösungsstils induziert, der sich sowohl bei der Registrierung von Augenbewegungen als auch in höheren Leistungen zeigt.
Meichenbaum (1973) folgerte aus einer Analyse von Untersuchungen über die psychotherapeutischen Auswirkungen von Selbstgesprächen bei Patienten, daß viele Neurotiker oft unangepaßte und angstauslösende Selbstverbalisationen ausführen. Er bezieht sich dabei auf Shaffer (1947), der die Psychotherapie als einen Lernprozeß definiert, durch den Patienten fähig werden, angemessener zu sich selbst zu sprechen, um damit ihr Verhalten besser kontrollieren zu können.
In diesem Zusammenhang sind auch die von Tausch und Tausch (1972) mitgeteilten Befunde über intrapersonelle Kommunikationen zu erwähnen, nach denen Personen mit hohen Neurotizismuswerten im Vergleich zu solchen mit mittleren Werten signifikant häufiger Äußerungen über Selbstaufgabe, Selbstisolierung und Selbsterniedrigung sowie andere Aspekte der negativen Selbsteinschätzung machen.
Auch bei einem Vergleich einer sogenannten semantischen Einsichts-Gruppenpsychotherapie mit Gruppendesensibilisierung (Meichenbaum, Gilimore und Fedoravicius 1971) hatten Patienten, die in vielen verschiedenen Situationen unter sozialer Angst litten, einen größeren Gewinn von der semantischen Psychotherapie. Dort wurden ihnen ihre Selbstverbalisierungen und Selbstinstruktionen bei angstauslösenden sozialen Situationen bewußt gemacht und angstinkompatible Selbstverbalisierungen eingeführt. Patienten, die eher Angst bei formalen Sprechsituationen hatten, sprachen dagegen besser auf Desensibilisierungspsychotherapie an. Man kann zum Verständnis der verhaltenswirksamen kognitiven Prozesse in der Folge von Selbstexplorationen auch auf entwicklungspsychologische Arbeiten zurückgreifen, die von Hartig (1973) kürzlich zusammengestellt wurden. Schon Wygotski (1964) beobachtete, daß dem „egozentrischen Sprechen" der Kleinkinder die Funktion einer kognitiven Selbststeuerung des Verhaltens zukommt. Es trat besonders immer dann auf, wenn die Kinder auf Schwierigkeiten und Verhaltensprobleme stießen.
Dabei wird dieses laute Sprechen zu sich selbst offenbar bewußt zur Situationsklärung und Selbstkontrolle eingesetzt. Luria und Yudovich (1959) und Luria (1967) betonten in ihrer Konzeption ebenfalls die verhaltenssteuernde Funktion verbaler Selbstanweisungen bei Kindern. Einen positiven Einfluß eigener Ver-

balisierungen von Gedanken (lautes Denken) auf die Leistungen bei Kindern fanden Daehler u. a. (1969) und Silverman und Craig (1969), wobei die Leistungen von Nichtverbalisierern durch ein Verbalisationstraining verbessert werden konnten (Keeney, Cannizo und Flavell 1967). Klein (1963) fand, daß Puzzlespiele von Vorschulkindern besser gelöst werden, wenn dabei ein aufgabenrelevantes Sprechen erfolgte. Sprachen die Kinder über nicht zur Aufgabe gehörende Dinge, dann waren die Leistungen nicht besser als ohne jedes Sprechen. Obwohl unser theoretisches Verständnis für die Wirkungsweise der Selbstexploration noch sehr bescheiden ist, dürfen wir doch einschätzen, daß eine hohe Selbstexploration der Patienten die eigene kognitive Verarbeitungsleistung in vielfacher Weise stark fördert sowie Bewertungs- und Bedeutungsänderungen herbeiführt und dies besonders dann, wenn angstreduzierende Faktoren mitwirken.

3.2.5.2. Kognitive Strukturierungen durch Förderung informationsverarbeitender Prozesse

Bereits nach den Arbeiten von Snyder (1945), Seeman (1949) und Rogers (1959) kann man vermuten, daß auch kognitive Lern- und Verarbeitungsprozesse im Sinne von „Einsicht" für Veränderungen im Psychotherapieverlauf wesentlich sind. Sie befähigen Patienten zunehmend zur Erfahrungsauswertung und zur besseren Kognition des Selbstkonzepts, so daß sie ihre persönlichen Probleme besser strukturieren lernen und Zusammenhänge zu einzelnen Schwierigkeiten erkennen, die früher durch emotionale Blockierungen und Verzerrungen nicht gesehen werden konnten. Nach Seeman steigen dadurch im Psychotherapieverlauf einsichts- und planungsbezogene Äußerungen bis auf das Vier- bis Fünffache an.
Aber alle diese komplexen kognitiven Vorgänge sind zugleich schwieriger zu objektivieren und erschließen sich dem theoretischen Verständnis auch schwerer als elementarere Lernformen; dennoch müssen sie als hochwirksame Bedingungen im psychotherapeutischen Gespräch angesehen werden (vgl. Kaminski 1970).
In letzter Zeit betonen verschiedene Autoren (Wexler 1974, Anderson 1974, Zimring 1974) stärker kognitive Aspekte therapeutischer Prozesse und bedienen sich dabei Verallgemeinerungen der empirischen Befunde der patientzentrierten Gesprächspsychotherapie im Rahmen informationstheoretischer Konzepte. Sie versuchen damit die bestehende Kluft zwischen experimentellen kognitiv orientierten Ansätzen und den stärker empirisch-beschreibend orientierten Ansätzen der patientzentrierten Gesprächspsychotherapie zu überwinden. Mit Hilfe des informationstheoretischen Begriffssystems soll die Komplexität interner Prozesse im einzelnen besser abgebildet werden.
Wie bereits dargestellt, besteht eine wesentliche gesprächspsychotherapeutische Wirkung in der Veränderung der emotionalen Erfahrung. Die Aktivierung emotionaler Erfahrungen oder „gefühlter Bedeutungen" (felt meaning) – in ähnlicher Weise auch im Begriff der Selbstexploration gefaßt – geschieht im wesentlichen durch die spezifische Psychotherapeut-Patient-Beziehung in der Gesprächspsychotherapie. Statt aber der bereits diskutierten, nicht vertretbaren Annahme (vgl. S. 38), der Patient mache sich dabei seine ihm bisher nicht zugänglichen Gefühle bewußt, stellt Wexler (1974) diesen Sachverhalt von seiner kognitiven Seite vor: Die Veränderungen in der emotionalen Erfahrung des Patienten basieren grundsätzlich auf den ihm zur Verfügung stehenden Informationen. Das

praktisch unendlich große Informationsangebot wird nach einer Selektion vorverarbeitet, d. h. in Einheiten zerlegt, die zeitweilig in begrenzter Menge im Kurzzeitgedächtnis gespeichert werden und deren Bedeutung dann in einer Verarbeitungsphase analysiert wird. Bereits strukturierte Information wird hingegen im Langzeitgedächtnis aufgehoben. Die Tätigkeit des Strukturierens bzw. der Organisierung von Informationen, des Auswählens, Unterscheidens, Sortierens, Gruppierens usw. führt aber dazu, daß immer nur einige Anteile relevanter Informationen verarbeitet werden, während andere verlorengehen. Störungen, Ausschluß oder Verzerrungen in der Erfahrung werden damit auf das Vorhandensein und die Angemessenheit von Verarbeitungsregeln zurückgeführt, durch die Bedeutungsstrukturen aufgebaut werden, die das Orientierungsverhalten in der jeweiligen individuellen Lebenssituation gewährleisten.
Der Patient intendiert während der Gesprächspsychotherapie eine Neuorganisierung der Bedeutungsstrukturen, wobei seinem Bedürfnis nach neuen Erfahrungen durch das spezifische Verhalten des Psychotherapeuten Rechnung getragen werden muß.

Für die Dynamik der Informationsverarbeitung sind zwei Leistungen von Belang: Differenzierung und Integrierung von Bedeutungskomponenten. Mit Differenzierung ist das Auffächern von Problemen, Erkennen neuer Aspekte in einem Problemzusammenhang, Finden neuer Beziehungen zwischen gegenwärtigen und vergangenen Situationen, die Bildung von Substrukturen usw. gemeint, während unter dem Begriff der Integration die Neuorganisierung der im Prozeß der Differenzierung „aufgebrochenen" Strukturen verstanden werden soll.
Schwierigkeiten von Patienten bei einer angemessenen Differenzierung und Integration von Bedeutungsstrukturen bestehen z. B. darin, daß die einzelnen Probleme nicht in einen größeren Kontext gebracht werden können, sondern als eng umschriebene Probleme behandelt werden; die Verarbeitung scheitert an einer zu oberflächlichen Situationsanalyse, in der Information ignoriert wird, so daß Perpetuierungen, diffuses oder sprunghaftes Denken zustande kommen. Auch werden die Beziehungen zwischen verschiedenen Problembereichen nicht erfaßt, da die Regeln zur Verarbeitung fehlen.

Lernt ein Patient in der Psychotherapie einen Verarbeitungsmodus, an dem er sein Verhalten in befriedigender Weise orientieren kann, dann führt dies zu einer Selbstbekräftigung dieses Modus, seine Verarbeitungsregeln werden gespeichert und stehen insofern für zukünftige Lösungen bereit.
Die Verarbeitung von Informationen zu Bedeutungsstrukturen hat zugleich emotionalen Charakter, d. h., die Dynamik kognitiver Veränderungen einer Situation, besonders bei Problembewältigungen im Rahmen der Psychotherapie, drückt sich internal in Gefühlen aus, die sich zugleich auch auf den Motivationsstatus beziehen. Die in der Gesprächspsychotherapie so wesentliche Aktivierung emotionaler Erfahrungen wird in diesem Konzept also theoretisch anders eingeordnet als durch Bewußtmachung und Symbolisierung von Gefühlen (Rogers).
Die Optimierung des Informationsverarbeitungsmodus im psychotherapeutischen Prozeß geschieht den genannten Autoren zufolge besonders durch die Verbalisierung emotionaler Erlebnisinhalte, während die anderen Kernvariablen, Selbstkongruenz und Akzeptierung, hier mehr in den Hintergrund treten.
Eine optimale Verbalisierung sollte nach diesem Ansatz genau und vollständig

alle Bedeutungen der vom Patienten gerade bearbeiteten Information enthalten, so daß der Psychotherapeut für ihn ein „stellvertretender Informationsverarbeiter" sein kann, der gleichsam die Verarbeitungsdefizite des Patienten kompensiert. Auf diese Weise optimiert der Psychotherapeut die Differenzierung und Integrierungsleistung bei der Reorganisation von Bedeutungsstrukturen und damit verbundenen Verhaltensänderungen. Er fokussiert dabei die Aufmerksamkeit des Patienten auf nicht beachtete, aber doch, wenn auch nicht in verbaler Weise, in den Äußerungen des Patienten enthaltene Aspekte. Durch eine gute Verbalisierung bringt der Psychotherapeut also für den Patienten „neue", d. h. ihm selbst nicht klare Aspekte in die Verarbeitung des Patienten ein, besonders, wenn seine Sprache konkret und bilderreich ist, Metaphern und konotative Begriffe enthält. Die Qualität der Verarbeitungsleistung des Patienten und die Qualität der Verbalisierung des Psychotherapeuten scheinen sich dabei invers zu verhalten: Je weniger produktiv der Patient Bedeutungen seiner Situation differenziert und integriert, um so niveauvoller muß die Verbalisierungsleistung im Sinne der Fokussierung, Organisierung und Evozierung von Informationen sein.

3.2.6.
Wirkungen des Transferlernens

Als Transferlernen wollen wir hier die Übertragungen oder Generalisierungen der in der Psychotherapie gewonnenen Erfahrungen und erreichten emotionalen, motivationalen und kognitiven Änderungen auf die außerpsychotherapeutischen Situationen verstehen (Abb. 2, Pfeil 8).

Hierüber ist unser Wissen noch äußerst bescheiden, da das Transferlernen bisher kaum im Rahmen psychotherapeutischer Fragestellungen direkt untersucht worden ist. Zu den wenigen, allerdings auch nur psychotherapie-analogen Arbeiten gehört z. B. die von Krumboltz (1964), in der Personen in einer experimentellen Situation immer nur dann positiv bekräftigt wurden, wenn sie Informationen über bestimmte Probleme zu gewinnen versuchten. Dieses Informations-Such-Verhalten wurde dadurch in der experimentellen Situation weit häufiger. Das hier interessierende Ergebnis besteht darin, daß die Versuchspersonen auch in verschiedenen anderen Situationen ihres Lebens signifikant häufiger Informationen zu gewinnen versuchten als eine entsprechend vorher nicht bekräftigte Kontrollgruppe. Dies weist also auf ein deutliches Transferlernen beim operanten Konditionieren hin.

Das Transferlernen ist im Rahmen des Problemlösungsverhaltens bekanntlich umfangreicher untersucht worden, wobei das generelle Ergebnis darin besteht, daß um so besser übertragen wird, je klarer Lösungsprinzipien und Zusammenhänge in Problemsituationen einsichtig erfaßt werden. Solche Einsichten in bestimmte Verhaltens- und Erlebenszusammenhänge im Sinne der Reorganisierung von Bedeutungsstrukturen entstehen bei der Informationsverarbeitung im psychotherapeutischen Gespräch natürlich oft und führen zu Korrekturüberlegungen. Daß eine Übertragung solcher in der Psychotherapie gewonnenen Einsichten und Folgerungen, z. B. über eigene soziale Verhaltenskonsequenzen usw., in der außerpsychotherapeutischen Situation wirksam ist, kann man bisher nur vermuten. Wichtig ist wohl auch besonders der daraus abgeleitete konkrete

Versuch, neue Verhaltensweisen zu erproben bzw. unerwünschte zu korrigieren. Auch hier gilt, daß jeder Erfolg in der Lebensrealität neue Reaktions- und Einstellungssysteme festigt und zu neuen Erprobungen ermutigt. Daß zudem die bei Patienten erzielten Veränderungen im Selbstbekräftigungssystem, in der sozialen Wahrnehmung, im Bereich emotionaler Wertungen und überhaupt im Selbstkonzept auch überdauernd extrapsychotherapeutisch wirksam bleiben und so zunehmende Generalisierungen neuer positiver sozialer Verhaltensmuster auf der Grundlage von Angst- und Spannungsreduktionen erfolgen, geht aus bereits berichteten Untersuchungsergebnissen hervor.

Insgesamt zeigt dieser Überblick über kognitiv orientierte Ansätze zur Erklärung der Wirkungsweise der Gesprächspsychotherapie, daß bereits viele empirisch und experimentell ermittelte Ergebnisse vorhanden sind, die uns einem theoretischen Verständnis näher bringen als der ursprüngliche Ansatz von C. R. Rogers. Andererseits ist aber deutlich, daß wir von einem einheitlichen theoretischen Konzept der gesprächspsychotherapeutischen Prozesse und ihrer Wirkungen noch weit entfernt sind, weil die vorliegenden Befunde aus unterschiedlichen, zum Teil voneinander unabhängigen Forschungsgebieten stammen. Ihre hypothetischen Zusammenhänge haben wir versucht in Abb. 2 anzudeuten und fassen sie im folgenden zusammen:

Durch eine niveauvolle Realisierung der gesprächspsychotherapeutischen Variablen kommt es über eine verbale operante Konditionierung selektiver Art zu einer Verbesserung der Selbstexploration der Patienten. Gleichzeitig bauen sich beim Patienten vom Therapeuten induzierte reziproke Affekte als angstinkompatible Reaktionen auf, die Angst, Spannung und andere negative Emotionen, die mit einer vertieften Selbstexploration einhergehen, reziprok hemmen. Ebenfalls verringern sich beim Patienten Verteidigungs- und Meidungsreaktionen im Sinne einer Zunahme von Selbstkongruenz über ein Lernen am Modell des Therapeuten. Dies alles bildet die Grundlage für die Auflösung generalisierter Angstreaktionen durch ein Diskriminierungslernen und für veränderungsinduzierende kognitive Prozesse verschiedener Art sowie für ein Transfer und seine Auswirkungen in der außertherapeutischen Situation.

Teil II: Untersuchungen des gesprächspsychotherapeutischen Prozesses

Im Vorwort der seinerzeit von uns herausgegebenen „Psychotherapieforschung" (Helm 1974) formulierten wir als Arbeitsaufgabe für die nächsten Jahre die Bearbeitung der „Probleme der Klassifikation, der Prozeßforschung, der Veränderungsmessung und Indikationsdiagnostik als eng aufeinander bezogene Aspekte eines größeren praxisrelevanten Arbeitszusammenhangs" (S. 8).
In den folgenden Kapiteln möchten wir darstellen, ob und in welchem Ausmaß wir dieses Ziel erreicht haben. Dabei sollen besonders die unmittelbar psychotherapeutisch relevanten Themen in den Vordergrund gestellt werden, d. h., daß die Klassifikationsproblematik weitgehend unberücksichtigt bleibt.
Zur Charakterisierung der Vielfalt der gesprächspsychotherapeutischen Forschungsprobleme hatten wir im Kapitel 2 ein didaktisches Schema (Abb. 1) vorgestellt, das geeignet erscheint, durch die zu berichtenden Forschungsergebnisse zu leiten. Die folgenden, im Kapitel 4 behandelten Untersuchungen zur Entwicklung der Erfassungsmethodik betreffen in diesem Schema die Felder B und D, also die Gesprächsvariablen des Psychotherapeuten und des Patienten im psychotherapeutischen Prozeß, aber noch nicht die Probleme ihres Zusammenhangs. Darüber wird im Kapitel 5 berichtet.

4. Erfassungsmethodik des gesprächspsychotherapeutischen Prozesses

4.1. Methodik der Erfassung von Gesprächsvariablen des Psychotherapeuten

Wie wir im ersten Teil darstellten, legen umfangreiche Forschungsbefunde nahe, daß eine Reihe hinreichend operationalisierter Gesprächsmerkmale des Psychotherapeuten zu meßbaren und beobachtbaren positiven Veränderungen bei psychisch gestörten Patienten führen. Da sowohl die Qualität als auch das Ausmaß der Veränderungen psychischer Beeinträchtigungen verschiedener Komplexität und Art von der Verwirklichung solcher Psychotherapeutenvariablen abhängig sind, stellt sich hier die Frage, wie die in einer verbalen psychotherapeutischen Kommunikation enthaltenen relevanten, d. h. veränderungswirksamen Variablen methodisch so erfaßt werden können, daß ihr Ausmaß quantitativ ausgedrückt werden kann. Erst dies ermöglicht eine relativ angemessene Weiterverwertung der erhobenen Daten, z. B. ihre Validierung, indem sie mit Effektivitätsvariablen oder Gesprächsvariablen des Patienten in statistische Verbindung gebracht werden. Der noch relativ unbefriedigende Stand der Forschung bei der Entwicklung der Erfassungsmethodik und der Vernetzung der damit erhobenen Daten ist zum Teil im Widerstand von Psychotherapeuten gegen die Untersuchung ihres eigenen psychotherapeutischen Verhaltens begründet. In den letzten Jahren hat diese Zurückhaltung in der internationalen Forschungsarbeit erfreulich nachgelassen, so daß innerhalb der Gesprächspsychotherapie die Registrierung des verbalen und nichtverbalen Verhaltens von Psychotherapeuten und Patienten in der konkreten Psychotherapiesituation sowohl für die Forschung als auch für die Verhaltenskontrolle in der Praxis und Ausbildung nicht mehr wegzudenken ist.

Das Rohmaterial für die Analyse der Prozeßvariablen bilden dabei in der Regel Tonband- oder Bildaufzeichnungen konkreter psychotherapeutischer Kontakte oder für spezielle Zwecke konstruierte Fragesysteme für Psychotherapeuten und Patienten. Damit entsteht die Frage, wie aus solchen Aufzeichnungen von Äußerungsfrequenzen die Variablen „abgegriffen" werden können. Das setzt voraus, daß die zu ermittelnde Variable bzw. ihr Ausprägungsgrad durch eindeutige Verhaltensindikatoren definiert ist. Die Bemühungen um die Ermittlung der effektiven Anteile der verbalen Psychotherapeutenaktivität haben dazu geführt, daß verschiedene Skalen- und Kategoriensysteme entwickelt wurden, mit deren Hilfe verschiedene Aspekte des psychotherapeutischen Gesprächsverhaltens quantitativ erfaßt werden sollten. Dabei wurde früher mehr versucht, die verbale Aktivität des Psychotherapeuten in ihrer ganzen Komplexität zu erfassen, sowohl nach inhaltlichen als auch nach formalen Merkmalen. STRUPP (1957) entwickelte z. B. ein inhaltsanalytisches System von Skalen und Kategorisierungen, um die Faktoren in den verbalen Operationen verschiedener psychotherapeutischer Richtungen in der Art von Profilen der psychotherapeutischen Aktivität zu bestimmen. Dieses System eignete sich zwar zur Feststellung, ob sich ein Psychotherapeut real so verhält, wie es seinen theoretischen Prinzipien entspricht, aber Ableitungen über effektive und uneffektive spezielle psychotherapeutische Aktivitäten wurden nicht vorgenommen. Auch WASKOW (1963) und PHILLIPS und AGNEW (1953) versuchten eine ähnliche komplexe Erfassung. Angemessener als solche komplexen Erfassungssysteme sind zur Variablenermittlung empirisch konstruierte Skalen operational definierter Gesprächsmerkmale, deren Gültigkeit und Zuverlässigkeit in vielen Fällen bereits überprüft wurde. („Spezifität der Psychotherapeutenäußerung" SIEGMAN und POPE 1962, „Interpretationstiefe", HARWAY u. a. 1955; „Empathy", TRUAX und CARKHUFF 1967; „Verbalisierung emotionaler Erlebnisinhalte", TAUSCH 1973; „Wertschätzung und emotionale Wärme" sowie „Selbstkongruenz", TRUAX 1962; „aktives Bemühen", PETERS u. a. 1970.) Über weitere Skalen zur Erfassung von Aspekten des verbalen und nichtverbalen Psychotherapeutenverhaltens informiert ausführlich TAUSCH (1973). Da die Verbalisierung emotionaler Erlebnisinhalte als eine recht veränderungswirksame Gesprächsvariable gelten muß, wollen wir uns zunächst einigen Fragen ihrer methodischen Erfassung zuwenden.

4.1.1.
Erfassung der Variablen „Verbalisierung emotionaler Erlebnisinhalte des Patienten durch den Psychotherapeuten“ (V)

Für dieses ursprünglich von ROGERS konzipierte Merkmal haben TRUAX und CARKHUFF (1967) eine Skala konstruiert, die später von TAUSCH u. a. (1969) übersetzt und revidiert wurde. CARKHUFF (1969) versuchte diesen Sachverhalt mit verschiedenen Skalen zu erfassen. Nach der Definition von TAUSCH ist ein hoher Grad von Verbalisierung dann realisiert, wenn der Psychotherapeut die vom Patienten in dessen Äußerungen enthaltenen persönlich-emotionalen Erlebnisinhalte, wie Gefühle, Wünsche, Interessen, gefühlsmäßige Bewertungen, Selbstbildcharakterisierungen usw., sehr genau vom inneren Bezugspunkt des Patienten wahrnimmt und dem Patienten die wesentlichen internalen Inhalte in konkreter und faßlicher Weise kommuniziert. Dies schließt zugleich aus, daß der Psychotherapeut dem Patienten Fragen stellt, ihn auffordert, etwas Bestimmtes zu berichten, daß er Empfehlungen und Ratschläge gibt oder Anordnungen trifft. Außerdem ist damit jede Art von Vorwurf, Kritik und „Belehrung“, nicht aber sind notwendige Informationen ausgeschlossen.

Die einzelnen Verarbeitungsschritte, die ein Gesprächspsychotherapeut bei der Verbalisierung der vom Patienten abgegebenen Information über externale und internale Sachverhalte zu leisten hat, sind in Abb. 3 schematisch dargestellt. Der erste Schritt besteht in der genauen Wahrnehmung dessen, was der Patient geäußert und gemeint hat. Die Fähigkeit zu unverzerrter und vollständiger Aufnahme von Informationen und auch zu angemessener Diskriminierung setzt beim Psychotherapeuten ein Optimum an Verständnisfähigkeit voraus, das ohne

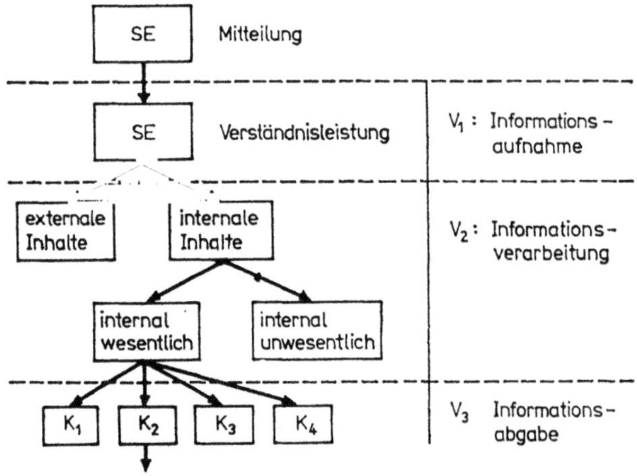

Abb. 3:
Transformationsleistungen des Psychotherapeuten bei der Verbalisierung
(SE Selbstexploration; K Kommunikationsinhalte) (aus HELM 1974).

ein entsprechendes Training keineswegs vorauszusetzen ist. Untersuchungsbefunde über die psychotherapeutisch hemmende Wirkung von „Gegenübertragungen" und Rigidität unterstreichen die Bedeutung dieses Aspekts der Verbalisierung (SAPOLSKY 1960, CARSON und HEINE 1962, BERGIN und JASPER 1969). In einem zweiten Schritt hat der Psychotherapeut die aufgenommenen Informationen und ihre Bedeutungsstruktur zu differenzieren, also die externalen von den internalen und die wesentlichen von den unwesentlichen Gesprächsinhalten (bezogen auf das Problem des Patienten) zu trennen. Erst dann wird dem Patienten in einem dritten Schritt der internale wesentliche Anteil der in seiner Äußerung enthaltenen Bedeutungen kommuniziert.
Wie wir an anderer Stelle gezeigt haben (HELM 1974), sind bei allen drei Schritten der Verbalisierung entscheidende Fehler möglich. Zu solchen Fehlern kommt es besonders dann, wenn sogenannte „Kanaldiskrepanzen" (SCHERER 1972) auftreten, z. B. wenn Bedeutungszuordnungen für den Psychotherapeuten schwierig werden, weil der Patient verbal und nichtverbal entgegengesetzte „Mitteilungen" aussendet.
Die von TAUSCH in Anlehnung an TRUAX empirisch entwickelte Beurteilungsskala umfaßt 12 Stufen, von denen jede zweite definiert wurde:

Skalenstufe	Kennzeichnung
2	Der Psychotherapeut geht weder auf internale noch auf externale Sachverhalte, die der Patient zum Ausdruck brachte, ein, sondern belehrt, ermahnt oder gibt Ratschläge.
4	Der Psychotherapeut äußert sich nur über die vom Patienten ausgedrückten externalen Inhalte und ignoriert alle internalen Sachverhalte.
6	Der Psychotherapeut geht lediglich auf nebensächliche internale Inhalte ein, also solche, die für den Patienten, bezogen auf seine Probleme, von geringerer Bedeutung sind.
8	Der Psychotherapeut geht auf einen Teil der vom Patienten geäußerten wichtigen internalen Inhalte ein.
10	Der Psychotherapeut geht auf den überwiegenden Teil der vom Patienten geäußerten wichtigen internalen Inhalte ein.
12	Der Psychotherapeut geht auf alle wichtigen vom Patienten geäußerten internalen Inhalte ein.

Beurteilungsbeispiele für diese Skala finden sich bei TAUSCH (1973) und HELM (1974, 1976).
Aus der Erfahrung in der psychotherapeutischen Praxis und Ausbildung mit der soeben dargestellten TRUAX-TAUSCH-Skala sowie aus theoretischen Überlegungen zur Semantik der V-Skala und der Empathy-Skala entwickelten wir eine vorläufige A-priori-Skala für ein Merkmal, das wir vorerst „erweiterte Verbalisierung" genannt haben. Mit dieser Skala versuchen wir folgende mögliche Mißverständnisse der V-Skala zu vermindern:
- zu enge Anlehnung der Verbalisierung an die *direkt* vom Patienten ausgedrückten internalen Inhalte,
- echohaftes oder mechanisches Wiederholen der internalen Inhalte des Patienten,

– Vernächlässigen der Bedeutungsstruktur der Patientenäußerung, sie also „zu buchstäblich" nehmen,
– passives Reagieren oder Zusammenfassen,
– mangelnde Anregung des Patienten zur Neustrukturierung seiner Situation.

Bei der erweiterten Verbalisierung wird es dem Psychotherapeuten eher ermöglicht, internale Inhalte aufzugreifen, die vom Patienten nur *indirekt* ausgedrückt werden. Dabei kann die Qualität oder die Bedeutung der internalen Inhalte vom Patienten selbst deutlich erlebt oder aber auch nur unklar bzw. wenig bewußt sein. Die Aufgabe des Psychotherapeuten besteht aber auch hier nicht in Auslegungen und Deutungen, sondern darin, daß er die vom Patienten nur indirekt ausgedrückten internalen Inhalte und deren Bedeutung durch direkten sprachlichen Ausdruck ersetzt. Ein direkt ausgedrückter internaler Inhalt wäre z. B. „Ich bin enttäuscht" oder „Ich fürchte, daß ...", während indirekt ausgedrückte internale Inhalte unausgesprochen bleiben: „Finden Sie das etwa gut?" (Ich mag das nicht) oder „Mein Mann ist zu unsensibel" (Ich brauche mehr Einfühlung von ihm). Beim Eingehen auf indirekt ausgedrückte Bedeutungen sollte der Psychotherapeut eher ein suchendes, korrekturbereites als auslegendes und deutendes oder interpretierendes Verhalten anstreben.

Aus der schematischen Skalendarstellung (Tab. 2) ist ersichtlich, daß die Stufen 1 bis 4 etwa der ganzen Breite der V-Skala entsprechen, während in die Stufen 5 bis 7 die indirekt vom Patienten ausgedrückten internalen Inhalte einbezogen sind.

Tab. 2:
Schematische Darstellung der Skala zur erweiterten Verbalisierung

Internale Inhalte	Stufe 1	2	3	4	5	6	7
vom Patienten direkt ausgedrückt und erlebt	ignoriert	mißverständlich	zum Teil	genau	nicht erforderlich		
vom Patienten indirekt ausgedrückt und erlebt	ignoriert	mißverständlich	ignoriert	ignoriert	zum Teil	genau	genau
vom Patienten indirekt ausgedrückt und unklar bewußt	ignoriert	mißverständlich	ignoriert	ignoriert	ignoriert	ignoriert	einbezogen

Das Merkmal Verbalisierung läßt sich vermutlich nicht auf einer einheitlichen Dimension beschreiben. Dafür spricht z. B. eine faktoren-analytische Untersuchung von Zimmer und Anderson (1968), bei der sich eine Mehrdimensionalität zeigte. Auch Befunde von Mc Nair u. a. (1962) legen die Möglichkeit einer Aufspaltung nahe. Carkhuff (1969) hat schließlich für verschiedene Aspekte der Verbalisierung 8 siebenstufige Unterskalen formuliert, die von Eckert und Schwartz (1973) übersetzt wurden. Sinngemäß handelt es sich um 1. „Anlehnung an die Patientenäußerung", 2. „Sprachliche Flexibilität", 3. „Orientierung auf internale Inhalte", 4. „Zutreffen der internal bezogenen Psychotherapeutenäußerung", 5. „Innere Beteiligung des Psychotherapeuten", 6. „Abschließende gegenüber offenen Äußerungen", 7. „Konkretheit der Äußerung", 8. „Klarheit der Äußerung".

Ohne bereits jetzt auf Konstruktionsprinzipien und -prozeduren für die Entwicklung empirischer Schätzskalen einzugehen, kann festgestellt werden, daß methodisch gut konstruierte und überprüfte Skalen im allgemeinen recht objektiv und daher gut verwendbar sind (vgl. GUILFORD 1954, FRIEDRICH 1971). Als psychometrische Instrumente haben sie Ordinalniveau, vielleicht in einigen Fällen auch Intervallniveau. Zu ihrer kritischen Anwendung, besonders für klinische Fragestellungen, ermuntern die Reliabilitätskontrollen von SCHMID (1960), wonach Schätzskalen zur Beurteilung und Klassifizierung psychopathologischer Verhaltensweisen zuverlässiger als andere Methoden sein können. Voraussetzung zu ihrer Anwendung ist allerdings meistens, daß ein Team von etwa 3 bis 5 Beurteilern in der Verwendung der Skalen trainiert werden muß, bis eine hinreichende Konsistenz gewährleistet ist. Dies ist bei der Skala Verbalisierung in der Regel bald zu erreichen. Auch die Validität dieser Skala ist mehrfach untersucht worden, d. h., die prognostische Validität (Kriterium: Effektivitätsmaße der Psychotherapie oder Selbstexploration der Patienten) ist durch die Kriteriumskorrelationen hinreichend.

4.1.1.1.
Umfang und Lokalisation repräsentativer Stichproben für die Skalenbeurteilung der Verbalisierung

Die für die Handhabung der V-Skala wichtige Frage, der wir im folgenden nachgehen wollen, läßt sich so formulieren: Aus wieviel Kontakten eines Psychotherapieverlaufs müssen Stichproben entnommen werden, damit ihre Beurteilung die charakteristische Ausprägung des Merkmals V über eine bestimmte Zeit hinweg auch wirklich abbildet? Die Verwendung von Stichproben setzt voraus, daß der Psychotherapeut kontinuierlich verbalisiert, und zwar mit einem relativ konstanten Ausprägungsgrad. Da die Verbalisierung, zumindest im gesprächspsychotherapeutischen Prozeß, einen Aspekt jeder einzelnen verbalen Äußerung des Psychotherapeuten darstellt, läßt sie sich eher durch lokale Stichproben aus dem psychotherapeutischen Kontinuum erfassen als inhaltliche Merkmale, die sich nicht in jeder Psychotherapeutenäußerung zeigen (z. B. Verteidigungsreaktionen, Übertragungsdeutungen usw.). Für die Verbalisierung würde sich die Zahl und die Lokalisation der Gesprächsstichproben aus der Stabilität, aus den Veränderungsrichtungen und -größen im Psychotherapieverlauf bestimmen lassen. Wir haben uns daher zunächst dem Problem von *Veränderungstrends im Psychotherapieverlauf* zuzuwenden.

Gezielte Trenduntersuchungen zur Verbalisierung liegen bisher nicht vor. Allerdings ergeben sich einige Hinweise aus einem Vergleich der Psychotherapeutenaktivitäten bei einer vollständig aufgezeichneten analytischen und einer solchen patientzentrierten Psychotherapie (STRUPP 1957). Gegenüber der in bestimmten Merkmalen stärker variierenden analytischen Psychotherapie war die Aktivität des patientzentrierten Psychotherapeuten durchgehend konstant. Auch in einer früheren Untersuchung von HALKIDES (1958) zeigte sich, daß bei patient-

zentrierter Psychotherapie die Psychotherapeutenvariablen am Anfang und am Ende der Psychotherapie gleich große Ausmaße hatten. Wir selbst fanden, daß die durchschnittliche Verbalisierung von Anfangskontakten der Gesprächspsychotherapie mit der durchschnittlichen Verbalisierung von Kontakten, die etwa in der Mitte des Psychotherapieverlaufs lagen, auf dem 2 %-Niveau signifikant korrelierten, was wir ebenfalls als Hinweis für eine relativ konstante V-Leistung werten möchten (HELM 1974). Eine relativ gute Konstanz der Verbalisierung im Gesamtverlauf der Psychotherapie bestätigte auch die Untersuchung von BOMMERT u. a. (1972).
Für ausgebildete Gesprächspsychotherapeuten ist ein solches Ergebnis auch zu erwarten, da das Training der patientzentrierten Gesprächspsychotherapeuten ausdrücklich auf einen konstant hohen V-Grad gerichtet ist.
Bei der Beurteilung der Verbalisierung von Gesprächspsychotherapeuten werden also vermutlich weniger Stichproben aus dem psychotherapeutischen Kontinuum benötigt werden, als bei anders orientierten Psychotherapeuten. Andererseits ist aber zu bedenken, daß sich auch ein erfolgreich eintrainiertes konstantes Psychotherapeutenmerkmal, wie die Verbalisierung, während der Psychotherapie ändern kann, z. B. durch eine an sich unerwünschte Rückkonditionierung durch den Patienten. Daß die Höhe der Selbstexploration von Patienten rückwirkend den Verbalisierungsgrad ihrer Psychotherapeuten beeinflußt, wird aus eigenen Befunden nahegelegt (HELM 1974).
Ordnet man zu den Verbalisierungsgraden aller Psychotherapeutenäußerungen die direkt *darauf* folgenden Selbstexplorationsgrade aller Patientenäußerungen und berechnet die Korrelation, dann ergibt sich ein Koeffizient von .60 ($p = 0{,}01$ bei Äußerungsfolgen von 16 Psychotherapiekontakten verschiedener Psychotherapeuten und Patienten). Werden nun die Verbalisierungsgrade der Psychotherapeutenäußerungen mit den direkt vorangehenden Selbstexplorationsgraden der Patientenäußerungen korreliert, dann ergibt sich der gleiche Koeffizient von .59. Wir nehmen daher vorerst an, daß die Selbstexploration auf die Verbalisierung ebenfalls Einfluß nimmt, wodurch diese im Psychotherapieverlauf in ihrer Konstanz beeinträchtigt werden kann. Bei der Frage nach der Stichprobengröße und -lokalisation im Psychotherapieverlauf weisen solche Befunde auf die Notwendigkeit, Trendanalysen für die Verbalisierung vorzunehmen. Diese setzen jedoch voraus, daß für alle einzelnen Psychotherapiekontakte oder für eine größere Zahl von Kontakten ein *repräsentativer Verbalisierungsgrad* bestimmt werden kann (einem Kontakt entsprechen in der gesprächspsychotherapeutischen Praxis in der Regel 45 Minuten). Das heißt, es ist die Frage zu beantworten, wie viele Äußerungen eines Kontakts beurteilt werden müssen, damit der daraus berechnete Mittelwert der Variablen den ganzen Kontakt repräsentiert. Nach den Zusammenstellungen von TAUSCH (1973) sind 4-Minuten-Stichproben aus dem zweiten oder dritten Drittel des Kontakts hinreichend reliabel und korrelieren auch genügend mit dem Kriterium. Wir haben diese Annahme überprüft (HELM 1974), indem wie die V-Daten aus 16 45 Minuten dauernden Psychotherapiekontakten (800 Skalenwerte) statistisch analysierten.

Da sich insgesamt eine gute Stabilität der Verbalisierung ergab, war der Mindestumfang einer Stichprobe von V-Daten, die einen Einzelkontakt repräsentierten, als relativ klein einzuschätzen. Um ihn festzustellen, gehen wir davon aus, daß der Vertrauensbereich des Mittelwerts einer Stichprobe möglichst gering sein soll. Er darf also eine bestimmte Abweichung des Stichprobenmittelwertes vom Gesamtmittelwert eines Kontakts nicht überschreiten:

$$\bar{x} \pm t \frac{s}{\sqrt{n}} \leqq \bar{x} \pm |\bar{x} - \bar{\bar{x}}| .$$

Wir legen die Größe dieser Abweichung fest, indem wir 25% der oben als Stabilitätstoleranz zugelassenen Variationsweite als Abweichung gerade noch akzeptieren. Daraus ergibt sich für die Verbalisierung 0,8 Skaleneinheiten:

$$t \frac{s}{\sqrt{n}} \leqq 0{,}8 \text{ bzw. } n = \left(\frac{t \cdot s}{0{,}8}\right)^2 .$$

n ist der geschätzte Mindestumfang, d. h. die Zahl von Äußerungen im Kontakt, die mindestens zur Beurteilung benötigt werden, um die Parameter des Gesamtkontakts etwa abzubilden. Wenn wir $t = 0{,}05$ ansetzen, dann erhalten wir für die 16 Kontakte die in Tab. 3 enthaltenen Mindestumfänge von zu beurteilenden Äußerungen:

Tab. 3:
Mindestumfänge zu beurteilender Äußerungen in den untersuchten Kontakten (für V)

Mindestumfang	2	4	6	>6 (7)
Kontakte (%)	31,2	43,7	12,5	12,5

Demnach ist es günstig und hinreichend sicher, wenn wir für die Verbalisierung Stichproben von etwa 6 Äußerungen verwenden.
Die in der Literatur angegebene Stichprobenlänge von 4 Äußerungen ist also zu gering, da dann größere Abweichungen der Stichprobenmittelwerte vom Gesamtmittelwert in Kauf genommen werden müssen. Es ist vermutlich günstiger, wenn je 3 Äußerungen an verschiedenen Stellen (Ende des ersten und des zweiten Drittels) entnommen werden. Mit dieser Ermittlung des Mindestumfangs einer einen einzelnen Kontakt hinsichtlich des Verbalisierungsgrades repräsentierenden Äußerungsmenge sind die Voraussetzungen für Trendanalysen über den gesamten Psychotherapieverlauf geklärt.
Diese Problemstellung haben wir mit KUHNT im Rahmen ihrer Diplomarbeit (1973) bearbeitet. Ihrer Untersuchung lagen die soeben dargestellten Stichprobenuntersuchungen für Einzelkontakte zugunde. Die hier interessierende Hypothese greifen wir aus dieser Untersuchung heraus: Die Verbalisierung wird vom Psychotherapeuten während des gesamten Psychotherapieverlaufs in relativ konstantem Ausmaß realisiert.

Insgesamt wurden 128 Kontakte analysiert, wobei aus 20 Psychotherapien (4 Psychotherapeuten, durchschnittlich 15 Kontakte) jeweils jeder 3. bis 5. Kontakt herausgegriffen wurde. Die entsprechenden Stichproben wurden von einer trainierten Beurteilergruppe mit der Verbalisierungs- und der Selbstexplorationsskala (TAUSCH 1973) beurteilt ($n = 5$, Beurteilerkonsistenz .70 bis .87, Retestreliabilität .72 bis .87).
Zur Prüfung auf Trendänderung kam der Vorzeichen-Trendtest von COX und STUART (SACHS 1969) und zur Prüfung der Datenfolge auf Abweichung von der Zufallsmäßigkeit (polytoner Trend) der Iterationstest (SACHS 1969) zur Anwendung.

Eine prozentuale Aufschlüsselung der ermittelten Verbalisierungstrends ($p = 0,05$) in den Psychotherapieverläufen zeigt Tab. 4: In der überwiegenden Zahl der untersuchten Psychotherapien zeigten sich keine Trends, einige Verbalisierungsverläufe stiegen während der Psychotherapie an.

Tab. 4:
Verbalisierungstrends im Psychotherapieverlauf ($p = 0,05$; $n = 20$)

V-Trendart	Häufigkeit
ohne Trend	75 % (15)
ansteigend	15 % (3)
abfallend	5 % (1)
polyton	5 % (1)

Zur Sicherung dieser Ergebnisse wurden mit Hilfe des U-Tests von Mann und Whitney die nach Psychotherapiehälften und -dritteln zusammengefaßten V-Mittelwerte (pro Kontakt) auf signifikante Unterschiede ($p = 0,05$) geprüft. Diese miteinander verglichenen Psychotherapiephasen sind wegen des Zeitunterschiedes als unabhängige Stichproben zu betrachten. Das Ergebnis (Tab. 5) entspricht weitgehend den Trendanalysen: der Verbalisierungsgrad ist über die gesamte Psychotherapie konstant bis auf einige leichte Anstiege im Psychotherapieverlauf.

Tab. 5:
Vergleich der V-Mittelwerte aus Therapiehälften und -dritteln nach signifikanten Unterschieden, $p = 0,05$ (Angaben in %)

V-Veränderungs-richtung	Vergleich der Therapie-hälften	Therapiedrittel 1/2	1/3	2/3
gleichbleibend	85	95	90	95
ansteigend	15	5	10	5
abfallend	–	–	–	–

Für die Entnahme von Verbalisierungsstichproben aus dem *Gesamtverlauf* der Psychotherapie zur Charakterisierung eben dieses Verlaufs ergibt sich aus der relativ hohen Konstanz der Merkmalsausprägung, daß Stichproben aus nur verhältnismäßig wenigen Kontakten dazu nötig sind. Es scheint uns daher hinreichend, Anfangs-, Mittel- und Endkontakte zur Stichprobenentnahme auszuwählen (vgl. Tausch 1973), um eine hinreichende Kennzeichnung von trainierten Gesprächspsychotherapeuten bezüglich ihres Verbalisierungsausmaßes treffen zu können. Für untrainierte Gesprächspsychotherapeuten dürfte dies aber nicht ausreichen, da dort erheblich größere Schwankungen der Verbalisierung zu erwarten sind. Diese Annahme entspricht auch einem Befund von Alexik und Carkhuff (1967), nach denen relativ unerfahrene Psychotherapeuten durch ein unterschiedlich hohes Ausmaß der Selbstexploration von Patienten in ihrer Verbalisierungsleistung verändert werden konnten, während erfahrene Psychotherapeuten mit hoher Verbalisierung dadurch keine Veränderung erfuhren.

4.1.1.2. Modus für die Skalenbeurteilung der Verbalisierung

Wenn verbindliche Aussagen über Umfang und Lokalisation von Stichproben zur Verbalisierungsbeurteilung möglich sind, so bleibt zu fragen, welcher von den möglichen Beurteilungsmodi zu bevorzugen ist. Der Beurteilungsmodus ist dabei durch eine Kombination verschiedener Erhebungsbedingungen gekennzeichnet: Durch die Anzahl der Beurteiler, durch eine bestimmte Art der Objektdarbietung und durch die spezielle Vorgehensweise bei der Beurteilung. Je angemessener solche Erhebungsbedingungen berücksichtigt werden können, um so bessere Informationen werden mit der Verbalisierungsskala bzw. mit anderen Merkmalsskalen erreicht werden können.

1. Als *Beurteiler* werden gern Personen bevorzugt, die weder Kenntnisse über Psychotherapie noch über die Herkunft des zu beurteilenden Materials besitzen, da Psychotherapeuten oder Klinische Psychologen Fachkenntnisse in ihr Urteil einfließen lassen könnten, die die Stufendefinitionen der Skalen eventuell verändern (TAUSCH 1973). Ein Befund von MINSEL (1970) zeigt, daß Berichte von Psychotherapeuten über ihr eigenes Verhalten in keinem Zusammenhang mit der Skalenbeurteilung über dieses Verhalten stehen, d. h., daß Psychotherapeuten zur Selbsteinschätzung ungeeignet sind. In die gleiche Richtung weisen Ergebnisse aus einer Untersuchung von KIESLER (1966), der gleiche Tonbandstichproben drei verschiedenen Beurteilergruppen vorlegte: psychologisch ungeschulten, „naiven" Beurteilern, Psychotherapeuten und Patienten dieser Psychotherapeuten. Zwischen den Werten der „naiven" Beurteiler und denen der Patienten ergab sich eine signifikante positive Korrelation, aber die Daten beider Gruppen korrelierten negativ mit denen der Psychotherapeuten. Andererseits zeigen Ergebnisse aus einer Untersuchung von WASKOW und BERGMAN (1962), daß die jeweilige Ausbildungsorientierung von Psychotherapeuten zu keiner Urteilsverzerrung führt. Die Urteile verschieden orientierter Psychotherapeuten stimmten recht gut mit denen von fachneutralen Beurteilern überein.
2. Als *Objekte* bzw. Material zur Beurteilung werden meistens Tonband- oder vom Tonband transkribierte Psychotherapiestichproben verwendet, neuerdings zunehmend Videoaufzeichnungen. Nach TRUAX (1961) zeigen sich keine wesentlichen Differenzen zwischen Schätzurteilen, die auf Tonbandbasis gewonnen wurden und solchen aus Psychotherapietexten, d. h., durch die Transkripte gehen offenbar keine wichtigen Informationen für die Beurteiler verloren.
3. Die *Vorgehensweise* bei der Beurteilung ist zunächst durch die Skalendefinitionen und Handhabungsanweisungen festgelegt. Für die Verbalisierungsskala gilt, daß jeder Psychotherapeutenäußerung (die zwischen zwei Patientenäußerungen steht) in der Stichprobe ein Skalenwert zuzuordnen ist. Die Skalenwerte aller Äußerungen einer Stichprobe werden dann zum arithmetischen Mittel zusammengefaßt, das den Verbalisierungsgrad dieser Stichprobe repräsentieren soll. Besonders bei stärker schwankenden Verbalisierungs-Einzelwerten innerhalb der Stichprobe oder bei sogenannten Ausreißern wäre zu prüfen, ob statt der Mittelwertsbildung aus V-Einzelwerten pro Psychotherapeutenäußerung nicht eine Einschätzung des V-Niveaus der gesamten Stichprobe angemessener wäre.

Für die Patientenvariable Experiencing konnten KIESLER, KLEIN und MATHIEU (1964, 1965) durch dieses Vorgehen einen Reliabilitätszuwachs erreichen.
Der Frage nach einem optimalen Beurteilungsmodus, entsprechend den genannten Erhebungsbedingungen, sind wir mit FICHTE (1973) im Rahmen ihrer Diplomarbeit nachgegangen, in der dieser Aspekt für verschiedene Prozeßskalen bearbeitet wurde. Als Kriterium für die Angemessenheit einer bestimmten Kombination der Erhebungsbedingungen boten sich die Daten aus Expertenanalysen mit vorgegebenen Entscheidungsregeln an, d. h., diejenige Kombination von Erhebungsbedingungen ist als optimaler Modus zu bezeichnen, deren V-Daten in höchster Übereinstimmung mit dem Resultat der Expertenanalysen steht.

Als Experten dienten theoretisch und praktisch in der Gesprächspsychotherapie qualifizierte und zum Teil in der Gesprächspsychotherapie-Ausbildung erfahrene Mitarbeiter des Lehrbereichs.
Materialgrundlage der Untersuchung bildeten Gesprächspsychotherapie-Stichproben aus 30 Kontakten, die entsprechend dem berechneten Mindestumfang 6 Psychotherapeutenäußerungen ($n = 180$) und damit alternierend 8 Patientenäußerungen ($n = 240$) enthielten und die sowohl als Tonbandaufzeichnung als auch als Transkript vorlagen. Von diesen Psychotherapieausschnitten wurden von verschiedenen skalentrainierten Beurteilergruppen (je $n = 3$; Beurteilerübereinstimmung zwischen .71 und .98) V-Daten erhoben: „Informierte" (I) (Diplomanden der Klinischen Psychologie) und „naive" (N) Personen (Studenten im I. Studienjahr) beurteilten sowohl Tonbandaufzeichnungen (Tb) als auch Transkripte (T) nach 2 verschiedenen Vorgehensweisen:
1. Jeder Einzeläußerung (1–6) der Stichprobe wird von jedem Beurteiler (a b ,c) unabhängig ein Skalenwert x_{1a} bis x_{6c} zugeordnet; diese Skalenwerte werden dann für jede Äußerung gemittelt, so daß die Mittelwerte ($\bar{x}_1$ bis $\bar{x}_6$) die Verbalisierungsgrade der Äußerungen abbilden (Abb. 4). Schließlich wird aus den V-Daten aller Äuße-

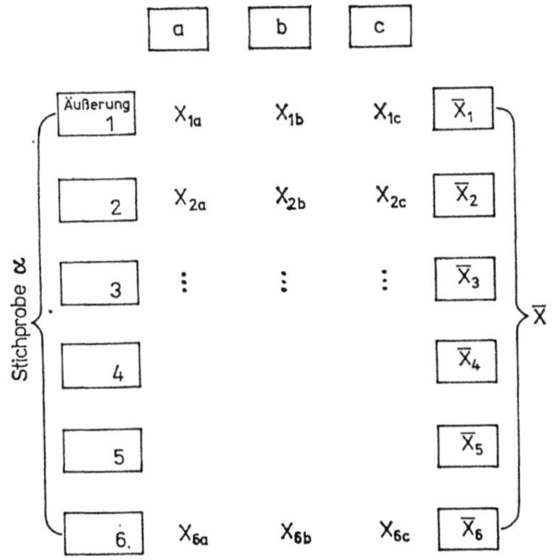

Abb. 4:
Schema zur Verdeutlichung des Stichprobenmittelwerts $\bar{x}$.

rungen einer Stichprobe der Mittelwert $\bar{x}$ gebildet, der dann das Ausmaß der Verbalisierung für die ganze Stichprobe angibt.
2. Der gesamten Stichprobe (Abb. 5) wird von jedem Beurteiler (a b c) nur ein Skalenwert $\bar{x}_\alpha$ zugeordnet; der Mittelwert dieser Skalenwerte $\bar{x}_\alpha$ =Gesamtwert gibt dann das Niveau der Verbalisierung für die gesamte Stichprobe an.

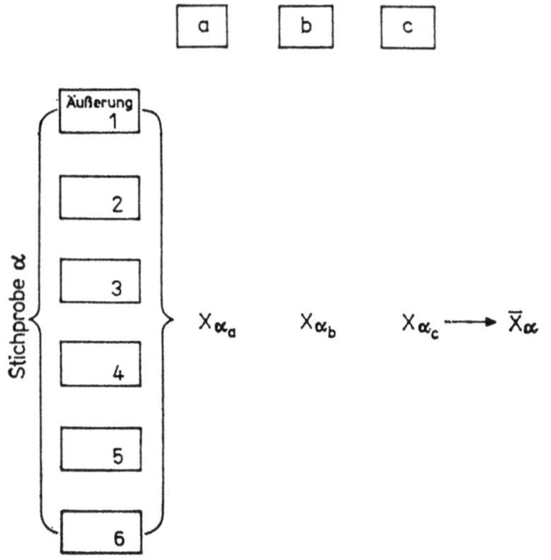

Abb. 5:
Schema zur Verdeutlichung des Stichproben-gesamtwerts $\bar{x}_\alpha$.

Um während des Beurteilungsganges eine zunehmende Materialkenntnis zu vermeiden, wurde die Reihenfolge der Stichproben von Durchgang zu Durchgang variiert; außerdem lag zwischen jeder Beurteilung zweier gleicher Stichproben ein Zeitraum von mindestens 3 Wochen.

Im folgenden Schema (Abb. 6) sind die 8 möglichen Beurteilungsmodi sowie ihre Kriteriumskorrelationen und die Abweichungen vom Verbalisierungsmittelwert der Expertenbeurteilung zusammengestellt.
Aus dem Schema wird ersichtlich, daß der Modus „Informierte – Text – Mittelwert" am höchsten mit dem Kriterium korreliert. Die angegebene Korrelation erhöht sich auf .94, wenn statt der Mittelwerte die Werte der Einzelbeurteilungen in die Korrelation einbezogen werden. Die Unterschiede zu den anderen Korrelationen und zwischen diesen sind nicht sehr erheblich. Die geringen Kriteriumskorrelationen der Modi „Naive – Tonband – Mittelwert" und „Naive – Tonband – Gesamtwert" weisen darauf hin, daß die Beurteilung vom Tonband besonders bei „naiven" Beurteilern ungünstiger ausfällt als bei Textgrundlage (dafür sprechen auch die geringen Reliabilitäten der Daten von „naiven" Tb-Beurteilern (.39 und .24), während sie für die anderen Modi befriedigen (zwischen .69 und .98).
Betrachten wir die Abweichung der V-Mittelwerte der einzelnen Modi vom V-Mittelwert der Experten, so liegt die geringste Abweichung (0,07) ebenfalls beim ITM-Modus. Interessanterweise liegt ebenfalls eine sehr geringe Abweichung

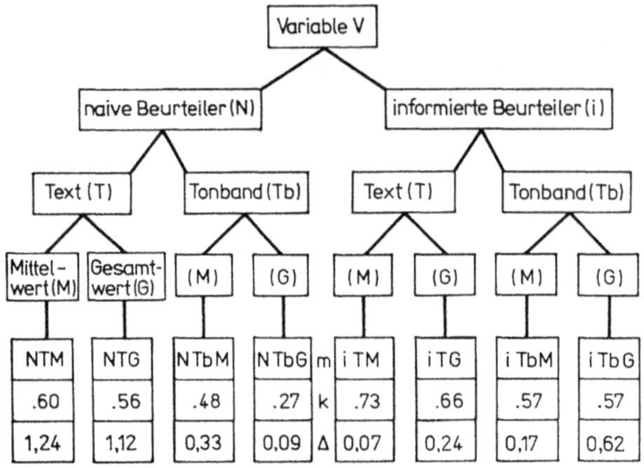

Abb. 6.:
Schema der Beurteilungsmodi (*m*), ihrer Kriteriumskorrelation (*k*) und Abweichung vom Kriterium (*Δ*).

beim Modus „Naive – Tonband – Gesamtwert" vor, doch weist die sehr kleine Kriteriumskorrelation diesen Modus als unangemessen aus. Wir können also mit gewissen Vorbehalten davon ausgehen, daß der Beurteilungsmodus ITM sich als relativ günstig erwiesen hat, d. h., daß informierte Beurteiler alle Psychotherapeutenäußerungen aus transkribierten Stichproben von Psychotherapiekontakten beurteilen und die so erhaltenen Beurteilungsdaten zu einem Mittelwert pro Stichprobe zusammenfassen.

Hierbei gingen die Beurteiler so vor, daß sie die Psychotherapeutenäußerungen der verschiedenen Stichproben nacheinander beurteilten, ohne gleichzeitig die Beurteilung der Selbstexploration von Patientenäußerungen zu berücksichtigen. Für die Praxis der Variablenbeurteilung ist von Interesse, daß sich auch eine alternierende Beurteilung von Verbalisierung und Selbstexploration auf die Güte der Beurteilung nicht wesentlich auswirkt.

Die Korrelation zwischen Expertenurteilen und den ITM-Daten des Modus „Informierte – Text – Mittelwert" beträgt im Falle der Beurteilung von Verbalisierung und Selbstexploration in ihrer natürlichen Reihenfolge .78, was darauf hinweist, daß die V-SE-alternierende Beurteilung bzw. Skalenhandhabung günstiger ist als die Beurteilung von V- und SE in 2 Durchgängen.
Zusammenfassend kann also die in der Forschungsliteratur empfohlene Bevorzugung fachneutraler bzw. naiver Beurteiler gegenüber fachlich informierten Beurteilern nicht bestätigt werden. Besonders gilt dies für Beurteilungen auf der Basis von Tonbandmaterial. Auch der behaupteten Gleichwertigkeit von Text- und Tonbandmaterial können wir nicht folgen, denn für alle Modi liegt das Gütemaß bei Tonbandbeurteilungen niedriger als bei Textbeurteilungen. Eine Entscheidung darüber, ob Einzeläußerungen der Stichproben oder die Stichprobe als Ganzes beurteilt werden sollten, kann nicht getroffen werden, da beide Vorgehensweisen äquivalent sind.

4.1.1.3.
Beurteilung der Verbalisierung mit Psychotherapiebegleitbögen (TBB)

Die bisher dargestellte und untersuchte Erfassungsmethodik für das Verbalisierungsausmaß (Beurteilungsskalen auf der Basis von Psychotherapieaufzeichnungen) ist besonders für Forschungszwecke geeignet. Zur Psychotherapieprozeßkontrolle in der praktisch-psychotherapeutischen Arbeit hingegen erscheint sie kaum anwendbar, da hier die notwendigen Voraussetzungen wie Tonbandaufzeichnungs- und Transkribierungsmöglichkeiten, trainierte Beurteiler, Erhebungszeiten usw. selten vorhanden sind. Andererseits ist die Prozeßkontrolle sowohl zur Rückmeldung als auch als Vorbedingung für Effektivitätskontrollen fast unabdinglich. Damit entsteht die Frage nach anderen methodischen Möglichkeiten einer gleichwertigen Variablenerfassung.

Einen Ansatzpunkt dazu bietet die Verwendung des Verhaltensinventars von BARRETT-LENNARD (1962), mit dessen Hilfe Patienten das Verhalten ihrer Psychotherapeuten, aber auch bei entsprechender Umformulierung Psychotherapeuten ihr eigenes Verhalten nach den 3 Kernvariablen der Gesprächspsychotherapie auf einer bipolaren 6-Stufen-Skala direkt im Anschluß an den psychotherapeutischen Kontakt einschätzen können. Nach TAUSCH (1973) erfassen die 64 Items dieses Inventars nur eine Dimension, weshalb es auf 13 Items reduziert werden konnte.

In Anlehnung an den BARRETT-LENNARD-Bogen haben wir einen Psychotherapiebegleitbogen (TBB) durch Umformulierung und Reduzierung von Items entworfen, mit dessen Hilfe wir mit KRITZ im Rahmen ihrer Diplomarbeit (1975) untersuchten, ob und in welchem Ausmaß die dadurch von Patienten und von Psychotherapeuten eingeholten Informationen über das Psychotherapeutenverhalten die Skalenbeurteilung von Tonband bzw. Transkriptmaterial ersetzen können.

Der TBB enthält für 4 Psychotherapeutenvariablen je 2 positiv und 2 negativ formulierte Items (Verbalisierung, Empathy, Akzeptierung, Selbstkongruenz). Die Informationen werden sowohl von Patienten als auch von Psychotherapeuten erfragt. Die Beantwortung der Items ist in 5 Stufen möglich: Von „trifft ganz genau zu" (+2) bis „trifft ganz bestimmt nicht zu" (−2). Die vier, die Verbalisierung betreffenden Items der Patientenfassung des TBB heißen:

– Er verstand heute meistens gut, was ich sagte (+)
– Es gelang ihm heute nicht, sich so auf mich einzustellen, daß er das Wesentliche verstehen konnte, von dem ich sprach (−)
– Er konnte das, was ich von meinem inneren Zustand und meinen Gefühlen mitteilte, genau erfassen (+)
– Er sah heute das, worüber ich sprach, mehr von seinem als von meinem Standpunkt aus (−).

Der TBB wurde zur Ermittlung der 4 Psychotherapeutenvariablen an 22 Psychotherapiekontakten erprobt, an denen 8 Psychotherapeuten und 22 neurotisch gestörte Patienten beteiligt waren. Die Patienten wurden darüber informiert, daß ihre Psychotherapeuten keinen Einblick in ihren TBB nehmen können. Alle Kontakte wurden auf Tonband registriert. Mit Hilfe entsprechender Skalen aus transkribierten Stichproben erhoben trainierte Beurteiler ($n=3$) Daten der Variablenausprägung (Modus ITM).

Um zu prüfen, ob die aus dem TBB gewonnenen Informationen über die Verbalisierung den Informationen, die durch V-Skalenanwendung mit dem optimalen ITM-Modus erhalten werden, äquivalent sind, wurden Korrelationen zwischen TBB (Patient) und Skalenbeurteilung errechnet.

Tab. 6 zeigt sehr deutlich, daß der TBB für den Patienten die V-Skalenbeurteilung wenigstens für praktische Belange ersetzen kann. Dagegen ist der TBB für den Psychotherapeuten als Äquivalent der V-Skala gänzlich ungeeignet.

Tab. 6:
Korrelation (R) zwischen TBB und Skalenbeurteilung (V)

	TBB (Patient)	TBB (Therapeut)
V-Skalenbeurteilung (ITM)	.62 (0,01)	,05 (n. s.)

4.1.2. Zur Objektivierung der Variable „Von Bedingungen unabhängige positive Wertschätzung und Wärme“ (W)

Dieses durch die Ergebnisse verschiedener Untersuchungen (vgl. S. 22) als psychotherapeutisch effektiv anzunehmende Merkmal wurde zunächst von Rogers (1957) und Barrett-Lennard (1962) beschrieben und von Truax (1962) skaliert. Ein hoher Grad der Variablen ist dann realisiert, wenn der Psychotherapeut die vom Patienten geäußerten Inhalte vorbehaltlos und mit Wärme und Zuwendung akzeptiert. Niedrige Ausprägungen sind demgemäß mit distanzierter und

Tab. 7:
Kurzform der Skala für „Wertschätzung und Wärme“

Bestimmungsstücke	Stufe 1	Stufe 2	Stufe 3	Stufe 4	Stufe 5
Ratschläge erteilen	ja	nein	nein	nein	nein
Akzeptierung (Grad der Bedingungslosigkeit für Wertschätzung und Wärme)	*nein* (Abwertung auf Grund eigener Maßstäbe des Therapeuten)	*etwas* (noch eingeschränkt durch eigene Maßstäbe des Therapeuten)	*teilweise* (noch eingeschränkt durch Förderungswunsch, starkes positives Sorgen und Verantwortungsabnahme – Entmündigung)	*stark* (nur gering eingeschränkt auf Grund spezifischer, für den Therapeuten wichtiger Punkte)	*ja* (vollständig, bedingungslos, eigenes Bezugssystem des Therapeuten nicht ins Spiel gebracht)
Zuwendung	geringe Zuwendung, mechanische Antworten, passives Zuhören		den Patienten verpflichtend, besitzergreifend, lenkend	offenkundiges, aufrichtiges Interesse und hohe Anteilnahme	

kühler Abwertung verbunden. Im Prinzip handelt es sich also um das Ausmaß an Akzeptierung oder, negativ formuliert, an Wertung bzw. Einbringen eigener persönlicher Ansichten und Meinungen in das Gespräch.
Aus der Truax-Skala für diese Variable stellten wir eine tabellarische Kurzform (Tab. 7) zusammen, die die wesentlichsten Aspekte (Ratschläge, Akzeptierung, Zuwendung) zur Beurteilung enthält (Helm 1976).

Zur Veranschaulichung folgen einige Beispiele für eine unterschiedlich gute Realisierung des Merkmals bei einer Patientenäußerung.

Patient: Also schon, wenn ich vor der Tür von meinem Chef stehe oder wenn ich ihn anrufen soll – ja –, dann möchte ich am liebsten wieder verschwinden oder 100 m tief in den Boden sinken – das ist furchtbar, sage ich Ihnen –, und er tut mir ja überhaupt nichts.

Psychotherapeut 1: Wenn es ernst wird, ja dann wird es schlimm für Sie, und Sie (3) können sich nicht vorstellen, daß es vielleicht doch besser wird, wenn Sie es immer wieder versuchen – vielleicht erst einmal bei einfachen Sachen –, das wäre schon gut.

Psychotherapeut 2: O ja. Das spitzt sich dann immer mehr zu. Es wird dann so schwie- (4) rig und kostet Sie riesige Überwindung.

Psychotherapeut 3: Ja, also Sie wissen eigentlich, daß er Ihnen nichts weiter tun (2) würde – also beim Telefonieren oder so?

Psychotherapeut 4: Wenn so eine Sache auf Sie zukommt, dann ist es am schlimmsten (5) kurz davor. Dann möchten Sie am liebsten gleich aufgeben. Das ist aber auch wirklich . . .

Psychotherapeut 5: Eben – er tut Ihnen ja nichts, und das sollten Sie sich immer vor (1) Augen halten – statt zu kneifen. Das ist ja gerade nicht gut.

Eine Sichtung der verschiedenen empirischen Untersuchungen über Definition, Erfassung und Wirkung dieser Variable (Rausch und Bordin 1957, Lorr 1965, Pope und Siegman 1968) zeigt, daß bereits hinsichtlich der Semantik verschiedene Standpunkte existieren, was sich auch in der Verwendung verschiedener Bezeichnungen widerspiegelt (unconditional positive regard; positive regard; emotional warmth; positive Wertschätzung und emotionale Wärme; Akzeptierung). Dennoch gilt dieses Merkmal auf Grund verschiedener Effektivitätsstudien (Fiedler 1953, Dittes 1957, Halkides 1958, Stratfield 1959, Truax 1963, Strupp, Wallach und Wogan 1964, Truax, Wargo und Silber 1966, Ahnert u. a. 1974) als ein wirksames Verhaltensmerkmal im psychotherapeutischen und auch außerpsychotherapeutischen Bereich.
Unsere eigenen Beurteilungserfahrungen weisen auf verschiedene Schwierigkeiten hin:

– Das Merkmal W ist der Beobachtung insofern schwer zugänglich, als es sich oft nicht genügend im äußeren Verhalten, besonders im Verbalverhalten, abbildet. Es handelt sich hier definitionsgemäß um ein Konstrukt im Merkmalsbereich von Einstellungen oder Haltungen. Trotzdem konnten wir eine Retest-Reliabilität der Beurteilungen von .85 ($p=0{,}001$, Zeitdifferenz: 14 Tage) ermitteln.
– Die Bestimmungsstücke dieses Merkmals überlappen sich zum Teil mit denen der Verbalisierung, die ebenfalls Belehrungen, Wertungen und Ermahnungen ausschließt. Die Korrelationen zwischen der Verbalisierung und der W-Variable sind daher oft erheblich; wir fanden sie zwischen .65 und .93 ($p<0{,}01$).

Wir haben deshalb mit HEBER und MICHALAK (1971) versucht, eine verbesserte empirische Skala für das Merkmal „Akzeptierung“ zu entwickeln. Das Merkmal wurde zunächst aus den Erfahrungen unserer psychotherapeutischen Praxis, aus Literaturauswertungen und aus theoretischen Gesichtspunkten heraus deduktiv definiert. Ausgangspunkt war dabei die Auflistung aller innerhalb dieser Definition wesentlich erscheinenden Bestimmungsstücke, die dann 6 psychotherapeutisch erfahrenen Personen vorgelegt wurden. Deren Aufgabe bestand darin, die Bestimmungsstücke nach bestimmten Kriterien zu beurteilen, um Synonyme zu eliminieren und die Repräsentativität in der Gesprächsstichprobe zu verbessern. Daraus ergaben sich die endgültigen Bestimmungsstücke, die zur Skalenentwicklung verwendet wurden:

„Positive“ Bestimmung (hohes Ausmaß)	„Negative“ Bestimmung (Fehlen von Akzeptierung)
– Psychotherapeut läßt den Patienten gewähren, toleriert seine Ansichten, bringt seine eigene Meinung nicht ins Spiel.	– Psychotherapeut versucht zu belehren, zu überreden und überzeugen, setzt seine eigenen Meinungen gegen die des Patienten.
– Psychotherapeut ist engagiert, um den Patienten bemüht, an seinen Problemen echt interessiert.	– Psychotherapeut ist gleichgültig und gelangweilt, überhört oft Mitteilungen.
– Psychotherapeut richtet sich nach dem Patienten.	– Psychotherapeut dirigiert und lenkt den Inhalt des Gesprächs nach seinen Vorstellungen, engt den Patienten in der Themenwahl ein.
– Psychotherapeut enthält sich jeder Bewertung.	– Psychotherapeut verurteilt, lobt, kritisiert, es besteht ein „Gefälle“.
– Psychotherapeut läßt sich in eine ernsthafte und tiefgehende Beziehung ein.	– Psychotherapeut bleibt in Distanz, steht über den Dingen, scheut tieferen Kontakt.
– Psychotherapeut ist verständnisvoll und voller Wärme.	– Psychotherapeut ist sachlich, kühl und unpersönlich.
– Psychotherapeut verhält sich geduldig, drängt nicht.	– Psychotherapeut redet viel dazwischen, ist ungeduldig, läßt Patienten nicht ausreden.

170 Psychotherapeut-Patient-Einheiten wurden auf einer 6-Stufen-Skala, bei der nur die extremen Punkte definiert waren, von 10 „naiven“ und 4 fachvertrauten und psychotherapieerfahrenen Personen beurteilt. Alle Beurteiler erhielten eine genaue Definition des Merkmals „Akzeptierung“ entsprechend den formulierten Bestimmungsstücken. Alle Psychotherapeut-Patient-Einheiten, bei denen die Beurteiler mehr als 75% übereinstimmten, wurden als Ankerreize für die einzelnen Stufen ausgewählt. Danach wurde noch einmal mit 4 „naiven“ und 4 fachvertrauten Personen eine Beurteilung von 50 neuen Psychotherapeut-Patient-Einheiten vorgenommen, wobei die Stufen entsprechend der ersten Beurteilung durch Beispiele präzisiert wurden. Daraus ergaben sich nochmals 2 bis 3 relativ gut übereinstimmende Beispieläußerungen für jede Skalenstufe, so daß nun insgesamt für jede Stufe 5 bis 6 Beispiele zur Definition jeder

Stufe vorlagen. Nach erfolgter Definition wurde die Stufenfolge kontrolliert, indem 3 fachvertraute Beurteiler die Stufendefinitionen in eine Rangfolge brachten. Die Übereinstimmung betrug hier 100%.

Als Ergebnis zeigte sich, daß die stufenspezifischen Beispiele (Psychotherapeut-Patient-Einheiten) verschiedene Dimensionen betreffen, die den angezielten Sachverhalt „Akzeptierung" mitkonstituieren: Emotionale Zuwendung, Interessiertheit und Tolerieren. Die Extremstufen dieser Dimensionen sind in Tab. 8 enthalten:

Tab. 8:
Dimensionen und Definition der Extremstufen der Skala „Akzeptierung"

Dimension	Skalenstufe 1	Skalenstufe 5
emotionale Zuwendung	Therapeut ist emotional distanziert (kühle, unpersönliche Formulierungen)	Therapeut ist dem Patienten stark emotional zugewandt (Wärme, persönliche Formulierungen)
Interesse am Patienten	Therapeut wirkt desinteressiert (mechanische oder unbeteiligte oder bagatellisierende Formulierungen)	Therapeut wirkt anteilnehmend, engagiert und ernsthaft am Patienten interessiert
Toleranz	Therapeut verhält sich stark bewertend, dirigierend und folgernd	Therapeut läßt Standpunkt des Patienten gelten, unterstützt Selbständigkeit und *eigene* Aktivität bei der Auseinandersetzung mit Problemen

Vergleicht man die Skala „Akzeptierung" mit der aus der Truax-Skala entwickelten Kurzform der Skala für Wertschätzung und Wärme (Tab. 7), dann ergibt sich eine deutliche Übereinstimmung. Die Bestimmungsstücke „Ratschläge erteilen" und „Akzeptierung" der Kurzform entsprechen weitgehend der Dimension „Toleranz" in der Akzeptierungsskala; die „Zuwendung" in der Kurzform findet sich in der Akzeptierungsskala in den beiden Dimensionen „Emotionale Zuwendung" und „Interesse am Patienten" wieder. Wegen dieser semantischen Gleichwertigkeit haben wir die Bemühungen um eine bessere Operationalisierung dieser Kernvariable nicht weiterführen wollen. Einmal ist anzunehmen, daß die bei der Arbeit mit der Truax-Skala bei uns entstandenen Schwierigkeiten auch hier gelten, zum anderen legen die hohen Korrelationen mit der V-Variable nahe, daß ein größeres Ausmaß an „Akzeptierung, Wertschätzung und Wärme" in einer guten Verbalisierung bereits mit enthalten sind (Wexler 1974).

Wir nannten als ein wesentliches Problem der Erfassung dieser Variablen, daß sie als „Einstellungsvariable" der direkten Beobachtung des Verbalverhaltens nicht zugänglich ist. Auch aus diesem Grund untersuchte Kritz (1975), ob die Information über dieses Merkmal, die mit dem von uns entwickelten Therapie-Begleitbogen (TBB) vom Patienten und Psychotherapeuten eingeholt wurde, sich von der unterschied, die Beurteiler aus transkribierten Stichproben entnahmen. Die Korrelationen zwischen den Psychotherapeutenurteilen, Patientenurteilen und Skalenbeurteilungen sind zwar positiv, aber nicht signifikant ($p > 0{,}05$), und unterscheiden sich auch nicht untereinander.

Das Resultat weist also ebenfalls auf eine große Beurteilungsunsicherheit hin. Die aus allen 3 Beurteilungsquellen stammenden Daten hängen nur lose miteinander zusammen.

4.1.3.
Zur Objektivierung der Variable „Selbstkongruenz" (SK)

Auch für dieses, von ROGERS zu den notwendigen und hinreichenden psychotherapeutischen Bedingungen gerechnete Merkmal, wurde von TRUAX (1962) eine vorläufige 5-Stufen-Skala entworfen, mit der 3-Minuten-Gesprächsausschnitte beurteilt werden können. Ein hoher Grad an Selbstkongruenz liegt vor, wenn sich das verbale und nichtverbale Verhalten eines Psychotherapeuten mit seinem inneren Zustand weitgehend decken, so weit dies die psychotherapeutische Kommunikation betrifft; mit anderen Worten, wenn der Psychotherapeut sich echt und nicht geheuchelt, vorspielend oder fassadenhaft verhält. Dies bedeutet zugleich, daß sich der Psychotherapeut nicht „verteidigen" muß, daß er wenig professionell, sondern weitgehend transparent wirkt. Dabei wurde von TAUSCH (1973) zu bedenken gegeben, daß der Grad an Selbstkongruenz von Beurteilern nur danach eingeschätzt werden kann, daß er in verschiedenem Grade kongruent *erscheint.*
Damit wird die Möglichkeit „vorgemachter Selbstkongruenz" eingeräumt, ein Verhalten, das natürlich in Wirklichkeit ein inkongruentes Verhalten darstellt. Allerdings erscheint uns dabei die Gefahr des Auftretens von Diskrepanzen bei der Vermittlung von Informationen auf verbalen und nichtverbalen Kanälen durch den Psychotherapeuten recht groß. Die von TRUAX konzipierte Skala wurde von TAUSCH (1973) sinngemäß übersetzt. Die hieraus formulierte Kurzfassung ist im folgenden dargestellt:

Stufe	Bestimmungsstücke
1	– Offene Diskrepanz zwischen eigenem Erleben und Äußerungen. – Psychotherapeut befindet sich in Verteidigungshaltung. – Widersprüche im Inhalt seiner Rede. – Unsicherheiten deutlich.
2	– Diskrepanz zwischen eigenem Erleben und Äußerungen. – Psychotherapeut zeigt professionelles, unpersönliches Verhalten. – Äußerungen in vorbereiteter oder vortragender Art.
3	– Die verbalen Äußerungen des Psychotherapeuten „scheinen" sich mit seinem Erleben und Fühlen zu decken. Es gibt aber vereinzelt Hinweise (auch nichtverbaler Art), daß Diskrepanzen bestehen. – Psychotherapeut ist innerlich entweder in Verteidigungshaltung oder professionell, es gelingt ihm nicht ganz, es zu verbergen.
4	– Volle Kongruenz von Erleben und Äußerungen (meint wirklich, was er sagt). – Psychotherapeut wirkt natürlich, ohne Reserviertheit und größere Distanz.

5 – Wie Stufe 4, zusätzlich.
– Psychotherapeut ist innerlich frei und er selbst; er weicht nicht aus, sondern stellt sich allen Problemen.
– Psychotherapeut kann eigene, auf die Psychotherapie bezogene, auch negative (z. B. Akzeptierungsschwierigkeiten) Gefühle gegenüber dem Patienten konstruktiv einsetzen (z. B. durch eigene Selbstexploration).

Ein Beispiel für ein sehr selbstinkongruentes Verhalten des Psychotherapeuten:

Patient: Als ich vorhin hier herkam, da war ich furchtbar aufgeregt und hatte ganz furchtbares Herzklopfen – das geht mir immer noch so.

Psychotherapeut: Das verstehe ich aber nicht. Ich gebe mir eigentlich alle Mühe, daß Sie ruhig hierherkommen.

Patient: Ja, ich weiß nicht – – aber ich wollte mal etwas fragen, ist es Ihnen recht?

Psychotherapeut: Ja, ich höre!

Patient: Also ein Arbeitskollege, ja, der meinte, ich sei sicher seelisch krank und – – also ich wollte Sie mal fragen, ob Sie das auch glauben.

Psychotherapeut: Aber nicht doch! Seelisch krank nicht so wie schwere Fälle – –

Patient: Na ja, nicht nervenkrank – aber ich glaube, ich bin doch etwas anders – – das sagen auch die anderen zu mir. Ob die mich für normal halten?

Psychotherapeut: Ich glaube, also – – ich meine, daß Sie eben in gewisser Weise – – also seelisch abnorm – – oder – ja oder nicht – –

Patient: . . . nicht normal sind?

Psychotherapeut: Ja, aber das braucht Sie nicht weiter zu beunruhigen.

Die Arbeit mit der TRUAX-Skala bzw. der hier vorgestellten Kurzfassung machte allerdings deutlich, daß genügend hohe Beurteilungsübereinstimmungen bei Verwendung von Tonbandmaterial oder Transkripten nicht immer zu erreichen waren. Besondere Differenzierungsschwierigkeiten zeigten sich zwischen den Stufen 2 und 3. Inwieweit Bildaufzeichnungen die Zuverlässigkeit der Skala verbessern können, ist bisher unbekannt.

Ein Versuch, dieses Merkmal durch Psychotherapiebegleitbögen von Therapeuten und Patienten in seinem Ausprägungsgrad bestimmen zu lassen (KRITZ 1975) berechtigt zu der Vermutung, daß mit diesen Bögen gültigere Informationen über Selbstkongruenz gewonnen werden können. Die Korrelation zwischen den Patienten- und Psychotherapeuteninformationen betrug .55 ($p<0{,}01$), während sich zwischen Skalenbeurteilung und Einschätzung durch Psychotherapeuten kein Zusammenhang und zwischen Skalenbeurteilung und Einschätzung durch Patienten ein signifikanter Zusammenhang ($p=0{,}05$) ergab.

Erstaunlich ist allerdings, daß trotz dieser Beurteilungsprobleme signifikante Unterschiede in der Höhe der Selbstkongruenz von Psychotherapeuten bei erfolgreichen und nicht erfolgreichen Patienten nachgewiesen werden konnten (AHNERT u. a. 1973, vgl. Kap. 7).

4.1.4. Untersuchungen zur Dimensionierung des verbalen Psychotherapeutenverhaltens in der Gesprächspsychotherapie

Wie sich gezeigt hat, ist das ursprünglich deduktive Variablenkonzept der Gesprächspsychotherapie durch erhebliche semantische Überlappungen bzw. geringe Unabhängigkeit der Variablen untereinander belastet.

Dies hatte zur Folge, daß weder der Effektivitätsanteil der einzelnen Variablen noch ihr Zusammenwirken näher überprüft werden konnten. TAUSCH berichtet von signifikanten Korrelationen um .70 zwischen der „positiven Wertschätzung und Wärme" und den beiden anderen Kernvariablen Verbalisierung und Selbstkongruenz.
Wir selbst konnten diesen engen Zusammenhang bestätigen ($r = .65$ bis $.93$; $p < 0{,}01$). Auch die Verhaltensbereiche zur Psychotherapeutencharakterisierung (BARRETT-LENNARD-Inventar) entsprechend den drei Kernvariablen erwiesen sich als eine umfassende Dimension (TAUSCH 1973). Offenbar entspricht diesem Sachverhalt auch der neuere Ansatz einer differentiellen Gesprächspsychotherapie, in welcher die psychotherapeutischen Gesprächsvariablen, besonders die Kernvariablen als psychotherapeutisches Basisverhalten bezeichnet werden (BASTINE 1970, TSCHEULIN 1972). Zu diesem damit zusammengefaßten psychotherapeutischen Bedingungskomplex müssen danach störungsspezifisch weitere sogenannte Interventionsstrategien des Psychotherapeuten zum Einsatz gelangen.
Prinzipiell erscheinen uns zwei Wege in der Forschung gangbar, um in der Ermittlung unabhängiger Dimensionen des Psychotherapeutenverhaltens in der Gesprächspsychotherapie weiterzukommen. Erstens kann versucht werden, die wesentlichsten, als effektiv ausgewiesenen Psychotherapeutenvariablen mit Hilfe der Faktorenanalyse auf einige relativ unabhängige Dimensionen zu reduzieren, deren Effektivität dann erneut zu prüfen wäre. Zweitens ergäbe sich ein mehr induktiver Weg, bei dem von dem Variablenkonzept abgesehen wird, um von vornherein Redundanzen und Überlappungen zu vermeiden. Hierbei wären mit Hilfe geeigneter Analysenmittel aus schriftlich fixierten Gesprächspsychotherapie-Stichproben Verhaltensmerkmale herauszufiltern, die dann durch eine Faktorenanalyse dimensioniert und im Anschluß daran auf ihren Zusammenhang mit Effektivitätsvariablen überprüft werden können. Auf Grund der unterschiedlichen Materialvoraussetzungen beider Faktorisierungen ist im letzteren Fall mit einer größeren Zahl von Dimensionen zu rechnen. Wenden wir uns zunächst der ersten möglichen Methode zu, die wir im Rahmen einer umfassenden Effektivitätsstudie mit AHNERT, BÖTTCHER, PINCUS und SCHEFFEL (kollektive Diplomarbeit 1974) erprobten.

4.1.4.1.
Dimensionierung wesentlicher Therapeutenvariablen der Gesprächspsychotherapie

Die hier zu untersuchende Frage läßt sich dahingehend zusammenfassen: Lassen sich die in der patientzentrierten Gesprächspsychotherapie realisierten Psychotherapeutenvariablen wegen ihrer mehrfach nachgewiesenen Abhängigkeit faktorenanalytisch auf ein einheitliches gesprächspsychotherapeutisches Basisverhalten bzw. auf wenige Dimensionen reduzieren?
Als Ausgangsmaterial der Untersuchungen wurden schriftlich fixierte Tonbandstichproben von 20 neurotisch gestörten Personen verwendet, die von 4 Psychotherapeuten behandelt wurden. Die Stichproben von je 10 Äußerungen pro Patient und Psychotherapeut wurden aus dem zweiten, mittleren und letzten Kontakt aller Psychotherapien entnommen, so daß sich eine Gesamtstichprobe von 600 Äußerungen ergab. Diese Stichprobe wurde von vorher trainierten Beurteilern nach folgenden 10 skalierten Psychotherapeutenvariablen eingeschätzt:

1. Tiefe der Interpretation (nach HARWAY, DITTMANN, RAUSH, BORDIN und RIGLER 1953)
2. Verbale Anlehnung der Psychotherapeutenäußerung an die Patientenäußerung (Skala von AHNERT, BÖTTCHER, PINCUS und SCHEFFEL 1974)
3. Akzeptierung (nach TRUAX und CARKHUFF 1967)
4. Konkretheit (nach TRUAX und CARKHUFF 1964)
5. Konfrontation (nach TRUAX und CARKHUFF 1967)
6. Verbalisierung emotionaler Erlebnisinhalte (TAUSCH 1973)
7. positive Wertschätzung und Wärme (TRUAX 1962)
8. Selbstkongruenz (TRUAX 1962)
9. Empathy (erweiterte Verbalisierung, modifiziert nach MELLOH, HELM 1976)
10. verständliche Form der Psychotherapeutenäußerung (HEBER und MICHALAK 1971)

Um Übertragungseffekte bei Beurteilern zu vermindern, wurde mit den Skalen in der Reihenfolge ihrer größtmöglichen inhaltlichen Unähnlichkeit beurteilt. Die Einschätzungen erfolgten von den Beurteilern unabhängig, nur beim Auftreten größerer Diskrepanzen wurde durch Diskussion ein gemeinsames Urteil erarbeitet. Es mußte die logische Konzeptvalidität in Ermangelung von Gültigkeitskriterien in Kauf genommen werden. Da jeder Beurteiler die gleiche Information über den zu beurteilenden Sachverhalt besaß und in gleicher Weise verarbeitete (Beurteilerübereinstimmung hinreichend), war eine ausreichende Objektivität gewährleistet. Die Retestreliabilität lag nach Abschluß des Skalentrainings zwischen .73 und .96 ($p < 0{,}001$; Zeitdifferenz: 14 Tage). Bei Prüfung der unteren Vertrauensgrenze der Retestkoeffizienten erweisen sich allerdings die Skalen „positive Wertschätzung und Wärme" und „Selbstkongruenz" als nicht ausreichend zuverlässig. Da aber hier pro Stichprobe und nicht pro Äußerung je ein Beurteilungswert vorlag, wurde für die Reliabilitätsberechnung der Datenumfang relativ klein bzw. der Stichprobenfehler zu groß, um den Reliabilitätskoeffizienten sichern zu können. Die beiden problematischen Skalen wurden deshalb nicht eliminiert.
Da die Werte der Variablen sich als nicht normalverteilt erwiesen, wurde eine Rang-Korrelations-Matrix errechnet (Rechen- und Organisationszentrum der Humboldt-Universität Berlin) und anschließend eine Faktorenanalyse nach dem multiplen linearen Ansatz durchgeführt.

Die Matrix der rotierten Faktorenladungen (VARIMAX-Methode von KAYSER) und die Kommunalitäten zeigt Tab. 9.
Der letzte noch zu interpretierende Faktor sollte nach einer Empfehlung von ÜBERLA (1968) mehr als 5% der Gesamtkommunalität abdecken und einen Eigenwert größer als 1 besitzen. Dies ist bei der vorliegenden Faktorenlösung der Fall. Es fällt auf, daß die Kommunalitäten der Variablen Konfrontation, Konkretheit und verständliche Form sehr gering ausfallen, d. h., die Varianz dieser Variablen durch die Faktoren nicht repräsentiert wird.

Zur Interpretation wird das Kriterium nach FÜRNTRATT (1969) $\left(\frac{a^2}{h^2} \geqslant 0{,}5\right)$ berücksichtigt.
Alle Ladungen, die diesem Kriterium entsprechen, sind in der Tabelle fett gedruckt.
Eine Interpretation der Faktorenlösung ist relativ eindeutig möglich. Da 30,7% von der Gesamtvarianz aufgeklärt werden konnte, ist anzunehmen, daß neben den 2 ermittelten gemeinsamen Faktoren der eingegebenen Variablenmenge noch Restfaktoren bestehen, die hier nicht extrahiert werden konnten. Dennoch ist der hier ermittelte Aufklärungsgrad für eine Interpretation hinreichend. Nach FÜRNTRATT (1969) ist eine Faktoren-

Tab 9:
Faktormatrix; Psychotherapeutenvariablen

Variable	F I	F II	h^2
Verbalisierung	**.62**	−.33	.50
Empathy	**.59**	.40	.50
Akzeptierung	**.64**	−.01	.40
Wertschätzung/Wärme	**.54**	−.01	.28
Selbstkongruenz	**.39**	.03	.15
Interpretation	.05	**.75**	.56
Anlehnung	.15	**−.71**	.53
Konfrontation	**.28**	.01	.08
Konkretheit	.11	.16	.04
Verständliche Form	.01	**−.16**	.03
Eigenwerte	1.70	1.39	$\sum h^2$ 3.07
%-Anteil von $\sum h^2$	54.8	45.2	100

lösung nur dann sinnvoll interpretierbar, wenn jeder Faktor durch mindestens 3 Variable definiert werden kann, die das obengenannte Kriterium erfüllen. Dies ist hier ebenfalls gegeben: Für Faktor I erfüllen 6 und für Faktor II erfüllen 3 Variablen das Kriterium.

Inhaltlich ergeben sich zwei deutlich voneinander abgehobene Verhaltensdimensionen. Die erste ist durch die Kernvariablen Verbalisierung, Empathy, Akzeptierung, Wertschätzung, Wärme und Selbstkongruenz bestimmt, die zweite durch die Variablen Interpretation gegenüber Anlehnung an die Patientenäußerung. Bemerkenswert ist dabei, daß die Empathy-Variable auch im 2. Faktor relativ hoch lädt. Dies wird verständlich, wenn man in Betracht zieht, daß Empathy-Reaktionen des Psychotherapeuten sich stärker auf vom Patienten nur indirekt geäußerte und dem Patienten selbst oft nicht klar bewußte internale Inhalte beziehen, d. h. also, sich von der Patientenäußerung weiter entfernen und in größerer Nähe zur Interpretation stehen als Verbalisierungsreaktionen. Faktor I kann also sinnvoll als gesprächspsychotherapeutisches Basisverhalten im Sinne eines warmen, akzeptierenden Verbalisierens durch einen selbstkongruenten Psychotherapeuten verstanden werden. Dies stimmt auch mit dem Befund von TAUSCH (1973) überein, wonach die verschiedenen, den Kernvariablen entsprechenden Verhaltensbereiche des BARRETT-LENNARD-Inventars als einheitliche Dimension angesehen werden müssen. Die ursprünglich deduzierten Psychotherapeutenvariablen erweisen sich somit als eine komplexe einheitliche Verhaltensdimension des Psychotherapeuten. Faktor II ist sinnvoll als ein sich von der Patientenäußerung ablösendes Interpretieren aufzufassen, d. h., der Psychotherapeut geht gleichsam „hinter" die Patientenäußerung, indem er einen dem Patienten verborgenen Sinn, ein ihm verborgenes oder unbewußtes Motiv deutet und anbietet.
Unser Resultat läßt sich begrenzt mit verschiedenen anderen Untersuchungsbefunden vergleichen. Da es sich dabei nicht, wie in unserer Untersuchung, um eine Analyse des *konkreten* Psychotherapeutenverhaltens, sondern um Einschätzungen von Psychotherapeuten über das von ihnen selbst anzustrebende Verhalten handelt, schränkt dies den Vergleich natürlich erheblich ein. Ferner ist zu bedenken, daß

sich unser Ergebnis auf die Analyse patientzentrierter Gespräche bezieht. SUNDLAND und BARKER (1962) faktoranalysierten 16 verschiedene Klassen von Psychotherapeutenaktivitäten, die von Vertretern verschiedener psychotherapeutischer Schulen eingeschätzt wurden. Neben einigen, nach Ansicht der Autoren weniger bedeutsamen Faktoren ergab sich ein zweipoliger Generalfaktor „analytisch vs.experiental", in dem sich psychoanalytische von patientzentrierten Gesprächspsychotherapeuten unterscheiden. Die clusteranalytische Überprüfung der Ausgangskorrelationen dieser Untersuchung durch Mc NAIR und LORR (1964) ergab 3 Cluster: 1. Deuten von Kindheitserinnerungen, Träumen, Übertragung und Widerstand, also ein ziemlich eindeutiger Interpretationsfaktor. Der 2. Faktor hat Ähnlichkeit mit dem Generalfaktor von SUNDLAND und BARKER, während der 3. Faktor direktives Verhalten betrifft. PONGRATZ (1973) bezog in seinen Fragebogen verhaltenstherapeutische, psychoanalytische und patientzentrierte Prinzipien ein. Die Items waren in Form von Feststellungen formuliert, denen auf einer 6-Stufenskala zustimmend oder ablehnend geantwortet werden mußte. Hier ergaben sich 4 Faktoren: 1. psychoanalytisch vs. symptomzentriert; 2. patientzentriertes Basisverhalten mit hohen Ladungen in Verbalisierung, Wertschätzung/Wärme und Selbstkongruenz, entsprechend unserem Faktor 1; 3. direktiv-pragmatisch vs. nicht direktiv; 4. lerntheoretisch fundiert vs. subjektiv.
Diese Befunde, die also weniger das konkret realisierte Verhalten von Psychotherapeuten, sondern deren Meinungen über das von ihnen anzustrebende Verhalten zum Ausgangspunkt nahmen, weisen ebenfalls auf die Eindimensionalität des gesprächspsychotherapeutischen Basisverhaltens und auf eine Dimension „Interpretation" hin. Daß daneben auch andere analytische und direktive Aktivitäten als Faktoren zu Tage treten, ist in dem relativ ausgewählten Fragesystem dieser Untersuchung begründet.

4.1.4.2. Dimensionierung des Verbalverhaltens von Gesprächspsychotherapeuten

Nachdem wir im vorangegangenen Abschnitt zeigen konnten, daß die Psychotherapeutenvariablen der Gesprächspsychotherapie als eine einheitliche Dimension im Sinne eines gesprächspsychotherapeutischen Basisverhaltens zu verstehen sind, wird im folgenden der Frage nachgegangen, ob und welche unabhängigen Dimensionen des Verbalverhaltens von Gesprächspsychotherapeuten sich unter Absehung vom Variablenkonzept auf mehr induktivem Wege – also gleichsam auf erweiterter Basis – ermitteln lassen. Wir können uns dabei auf ausgewählte Teile einer noch nicht abgeschlossenen, von uns betreuten Dissertation von WYRWICH stützen.
Insgesamt wurden bisher in vielen Einzelarbeiten relativ isoliert voneinander verschiedene Aspekte des Psychotherapeutenverhaltens zu erfassen versucht, deren Abhängigkeit weitgehend unaufgeklärt ist und deren Ableitung aus den Praxiserfahrungen von Psychotherapeuten deduktiv vorgenommen wurde. Redundanz und Vernachlässigung übersehener Aspekte usw. fordern deshalb eine komplementäre induktive Studie zur Merkmalsgruppierung. Im Rahmen der erwähnten, noch nicht abgeschlossenen Untersuchung sollte aus dem konkreten Verhalten patientzentrierter Gesprächspsychotherapeuten ein möglichst umfassender Merkmalssatz gewonnen werden und auf seine Dimensionalität hin analysiert werden.
Als Ausgangsmaterial dienten 114 schriftlich fixierte Tonbandstichproben (An-

fangs-, Mittel- und Endkontakte) aus 40 Psychotherapien von 4 Psychotherapeuten, insgesamt 648 Psychotherapeuten- und 912 Patientenäußerungen. Daraus wurden zunächst 400 Patient-Psychotherapeut-Einheiten zufällig ausgewählt und nach der 3-Gruppen-Methode von KELLY (1955) von 70 Versuchspersonen verglichen. Dabei handelt es sich um einen Ähnlichkeitsvergleich über Dreiergruppen von Patient-Psychotherapeut-Einheiten. Da jede Versuchsperson auf diese Weise mindestens 10 verschiedene Unterscheidungsmerkmale finden sollte, ergab sich so eine Menge von 208 Merkmalen, aus der 20 „geeignete" Merkmale durch 4 Reduktionsschritte nacheinander ausgewählt wurden.

Bei den 4 Reduktionsschritten handelte es sich um folgende:

- Um identische, aber verschieden bezeichnete Merkmale zusammenzufassen, wurden Ähnlichkeitsgruppen gebildet, aus denen 15 Beurteiler diejenigen Merkmale zu streichen hatten, die durch ein anderes besser ausgedrückt wurden (Selektionskriterium: Streichung durch mindestens 50% der Beurteiler).
- Beurteilung der Eignung der Merkmale zur Charakterisierung des verbalen Psychotherapeutenverhaltens auf einer 5-Stufen-Eignungsskala (16 Beurteiler; Selektionskriterium: $\bar{x} \geqslant 2{,}3$ und $2{,}2 \geqslant \bar{x} \geqslant 2{,}0$, wenn $s^2 \geqslant 1{,}0$). Die verbleibenden 48 Merkmale wurden nach der Vorgehensweise von KATZ und BRALY (zit. nach BAUM 1967) durch 19 fachvertraute Beurteiler in Gegensätze gepolt.
- Selegierung der Gegensatzpaare durch 4 fachvertraute Beurteiler nach 3 Kriterien: zu schlechte Wahrnehmbarkeit in den Transkripten, zu seltenes Auftreten in der Gesprächspsychotherapie, Merkmalsidentität.
- Für die verbleibenden 29 gepolten Merkmale wurden verbal gekennzeichnete Skalen aufgestellt. 4 unabhängige Beurteiler gaben damit Schätzurteile über eine repräsentative Analysenstichprobe ab. Diese Schätzurteile wurden nach der Häufigkeit der Indifferenzstufe (Nichtvorhandensein), nach der Reliabilität der Urteile und nach ihrer Streuung analysiert.

Nach diesem Vorgehen entstand die Liste der folgenden 20 bipolaren Merkmale des Psychotherapeutenverhaltens in der Gesprächspsychotherapie, die hinreichend variieren und anhand von transkribierten Tonbandstichproben gut erfaßbar sind:

Nr. der Merkmale	Extremstufen	
1.	weitschweifig	konzentriert, straff
2.	lenkend	Führung dem Patienten überlassend
3.	Lösungen und Ansätze aufzeigend	keine Lösungen und Ansätze tangiert
4.	Werten	Tolerieren/Akzeptieren
5.	Schwächen und Fehler aufdecken	sich über Schwächen und Fehler nicht äußern
6.	konkret-anschaulich	abstrakt
7.	direkt explorieren	feststellen
8.	emotional warm	distanziert kühl
9.	spezifische, auf Beschwerden eingehende Äußerungen	sehr allgemeine Äußerungen
10.	zusammenfassen	analysieren

11.	verschwommen/ verworren	klar/eindeutig
12.	unsicher/irritiert	sicher
13.	interpretieren/folgern	nicht interpretierend
14.	schematisch/ schablonenhaft	genau auf die Patientenäußerung bezogen
15.	verständnisvoll	verständnislos
16.	passiv	aktiv/anregend
17.	der Patientenäußerung inhaltlich sehr ähnlich	der Patientenäußerung inhaltlich nicht ähnlich
18.	das Wesentliche voll treffen	das Wesentliche gänzlich verfehlen
19.	Negatives hervorheben	Positives hervorheben
20.	präzisierend	verwischend

Wenn auch ein größerer Teil dieser mehr induktiv ermittelten Merkmale bereits in der Literatur behandelt wurde, so ließen sich auch einige bisher weniger beachtete Merkmale finden: 1; 5; 10; 11; 17; 19; 20. Andererseits tauchen aus der Literatur bekannte Merkmale wie z. B. Überzeugen, Echtheit, Offenheit, Verantwortlichkeit hier nicht auf, vermutlich, weil sie sich aus transkribierten Tonbandstichproben nur schwer identifizieren und beurteilen lassen oder weil ein Teil von ihnen für das patientzentrierte Konzept nicht charakteristisch bzw. in den von uns verwendeten Gesprächsstichproben nicht enthalten ist.

Zur Aufklärung der Dimensionalität der Merkmale wurden zunächst alle Psychotherapeutenäußerungen der Gesprächsstichproben ($n = 693$) von instruierten Beurteilergruppen (insgesamt von 97 Beurteilern) mit den 20 bipolaren Merkmalsskalen eingeschätzt. Die so gewonnenen Daten bilden die Grundlage für eine Faktorenanalyse.

Die Faktorenmatrix nach erfolgter Varimaxrotation ist in Tab. 10 dargestellt (siehe S. 80).

Alle 5 Faktoren sind interpretierbar. Jeder Faktor deckt mehr als 5% der Gesamtkommunalität ab, und die Eigenwerte sind größer als 1. Alle Ladungen, die das FÜRNTRATT-Kriterium erfüllen, sind in der Faktorenmatrix fett gedruckt und können daher zur Interpretation als Leitvariablen verwendet werden.
Insgesamt wurden durch die Faktorenlösung 49,1% der Gesamtvarianz aufgeklärt.
Es fällt auch auf, daß die Faktorenladungen nur bei 2 Variablen das FÜRNTRATT-Kriterium erreichen, also eigentlich nicht interpretiert werden dürfen. Wegen der relativ hohen Kommunalitäten und Ladungen soll dies aber hinweisend versucht werden.

Der Faktor II wird durch die Merkmale 3 (Aufzeigen neuer Lösungen und Ansätze), 10 (analysieren), 13 (interpretieren/folgern), 16 (aktiv anregend) und 17 (der Patientenäußerung inhaltlich unähnlich) bestimmt, läßt sich also am besten als analysierendes und ablösendes Interpretieren kennzeichnen.
Der Faktor V ist durch die Merkmale 4 (tolerieren/akzeptieren), 6 (konkret/anschaulich), 8 (emotional/warm), 9 (spezifisch auf Besonderheiten eingehen), 14 (genau auf die Patientenäußerung bezogen), 15 (verständnisvoll), 18 (das Wesentliche treffen) und 20 (präzisieren) repräsentiert. Er entspricht also mit hoher Deutlichkeit dem gesprächspsychotherapeutischen Basisverhalten. Faktor III mit den Merkmalen 1

Tab. 10:
Faktormatrix; Gesprächsmerkmale des Psychotherapeuten

Merkmal	F I	F II	F III	F IV	F V	h^2
1	.01	–.29	**.59**	.08	–.23	.49
2	**–.70**	–.30	–.06	.04	.09	.59
3	–.07	**–.54**	.02	.07	–.13	.31
4	.15	–.23	–.17	.27	**.53**	.46
5	.05	–.17	.09	**.76**	–.15	.63
6	.18	–.03	–.27	.15	**–.43**	.31
7	**.68**	–.15	.09	.01	.01	.49
8	.00	–.06	.24	.00	**–.63**	.46
9	.10	–.32	.03	.14	**–.56**	.44
10	–.23	**.66**	–.19	–.13	–.03	.54
11	–.06	–.18	**.78**	.03	.02	.64
12	.11	.09	**.67**	.03	.09	.48
13	.04	**–.56**	.11	.09	–.12	.35
14	–.01	.29	–.01	–.09	**.69**	.57
15	–.07	–.11	.13	–.01	**–.77**	.62
16	–.21	**.61**	.03	–.08	.29	.51
17	–.21	**.50**	.01	.05	–.40	.45
18	–.18	.09	–.16	.05	–.68	.53
19	.00	–.08	.04	**.80**	–.01	.65
20	.02	–.11	–.21	.09	**–.49**	.31
Eigenwerte	1.21	2.21	1.71	1.39	3.30	$\sum h^2$ 9.83
%-Anteil von $\sum h^2$	12,36	22,47	17,40	14,15	33,62	100

(konzentrieren), 11 (klar/eindeutig) und 12 (sicher) kann als ein Faktor der sprachlichen Ausdrucksklarheit gesehen werden. Faktor I mit dem geringsten prozentualen Anteil an der Gesamtkommunalität kann als Direktivität (lenken, direktives Explorieren) und Faktor IV als positive/negative Bekräftigung (Schwächen und Fehler aufdecken, positives/negatives Hervorheben) definiert werden.

Der Vergleich dieses Ergebnisses eines sehr induktiv-faktoranalytischen Vorgehens mit dem Resultat der Dimensionierung von 10 Psychotherapeutenvariablen der Gesprächspsychotherapie zeigt also, daß in beiden Fällen 1. das gesprächspsychotherapeutische Basisverhalten auf einem einheitlichen Faktor erscheint, dem ein 2. Faktor „ablösendes bzw. analysierendes Interpretieren" gegenübersteht. Diese Dimensionen entsprechen, wenn auch mit etwas unterschiedlichen Bezeichnungen, den Befunden früherer Untersuchungen verschiedener Autoren, wenn man davon absieht, daß hier nicht das konkrete Psychotherapeutenverhalten, sondern Psychotherapeutenmeinungen über ihr Verhalten untersucht wurden. Es müßte also in der weiteren Arbeit darauf ankommen, diese Dimensionen durch die Entwicklung reliabler Skalen zu operationalisieren, damit die großen Überlappungsbereiche im Variablenkonzept der Gesprächspsychotherapie ausgeschaltet werden können. In einem nächsten Schritt muß mit der Vernetzung der Dimensionen mit Patienten-Prozeßvariablen und Effektivitätsvariablen begonnen werden. Dies gilt auch für die in dieser Studie ermittelten Dimensionen „Sprachliche Ausdrucksklarheit",

„Bekräftigung" und „Direktivität". Die Ergebnisse können insgesamt zunächst als Beitrag zur Einschränkung des relativ praktizistischen, unsystematischen Vorgehens bei der Untersuchung von Psychotherapeutenvariablen, aber auch als eine Ergänzung der deduktiv abgeleiteten Variablen des gesprächspsychotherapeutischen Konzepts gewertet werden.

4. 2.
Methodik der Erfassung von Prozeßvariablen des Patienten

Im Gegensatz zu dem relativ großen Umfang der bisher in der Gesprächspsychotherapieforschung untersuchten Psychotherapeutenvariablen sind bisher nur wenige Prozeßmerkmale des Patienten erfaßt und quantifiziert worden, die die Effektivität der Gesprächspsychotherapie mitbedingen. In unserem Übersichtsschema (Kap. 2, Abb. 1) sind die Gesprächsvariablen des Patienten unter Block D dargestellt.

Untersuchungen zur Erfassungsmethodik dieser Variablen sind insofern wesentlich, als davon die Aufklärung ihres Zusammenhangs mit Psychotherapeutenvariablen und mit Effektivitätsvariablen abhängt, zwischen denen sie gleichsam das vermittelnde Glied im psychotherapeutischen Wirkungsprozeß darstellen. Für die Analyse der verbalen Aktivität des Patienten stellen natürlich ebenfalls Tonbandaufzeichnungen von Psychotherapiegesprächen das Rohmaterial dar. Daraus werden die weiter zu bearbeitenden Daten mit Hilfe von Kategoriensystemen, Schätzskalen usw. abgegriffen.

Bisher untersuchte Patientenvariablen reichen von mehr formalgrammatikalischen Eigenschaften der Sprachproduktion bis zu inhaltlichen Merkmalen. Begriffe wie Experiencing und Selbstexploration werden gelegentlich als „formal-inhaltlich" gekennzeichnet (TAUSCH 1973). Die Selbstexploration wird wegen ihres engen Zusammenhangs mit der Effektivität psychotherapeutischer Gespräche zur Zeit als wesentlichstes Prozeßmerkmal betrachtet. Deshalb haben wir uns in unseren Untersuchungen besonders darauf konzentriert.

In der patientzentrierten Gesprächspsychotherapie wird öfter die Prozeßskala von ROGERS (1958, 1959) angewendet, die eigentlich 7 verschiedene Merkmale erfaßt: 1. Erfahrung von Gefühlen und persönlich-gefühlsmäßigen Meinungen, 2. Unmittelbarkeit des gegenwärtigen Erlebens, 3. Inkongruenz (Offenheit für Erfahrungen), 4. Kommunikation mit dem eigenen „Selbst", 5. Erfahrungsausdeutung, 6. Verantwortlichkeit für Probleme und 7. Kontaktängstlichkeit. Die Überprüfung dieses Instruments erfolgte durch WALKER, RABLEN und ROGERS (1962) und TOMLINSON und HART (1962). Auch verschiedene Kategoriensysteme wurden zur Prozeßcharakteristik entwickelt, z. B. 5 Kategorien zur Erfassung internaler gegenüber externalen Gesprächsinhalten (KIRTNER und CARTWRIGHT 1958), 3 Kategorien für das Ausmaß von Selbstreferenzen (BRAATEN 1961), 10 Kategorien zur Systematisierung von Einstellungen und Gesprächsinhalten (SEEMAN 1949).

4.2.1.
Erfassung der Selbstexploration von Patienten (SE)

Definitionsgemäß (vgl. S. 23) ist die Selbstexploration ein recht komplexer Sachverhalt. In der von TAUSCH, ZEHELEIN, FITTKAU und MINSEL (1967) revidierten Skala von TRUAX (1961) sind als Beschreibungskategorien Gefühle, gefühlsmäßige

Stellungnahmen und Bewertungen der Umwelt sowie des eigenen Verhaltens und Erlebens, Ziele, Wünsche und Selbstbildbeschreibungen verwendet. Es handelt sich also um eine relativ heterogene Skala sogenannter internaler Inhalte. Diese 9-Stufen-Skala soll das Ausmaß der in einer Patientenäußerung oder Gesprächsstichprobe enthaltenen Selbstexploration erfassen. In der folgenden Tabelle geben wir ihre wesentlichen Bestimmungsstücke wieder:

Stufe	Kennzeichnung
1	Patient berichtet nicht über sich selbst, spricht nur über von seiner Person unabhängige (*externale*) Sachverhalte.
2	Wie Stufe 1, aber Patient spricht über Personen und Dinge, die zu *ihm in Beziehung* stehen.
3	Patient berichtet über externale Sachverhalte *und* eigenes Verhalten, ohne damit verbundene Erlebnisse (*internale Inhalte*) zu erwähnen.
4	Wie Stufe 3, aber es ist *anzunehmen*, daß die Aussagen mit Gefühlen verbunden oder von erheblicher Bedeutung sind.
5	Patient berichtet überwiegend über externale Sachverhalte oder über eigenes Verhalten, doch werden persönliche innere Erlebnisse *kurz erwähnt*.
6	Patient berichtet über externale Sachverhalte oder äußeres Verhalten, doch *überwiegend* über damit verbundene internale Inhalte.
7	Patient berichtet überwiegend über internale Inhalte; zusätzlich ist ein *Ansatz* zur Klärung deutlich.
8	Patient berichtet ausführlich über internale Inhalte, das *Suchen* nach neuen Aspekten und Zusammenhängen kommt dabei zum Ausdruck.
9	Patient berichtet ausführlich über internale Inhalte, er *findet* dabei neue Aspekte und Zusammenhänge.

Obgleich das Ausmaß der Selbstexploration verschiedenen Untersuchungsbefunden zufolge eng mit der Effektivität zusammenhängt, ist in neuerer Zeit versucht worden, dieses Merkmal weiter semantisch zu differenzieren. So haben ECKERT und SCHWARTZ (1972) fünf 6stufige bipolare numerische Skalen für die Selbstexploration entwickelt, die von TAUSCH (1973) als ergiebiger bezeichnet werden als die von ihm revidierte TRUAX-Skala. Auch von CARKHUFF (1969) liegt inzwischen eine neue 5-Stufen-Skala vor.
Für die konkrete Arbeit mit der Selbstexplorationsskala ergibt sich zunächst wieder eine Reihe von Fragen nach den Erhebungsmodalitäten, denen wir uns im folgenden zuwenden wollen.

4.2.1.1. Umfang und Lokalisation repräsentativer Stichproben für die Selbstexploration

Ebenso wie für die Verbalisierung fragen wir für die Selbstexploration zunächst danach, wieviel Äußerungen eines Kontakts beurteilt werden müssen, damit der Mittelwert der Schätzwerte für einen ganzen Kontakt repräsentativ ist. Zur Beantwortung dieser Frage wurden zunächst alle Psychotherapeut-Patient-Äußerungseinheiten aus 16 Psychotherapiekontakten (nähere Angaben s. 4.1.1.1.) mit der V- und SE-Skala beurteilt. Die so erhaltenen 16 Kolonnen von SE-Schätzwerten wurden zunächst statistisch auf Stabilität geprüft (HELM 1974). Die Ergebnisse legen nahe, die Stichproben für SE-Beurteilungen sorgfältiger auszuwählen als für die V-Beurteilung. So zeigt sich auch bei der Berechnung des Mindestumfangs der Stichprobe für einen Kontakt (vgl. 4.1.1.1.), daß dieser 8 Äußerungen betragen sollte, gegenüber nur 6 Äußerungen bei der Verbalisierung (Tab. 11).

Tab. 11:
Mindestumfänge zu beurteilender Äußerungen in den untersuchten Kontakten (für SE)

Mindestumfang	2	4	6	8	> 8 (9)
Kontakte (%)	6,2	37,5	18,8	31,3	6,2

Der in der Literatur gelegentlich empfohlene Stichprobenmindestumfang von 4 Äußerungen pro Kontakt erscheint uns wegen den in der SE nachgewiesenen Trends zu klein. Einer repräsentativen Beurteilung der Selbstexploration sollten dagegen 2 Stichproben von je 4 Patientenäußerungen an 2 verschiedenen Stellen des Kontakts zugrunde liegen.

Nach der Klärung der Größe des Stichprobenumfangs pro Kontakt für die SE-Beurteilung ist nun nach der Konstanz und nach Trends im Gesamtverlauf der Psychotherapie zu fragen, um entscheiden zu können, aus wieviel Kontakten des psychotherapeutischen Gesamtverlaufs Stichproben entnommen werden müssen, damit die charakteristische SE-Ausprägung einer bestimmten Zeitstrecke der Psychotherapie dadurch repräsentiert werden kann. Bei der Selbstexploration der Patienten ist im Gegensatz zur Verbalisierung des Psychotherapeuten von vornherein keine stärkere Konstanz zu erwarten, da gerade ein wichtiges Ziel der Psychotherapie darin besteht, die SE des Patienten im Sinne einer Erhöhung in jedem Kontakt zu konditionieren. Für solche Veränderungen der SE während der Psychotherapie sprechen zunächst eigene Ergebnisse: Die SE von Kontakten aus der Psychotherapiemitte korrelierte nur sehr schwach (.14) mit der SE aus Anfangskontakten der gleichen Psychotherapien. KIESLER (1966) hat die Patientenvariable Experiencing (GENDLIN 1961) in jedem 5. Kontakt des Psychotherapieverlaufs beurteilt und dabei ermittelt, daß in den Anfangskontakten der Psychotherapie die Werte abfallen, d. h., daß die Patienten zunächst ihre Probleme intellektuell und mehr äußerlich erleben. Im weiteren und besonders späteren Psychotherapieverlauf nehmen die Werte dann erheblich zu, d. h., daß die Patienten mehr zu einer unmittelbar-gegenwärtigen emotionalen Erfahrung bzw. einem „Durcharbeiten" gelangen. KIESLER schlägt daher vor, an mindestens 4 Stadien der Psychotherapie Stichproben zu entnehmen, um den Verlauf ausreichend genau abzubilden. Auch BRAATEN (1961) und KIRTNER und CARTWRIGHT (1958) fanden, daß sich psychotherapieeffektive Patientenvariablen (wie SE, Selbstreferenzen, internale vs. externale Äußerungen) im Psychotherapieverlauf verändern. Ebenfalls unterschiedliche SE-Verläufe fanden auch TRUAX und CARKHUFF (1967).

Die von KUHNT (1973) in ihrer Diplomarbeit durchgeführten systematischen Untersuchungen von SE-Trends in Gesprächspsychotherapien (Methodik vgl. 4.1.1.1.) unter Verwendung des Vorzeichen-Trend-Tests von COX und STUART und des Iterationstests (SACHS 1969) erbrachten die in Tab. 12 zusammengefaßten

Tab. 12:
Selbstexplorationstrends im Psychotherapieverlauf ($p = 0,05$; $n = 20$)

SE-Trendart	Häufigkeit
ohne Trend	60% (12)
absteigend	15% (3)
abfallend	5% (1)
polyton	20% (4)

Befunde: Zwei Fünftel aller SE-Verläufe unterliegen Trends ($p < 0,05$), wobei die abfallende Form relativ selten auftrat.
Vergleicht man diese Tabelle der SE-Veränderungen aber mit der Tabelle der V-Veränderungen (Tab. 4), dann wird deutlich, daß sich die SE insgesamt weniger konstant im Psychotherapieverlauf verhält. Wir folgern daraus, daß mindestens aus jedem 4. Kontakt einer Psychotherapie Stichproben ausgewählt werden sollten, damit die SE von Patienten in ihrem Verlauf hinreichend gekennzeichnet werden kann.

4.2.1.2.
Modus für die Skalenbeurteilung der Selbstexploration

Da wir bereits ausführlich über den Beurteilungsmodus als Kombination verschiedener Erhebungsbedingungen für die Verbalisierung berichtet haben (4.1.1.2.), kann auf Ausführung über die Beurteilerauswahl, Objektdarbietungsart und Vorgehensweise bei der Beurteilung verzichtet werden. Analoges gilt auch für die SE, deren optimalen Beurteilungsmodus wir mit FICHTE (1973) mit der gleichen Methodik zu ermitteln versuchten, wie wir dies für den Modus der V-Beurteilung beschrieben haben. Wir können daher direkt die Kriteriumskorrelationen und die Abweichungen vom SE-Mittelwert der Experten für die in dieser Untersuchung 8 möglichen Beurteilungsmodi darstellen (Abb. 7):

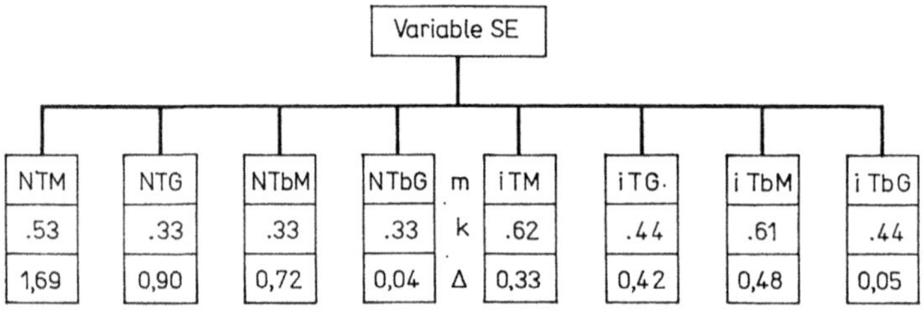

Abb. 7:
Schema der Beurteilungsmodi (*m*), ihrer Kriteriumskorrelation (*k*) und Abweichung vom Kriterium (Δ).

Bereits für die Verbalisierung war der Modus „Informierte – Text – Mittelwert" gemessen am Kriterium der Expertenbeurteilung den anderen Modi relativ überlegen. Für die SE-Einschätzung sind etwa gleichwertig die Modi „Informierte – Text – Mittelwert" und „Informierte – Tonband – Mittelwert" zu bevorzugen.
Die Kriteriumskorrelation des ITM-Modus erhöht sich auf .88, wenn nicht die

Mittelwerte, sondern die Einzelbeurteilungen (E) in die Berechnung eingehen (ITE-Modus).
Insgesamt unterscheiden sich die übrigen Korrelationen nicht wesentlich voneinander. Ebenso wie bei der V-Beurteilung ist die Einschätzung naiver Beurteiler vom Tonband am ungünstigsten. Die Reliabilitäten sind bis auf die Modi „Naive – Text – Mittelwert" (.52) und „Naive – Tonband – Mittelwert" (.48) für alle anderen Modi befriedigend (zwischen .69 und .88).
Die größten Abweichungen der SE-Mittelwerte der verschiedenen Modi vom SE-Mittelwert der Expertenurteile haben zweifellos die naiven Beurteiler, abgesehen von der erstaunlicherweise geringsten Abweichung beim Modus NTbG („Naive – Tonband – Gesamtwert"). Weil hier die Kriteriumskorrelation aber recht niedrig ausfällt, bleibt dieser Modus als wenig angemessen außer Betracht. Unter den informierten Beurteilern finden sich die geringsten Abweichungen beim Modus „Informierte – Tonband – Gesamtwert". Doch auch hier ist die Kriteriumskorrelation zu niedrig. Die ziemlich geringe Abweichung vom Expertenmittelwert von 0,33 beim Modus „Informierte-Text-Mittelwert" rechtfertigt bei seiner hohen Kriteriumskorrelation, ihn unter den gegebenen Möglichkeiten als am angemessensten zu akzeptieren, d. h., daß informierte Beurteiler alle Patientenäußerungen aus transkribierten Stichproben von Psychotherapiekontakten beurteilen und die so erhaltenen Schätzwerte pro Stichprobe mitteln sollten.
Auch für die SE-Beurteilung bleibt schließlich festzustellen, daß uns die Bevorzugung fachneutraler, naiver Beurteiler, wie in der Forschungsliteratur gefordert, nicht gerechtfertigt erscheint. Die Verwendung von Gesamtwerten statt Mittelwerten über die Stichprobe erscheint uns für die SE-Einschätzung unangemessen zu sein.

4.2.1.3.
Untersuchungen zur semantischen Differenzierung der Selbstexploration

Die SE-Variable muß als ein relativ komplexer und nach der Definition internaler Inhalte auch heterogener Sachverhalt bezeichnet werden. Eine differenziertere Betrachtung wird von ECKERT und SCHWARTZ (1972) in einer neueren Arbeit versucht. Die Autoren konnten 5 bipolar definierte Merkmale der SE herausstellen, die signifikant mit positiven Änderungen der Patienten zusammenhängen: 1. Auseinandersetzung mit dem eigenen Erleben und eigenen Einstellungen, 2. Grad der emotionalen Distanz im Gespräch, 3. Akzeptieren/Abwehr gegenüber eigenen Gefühlen, 4. Ausmaß des Sprechens über internale/externale Erlebnisinhalte, 5. Grad der Differenziertheit der Äußerungen über internale Inhalte. Diese Merkmale scheinen aber weniger geeignet, die durch die TRUAX-TAUSCH-Skala definierte Selbstexploration in sich zu differenzieren, da sie zum Teil über diese Definition hinausgehen, besonders in der Bestimmung der Merkmale 2, 3, aber auch 5. Es handelt sich hier eher um den Versuch einer semantischen *Anreicherung* der bisher enger definierten Selbstexploration in Richtung der weitergefaßten, aber zum Teil noch komplexeren SE-Skala von CARKHUFF (1969). In diese Skala gehen 4 verschiedene Merkmale ein: 1. Ausmaß des Sprechens über persönlich relevante Inhalte, 2. Ausmaß der Spontanität in der Auseinandersetzung, 3. Ausmaß der emotionalen Beteiligung im Gespräch und 4. Ausmaß der Erkundungsmotivation. Die 5 Stufen der Skala sind folgendermaßen definiert:

Stufe	Kennzeichnung
1	– Patient spricht nicht über persönlich relevante Inhalte (keine Gelegenheit oder aktives Ausweichen).
2	– Patient spricht nur über persönlich relevante Inhalte, die der Psychotherapeut in das Gespräch einbringt. – Mechanische Äußerungen ohne emotionale Beteiligung.
3	– Patient spricht von sich aus über persönlich relevante Inhalte. – Keine emotionale Beteiligung und Motivation zur Erkundung neuer Erfahrungen und Zusammenhänge.
4	– Patient bringt von sich aus und mit emotionaler Beteiligung das Gespräch auf persönlich relevante Inhalte. – Keine Motivation zur Erkundung neuer Erfahrungen und Zusammenhänge.
5	– Patient ist motiviert, neue Erfahrungen zu machen und Zusammenhänge, die ihn selbst und seine Umwelt betreffen, zu erkunden.

4.2.1.3.1.
Analyse von internalen SE-Anteilen

Wir stellten uns zunächst die Aufgabe, unter Beibehaltung der ursprünglichen Definition und Schätzskala für die Selbstexploration, unterschiedliche Aspekte dieses Merkmals zu ermitteln und methodisch erfaßbar zu machen. Deshalb hat Jülisch in ihrer Diplomarbeit (1970) eine Merkmalsanalyse der SE-Variablen vorgenommen und entsprechende Skalen entwickelt (vgl. Jülisch 1974).
Da der Umkreis des Begriffs internale Inhalte relativ weit ist (vgl. 2.1.3.3.), bleibt offen, ob die in einer hohen SE erfolgende Auseinandersetzung mit internalen Inhalten generell effektiv ist oder ob die positiven Effekte eher durch die verbale Auseinandersetzung mit ganz spezifischen internalen Inhalten bewirkt werden. Die Beantwortung dieser Frage setzt zunächst voraus, daß die zu den Bestimmungsstücken der SE zählenden internalen Inhalte als verschiedene Anteile der Selbstexploration zusammengefaßt werden. Im Anschluß an die Ermittlung solcher SE-Anteile wäre zu prüfen, ob der Grad der SE durch das Ausmaß spezieller oder aller SE-Anteile bestimmt wird. Da bekanntlich die SE einen größeren Anteil der Effektivitätsvarianz abdeckt, darf man vermuten, daß SE-Anteile, die mit der Gesamt-SE zusammenhängen, dafür maßgeblich sind. Ein wichtiger Aspekt der SE ist offenbar die Auseinandersetzung mit emotionalen Beziehungen zur Umwelt und zu sich selbst (Rogers 1953, Truax und Carkhuff 1967, Carkhuff 1969). Die Auseinandersetzung mit gefühlsmäßigen Aspekten von konkreten Lebenssituationen, die zunehmenden Möglichkeiten, sie unmittelbar in ihrer Bedeutung zu erleben und besser verbal formulieren zu können, und die sich daraus mittelbar ergebenden Änderungen in der Selbst- und Umweltbewertung zeichnen eine hohe SE aus. Als ein 1. Anteil der SE ist daher das „Explorieren von Gefühlen und gefühlsmäßigen Zuständen" (Jülisch 1974) zu vermuten.
Die Auseinandersetzung mit dem Selbstkonzept ist ebenfalls ein die SE konstituierender Faktor. Aus verschiedenen Untersuchungsbefunden geht hervor (But-

LER und HAIGH 1954, ENDS und PAGE 1957, 1959, SHLIEN, MOSAK und DREIKURS 1962, SHLIEN und ZIMRING 1966, BLOCK und THOMAS 1966, FROHBURG 1974), daß während des gesprächspsychotherapeutischen Prozesses Selbstkonzeptänderungen charakteristisch sind. Daneben wurden Erfahrungen mit der Prozeß-Skala von ROGERS mitgeteilt (WALKER, RABLEN und ROGERS 1960, TOMLINSON und HART 1962), nach denen sich die Kommunikation über das eigene Selbst bei erfolgreichen Psychotherapien erheblich positiv verändert (vgl. auch eine Untersuchung von TAUSCH und TAUSCH über intrapersonelle Selbstkommunikationsprozesse 1972). Die verbale Auseinandersetzung mit dem eigenen Selbstkonzept wird also als ein zweiter SE-Anteil nahegelegt, da Patienten im Prozeß der Selbstexploration offenbar ihre Selbsterfahrung und -beurteilung ändern.

Die Definition der SE erhält weiterhin die Erkundung von eigenen Zielen und Wünschen, bei der erfahrungsgemäß auch die Möglichkeiten und Hindernisse, sie zu erreichen, eingeschlossen sind. Es sollte daher versucht werden, diese Tätigkeit als einen 3. Anteil der SE zu erfassen.

Um diese logische Aufspaltung der SE in drei Anteile zu erproben, wurden 200 zufällig ausgewählte Patientenäußerungen danach klassifiziert. Der größte Teil der Äußerungen ließ sich tatsächlich relativ mühelos einordnen. Es wurden deshalb mit der Methode der gleich erscheinenden Intervalle (KRASEMANN 1966) 3 Skalen konstruiert, um das Ausmaß, in dem Patienten über Gefühle und emotionale Zustände, über Ziele und Wünsche sowie über ihr Selbstkonzept sprechen, quantitativ erfassen zu können.

In einem ersten Schritt wurden 22 unabhängigen Beurteilern 120 transkribierte Patientenäußerungen vorgelegt, die sie nach dem Ausmaß der 3 SE-Anteile zwischen zwei definierten Extremstufen so einzuschätzen hatten, daß die Abstände zwischen 5 Stufen etwa gleich groß waren. Alle verhältnismäßig gut übereinstimmenden Schätzwerte dienten anschließend als Ankerreize für die Definition der Stufen 2, 3 und 4. Mit dieser so erhaltenen 5-Stufen-Skala hatte eine Beurteilergruppe einen weiteren Satz von Patientenäußerungen einzuschätzen, so daß dafür für jede Stufe der 3 Skalen mehrere Beispielaussagen vorlagen, die beim späteren Beurteilertraining als Instruktionshilfe dienen konnten.

Definition und extreme Skalenstufen für die 3 SE-Anteile sind teils wörtlich, teils sinngemäß im folgenden wiedergegeben (JÜLISCH 1974); *Skala für das Ausmaß des SE-Anteils „Gefühle und gefühlsmäßige Zustände"* (G-Skala): „Eine Äußerung über Gefühle liegt dann vor, wenn sich die vom Patienten ausgedrückten (aktuellen oder vergangenen oder zukünftigen oder möglichen) emotionalen Zustände bzw. Gefühle auf den Patienten selbst beziehen oder auf Objekte oder Personen, die für den Patienten von Bedeutung sind oder zu ihm in Beziehung stehen."

Stufe	Kennzeichnung
1	Der Patient spricht nicht über seine Gefühle und emotionalen Zustände. Er spricht nur über äußere Sachverhalte oder persönliche Dinge, die sich aber nicht auf Gefühle oder Gefühlszustände beziehen.
5	Der Patient spricht sehr persönlich, ausführlich und anschaulich über seine Gefühle, er setzt sich mit ihnen auseinander. Es wird deutlich, daß er neue Aspekte und Zusammenhänge in bezug auf seine Gefühle und Gefühlszustände findet.

Skala für das Ausmaß des SE-Anteils „Ziele, Wünsche und Realisierungsmöglichkeiten" (Z-Skala):
Unter „Wunsch", „Ziel", „zielgerichtetes Verhalten" usw. soll alles verstanden werden, worauf der Patient hinstrebt, was er erreichen will, z. B. wenn er nach Veränderung strebt oder versucht, eine neue Einstellung zu erlangen, wenn er bestimmte Vorsätze hat, wenn er die Möglichkeiten sieht, wie er seine Vorsätze und Vorstellungen realisieren kann.

Stufe	Kennzeichnung
1	Der Patient spricht nicht über Wünsche und Ziele. Er setzt sich auch nicht mit Möglichkeiten auseinander, Ziele zu erreichen.
5	Der Patient diskutiert seine Wünsche und Ziele sowie Möglichkeiten zu ihrer Realisierung. Er setzt sich mit früheren Realisierungsversuchen auseinander und überlegt neue Wege und Möglichkeiten.

Skala für das Ausmaß des SE-Anteils „Selbstkonzept" (S-Skala):
Darunter sollen Äußerungen des Patienten über seine eigene Person verstanden werden, wobei sich diese Selbstcharakterisierungen auf Eigenschaften beziehen sollen, die als relativ konstant erlebt werden.

Stufe	Kennzeichnung
1	Der Patient gibt keine Selbstcharakterisierungen ab und versucht nicht, sich mit seinen Eigenschaften und Fähigkeiten auseinanderzusetzen.
5	Der Patient gibt sehr ausführlich seine Eigencharakteristiken ab und setzt sich mit sich selbst auseinander. Er versucht, sich realistisch zu sehen, und exploriert intensiv die eigenen Eigenschaften und Möglichkeiten.

Nach der Skalenentwicklung wurden 2 Gruppen von 4 Beurteilern einem Skalentraining unterzogen. Es zeigte sich, daß nach etwa 3 Trainingsstunden eine ausreichende Beurteilerübereinstimmung bei allen 3 Skalen erreicht werden konnte (zwischen .71 und .92).
Nach Abschluß des Trainings wurden von den Beurteilergruppen aus den Psychotherapien von 23 neurotisch gestörten Patienten insgesamt 64 4-Minutenstichproben aus Anfangs-, Mittel- und Endkontakten mit allen 3 Skalen und der TRUAX-TAUSCH-Skala eingeschätzt.

Mit Hilfe der Schätzdaten dieser 3 Skalen war es nun möglich zu überprüfen, ob die SE-Varianz durch spezielle SE-Anteile stärker mitbestimmt wird als durch andere. Dazu wurden die SE-Daten mit den Daten der SE-Anteile nach einer Transformation in Stanine-Werte korreliert. Da JÜLISCH die Korrelationen getrennt für Anfangs-, Mittel- und Endkontakte errechnete, haben wir nochmals über alle Stichproben korreliert. Tab. 13 enthält das Ergebnis.
Die Korrelationen zwischen SE- und G-Daten sowie zwischen SE- und S-Daten

Tab. 13:
Korrelationsmatrix; SE und SE-Anteile

	SE	G	S	Z
SE		0,001	0,001	n. s.
G	.71		n. s.	n. s.
S	.63	.32		n. s.
Z	.28	.21	.07	

sind sehr signifikant ($p \sim 0{,}001$), im Gegensatz zum SE/Z-Koeffizienten. Die Interkorrelationen zwischen G-, S- und Z-Daten sind durchgehend unbedeutend, d. h., die SE-Anteile sind relativ unabhängige Merkmale. Wir dürfen also annehmen, daß das Ausmaß der SE in stärkerem Maße durch die SE-Anteile G und S bestimmt wird, nicht hingegen durch den Z-Anteil. Demnach ist es fraglich, ob der Z-Anteil innerhalb der SE überhaupt für die psychotherapeutische Effektivität relevant ist bzw. für den sicher nachgewiesenen Zusammenhang zwischen SE und Effektivitätsvariablen eine Rolle spielt. Eventuell bestehen hier Beziehungen zu dem Ergebnis von Kremer u. a. (Tausch 1973), wonach Patientenäußerungen in der ersten Person Futur im Gegensatz zu gegenwartsbezogenen Äußerungen mit der SE negativ korrelieren. Eine praktische Konsequenz für das Psychotherapeutenverhalten besteht darin, nur die mit der SE enger zusammenhängenden SE-Anteile positiv zu bekräftigen, nicht aber die nicht oder gar negativ korrelierenden Anteile.

4.2.1.3.2. Themenanalyse der Selbstexploration

Neben dieser Strategie, die relativ komplexe Variable SE nach ihren internalen Anteilen zu differenzieren, schien uns ein inhaltsanalytisches Vorgehen ebenfalls zur Ermittlung effektiver Aspekte der SE möglich. Aus der gesprächspsychotherapeutischen Praxis kann vermutet werden, daß die Themen, über die sich Patienten äußern, mit dem Ausmaß ihrer SE in Beziehung stehen, mit anderen Worten, daß in den Patientenäußerungen höherer SE-Stufen andere Inhalte vertreten sind als bei relativ niedrigen Stufen.

Voraussetzung zur Klärung dieser Vermutung war eine angemessene Themenklassifizierung für die verbale Produktion von Patienten. Wir haben nach einer Literatursichtung mit Helm-Brodt (1972) eine logische Kategorisierung von Patientenäußerungen nach sogenannten „Bezugsbereichen" vorgenommen. Verschiedene formale Konflikteinteilungen (Schultz 1952, Pongratz 1961, Lewin 1968) erwiesen sich in Vorversuchen als ungeeignet zur Einordnung von Patientenäußerungen. Dagegen schienen solche Kategorisierungen bedingt brauchbar zu sein, in denen Konflikte nach ihren Bezugsbereichen (Eltern und Partner, beruflicher Bereich usw.) eingeteilt werden (Lehr und Thomae 1965, Schubert 1965, Pallone und Grande 1965), zumal Modifizierungen der Kategorien nach den Gegebenheiten des verbalen Materials gut möglich waren und ihr Spezifizierungsgrad den Anforderungen der Untersuchung genügte. Daneben erschien uns auch eine andere thematische Kategorisierung möglich zu sein. Den Patientenäußerungen ließen sich nämlich relativ gut Motive zuordnen, die den jeweiligen Inhalten der Äußerungen zugrunde liegen können, z. B. Kontaktbedürfnis, Selbständerungswünsche, Anerkennungsbedürfnisse. Da wir jedoch die Verteilung solcher Kategorien auf hohe bzw. niedrige SE-Niveaus ermitteln wollten, war die Verwendung der Motivkategorien wegen ihres internalen Charakters nicht möglich; denn für Äußerungen niedriger SE-Stufen ist das Fehlen internaler Inhalte ja gerade charakteristisch.

Eine Einteilung der Patientenäußerungen nach Bezugsbereichen bedeutet ihre Zuordnung zu einem Umwelt- oder Persönlichkeitsbereich, auf den sie sich beziehen. Das nach ausführlichen Explorationen von 326 Personen aufgestellte

Schema von LEHR und THOMAE (1965) bot sich zunächst zur Verwendung an. Nach seiner Erprobung mußte es allerdings zur Äußerungsklassifizierung modifiziert und ergänzt werden, so daß nun 10 Kategorien von Bezugsbereichen verwendbar erschienen:
Die Äußerung bezieht sich auf

1. Eltern und Verwandte
2. eigene Kinder
3. den Partner
4. andere Personen (Nachbarn, Freunde, Kollegen usw.)
5. Ereignisse, die mit Schule – Studium zusammenhängen
6. Ereignisse im beruflichen Bereich
7. den weltanschaulichen Bereich
8. gesundheitliche Störungen
9. Verhalten und Eigenschaften des Patienten selbst
10. Bereiche außerhalb 1 bis 9.

Die Kategorienzuordnung der Äußerungen wurde durch 4 Beurteiler unabhängig voneinander nach einer detaillierten Vorschrift und Anleitung vorgenommen. Wegen der Nominalskalierung wurde lediglich die prozentuale Beurteilerübereinstimmung berechnet. Sie beträgt insgesamt 85% (bei 50% aller Einordnungen stimmten alle 4 Beurteiler, bei 40% aller Einordnungen 3 Beurteiler und nur bei 10% 2 Beurteiler überein). Damit schien uns eine hinreichend objektive Kategorienzuordnung möglich.

Mit Hilfe des Kategorienschemas wurde nun überprüft, ob bestimmte Bezugsbereiche bevorzugt bei höheren oder niedrigen SE-Niveaus auftreten.

Dazu wurden 2 Gruppen transkribierter Stichproben von Gesprächspsychotherapeuten verwendet: 1. 20 Stichproben (65 Patientenäußerungen) mit einem SE-Ausmaß > 6; 2. 20 Stichproben (68 Patientenäußerungen) mit relativ niedriger SE, d. h. $< 3{,}5$. Für beide Stichprobengruppen wurde nun die Häufigkeitsverteilung der Kategorien von Bezugsbereichen mit dem 2-I-Test nach KULLBACK verglichen.

Ergebnis: Zwischen den Häufigkeitsverteilungen beider SE-Gruppen ergaben sich signifikante Unterschiede, die auf bestimmte Kategorien zurückgingen: Bei niedriger SE überwog deutlich das Thema Ausbildung/Beruf ($p = 0{,}05$), bei höherer SE das Thema „Verhalten und Eigenschaften des Patienten" ($p = 0{,}001$). Letzteres unterstützt deutlich die Annahme, daß die Auseinandersetzung mit der Selbstwahrnehmung und -bewertung sowie die Erkundung des eigenen Verhaltens für effektive psychotherapeutische Gespräche recht wesentliche Aspekte darstellen. Nun gehören Selbstcharakterisierungen zu den internalen Inhalten und damit zu den Bestimmungsstücken der Selbstexploration. Deshalb könnte man annehmen, daß mit ihrem Auftreten ohnehin höhere SE-Grade verbunden sein müssen, daß also das Ergebnis eine Selbstverständlichkeit wäre. Dies ist jedoch nicht so, weil wir ausdrücklich in den Bezugsbereich neben eigenen „Eigenschaften" auch eigenes „Verhalten" eingeschlossen haben, das der SE-Stufe 3 entspricht.
Zudem sind Äußerungen über internale Inhalte (also auch Selbstcharakterisierungen) in verschiedenem Ausmaß und Charakter entsprechend der SE-Skala möglich.
Die größte Häufigkeit des Bezugsbereichs „Beruf" bei niedrigem SE-Niveau mag

zunächst erstaunen, da bekanntlich Berufskonflikte bei neurotisch beeinträchtigten Personen sehr häufig sind. Hierbei ist aber zu bedenken, daß in der Klassifizierungsanweisung für Beurteiler ziemlich genaue inhaltliche Unterscheidungen getroffen worden sind: Zu der Kategorie gehören nicht soziale Probleme, die sich aus dem Umgang mit Arbeitskollegen ergeben (diese gehören in die Kategorie „... andere Personen"), sondern nur den Arbeitsprozeß selbst betreffende Fragen, aber auch Probleme mit Vorgesetzten. Ferner gehören Arbeitsstellensuche, Qualifikation und fachliche Berufsprobleme dazu. Der Berufsbereich betrifft also hier eher die Arbeitstätigkeit, Fachfragen usw. in einer mehr äußeren Sicht. Die damit verbundenen sozialen Probleme und Konfliktmöglichkeiten, die den Patienten innerlich berühren, bleiben weitgehend ausgeklammert.

Zusammengefaßt läßt sich aus diesen Untersuchungen zur SE-Variable annehmen, daß hohe Grade der SE-Anteile „Gefühle und gefühlsmäßige Zustände" und „Selbstcharakterisierungen" sowie damit übereinstimmend das Thema „Eigenes Verhalten und eigene Eigenschaften" wesentliche Aspekte einer hohen und damit wirksamen Selbstexploration darstellen.

4.2.1.3.3.
Neuformulierung und -skalierung der Selbstexploration

Wir hatten bereits zu Beginn dieses Abschnittes über die semantische Differenzierung der Selbstexploration angedeutet, daß verschiedene SE-Skalen qualitativ unterschiedliche Aspekte enthalten. Ein genauerer inhaltlicher Vergleich der wichtigsten SE-Konzepte, den wir mit Boldt (1973) vornahmen, führte zu folgender Auflistung der wichtigsten SE-Komponenten:

1. Verbale Auseinandersetzungen mit persönlich relevanten Inhalten (Truax; Carkhuff) bzw. spezifisch persönliche innere Erlebnisse (Tausch) bzw. gefühlsmäßiges Erleben (Eckert und Schwartz) bzw. Gefühle und gefühlsmäßige Meinungen (Rogers).
2. Grad der Differenziertheit der Äußerungen über das gefühlsmäßige Erleben (Eckert und Schwartz).
3. Akzeptieren vs. Abwehr bestimmter emotionaler Erlebnisse (Rogers; Eckert und Schwartz) bzw. spontanes Aufgreifen persönlich bedeutsamer Inhalte (Truax; Carkhuff).
4. Emotionale Beteiligung bzw. Distanz im psychotherapeutischen Gespräch (Truax; Carkhuff; Eckert und Schwartz) bzw. unmittelbar gegenwärtiges Erleben und Erfahren (Rogers) bzw. unmittelbar gegenwärtiges gefühlsmäßiges Erfahren der Probleme (Gendlin).
5. Motivation, neue emotionale Erfahrungen über sich und die Umwelt zu machen (Carkhuff) bzw. Aktivität in der Suche nach neuen Aspekten und Zusammenhängen im inneren Erleben (Truax, Tausch).
6. Erkennen und Finden neuer Ansätze, Aspekte und Zusammenhänge im inneren Erleben (Truax, Tausch) bzw. Einsicht und Verständnis der emotionalen Aspekte des Erlebens mit der Konsequenz neuen, selbstinduzierten Handelns (Rogers).

Bereits aus dieser Auflistung wird deutlich, daß die oft verwendete und unseren

Untersuchungen meist zugrunde liegende TRUAX-TAUSCH-Skala relativ wenige der möglichen Komponenten der Selbstexploration enthält. In welchem Grad dies auf das hier angewendete Konstruktionsverfahren zurückgeht (Methode der gleicherscheinenden Intervalle) muß offen bleiben.
Folgende weitere Probleme ergaben sich für uns bei der Arbeit mit der TRUAX-TAUSCH-Skala:

- 8,5% von 1325 Patientenäußerungen konnten mit dieser SE-Skala nicht beurteilt werden, entweder weil keine hinreichende Beurteilerübereinstimmung zu erreichen war oder weil sich die Skala auf die betreffenden Äußerungen nicht anwenden ließ;
- die Analyse der Verteilungsparameter aller Beurteilerdaten ergab bei Normalverteilung eine sehr geringe Streuung von $s=0{,}72$ um einen Mittelwert von 4,56 (BOLDT 1973) bzw. $s=0{,}77$ bei einem Mittelwert von 4,33 (FROHBURG 1974). Die Skalenstufen 1 bis 3 und 7 bis 9 werden kaum genutzt;
- die überwiegend genutzten Skalenstufen 4 bis 6 erfassen lediglich eine einzige Komponente der Selbstexploration, nämlich das Sprechen über internale Inhalte (zu vermuten/kurz erwähnt/überwiegend), während besonders die Komponente „Suchen, Erkennen und Finden neuer Ansätze, Aspekte und Zusammenhänge" bei den Stufendefinitionen der Skala (7 bis 9) kaum genutzt werden. Der überwiegend besetzte Skalenbereich 4 bis 6 läßt keine genügende Differenzierung der Patientenäußerungen zu, der Abstand zwischen 4 und 5 erscheint sehr gering, zwischen 5 und 6 zu groß.

Es ergibt sich also aus dieser Analyse die Notwendigkeit, den Begriff Selbstexploration präziser und vielleicht umfassender zu definieren und besonders den Tätigkeitsaspekt einzubeziehen. Davon ausgehend erscheint es notwendig, eine SE-Skala zu konstruieren, auf der der neu definierte Sachverhalt exakt abgebildet wird. Als vorläufige mehr kognitiv und handlungsorientierte Definition der SE haben wir vorgeschlagen: SE ist das Ausmaß, in dem ein Patient seine inneren Erlebnisse in das Gespäch spontan und offen einbezieht, sich mit ihnen innerlich beteiligt und differenziert auseinandersetzt und auf der Basis neuer Erfahrungen, Klärungen und Erkenntnisse aktiv praktische Konsequenzen daraus zieht. Eigene innere Erlebnisse (internale Inhalte) sind: Gefühle, Stimmungen und Affekte, bezogen auf sich selbst oder auf andere Personen, Dinge oder Ereignisse; gefühlsmäßige Stellungnahmen, Bewertungen, Meinungen und Einschätzungen gegenüber anderen Personen, Dingen und Ereignissen; mit gefühlsmäßiger Belastung verbundene Konflikte, Frustrationen und Entscheidungen; Ziele, Wünsche, Hoffnungen, Erwartungen, Bedürfnisse, die der Patient ausdrückt; das Selbstbild des Patienten, d. h., wie er sich selbst erlebt und einschätzt, welche positiven und negativen Eigenschaften er sich zuspricht.
Ein hoher Grad von SE bedeutet, daß der Patient seine inneren Erlebnisse ohne Abwehr offen zur Sprache bringt, sich mit ihnen intensiv und differenziert auseinandersetzt, dadurch neue Erfahrungen gewinnt (z. B. neue Bewertungen vornimmt, neue Einstellungen bildet, Situationen klärt und neu strukturiert, sich selbst anders sieht und beurteilt) und im Ergebnis dieser Verarbeitung versucht, neue Verhaltensweisen zu erproben, und darüber berichtet. Ein niedriger Grad von SE bedeutet, daß der Patient innerlich wenig beteiligt, vorwiegend über

äußere Vorgänge und andere Personen berichtet oder über sein Verhalten spricht, ohne eigene innere Erlebnisse zu erwähnen.
BOLDT (Diplomarbeit 1973) metrisierte die von uns neu definierte SE-Variable mit der eindimensionalen Indikatorskalierung, da die hier vielleicht angemessenere mehrdimensionale Skalierung einen nicht zu bewältigenden Aufwand erfordert hätte. Deshalb mußte die Indikator-Auswahl besonders sorgfältig vorgenommen und überprüft werden, damit alle Dimensionen der Selbstexploration durch Indikatoren abgebildet werden.

Nach SIXTL (1969) kann eine eindimensionale Indikatorskalierung auch bei mehrdimensionalen Merkmalen angewendet werden, wenn in der Instruktion die Komponenten und ihre Wichtung angegeben werden. Die Bewichtung der Dimensionen muß also durch die Beurteiler bei der Durchführung des empirischen Konstruktionsverfahrens erfolgen. Von dem in der Psychotherapieforschung zur Variablenskalierung oft verwendeten Verfahren der gleicherscheinenden Intervalle nach THURSTONE (1929) wurde abgesehen, da Informationen über die kontinuierliche Veränderung des Merkmals verlorengehen. Die hier verlangte Zuordnung eines Indikators in gleichabständige Stufen ist nicht zuletzt wegen der Komplexität der SE mit zu großen Entscheidungsunsicherheiten verbunden. Das Skalierungsverfahren der nachträglich bestimmten Abstände (THURSTONE 1929) berücksichtigt hingegen Intervallungleichheiten. Indem Indikatoren mit gleichem Abstand und geringer Streuung für die Finalskala ausgewählt werden, ist ein Intervallniveau der Skalen wahrscheinlicher (GUILFORD 1957; Darstellung der Skalierungsmethode bei KRASEMANN 1966).

Als Indikatoren zur Erfassung der SE können entweder konkrete Patientenäußerungen oder aber charakteristische Eigenschaften der SE dienen, die aus anderweitigen empirischen Untersuchungen bekannt und in die SE-Definition eingegangen sind. Solche Indikatoren werden von fachvertrauten Personen inhaltlich und sprachlich überarbeitet und Beurteilern vorgelegt, die ihren SE-Grad bestimmen. Sie sind weniger stichprobenabhängig als die direkten Patientenäußerungen und für Beurteiler besser erfaßbar.
Bei der Aufstellung von Indikatoren wurden beide Wege eingeschlagen: Nutzung einer repräsentativen Stichprobe von 50 Patientenäußerungen und Formulierung von 50 Indikatoren aus bekannten SE-Eigenschaften, um eine hohe Repräsentativität der Indikatoren zu gewährleisten.

In beiden Fällen wurde die THURSTONE-Technik zur Eliminierung zweideutiger Indikatoren angewendet (s. KRASEMANN 1966). Die Auswahl der Indikatoren ermöglichte gradweise Vergleiche zwischen ihnen und das Erfassen der gesamten Skalenbreite. Angestrebt wurde eine 9-Stufen-Skala, um den Vergleich mit der TRUAX-TAUSCH-Skala zu ermöglichen.
Die Äußerungsindikatoren wurden 20, die Eigenschaftsindikatoren 30 unabhängigen Beurteilern (Studenten) mit einer ausführlichen Instruktion über die neu definierte Selbstexploration mit der Aufforderung vorgelegt, die Indikatoren nach der durch sie ausgedrückten Höhe der SE auf dem Kontinuum einzuschätzen. Aus den Häufigkeitsverteilungen der Urteile ließen sich dann die Skalenwerte der Indikatoren berechnen. Indikatoren, deren Skalenwerte annähernd den gleichen Abstand zueinander haben, bilden die Definitionsbasis der Skalenstufen.

Im Endergebnis liegt folgende neue SE-Skala vor:

Stufe	Kennzeichnung
1	Patient spricht nicht über sich selbst, weder über eigenes Verhalten noch über inneres Erleben. Er äußert sich über Ereignisse, Personen und Objekte ohne Erwähnung innerer Erlebnisse, oder er benutzt allgemeine Redensarten.
2	Patient spricht über sein Verhalten ohne innere Erlebnisse zu erwähnen.
3	Patient spricht über sein Verhalten oder auch seine Beschwerden und deren mögliche Ursachen, innere Erlebnisse sind zu vermuten oder werden kurz erwähnt.
4	Patient spricht über sein Verhalten und seine inneren Erlebnisse. Seine Äußerungen über innere Erlebnisse sind aber unkonkret und/oder verschwommen.
5	Patient spricht überwiegend über seine inneren Erlebnisse, seine Äußerungen darüber sind konkret.
6	Patient spricht ausführlich über seine inneren Erlebnisse. Er überlegt, unter welchen Bedingungen seine Schwierigkeiten auftreten, und bemüht sich intensiv und gefühlsmäßig beteiligt um eine differenzierte Sicht.
7	Patient setzt sich ausführlich und differenziert mit seinen Schwierigkeiten auseinander. Er begreift Zusammenhänge in seinem inneren Erleben und seinem Verhalten, vermag sich selbst besser zu begreifen.
8	Patient setzt sich ausführlich und differenziert mit seinen inneren Erlebnissen auseinander, bemüht sich aktiv um Schlußfolgerungen aus der Klärung seiner inneren Erlebnisse und sucht neue Verhaltensmöglichkeiten.
9	Patient gewinnt in der Auseinandersetzung mit seinen inneren Erlebnissen neue Erkenntnisse, sieht neue Verhaltensmöglichkeiten und überlegt deren Konsequenzen oder spricht über Erfahrungen bei der Erprobung neuen Verhaltens in der Lebenspraxis.

Da die Stufen 8 und 9 schwer zu trennen sind, werden sie zur Stufe 8 zusammengefaßt: Patient setzt sich ausführlich und differenziert mit seinen inneren Erlebnissen auseinander. Er gewinnt dabei neue Einsichten, sieht neue Verhaltensmöglichkeiten und überlegt deren Konsequenzen in der Lebenspraxis (Zusatzpunkt, wenn der Patient über die Erprobung neuer Verhaltensmöglichkeiten in der Praxis spricht).

Zur Überprüfung der ***praktischen Anwendbarkeit*** der Skala schätzten trainierte Beurteiler (Beurteilerübereinstimmung .92; Retestreliabilität .84) 616 Patientenäußerungen ein (Stichproben von je 8 Patienten- und 6 Psychotherapeutenäußerungen aus 77 Psychotherapiekontakten). Die Analyse der Verteilungsparameter ergab bei Normalverteilung der Daten für alle Einzeläußerungen einen Mittelwert von 3,94 und eine Streuung von 0,87 (bei 8 Stufen).

Vergleichen wir die TRUAX-TAUSCH-Skala mit dieser neuen SE-Skala (Tab. 14), dann ergibt sich auf Grund der nur 8 Stufen der neuen Skala ein geringerer Mittel-

Tab. 14:
Vergleich beider SE-Skalen hinsichtlich Mittelwert und Streuung (Einzeläußerungen)

	TRUAX-TAUSCH-Skala	Neue SE-Skala
Stufenzahl	9	8
$\bar{x}$	4,56	3,94
s	0,72	0,87
n (Einzeläußerungen)	1325	576

wert, jedoch wird die Streuung erheblich größer. Dieser auf größere Skalenausnutzung hinweisende Befund wird auch in einer Untersuchung von FROHBURG (1974) erhärtet, in der die Stichprobenmittelwerte statt der Werte aller Einzeläußerungen für beide Skalen errechnet und verglichen wurden (Tab. 15).

Tab. 15:
Vergleich beider SE-Skalen hinsichtlich Stichprobenmittelwert und -streuung

	TRUAX-TAUSCH-Skala	Neue SE-Skala
$\bar{x}$	4,53	4,14
s	0,77	0,88
n (Stichproben)	152	152

Mit der TRUAX-TAUSCH-Skala können demnach lediglich 58% der maximalen Variationsweite der Skala ausgenutzt werden, während bei unserer neuen SE-Skala 75% ausnutzbar sind. (Skalenausnutzung =

$$\left(\frac{M \pm 3s}{\text{maximale Variationsweite (Skalenstufenzahl)}} \right)$$

(FROHBURG und HELM 1976).
Auch der grafische Vergleich der Häufigkeitsverteilungen, der mit beiden Skalen erhobenen Werte (Abb. 8) zeigt, daß die angestrebte Streckung bei der neuen Skala erreicht werden konnte. Die relativ größere Streuung bzw. Skalenausnutzung zeigen den Vorteil einer genaueren Differenzierung in der SE der Patienten. Zur Validierung der neuen Skala werden wir später einige Befunde berichten. Ein Hinweis auf ihre Validität ergibt sich auch durch die Korrelation mit der TRUAX-TAUSCH-Skala (.75; $p < 0{,}001$).
Insgesamt scheint es gelungen zu sein, durch die Neukonstruktion der SE-Skala einige Nachteile der TRUAX-TAUSCH-Skala auszuschalten und damit ein brauchbares Erfassungsinstrument zu erarbeiten:

– Es sind mehr Aspekte der SE in ihr berücksichtigt.

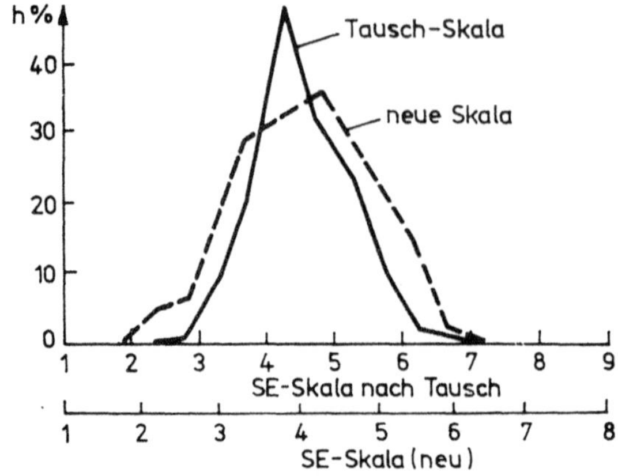

Abb. 8:
Realisierungshäufigkeiten der Stufen beider SE-Skalen.

– Statt 8,5% nicht beurteilbarer Äußerungen bei der TRUAX-TAUSCH-Skala sind dies bei der neuen Skala nur 6,4%.
– Größere Skalenausnutzung und Streuung im Mittelbereich der Skala.
– Genauere Differenzierungsmöglichkeiten der Selbstexploration.

Bei der Darstellung der Erfassungsmethodik für die V-Variable sind wir auf die Möglichkeit eingegangen, durch Psychotherapiebegleitbögen für Patienten bzw. für Psychotherapeuten Prozeßvariablen ohne Informationsverlust einzuschätzen. Auch zur Erfassung der SE-Variable überprüfen wir zur Zeit Psychotherapiebegleitbögen. Mit ihnen sollen 5 Aspekte der SE mit Hilfe sogenannter Thermometerskalen abgefragt werden:
– Sprechen und Auseinandersetzen mit inneren Erlebnissen,
– offenes, nicht ausweichendes, spontanes Sprechen über innere Erlebnisse,
– unmittelbare gefühlsmäßige Beteiligung am Gespräch,
– aktive Bemühung im Suchen nach neuen Erfahrungen, Zusammenhängen und Lösungsmöglichkeiten,
– Einsicht in neue Zusammenhänge und Auffinden neuer Gesichtspunkte.

Die mit diesem Bogen erhobenen Schätzdaten brachten wir mit SCHULZ (1976) im Rahmen ihrer Diplomarbeit mit den Daten verschiedener SE-Skalen (CARKHUFF; TRUAX; TAUSCH; neue SE-Skala) in Zusammenhang, um ihre Äquivalenz zu überprüfen. Der Gesamtwert dieses Therapiebegleitbogens (in der Form für Psychotherapeuten) korreliert sehr signifikant mit den SE-Werten der drei genannten Skalen. Danach kann angenommen werden, daß der Bogen die SE-Skalen in Grenzen ersetzen kann. Sein Einsatz würde eine Verbesserung der Zeit- und Materialökonomie bei der SE-Kontrolle bedeuten.

4.2.2. Analyse kognitiver Aspekte des Verbalverhaltens von Patienten

Bereits bei der Truax-Tausch-Skala ist auffällig, daß der obere Skalenbereich der Stufen 7 bis 9 (Klärungsansatz, Suchen nach neuen Aspekten und Zusammenhängen, Finden neuer Zusammenhänge) relativ selten zur Beurteilung herangezogen werden kann. Dies trifft auch, allerdings nicht ganz so stark, bei der soeben dargestellten neuen SE-Skala zu. Da aber aus der gesprächspsychotherapeutischen Praxis heraus nicht angenommen werden kann, daß diese mehr kognitive Seite der Selbstexploration in den verbalen Auseinandersetzungen der Patienten nur eine geringe Rolle spielt, liegt die Vermutung nahe, daß in den SE-Skalen die kognitiven Komponenten nicht hinreichend operationalisiert worden sind, zumal diese Seite der Selbstexploration im traditionellen Gesprächspsychotherapiekonzept zugunsten der emotionalen Erfahrung und Erlebnisaktivierung bisher nicht genügend berücksichtigt wurde (vgl. Wexler 1974). In der Annahme, daß eine stärkere Einbeziehung kognitiver Komponenten der Situationsklärung durch den Patienten für die künftige Forschung von wesentlicher Bedeutung ist (vgl. Kap. 3) haben wir mit Stickl (1972) begonnen, Prozeßmerkmale der verbalen Situationsklärung von Patienten im psychotherapeutischen Gespräch zu ermitteln und zu dimensionieren. Dabei interessierten besonders die Gesichtspunkte der kognitiven Strukturierung, Differenzierung und Verarbeitung der Lebenssituation des Patienten. Bei den Merkmalserhebungen bezogen wir uns einmal auf bereits vorhandene Untersuchungen aus der Literatur, zum anderen erhoben wir empirisch aus Gesprächsausschnitten von Psychotherapien entsprechende Merkmale.

Aus Literaturbefunden boten sich 28 Merkmale an. Bei der empirischen Ermittlung befaßten sich 40 Versuchspersonen mit Transkripten von Tonbandstichproben aus Anfangs-, Mittel- und Endkontakten von 40 neurotisch gestörten Patienten. Die Versuchspersonen hatten nach einer genauen Instruktion mit entsprechenden Beispielen aus den Transkripten Merkmale über die Art und Weise abzuleiten, in der Patienten ihre Probleme und Unklarheiten wahrnehmen und verarbeiten, wie sie zur Situationsklärung gelangen und auf welche Weise sie sich mit sich selbst und ihrer Umwelt auseinandersetzen. Als Resultat ergaben sich 53 Merkmale; zusammen mit den aus der Literatur abgeleiteten waren es 81. Da dieser Umfang zur Dimensionalitätsprüfung zu groß war, versuchten wir, nur solche Merkmale beizubehalten, die sich besonders zur Beschreibung der Situationsklärung eignen. Dazu erfolgten 3 Reduktionen der Gesamtmerkmalsmenge: 1. nach dem Kriterium der Wahrnehmbarkeit durch 5 fachvertraute Beurteiler, 2. nach dem Kriterium der Ähnlichkeit und 3. nach dem Kriterium der Eignung zur Beschreibung des Sachverhaltes (kompetente Beurteiler).

Nach Reduktion der Merkmalsmenge ergab sich folgende Merkmalsliste:

1. Patient zeigt eine Zunahme an Einsicht und bessere Akzeptierung der eigenen Person.
2. Patient erkennt Möglichkeiten, mit seinen Schwierigkeiten fertig zu werden, zeigt Techniken der Lebensbewältigung auf, die ihm helfen können, über Schwierigkeiten hinwegzukommen und ihm Halt und Erfolgserlebnisse geben können – Setzen von Nahzielen.
3. Logischer Fortgang erkennbar.

4. Patient spricht über Möglichkeiten und Versuche der Problemklärung.
5. Patient fächert das Problem auf.
6. Patient diskutiert Probleme, Pläne, zeigt Einsicht.
7. Konkrete Bedingungen für Schwierigkeiten werden analysiert und abgewogen.
8. Patient sucht Ursachen seiner Probleme in äußeren Umständen bzw. in der Umwelt, ohne eigenes Verhalten mitverantwortlich zu machen, setzt sich nicht genügend mit seinen Problemen auseinander.
9. Patient formuliert deutlich, was ihn noch belastet und für ihn unklar ist.
10. Patient kommt zu Wertungen seines Verhaltens.
11. Patient stellt die Frage nach dem Falsch oder Richtig seines Standpunktes zur Klärung seiner Problematik.
12. Patient erwartet die Lösung seiner Schwierigkeiten durch Ratschläge anderer, erwartet Hilfe von außen her.
13. Patient bringt theoretisierende, distanzierte, allgemeine Erläuterungen, intellektualisiert.
14. Patient tritt auf der Stelle, dreht sich im Kreise.
15. Patient ist selbstkritisch und um reale Einschätzung seines Verhaltens bemüht.
16. Äußerung ist Ausdruck von Ratlosigkeit, Unklarheit und Hilflosigkeit.
17. Patient sucht relativ oberflächlich nach einfachen und schnellen Lösungen (Patentlösungen).
18. Patient berichtet in allgemeiner, neutraler Art und Weise, ohne nach Bedingungen zu fragen oder Möglichkeiten einer Veränderung zu suchen.
19. Patient hängt an Wunschvorstellungen, ohne sie verwirklichen zu wollen bzw. zu können.
20. Patient erkennt Widersprüche und neue Aspekte in seinem Erleben und Verhalten, er analysiert und wägt ab.

Zur Vorbereitung einer Faktorenanalyse, die zur Dimensionalitätsprüfung verwendet wurde, war es nötig, mit Hilfe von Versuchspersonen (Beurteilern) numerische Schätzungen vornehmen zu lassen.
Die mehrdimensionale Verhältnisskalierung nach ECKMANN (SIXTL 1967) wurde verwendet, weil sich nach PAWLIK (1968) die Beziehungen bei komplexen Beurteilungsobjekten leichter über ihre subjektiven Distanzen erfassen lassen als über ihre Korrelationen.

Bei der mehrdimensionalen Verhältnisskalierung hatten die Beurteiler das Verhältnis von je 2 Merkmalen einzuschätzen und dabei jeweils ein Merkmal als Standardreiz aufzufassen und auf einer 10-Stufenskala zu schätzen, wieviel von dem einen Merkmal im anderen „enthalten" ist. Dabei ergaben sich für jeden Beurteiler $n \cdot (n-1)$, also 380 Vergleiche mit entsprechender numerischer Schätzung.
Aus ökonomischen Gründen wurden zweimal 190 Vergleiche/Schätzungen von zweimal 80 Versuchspersonen vorgenommen.
Für jedes der 380 Merkmalspaare wurden die arithmetischen Mittel über die 80 Schätzurteile gebildet und in einer Matrix zusammengestellt. Nach Berechnung der Skalarprodukte wurde deren Matrix nach der Zentroidmethode faktoranalysiert. Die Rotation erfolgte nach der Varimaxmethode.

Die Ladungsmatrix der 3 interpretierbaren Faktoren ist in Tab. 16 dargestellt.

Tab. 16:
Faktormatrix; Merkmale der Situationsklärung

Merkmal	FI	F II	F III	h^2
1	**3,73**	0,45	–0,11	15,38
2	**3,77**	–0,01	0,23	15,05
3	3,98	0,02	0,33	16,86
4	**3,53**	0,64	0,21	14,71
5	**3,45**	0,61	1,62	19,16
6	**3,79**	0,24	0,56	15,62
7	**3,92**	0,31	–0,05	17,18
8	0,42	**3,31**	1,34	15,23
9	**3,85**	0,52	0,47	18,15
10	**3,98**	0,52	0,33	16,80
11	**4,01**	0,52	0,34	16,95
12	0,51	**4,15**	0,17	18,24
13	0,89	2,44	**3,64**	20,11
14	–0,003	**4,23**	1,41	21,06
15	**4,67**	0,29	–0,09	22,48
16	0,25	**4,57**	–0,14	21,49
17	0,59	**3,04**	1,85	17,50
18	0,47	3,05	**3,69**	23,41
19	0,36	**4,13**	0,74	18,25
20	**4,17**	0,12	0,38	17,80
Eigenwerte (ohne FIV und V)	185,41	109,25	38,26	$\sum h^2$ 361,43
%-Anteil von $\sum h^2$ (ohne FIV und V)	50,3	30,3	10,6	

Alle Faktorladungen, bei denen das FÜRNTRATT-Kriterium erfüllt ist, sind **fett** gedruckt. Dies sind im Faktor 3 nur 2 Ladungen. Ferner fällt auf, daß in diesem Faktor der prozentuale Varianzanteil sehr gering ist. Dies muß bei der inhaltlichen Interpretation berücksichtigt werden.

Faktor 1 kann durch 12 Merkmale gekennzeichnet werden, die eine besondere kognitive Aktivität bei der Problembewältigung erkennen lassen. Neben zunehmender Einsicht und guter Fähigkeit, die Situation und damit verbundene Schwierigkeiten zu analysieren und Bedeutungskomponenten aufzufächern und abzuwägen, Widersprüche zu erkennen und Teilziele zu formulieren, wird ein hohes Maß an Selbstkritik, Selbstbewertung und Überprüfung des eigenen Standpunktes bei der Situationsklärung deutlich. Wir haben diesen Faktor als *„Selbstkonzeptorientierte kognitive Veränderungsaktivität"* bezeichnet.

Faktor 2 ist durch 6 Merkmale zu beschreiben. Im Gegensatz zum 1. Faktor dominiert hier eine passiv-abhängige Einstellung, d. h., der Patient übernimmt Lösungen und Ratschläge überwiegend von anderen. Die Situation wird oberflächlich, vorschnell oder irreal strukturiert, Ursachen für Schwierigkeiten und Pro-

bleme werden außerhalb von sich, d. h. in äußeren Umständen gesucht, so daß der Patient keine echten Fortschritte macht. Wir bezeichnen diesen Faktor als *„Passive, external orientierte Erwartung von Umweltänderungen"*.
Die beiden Merkmale, deren Ladungen hinreichen, um den Faktor 3 zu kennzeichnen, betreffen ein theoretisierendes oder intellektualisierendes Vorgehen, wobei sich die Patienten in distanzierter und neutraler Art bei allgemeinen Betrachtungen aufhalten. Eine Veränderungsaktivität ist weder von der Motivation noch von der kognitiven Seite her sichtbar, so daß der Faktor als *„Globale Erörterungen ohne Veränderungsaktivität"* bezeichnet wurde.
Bei der Interpretation der Faktoren muß berücksichtigt werden, daß der Faktorenanalyse keine Korrelationsmatrix, sondern eine Matrix von Skalarprodukten zugrunde liegt. Die Merkmale werden also nicht nach dem Grad ihres Zusammenhangs gruppiert, sondern nach ihrer Ähnlichkeit. Dies bedeutet, daß die Faktoren nicht als unabhängig voneinander variierende Dimensionen aufgefaßt werden können, sondern als sich gegenseitig ausschließende Merkmalskomplexe oder -kategorien der Situationsklärung. Es ist wegen ihrer Inkompatibilität auch nicht möglich, alle 3 Kategorien auf die gleiche Patientenäußerung anzuwenden. Eher erscheint es sinnvoll, die 3 Kategorien als verschiedene Qualitätsstufen der Situations- bzw. Problemklärungsstile von Patienten in der Gesprächspsychotherapie zu verstehen, also als Stufen oder Stufenkomplexe einer Skala „Situationsklärung" aufzufassen. Ihre Gültigkeit wäre dann im Zusammenhang mit Effektivitätskriterien oder mit anderen Prozeßvariablen zu ermitteln.
Die Merkmale aller 3 Faktoren wurden teils deduktiv, teils direkt aus Patientenäußerungen abgeleitet. Es ist zu vermuten, daß Patientenäußerungen in diese faktoriellen Kategorien relativ unabhängig von den vorliegenden SE-Skalen eingestuft werden können.

Ein Beispiel soll verdeutlichen, daß auch bei höheren SE-Graden die Situationsklärung entsprechend den 3 Faktoren einordenbar ist, so daß dadurch eine zusätzliche Information erreicht werden kann (FROHBURG und HELM 1976):

Faktor *„Selbstkonzeptorientierte kognitive Veränderungsaktivität"*

Patient: „Wissen Sie, ich habe große Schwierigkeiten mit meinem Chef. Seine Arroganz ärgert mich furchtbar. Sie verletzt mich so. Ich bin vielleicht aber auch zu empfindlich und sollte das doch irgendwie hinkriegen, damit ich dann weniger aufgeregt bin."

Faktor *„Passiv external orientierte Erwartung von Umweltänderungen"*

Patient: „Wissen Sie, ich habe große Schwierigkeiten mit meinem Chef. Seine Arroganz verletzt mich so. Wenn er nicht so wäre, könnte ich vor der Versammlung bestimmt reden, aber so bin ich immer so entsetzlich aufgeregt. Aber von einem Leiter müßte man doch verlangen können, daß . . ."

Faktor *„Globale Erörterung ohne Veränderungsaktivität"*

Patient: „Wissen Sie, ich habe große Schwierigkeiten mit meinem Chef. Seine Arroganz erzeugt Betroffenheit und trifft einen doch. Wir sind doch heute alle sensibler geworden in dieser Zeit. Das enttäuscht doch, weil es mit meinen Idealen kollidiert."

Rückblickend auf das Kapitel 4 können wir feststellen, daß die Entwicklung der Erfassungsmethodik für Prozeßvariablen gegenwärtig trotz verschiedener Begrenzungen einen Stand erreicht hat, der es gestattet, in der Forschung zur Gesprächspsychotherapie eine Reihe wesentlicher, d. h. den Therapieerfolg mit-

bestimmender Prozeßmerkmale hinreichend zuverlässig und objektiv zu erheben. Ebenfalls konnte die Frage ihres Zusammenhangs weiter geklärt werden. Dies alles betrachten wir als eine wichtige Voraussetzung für weitere Validierungsbemühungen von Prozeßmerkmalen an Kriterien der Effektivität.
Aber auch für die praktische psychotherapeutische Arbeit sind die in diesem Kapitel vorgelegten Resultate von Bedeutung, da Verbesserungen in der Erfassungsmethodik der betreffenden Merkmale erst die wichtige und in jedem Falle notwendige Kontrolle in der eigenen täglichen klinischen Arbeit im Gebiet der Gesprächspsychotherapie auch besser ermöglicht. Solche Kontrollen, besonders wenn sie mit Rückmeldungen vom Ausbilder oder von anderen in der Gesprächspsychotherapie tätigen Kollegen verbunden sind, scheinen eine grundlegende Bedingung zur Erhöhung und Erhaltung der eigenen therapeutischen Leistungsfähigkeit zu sein.

5.
Der Zusammenhang von Prozeßvariablen in der Gesprächspsychotherapie

Im folgenden wollen wir über Forschungsergebnisse berichten, die wir im didaktischen Schema (Kap. 2, Abb. 1) dem Problemtyp 1 zuordneten. Das betrifft die Frage nach den Beziehungen zwischen Gesprächsvariablen des Psychotherapeuten und denen des Patienten, die die Effektivität der Gespräche mitbestimmen. Im theoretischen Teil (Kap. 3) haben wir versucht, den Wirkungsmechanismus dieser Zusammenhänge auf der Basis von Untersuchungsergebnissen aus verschiedenen Gebieten der Psychologie, besonders der Allgemeinen Psychologie, zu umreißen. Wir möchten ausdrücklich darauf hinweisen, daß die Untersuchung des Zusammenhangs von Prozeßvariablen nur im Kontext der Effektivitätsforschung sinnvoll ist, daß also Ergebnisse über die Beziehungen zwischen Gesprächsvariablen des Psychotherapeuten und solchen des Patienten nur dann den psychotherapeutischen Wirkungsmechanismus aufklären helfen, wenn zugleich bekannt ist oder in Erfahrung gebracht wird, daß die durch die Prozeßvariablen des Psychotherapeuten ausgelösten bzw. bekräftigten Prozeßvariablen des Patienten selbst mit den anzustrebenden Veränderungen (Effektivitäts- bzw. Zielerreichungskriterien) zusammenhängen. Dies ist für die Patientenprozeßvariable Selbstexploration mehrfach nachgewiesen worden. Deshalb stellen wir den Zusammenhang zwischen der Selbstexploration und Psychotherapeutenvariablen hier in den Vordergrund. Mit dem Zusammenhang von Prozeßvariablen mit Effektivitätskriterien werden wir uns dann im nächsten Kapitel befassen.

5.1.
Die Wirkung von Gesprächsvariablen des Psychotherapeuten auf die Selbstexploration der Patienten

Da wir auf Grund umfangreicher Forschungsbefunde heute annehmen müssen, daß die Selbstexploration einen größeren Anteil der Varianz gesprächspsychotherapeutischer Effekte abdeckt, stellt sich folgerichtig die Frage nach den psychotherapeutischen Bedingungen, die eine hohe Selbstexploration vom Patienten veranlassen. Dazu gehört nach verschiedenen Befunden die Verbalisierung des Psychotherapeuten (TRUAX und CARKHUFF 1965, SANDER u. a. 1967, TAUSCH u. a. 1967, MINSEL u. a. 1972), vorausgesetzt, daß durch Realisierung der anderen Kernvariablen eine günstige emotionale Basis dafür geschaffen wird.

5. 1. 1.
Die SE-induzierende Wirkung der Verbalisierung

Positive Korrelationen zwischen der Verbalisierung und der Selbstexploration gehören wohl zu den sichersten Aussagen der Gesprächspsychotherapieforschung. Im Rahmen verschiedener Untersuchungen unserer Arbeitsgruppe konnte dieser Zusammenhang mehrfach erhärtet werden. Wir (HELM 1974) fanden bei einer Untersuchung über die Konstanz von Prozeßvariablen sehr signifikante Korrelationen ($p = 0{,}001$) zwischen Verbalisierung und Selbstexploration, wobei wir die Daten von Einzeläußerungen zugrunde legten.
Bei der Untersuchung von Trends in den genannten Variablen konnten wir mit KUHNT (1973) für die Mittelwerte pro Kontakt einen Zusammenhang von .37 ($p < 0{,}001$) und für die Einzeläußerungen von .38 ($p < 0{,}001$) finden. Sogar bei der Korrelationsberechnung der Mittelwerte von Verbalisierung und Selbstexploration pro Psychotherapie fand sich ebenfalls noch ein auf dem 5-%-Niveau signifikanter Zusammenhang von .51 bei 20 Psychotherapien.
Mit AHNERT u. a. (1974) korrelierten wir die Verbalisierungsdaten von fast 500 Einzeläußerungen mit den zugehörenden SE-Daten, die einmal mit der TRUAX-TAUSCH-Skala und zum anderen mit unserer neu entwickelten SE-Skala (S. 94) erhoben wurden. Auch hier waren in beiden Fällen die Koeffizienten sehr signifikant ($p < 0{,}001$). Schließlich fanden wir auch mit KREUZER (1972) den V-SE-Zusammenhang für die Gruppenpsychotherapie und mit GLÜCK (1975) bei jugendlichen Strafgefangenen bestätigt.
In Tab. 17 sind die Ergebnisse der V/SE-Korrelationen zusammengefaßt dargestellt. Die Anwendung der Produkt-Moment-Korrelation erscheint hierbei zweifelhaft: 1. ist die Normalverteilung der Daten in diesem Falle nicht gewährleistet und 2. dürften Schätzskalen wohl nur in Ausnahmefällen als Intervallskalen, in der Regel als Ordinalskalen zu betrachten sein. Daher kommen zur Berechnung des Zusammenhangs beider Variablen nur Rangkorrelationen oder die Korrelation für 2 mehrseitige Ereignismengen (KRAUSE und LANDER 1973), die für Nominalskalen entwickelt wurde, in Betracht.
Insgesamt bestätigt sich also der Zusammenhang zwischen V und SE recht deutlich. Es wäre jedoch vorschnell gedacht, aus diesen und anderen aus der Literatur bekannten Befunden zu folgern, in diesem Zusammenhang müsse sich die Wirkung der Verbalisierung des Psychotherapeuten auf die Selbstexploration des Patienten abbilden. Die Korrelationskoeffizienten könnten auch umgekehrt so interpretiert werden, daß eine hohe Selbstexploration den Psychotherapeuten „veranlasse", auf besonders hohem Niveau zu verbalisieren. Immerhin weisen einige unserer Befunde in diese Richtung: Wurden nicht, wie bei den zitierten Untersuchungen, die V-Grade mit den *darauffolgenden* SE-Graden korreliert, sondern umgekehrt, die V-Grade mit den *vorangehenden* SE-Graden, dann ergaben sich meistens nicht geringere Koeffizienten (HELM 1974, AHNERT u. a. 1975). Es wäre zu fragen, ob in

Tab. 17:
Zusammenhang von V- und SE-Daten

Autor	*n*	*p*	Korrelationsart	Daten
Helm (1972)	480	0,001	Produkt-Moment	V- und SE-Daten/ Einzeläußerungen
Kreuzer (1972)	7	0,05	Rangkorrelation	V- und SE-Daten/ Mittelwerte d. Ges.-Therapien (Gruppe)
Kuhnt (1973)	20	0,05	Rangkorrelation	V- und SE-Daten/ Mittelwerte der Ges. Therapien (Einzelther.)
Kuhnt (1973)	180	0,001	Rangkorrelation	V- und SE-Daten/ Stichprobenmittelwerte pro Kontakt
Kuhnt (1973)	720	0,001	Produkt-Moment	V- und SE-Daten/ Einzeläußerungen
Ahnert (1974)	491	0,001	Korrelation für mehrseitige Ereignismengen	V- und SE-Daten/ Einzeläußerungen
Glück (1975)	23	0,001	Rangkorrelation	V- und SE-Daten/ Stichprobenmittelwerte pro Kontakt

der zeitlichen Abfolge die V-Antwort des Psychotherapeuten direkt und unmittelbar auf die SE einwirkt. Eine solche direkte Beeinflussung von Psychotherapeuten-auf Patientenäußerungen ist weniger wahrscheinlich als eine allmähliche Niveauanhebung der SE durch eine hohe Verbalisierungsleistung des Psychotherapeuten. Vermutlich drücken sich in der SE-V- bzw. V-SE-Korrelation solche Niveau-Zusammenhänge aus, nicht aber Äußerung-zu-Äußerung-Zusammenhänge.
Dieser Frage nach der Beeinflussungsrichtung von V und SE gingen Truax und Carkhuff (1965) sowie Sander u. a. (1969) durch experimentelle Variationen des Psychotherapeutenverhaltens nach. Während der Gesprächskontakte, in denen der Psychotherapeut eine hohe Verbalisierung anstrebte, wurden Phasen eingeschoben, in denen der Psychotherapeut nur in vermindertem Ausmaß verbalisierte. Es ergab sich, daß sich in solchen Phasen der Grad der SE der Patienten signifikant verringerte. In einer Arbeit von Alexik und Carkhuff (1967) wurde hingegen die SE systematisch durch einen instruierten Patienten variiert, und zwar bei 2 verschieden hoch verbalisierenden Psychotherapeuten. Dabei zeigte sich, daß der Psychotherapeut, der ein hohes V-Niveau im Gespräch erreichte, durch die manipulierte SE-Verminderung kaum in der V-Höhe verändert wurde, während sich der Psychotherapeut mit nur mäßig hohem V-Niveau durch die geringe SE in seinem V-Verhalten verschlechterte. Dieser Befund wurde durch Carkhuff und Alexik (1967) an einer größeren Psychotherapeutenstichprobe erhärtet.
Wenn in diesen Untersuchungen die Variablen variiert wurden, deren Einfluß geprüft werden sollte, so haben wir mit Glück (1975) untersucht, ob bei 2 Personengruppen je ein konstant hohes oder ein konstant niedriges V-Niveau die SE-Ausgangslage im Sinne einer Hebung oder Senkung beeinflußt. Die beiden Versuchs-

gruppen waren 23 männliche jugendliche Strafgefangene zwischen 17 und 20 Jahren, mit denen psychotherapieanaloge Gespräche zur Wiedereingliederungsproblematik durchgeführt wurden.

Bei 14 Jugendlichen strebte der im Verbalisierungsverhalten trainierte Versuchsleiter ein höheres V-Niveau an, d. h. die Stufen 6 bis 12 der Truax-Tausch-Skala, bei 9 Jugendlichen verbalisierte der Versuchsleiter nur bis Stufe 4 dieser Skala. Mit jedem Jugendlichen wurden an 3 aufeinanderfolgenden Tagen 3 Einzelgespräche von etwa 15 Minuten Dauer geführt, auf Tonband aufgezeichnet und transkribiert. Das Gesprächsthema „Wiedereingliederungsprobleme" wurde wegen seiner großen Bedeutung für das künftige Leben der Strafgefangenen in unserer Gesellschaft gewählt und in der Regel von den Jugendlichen sofort aufgegriffen, da sie entweder kurz vor ihrer Wiedereingliederung standen oder in der Vorbereitung dazu besondere Probleme zu erwarten waren (z. B. bei familiengestörten Jugendlichen).

Einige Besonderheiten der Gesprächssituation mit den Jugendlichen gegenüber der mit Psychotherapie-Patienten sollen hier kurz erwähnt werden, da sie die Versuchsergebnisse in ihrer Generalisierbarkeit einschränken können: 1. Das Bildungsniveau der Versuchspopulation lag eindeutig unter dem von Patientenstichproben. 2. Es handelt sich – wie gesagt – um Jugendliche. 3. Es lag keine spontane Psychotherapie – oder besondere Gesprächsmotivation vor; die Bereitwilligkeit wurde durch die Instruktion des Versuchsleiters erreicht. 4. Das Gesprächsthema wurde nicht von den Jugendlichen, sondern vom Versuchsleiter bestimmt.
Alle Äußerungen der Jugendlichen und des Versuchsleiters wurden mit den Verbalisierungs- und Selbstexplorationsskalen beurteilt, so daß als Ausgangsbasis 5143 ordinalskalierte Daten für die statistische Bearbeitung vorlagen.
Zunächst interessierte, ob sich auch bei psychotherapieanalogen Gesprächen mit jugendlichen Strafgefangenen ebenfalls ein signifikanter Zusammenhang zwischen SE und V auffinden läßt. Ein solcher Zusammenhang ist die Voraussetzung für diese Untersuchung nach der Beeinflussungsrichtung von V und SE. Tab. 18 bestätigt ihn ganz eindeutig:

Tab. 18:
Zusammenhang von V- und SE-Daten (Mittelwerte pro Kontakt) bei unterschiedlichem V-Niveau

Stichprobe	SE-V-Korrelation *(R)*	*n*	*p*
Gesamtpopulation	.79	23	0,001
Stichprobe mit höherem V-Niveau	.67	14	0,01
Stichprobe mit niedrigem V-Niveau	.67	9	0,05

Am höchsten ist der Zusammenhang bei der Gesamtpopulation, also bei allen 23 jugendlichen Strafgefangenen, von denen bei 14 hoch und bei 9 niedrig verbalisiert wurde. Das Absinken des Korrelationskoeffizienten bei den beiden Teilpopulationen hängt offenbar damit zusammen, daß hier das V-Verhalten relativ konstant innerhalb des oberen oder unteren Skalenbereichs gehalten wurde bzw. die V-Daten weniger streuten als in der Gesamtpopulation.

Die relative Konstanz eines hohen bzw. niedrigen V-Niveaus in beiden Versuchsgruppen wurde im wesentlichen versuchsplanmäßig realisiert: Nur 6,3 % der Psychotherapeutenäußerungen lagen bei der Versuchsgruppe mit niedrigem V-Niveau außerhalb der angestrebten V-Stufen 1 bis 4, 13,4 % der Psychotherapeutenäußerungen bei der Versuchsgruppe mit hohem Verbalisierungsniveau außerhalb der angestrebten V-Stufen 6 bis 12. Offenbar fiel es dem Versuchsleiter schwerer, eine hohe Verbalisierung konstant zu realisieren; besonders explorative Fragen gegenüber den Jugendlichen ließen sich oft nicht vermeiden.

Eine Analyse der Häufigkeitsverteilungen der V- und SE-Daten (Tab. 19) zeigt sehr deutlich die realisierten Unterschiede im V-Niveau beider Versuchsgruppen. Die Mittelwertsdifferenzen sind signifikant verschieden. Dies gilt auch für die Mittelwertsdifferenz der SE beider Versuchsgruppen.

Tab. 19:
Mittelwerte und Streuungen der V- und SE-Daten bei unterschiedlich realisiertem V-Niveau

Stichprobe	$\bar{x}$ (V)	s (V)	n	$\bar{x}$ (SE)	s (SE)	n
Gesamtpopulation	5,94	3,32	2588	4,13	1,82	2555
Stichprobe mit höherem V-Niveau	8,12	2,38	1544	4,48	1,12	1550
Stichprobe mit niedrigem V-Niveau	2,70	1,17	1044	3,60	1,48	1005

Als Resultat ergibt sich also, daß durch eine relativ konstant hohe Verbalisierung eines Versuchsleiters bei einer Gruppe jugendlicher Strafgefangener die Selbstexploration signifikant höher liegt als bei einer anderen Gruppe, bei der der Versuchsleiter nur in geringem Ausmaß verbalisierte. Das gleiche gilt für die Selbstexploration der jeweiligen 3 Einzelgespräche. Die prozentuale Häufigkeit der Besetzung der einzelnen SE-Stufen unter beiden V-Bedingungen veranschaulicht Abb. 9.
Weiterhin sollte in dieser Arbeit geprüft werden, ob das Ausmaß der SE unter den Bedingungen verschieden hoher Verbalisierung einem kontinuierlich ansteigenden oder abfallenden Verlauf unterliegt. Vergleicht man die SE-Mittelwerte von jeweils 8 Äußerungen über alle 3, in eintägigem Abstand aufeinanderfolgenden Gespräche, dann zeigt sich lediglich unter der Bedingung einer niedrigen Verbalisierung ein in der Tendenz ($p = 0,10$) zu sichernder abfallender Trend (sukzessive Differenzenstreuung). Die erheblichen SE-Unterschiede treten gleich zu Beginn des ersten Gesprächs unter den verschiedenen V-Bedingungen auf. Die relativ hohe Anfangs-SE in der Versuchsgruppe mit hohem V-Niveau wird konstant hoch gehalten, die relativ niedrige Anfangs-SE in der Gruppe mit niedrigem V-Niveau sinkt eher im Gespräch noch ab.

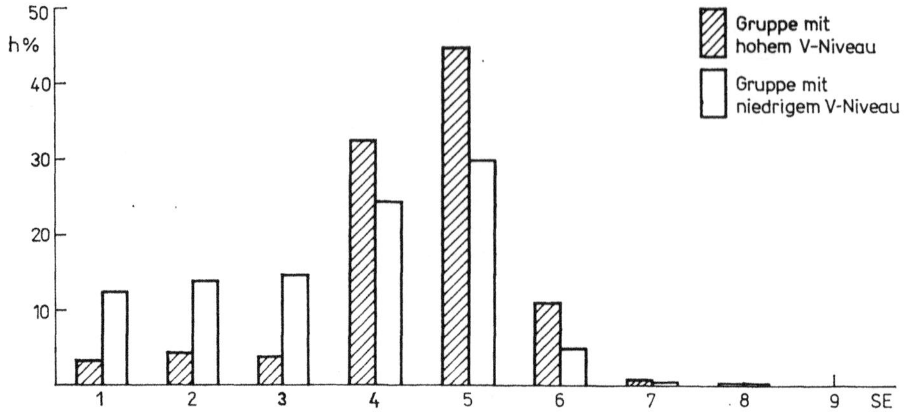

Abb. 9:
Prozentuale SE-Verteilung bei unterschiedlichem V-Niveau.

5.1.1.1. V-SE-Zusammenhang in der Gesprächsgruppenpsychotherapie

In bisher verhältnismäßig wenigen Untersuchungen (Truax 1961, 1966, Truax, Carkhuff und Kodman 1965, Truax, Wargo und Silber 1966, Ends und Page 1967, vgl. auch Tiator 1972, Sander 1974, Pavel und Sander 1974) konnte nachgewiesen werden, daß die in der Einzelpsychotherapie als wirksam erkannten Kernvariablen auch in psychotherapeutischen Gruppengesprächen sowohl die SE der Patienten als auch deren Erfolge mitbestimmen. Untersuchungen von Franke (1975) stellen dies allerdings wieder in Frage. Das legt die Annahme nahe, daß eine Reihe weiterer, für die Gruppenpsychotherapie spezifischer psychotherapeutischer Bedingungen besonders phasenspezifischer Art für die Effektivität und die SE-Verbesserung wesentlich sind.

Leider liegen zur Zeit über die für einen effektiven Gesprächsgruppenprozeß erforderlichen psychotherapeutischen Bedingungen kaum genügend begründete Erkenntnisse und beweiskräftige Forschungsergebnisse vor. Dies ist um so bedauerlicher, als gruppenpsychotherapeutische Methoden wahrscheinlich besonders gut den Psychotherapiezielen entsprechen, die sich aus den Erfordernissen unseres gesellschaftlichen Lebensprozesses ergeben. So äußerte sich Kratochvil (Hausner, Kratochvil und Höck 1975) auf dem Prager Psychotherapiesymposion 1973 in seinem Beitrag zum Thema „Psychotherapie in den sozialistischen Ländern“, daß ein wesentlicher Entwicklungstrend in der raschen Ausbreitung gruppenpsychotherapeutischer Verfahren bestehe, die sich an die sozialistischen Prinzipien der Kollektivität, der Kritik und Selbstkritik und des Einflusses der kollektiven Tätigkeit auf die Persönlichkeitsgestaltung anlehnen. Ähnliche Auffassungen vertrat dort auch Leder (1975).

Da die Psychotherapie neurotischer Entwicklungen zumindest in ihren persönlichkeitstangierenden Aspekten die „Leitkategorien“ des sozialistischen Menschenbildes berücksichtigen sollte (vgl. Kap. 1), sind solche Auffassungen beachtenswert. Die

Gruppenpsychotherapie könnte in komplexer Weise verschiedene Momente der Einsichtsvermittlung, der besseren Kommunikationsfähigkeit (über ein besseres Eigen- und Fremdverständnis) und der Fähigkeitsentwicklung zur Lösung zwischenmenschlicher Konflikte kombinieren.
TAUSCH (1973) hält in Anlehnung an YALOM (1970) folgende Vorgänge in Gruppengesprächen für relevant:

- Verständnis durch andere Gruppenmitglieder und, damit verbunden, ein Nachlassen sozialer Ängste,
- Erfahrung der psychischen Beeinträchtigungen und Störungen bei anderen Gruppenmitgliedern mit dem Effekt einer vergleichenden besseren Einschätzung der eigenen Beeinträchtigungen,
- Erfahrung der Selbstkongruenz und des Bemühens anderer Gruppenmitglieder, ihre Beeinträchtigungen zu verringern,
- größere Selbstexploration mit entsprechenden Auswirkungen sowie Beobachtung des SE-Verhaltens anderer Gruppenmitglieder,
- Gegenkonditionierung von Ängsten durch Verständnis, Sympathie und Wärme der Gruppenmitglieder,
- Informationen, Hinweise, Korrekturen usw. durch andere Gruppenmitglieder bei Verständnis und Nichtlenkung des Psychotherapeuten.

Aber solche, aus der psychotherapeutischen Praxis naheliegenden Annahmen erfordern auch, daß in der empirischen Forschungsarbeit konkrete methodisch-psychotherapeutische Wirkungsmöglichkeiten ermittelt werden, durch die solche Zielsetzungen in der psychotherapeutischen Gruppe auch nachweisbar realisiert werden. Trotz aller optimistischen Äußerungen über die Vorteile gruppenpsychotherapeutischer Methoden (bezüglich gesellschaftlich relevanter Zielsetzungen), zu denen noch viele psychotherapie-ökonomische Erwägungen hinzukommen, liegen bis heute leider kaum überzeugende Nachweise darüber vor. Vergleichsuntersuchungen konnten auch bisher entgegen manchen Plausibilitäts-Argumenten keine generelle Überlegenheit gruppenpsychotherapeutischer Methoden über die Einzelpsychotherapie ausweisen. Im Gegensatz zur verbalen Einzelpsychotherapie und zu verschiedenen anderen Methoden ist die Gruppenpsychotherapie hinsichtlich ihrer gruppenspezifisch wirksamen Variablen noch wenig erforscht, und leider wurden auch bisher Erkenntnisse aus der Sozialpsychologie dort kaum in gründlicher Weise berücksichtigt.
Wir halten es deshalb für dringend erforderlich, die sich in der Gruppenpsychotherapie anbietenden und recht naheliegenden Möglichkeiten gezielt weiter zu untersuchen, um die gruppenpsychotherapeutische Methodik effektiv gestalten und konkrete Anforderungen an den Psychotherapeuten präziser als bisher formulieren zu können.
Es scheint hier nötig zu sein, einen Schwerpunkt für die Forschung festzulegen, da bisher Gruppenpsychotherapie in sich sehr unterschiedlich motiviert, strukturiert und theoretisch begründet ist. Dies gilt auch für die gruppenpsychotherapeutischen Konzeptionen in den sozialistischen Ländern, wie sich anläßlich des Ostsee-Symposions für Klinische Psychologie in Rostock/Warnemünde 1974 deutlich zeigte (HÖCK 1976, KRATOCHVIL 1976, BÖTTCHER 1976, LEDER, CZABALA und KOSEWSKA 1976, vgl. auch LEDER, BIGO, KOSEWSKA, CZABALA und WYSOKINSKA 1970).

Aus den genannten Untersuchungen von TRUAX u. a. geht hervor, daß auch in der Gesprächsgruppenpsychotherapie der Grad der SE die therapeutische Effektivität der Gruppenmitglieder mitbestimmt, so daß auch hier ein Ziel psychotherapeutischer Bemühungen in der Stimulierung einer hohen SE besteht. Für uns stellte sich dabei die Frage, durch welche Aktivitäten in der gesprächspsychotherapeutischen Gruppe die Selbstexploration induziert wird.
Der Zusammenhang zwischen der Verbalisierung des Psychotherapeuten und der Selbstexploration kompliziert sich in der Gruppe in mehrfacher Hinsicht: Einmal kann der Gesprächspsychotherapeut, wie in der Einzelpsychotherapie, auf die einzelnen Patienten direkt verbalisierend eingehen, um damit deren SE zu verbessern. Er kann dies aber auch versuchen, indem er den Inhalt einer verbalen oder nichtverbalen *Interaktion* zweier kommunizierender Patienten verbalisiert bzw. indem er die Äußerung eines Mitpatienten einbezieht, der gerade auf den Patienten reagiert, der seine Probleme darstellt und dessen SE dabei durch den Psychotherapeuten gefördert werden soll. Um hier Entscheidungen treffen zu können, formulierten wir folgende

Hypothese 1: Die SE, die ein Gruppenpatient erreicht, hängt überwiegend vom Grad der Verbalisierung des Psychotherapeuten ab.

Hyp. 1.1. Die SE des Patienten X (SE_X) ist abhängig von der direkten Verbalisierung durch den Psychotherapeuten (TV_X)

$$TV_X \rightarrow SE_X$$

Hyp. 1.2. Die SE des Patienten X ist abhängig von der Verbalisierung einer Interaktion des Patienten X mit einem anderen Patienten Y (TV_{XY})

$$TV_{XY} \rightarrow SE_X$$

Eine weitere Komplizierung des V-SE-Zusammenhangs in der Gruppe ergibt sich daraus, daß hier ein vielseitiges Interaktionsfeld existiert. Für unser Problem bedeutet dies, daß sich auch Patienten untereinander verbalisieren, möglicherweise während der Psychotherapie durch Modellernen am Psychotherapeuten induziert. Dabei kann angenommen werden, daß Patienten, die in der Lage sind, mit einem größeren Verbalisierungsausmaß auf andere Patienten einzugehen, auch eine hohe SE erreichen (SHEERER 1949, ROGERS 1951, FEY 1955). Zur Überprüfung dieser Fragen formulierten wir die

Hypothese 2: Die SE, die ein Gruppenpatient X erreicht, hängt deutlich davon ab, in welchem Ausmaß die Patienten selbst verbalisieren (PV).

Hyp. 2.1. Die SE des Patienten X (SE_X) ist abhängig von der Verbalisierung durch einen anderen Patienten Y ($P_Y - V_X$)

$$P_Y \quad V_X \rightarrow SE_X$$

Hyp. 2.2. Die Verbalisierung durch Patienten (PV) nimmt mit der Dauer der Therapie (t) zu.

$$PV = f(t)$$

Hyp. 2.3. Patienten, die ein höheres V-Niveau erreichen, haben auch eine bessere SE

$$P_X V = f\,(SE_X)$$

Diese Hypothesen wurden in einer Erkundungsstudie im Rahmen einer vom Verfasser durchgeführten ambulanten Gesprächsgruppenpsychotherapie zusammen mit KREUZER (1972) überprüft.

Die Gruppe setzte sich zunächst aus 8 Patienten zusammen, von denen einer die Behandlung nach kurzer Zeit abbrach. Von den verbleibenden 7 Patienten (Alter zwischen 20 und 33 Jahren) waren 3 männlich und 4 weiblich. Die Diagnosen waren relativ homogen, es handelte sich weitgehend um Kontaktschwierigkeiten, soziale Ängste, Redehemmungen, Selbstwertprobleme und, damit verbunden, verschiedene vegetative Beschwerden.
Die Untersuchung umfaßte 10 je 1 $^1/_2$stündige Psychotherapiekontakte, d. h. jeden 2. der 20 Psychotherapiekontakte im Zeitraum von 20 Wochen. Sämtliche Gespräche wurden auf Tonband registriert. Jede Psychotherapeuten- bzw. Patientenäußerung in diesen Texten beurteilten 3 Studenten, die ein entsprechendes Skalentraining erfolgreich absolviert hatten (Beurteilerübereinstimmung .98; $r_{tt}=.84$), hinsichtlich der SE, der V durch den Therapeuten und der V durch Patienten (PV), für deren Einschätzung die V-Skala entsprechend umformuliert wurde. Es zeigte sich, daß alle Daten angenähert normal verteilt waren.

Zur *Hypothese* 1 wurden folgende Ergebnisse erzielt:

1. Zunächst ist festzustellen, daß in der Gesprächsgruppenpsychotherapie ebenfalls ein eindeutiger und direkter V-SE-Zusammenhang nachweisbar ist: die Korrelation zwischen Verbalisierung durch den Psychotherapeuten und Selbstexploration eines Patienten ist bei 5 von den 7 Patienten zwischen $p=0{,}001$ und 0,05 bedeutsam. Fragt man nach dem Zusammenhang der (über alle untersuchten 10 Kontakte) gemittelten SE-Werte der einzelnen Patienten mit der ebenfalls gemittelten Verbalisierung, die auf jeden Patienten gerichtet ist, dann läßt sich auch hier eine positive Korrelation finden ($R=.75$, $p=0{,}05$).
Dies bedeutet insgesamt, daß der Grad der auf einen Patienten gerichteten Verbalisierung des Psychotherapeuten sowohl das Gesamtniveau der SE dieses Patienten bestimmt als auch mit größerer Wahrscheinlichkeit die SE der einzelnen Patientenäußerungen direkt beeinflußt. Offenbar liegen die Verhältnisse hier nicht wesentlich anders als in der patientzentrierten Einzelgesprächspsychotherapie.
2. Als nächstes prüften wir, ob die SE eines Patienten auch dann von der Verbalisierung abhängt, wenn diese sich nicht direkt auf den betreffenden Patienten richtet, sondern auf eine verbale Interaktion dieses Patienten mit einem anderen. Dazu wurden solche verbalen Interaktionen zwischen den Patienten aus den Transkripten herausgesucht, die der Psychotherapeut verbalisierte. So konnte der Grad dieser Verbalisierungen mit dem Grad der Selbstexploration des jeweils interagierenden Patienten in statistischen Zusammenhang gebracht werden. Bei der errechneten Korrelation ergab sich lediglich ein tendenzieller positiver Zusammenhang ($p=0{,}10$).

Wir wollen dies als einen Hinweis werten, daß die Wirkung der Verbalisierung auf die SE eines Patienten nachläßt, wenn der Psychotherapeut nicht direkt auf die wesentlichen internalen Inhalte eines Patienten eingeht, sondern sich auf den internalen Inhalt der Interaktion bezieht. Dies kann natürlich nicht bedeuten, daß der Psychotherapeut den Patient-Patient-Interaktionen weniger Gewicht beizumessen hat, denn die SE der Patienten wird durch die Verbalisierung dieser

Interaktionsinhalte nicht geringer; lediglich der V-SE-Zusammenhang wird lockerer.
Die Prüfung der unter *Hypothese* 2 gemachten Annahmen ergab folgendes:

1. Es besteht ein statistisch nur der Tendenz nach knapp zu sichernder Zusammenhang zwischen dem Ausmaß der Verbalisierung eines Patienten durch einen anderen und der SE des verbalisierten Patienten.
2. Im zeitlichen Verlauf der Psychotherapie nimmt das Niveau der Verbalisierung von Patienten untereinander wider Erwarten nicht zu. Dies gilt sowohl für das mittlere V-Niveau aller Patienten als auch für die Veränderung der V-Grade der einzelnen Patienten im Verlauf der untersuchten 10 Kontakte (Trendanalyse mittels der sukzessiven Differenzenstreuung nach NEUMANN).
3. Die Überprüfung des Zusammenhangs der von den Patienten erreichten V-Niveaus hatte ein positives Ergebnis. Die Korrelation beider Patientenvariablen ($R = .86$, $p = 0{,}05$) legt nahe, daß Patienten, die sich in höherem Maße anderen Patienten verbalisierend zuwenden können, auch in der Lage sind, sich mit ihren eigenen Problemen in größerem Ausmaß auseinanderzusetzen.

Zusammenfassend kann also die Frage nach der V-SE-Wirkung in der Gesprächsgruppenpsychotherapie für die direkte Verbalisierung des Patienten positiv beantwortet werden, während für die Interaktions-Verbalisierung des Psychotherapeuten und für die gegenseitige Verbalisierung von Patienten untereinander der V-SE-Zusammenhang nur tendenziell sichtbar wurde. Offenbar muß man annehmen, daß die direkte Verbalisierung des Psychotherapeuten auch in der Gesprächsgruppenpsychotherapie eine wesentliche Psychotherapeutenaktivität darstellt. Andererseits zeigte sich aber auch während der Gruppengespräche, daß durch eine zu häufige und ausschließlich auf einzelne Patienten gerichtete Verbalisierung die Gruppenkohäsion und eine intensive mehrseitige Interaktion der einzelnen Gruppenmitglieder mehr oder weniger aufgelockert, wenn nicht gar zeitweise zugunsten einer Überbetonung der Psychotherapeutenaktivität aufgehoben werden kann.
Die Frage erscheint daher sinnvoll, ob und inwieweit die SE der Patienten durch Interaktionsvariable der Patienten mitbestimmt und gefördert werden kann. Die Beantwortung dieser Frage könnte die Bedeutung der Verbalisierung durch den Psychotherapeuten in der Gruppe im Einflußfeld anderer, die SE determinierender Faktoren klarer werden lassen. Obgleich wir natürlich weit entfernt davon sind, die effektiven Prozeßmerkmale in der Gesprächsgruppenpsychotherapie zu kennen, wollen wir aber doch diese Frage nach weiteren Determinanten der SE auch in der Gruppe später wieder aufgreifen (vgl. 5.1.2.1. und 5.2.).
Da wir in der soeben berichteten Untersuchung den V-SE-Zusammenhang in einer ausgesprochen patientzentrierten Gesprächsgruppenpsychotherapie analysierten, in der von vornherein eine hohe Verbalisierung vom Psychotherapeuten angestrebt wurde, entstand die Frage, ob der V-SE-Zusammenhang darüber hinaus eine allgemeingültige Erscheinung in der verbalen Psychotherapeut-Patient-Interaktion darstellt. Bei einer in diese Richtung zielenden Erkundungsstudie wählten wir möglichst von der patientzentrierten Vorgehensweise abweichende Psychotherapiebedingungen aus, nämlich eine eklektizistisch-psychagogisch geführte stationäre

Gruppenbehandlung und verglichen sie hinsichtlich der SE-V-Bedingungen mit einer patientzentriert geführten Gesprächsgruppe (FÄTKENHEUER 1972).

Die eklektizistisch geführte geschlossene Gruppe bestand aus 6 schizophren erkrankten Patienten im Stadium der Besserung, die neben der Gruppenbehandlung auch arbeitstherapeutisch beschäftigt wurden (Alter zwischen 21 und 48 Jahren, 4 männliche, 2 weibliche Patienten). Zu Beginn jedes Kontakts gab der Psychotherapeut ein Thema vor, über das während der Behandlungsstunde diskutiert wurde. Ferner erteilte der Psychotherapeut Ratschläge und gab Informationen. Seine Gesamteinstellung war „direktiv-explorierend-beratend". Die psychotherapeutischen Gespräche wurden zweimal wöchentlich über insgesamt 10 Wochen durchgeführt. Etwa jeder zweite Kontakt wurde tonband-registriert und vollständig transkribiert. Nach Abschluß der Behandlung erhoben trainierte Beurteilergruppen mit Hilfe der TRUAX-TAUSCH-Skalen V- und SE-Daten (Beurteilerübereinstimmung für SE =.81, r_{tt} =.90; für V =.91 bzw. .95).

Der Vergleich mit einer patientzentrierten Gesprächspsychotherapiegruppe (HELM 1975) ergab, daß die SE von Patienten der eklektizistisch geführten Gruppe hochsignifikant unter der SE von patientzentrierten Gesprächsgruppenpatienten lag, wie die Tab. 20 veranschaulicht.

Tab. 20:
Prozentsätze der Patientenäußerungen verschieden hohen SE-Niveaus bei eklektizistischer und patientzentrierter Gesprächsführung

SE-Skalenstufen	% der Patientenäußerungen bei	
	eklektizistischer Psychotherapie	patient-zentrierter Psychotherapie
1–3	54,3	17,5
4–6	45,7	77,4
7–9	0	5,1

($\chi^2 = 146{,}1 \geqq \chi^2_{0{,}001}$; $f\,2 = 13{,}8$)

Beim Vergleich dieser Verteilungsunterschiede der SE in beiden Psychotherapiegruppen mit den Verteilungsunterschieden der Verbalisierung in Tab. 21 liegt bereits nahe, daß die SE-Unterschiede mit den hochsignifikant unterschiedlich verteilten V-Bedingungen zusammenhängen. Dabei ist aber zu beachten, daß die eklektizistische Psychotherapie mit schizophrenen, die patientzentrierte Psychotherapie mit neurotischen Patienten durchgeführt wurde. Die relativ niedrige SE bei eklektizistischer Therapie kann daher auch durch die psychopathologisch unterschiedlichen Patientengruppen mitverursacht sein.
Ferner muß berücksichtigt werden, daß bei einer eklektizistisch-psychagogisch geführten Psychotherapiegruppe ein größerer Teil der Psychotherapeutenäußerungen nicht mit der Verbalisierungsskala erfaßt werden kann, ein Nachteil, der erst recht deutlich in der Skalenanwendung bei den psychotherapeutischen Methoden offenbar wird, die stark vom gesprächspsychotherapeutischen Konzept abweichen. Besonders viele Interpretationen, Zusammenfassungen, Folgerungen, Informationen und andere Aktivitäten lassen sich in die Stufen der V-Skala nur

Tab. 21:
Prozentsätze der Therapeutenäußerungen verschieden hohen V-Niveaus bei eklektizistischer und patientzentrierter Gesprächsführung

V-Skalenstufen	% der Therapeutenäußerungen bei	
	eklektizistischer Psychotherapie	patient-zentrierter Psychotherapie
1– 4	45,5	7,3
5– 8	51,5	31,0
9–12	3,0	61,7

($\chi^2 = 108{,}4 \geqq \chi^2$ 0,001; $f\,2 = 13{,}8$)

schwer einordnen und meistens dann nur etwas gewaltsam in den unteren Skalenbereich pressen. Wir haben hier aber davon abgesehen und derartige Psychotherapeutenäußerungen nicht in die Tabelle einbezogen (sie wurden ebenfalls klassifiziert und unter anderen Fragestellungen berücksichtigt).
Ziemlich deutlich zeigt sich aber überraschend auch in der eklektizistischen Gruppe der Zusammenhang zwischen V- und SE-Daten. Die Korrelation zwischen dem SE-Gesamtniveau pro Patient und dem ihm vermittelten V-Gesamtniveau über alle Psychotherapiestunden ist noch gerade signifikant ($R = .80$, $p =$ knapp 0,05). Die über alle Äußerungen errechnete Korrelation ist gleichwertig. Ferner besteht auch in dieser ganz anders geführten Gruppe mit psychotischen Patienten eine ähnliche Beziehung zwischen der Verbalisierung der Patienten untereinander mit der Selbstexploration wie in der patientzentrierten Gesprächsgruppe, nämlich ebenfalls ein nur tendenzieller V-SE-Zusammenhang.
Zusammenfassend kann angenommen werden, daß die Höhe der SE von der Verbalisierung des Psychotherapeuten und zum Teil von der Verbalisierung der Patienten untereinander eindeutig und wesentlich populations- und situationsunabhängig mitbestimmt wird. Der Zusammenhang gilt für Einzel- und Gruppenpsychotherapie, er gilt für neurotisch gestörte Patienten ebenso wie für psychotisch gestörte und für jugendliche Strafgefangene. Er gilt sogar – wie aus den zuletzt dargestellten Befunden ersichtlich ist – auch im niedrigen, d. h. nicht effektiven Skalenbereich für V und SE.

5.1.2.
Die Beziehungen zwischen weiteren Psychotherapeutenvariablen und der Selbstexploration der Patienten

Wir haben im Kapitel 2 die bekannten Beziehungen zwischen Psychotherapeuten- und Patientenprozeßvariablen im psychotherapeutischen Gespräch dargestellt und auch versucht, sie in einen theoretischen Rahmen zu bringen. Mehrfach ist auch betont worden, daß nicht einzelne der bekannten und bisher untersuchten Psychotherapeutenvariablen die SE bzw. den Psychotherapieerfolg mitbestimmen, sondern daß dies durch ihren komplexen Einsatz geschieht. Dies wird besonders für die 3 Kernvariablen postuliert (Rogers 1973, Truax und Mitchell 1971, Tausch

1973). Verständlich wird diese Annahme, wenn man sich an das in Abb. 2 dargestellte Schema über die Wirkungsweise verschiedener Lernformen und kognitiver Prozesse im psychotherapeutischen Gespräch erinnert. Hier haben die einzelnen Psychotherapeuten- und Patienten-Prozeßvariablen eine bestimmte Bedeutung durch ihre Integration in ein komplexes Wirkungssystem. Es ist daher wohl sinnvoll, nach der Stärke des Zusammenhangs verschiedener Psychotherapeutenvariablen mit der Selbstexploration und ihrer komplexen Wirkung dabei zu fragen. Es handelt sich um die bereits in anderem Zusammenhang erläuterten 10 Psychotherapeutenvariablen (Interpretation, verbale Anlehnung, Akzeptierung, Konkretheit, Konfrontation, Verbalisierung, positive Wertschätzung und emotionale Wärme, Selbstkongruenz, Empathy, verständliche Form). Um den Einfluß auf die SE abzuschätzen, haben wir bisher folgende Fragestellungen formuliert:

1. Ist der Zusammenhang der verschiedenen Psychotherapeutenvariablen mit der SE unterschiedlich stark, bzw. wie verhält er sich zum V-SE-Zusammenhang?
2. Ist die Stärke des Einflusses der Psychotherapeutenvariablen auf die SE abhängig von der *Zahl der in hoher Qualität* realisierten SE-förderlichen Psychotherapeutenvariablen?

Diese Fragen versuchten wir mit Ahnert, Böttcher, Pincus und Scheffel (1974) zu beantworten. Die Versuchs- und Erhebungsbedingungen wurden bereits im Abschnitt 4.1.4.1. im Zusammenhang mit der Dimensionierung der Variablen dargestellt.
1. Zur Beantwortung der ersten Frage wurde der Zusammenhang zwischen sämtlichen SE-Werten aller Äußerungen von 20 Patienten ($n = 491$) und aus den entsprechenden nachfolgenden Psychotherapeutenäußerungen ermittelten Werten der 10 Psychotherapeutenvariablen mit Hilfe des Korrelationskoeffizienten für 2 mehrwertige Ereignismengen (Lander 1973) berechnet. Die SE-Werte wurden dabei einmal mit Hilfe der Truax-Tausch-Skala und zum anderen mit unserer neuen SE-Skala (Boldt 1973) erhoben.

Tab. 22:
Zusammenhang zwischen Therapeutenmerkmalen und SE

$n = 491$	SE (Truax-Tausch)		SE (Boldt)		F
Th-Variable	p	Richtung	p	Richtung	
Verbalisierung	0.001	pos.	0.001	pos.	I
Empathy	0.0027	pos.	0.0027	pos.	I
Wertschätzung/Wärme	0.0027	pos.	0.0027	pos.	I
Selbstkonkruenz	0.0027	pos.	0.01	pos.	I
Akzeptierung	0.05	pos.	0.0027	pos.	I
Konkretheit	0.001	pos.	0.01	pos.	
verständliche Form	0.01	pos.	0.0027	pos.	
Interpretation	n. s.	neg.	n. s.	neg.	II
Konfrontation	0.05	neg.	0.01	neg.	
Anlehnung	0,05	neg.	0.05	neg.	II (–)

Tab. *22* zeigt, daß außer Interpretationen alle Psychotherapeutenvariablen mit der SE in Beziehung stehen, wenn auch in unterschiedlicher Bedeutsamkeit. Am engsten ist die SE mit der Verbalisierung verbunden. Doch recht deutlich teilen sich die Psychotherapeutenmerkmale nach der Richtung ihres Zusammenhangs in zwei Gruppen, wobei in der Gruppe des negativen Zusammenhangs die Signifikanzen insgesamt geringer sind.
Wegen der gegenseitigen Abhängigkeit der Variablen hatten wir diese faktoranalytisch dimensioniert (vgl. Kap. 4). Dabei ergaben sich 2 Faktoren:
1. „Gesprächspsychotherapeutisches Basisverhalten" und
2. „Von der Patientenäußerung sich ablösendes Interpretieren".
In der letzten Spalte F von Tab. 22 ist angegeben, in welchem Faktor die jeweilige Variable signifikant positiv oder negativ lädt. Daraus ist ersichtlich, daß die mit der SE positiv korrelierenden Psychotherapeutenmerkmale zugleich auch die den Faktor 1 hoch positiv ladenden Variablen darstellen (die Merkmale Konkretheit, verständliche Form und Konfrontation mußten wegen ihrer geringen Kommunalitäten bei der Interpretation der Faktorenlösung unberücksichtigt bleiben).
Die Bestimmungsvariablen des Faktors 2 stehen dagegen in einem gegensätzlich gerichteten Zusammenhang mit der SE. Im Faktor 2 lädt das Merkmal „Interpretation" hoch positiv, das Merkmal „Anlehnung an die Patientenäußerung" dagegen hoch negativ, beide Merkmale scheinen sich auszuschließen. Da „Interpretationen" definitionsgemäß gleichsam „hinter" den Inhalt einer Patientenäußerung gehen, sich von diesem also eher ablösen, als sich daran anlehnen, ist die gegensätzliche Richtung der Ladungen plausibel. Deshalb war zu vermuten, daß „Interpretation" und „Anlehnung" auch in einem gegensätzlich gerichteten Zusammenhang mit der SE stehen würden. Nach der Tabelle korrelieren aber beide Variablen negativ mit der SE, die Interpretation jedoch nicht mehr signifikant. Danach ist anzunehmen, daß ein interpretierendes Psychotherapeutenverhalten auf die SE eher einen hemmenden als fördernden Einfluß ausübt. Der noch bedeutsame negative Zusammenhang zwischen der SE und der „Verbalen Anlehnung an die Patientenäußerung" bleibt unverständlich, wenn die Semantik der Skala für dieses Psychotherapeutenmerkmal nicht berücksichtigt wird.

Das Merkmal ist so beschaffen, daß ein Optimum an Anlehnung in den mittleren Skalenstufen 3 und vermutlich auch 4 erfaßt wird, während sowohl in den Stufen 1 und 2 als auch in Stufe 6 unangemessene Ausmaße der verbalen Anlehnung operationalisiert sind. Die Stufen 1 und 2 sind sogenannte verbale Echos, d. h., der Psychotherapeut reagiert mit den gleichen Worten, die der Patient in seiner Äußerung verwendete. Bei Stufe 3 löst sich dagegen der Psychotherapeut weitgehend von der verbalen Form des Patienten und findet bei seinen Äußerungen treffendere und angemessenere Formulierungen. Bei Stufe 4 geschieht dies ebenfalls, aber in einer, den Inhalt etwas verallgemeinernden Weise. Dagegen löst sich bei Stufe 5 der Psychotherapeut stark vom Inhalt der Patientenäußerung ab, indem er folgert, vermutet, ableitet usw.

Wenn man berücksichtigt, daß unerfahrene Psychotherapeuten stark an den Worten und am Inhalt der Patientenäußerungen kleben (SOMMER u. a. 1955, STRUPP 1958), während erfahrene und erfolgreiche Psychotherapeuten in ihren Verbalisierungen auch *indirekt* vom Patienten angesprochene Sachverhalte aufgreifen und ohne das Bezugssystem des Patienten zu verlassen über das vom Patienten Geäußerte hinausgehen, also ohne im engeren Sinne zu interpretieren (DITTMANN

1952), dann ist eigentlich im mittleren Bereich der Anlehnungsskala eine stärkere Förderung der SE bzw. von Denkanregungen anzunehmen als bei beiden Extremstufen. Dies entspricht auch neueren Befunden von MINSEL und WIPRICH (1973), nach denen Psychotherapeutenäußerungen mit einer nicht zu schwachen und nicht zu starken inhaltlichen Abweichung von der Patientenäußerung (neben einer ebenfalls mittleren Abweichung hinsichtlich der gefühlsmäßigen Intensität in der Patientenäußerung) ein gesprächspsychotherapeutisch günstiges Sprachverhalten bei Patienten stimulieren.

Zum Verständnis der noch signifikanten negativen Korrelation zwischen SE und „Anlehnung" ist wichtig, daß Stufe 1 überhaupt nicht und Stufe 2 nur sehr gering besetzt sind, die Korrelation also nur auf Werte im Stufenbereich 3 bis 5 zurückgehen. Bei Stufe 5 der Anlehnungsskala tritt relativ zu den Stufen 4 bis 6 eine ziemlich große Zahl von SE-Werten auf. Ebenfalls ist dies bei Stufe 3 der Anlehnungsskala der Fall, so daß eine zweigipflige Verteilung der SE-Daten über der Anlehnungsskala vorliegt. Der Gipfel bei Stufe 5 ist allerdings etwas höher als der bei Stufe 3, wodurch die negative Korrelation zustande kommt. Es erscheint uns im Hinblick auf diese mitgeteilten Argumente wesentlich angemessener, die mittleren Stufen 3 und 4 der Anlehnungsskala und die Extremstufen 2 und 5 zusammenzufassen und mit den SE-Stufen statistisch in Beziehung zu bringen. Als Resultat zeigte sich hier zunächst, daß ein tendenzieller positiver Zusammenhang ($\chi^2 \sim 0.10$) zwischen Anlehnung und SE besteht, dessen Stärke der Kontingenzkoeffizient von $C_{korr} = .17$ beschreibt. Dies ist sicher keine sehr erhebliche Beziehung, doch ist damit angedeutet, daß der optimale Bereich verbaler Anlehnung des Psychotherapeuten an die Patientenäußerung für die Förderung der SE wichtiger ist als eine ablösende, das inhaltliche Bezugssystem des Patienten verlassende verbale Psychotherapeutenäußerung.

Die Ergebnisse zur ersten Fragestellung zeigen zusammengefaßt, daß die SE von Patienten offenbar in erster Linie eine Funktion der Verbalisierung des Psychotherapeuten ist, aber auch verschiedener weiterer, das gesprächspsychotherapeutische Basisverhalten charakterisierender Psychotherapeutenmerkmale. Weniger SE-förderlich scheinen Konfrontationen des Patienten durch den Psychotherapeuten zu sein, zumal ihr negativer Zusammenhang mit der SE besonders durch das Fehlen von Konfrontationen überhaupt im mittelhohen SE-Skalenbereich zustande kommt. Dies gilt für die Konfrontationen im Sinne einer Kommunikation von Diskrepanzen bezüglich des Selbstkonzepts vs. Idealkonzept, für Konfrontationen mit Diskrepanzen zwischen Einsichten und Verhaltensweisen und bezüglich von Konfrontationen mit ambivalenten Einstellungen bzw. Verhaltensweisen. Auch Interpretationen dürften die SE nicht stimulieren, sondern eher verringern, besonders wenn sie sich zu weit vom Inhalt der Patientenäußerung entfernen.

2. Es stellte sich nun die Frage, ob die SE-Förderung von der *Anzahl hoch realisierter* Psychotherapeutenvariablen abhängig ist, die dem Basisverhalten entsprechen. Anders formuliert: Ist der Einsatz einiger hoch realisierter Psychotherapeutenmerkmale einem Einsatz möglichst vieler hoch realisierter Merkmale des Faktors I äquivalent?

Es ist also die Höhe der SE mit der Zahl der in hohem Grad eingesetzten Psychotherapeutenmerkmale zu korrelieren (der hohe bzw. niedrige Skalenbereich wurde

bei jeder Skala entsprechend ihrer Semantik festgelegt, also durch logisch-inhaltliche Überlegungen, nicht dagegen durch statistische Kriterien).
Der Zusammenhang zwischen der Zahl dieser im hohen Grad eingesetzten Merkmale und der SE, erfaßt mit der TRUAX-TAUSCH-Skala, ist mit $p = 0.027$ und der SE, erfaßt mit der neuen SE-Skala, ist mit $p = 0{,}001$ signifikant.
Wir können daher vermuten, daß die SE eines Patienten um so stärker gefördert wird, je größer die Anzahl der hochgradig ausgeprägten Psychotherapeutenvariablen des Faktor I „Gesprächspsychotherapeutisches Basisverhalten" ist. Dieser Variablenkombination muß offenbar eine recht erhebliche Bedeutung im psychotherapeutischen Gespräch beigemessen werden. Wir werden später darauf zurückkommen, daß die hochgradige Verwirklichung einer möglichst großen Zahl von Variablen des gesprächspsychotherapeutischen Basisverhaltens nicht nur für die SE, sondern auch für die am Ende der Gesprächspsychotherapie festgestellten Effekte im Sinne positiver psychologischer Änderungen große Bedeutung hat.

5.1.2.1. SE-fördernde Kategorien des psychotherapeutischen Verbalverhaltens

Es ist anzunehmen, daß in der Gruppenpsychotherapie weitere Psychotherapeutenaktivitäten für die SE bedeutsam sind. Dies gilt vermutlich auch für psychotherapeutische Gruppengespräche, die nicht im Sinne der patentzentrierten Gesprächspsychotherapie durchgeführt werden. In einer bereits erwähnten Erkundungsstudie von FÄTKENHEUER (1972) zeigte sich, daß in eklektizistisch geführten Gruppenpsychotherapie-Gesprächen verschiedene Kategorien des psychotherapeutischen Verbalverhaltens auftraten, die sich nur schwer oder gar nicht den genannten skalierten Merkmalen zuordnen lassen, für die sich also auch die entwickelten Skalen wenig eignen. Die systematische Erfassung und die Entwicklung von Möglichkeiten zur Metrisierung solcher Psychotherapeutenaktivitäten in der Gesprächsgruppe und die Bestimmung ihrer Auswirkung im psychotherapeutischen Prozeß bzw. ihr Einfluß auf die Effektivität müssen als wichtige künftige Aufgaben gesehen werden.

In der genannten Untersuchung wurden die Transkripte von 6 vollständig auf Tonband aufgenommenen Gruppengesprächen von 2 Studenten der Klinischen Psychologie nach vorläufigen Verhaltenskategorien der Psychotherapeuten durchgemustert.

Häufige, sonst nur schwer einordenbare Kategorien waren

1. Thematisierungen (der Psychotherapeut richtet das Gespräch auf bestimmte Themen aus, z. B. durch Vorschläge, durch wiederholtes Anbieten usw.),
2. Fragen nach externalen Sachverhalten (z. B. nach Personen, Ereignissen oder Verhaltensweisen des Patienten ohne Bezug zu damit verbundenen emotionalen Erlebnisinhalten),
3. Fragen nach nebensächlichen internalen Inhalten (z. B. nach Meinungen und Wertungen des Patienten, die sein gerade besprochenes Problem nur am Rande berühren, Fragen nach nicht verstandenen internalen Inhalten oder nach unwesentlichen internalen Aspekten des Gesprächsgegenstandes),
4. Fragen nach wesentlichen internalen Inhalten.

Diese Kategorien wurden durch Beispiele und Kriterien definiert, so daß ihnen anschließend durch fachvertraute Beurteiler die entsprechenden Psychotherapeutenäußerungen aus den Transkripten zugeordnet werden konnten.
Die in den Kategorien „Thematisierung“ und „Fragen“ erfaßten Psychotherapeutenaktivitäten wurden dann hinsichtlich ihres SE-induzierenden Ausmaßes verglichen. Hierzu wurde für jede kategorisierte Psychotherapeutenäußerung die SE in der nachfolgenden Patientenäußerung erfaßt (Beurteilerübereinstimmung=.81; r_{tt}=.90).
Aus diesen SE-Daten wurde dann über jede Psychotherapeutenkategorie der Mittelwert pro Patient und pro Gruppe gebildet.

Tab. 23 zeigt das mittlere Ausmaß der SE, bezogen auf die Psychotherapeutenkategorien.

Tab. 23:
SE-Mittelwerte, bezogen auf Therapeutenkategorien

Kategorie	Kategorien-bezogene mittlere SE-Ausprägung	*s*	Rangsummen der SE-Datenreihen (Ri)
Thematisierung	3,38	0,73	14,5
Fragen (external)	3,17	0,52	10
Fragen (unwesentlich internal)	3,31	0,57	13
Fragen (internal)	4,12	0,25	22,5

Es ist danach anzunehmen, daß durch Fragen nach wesentlichen internalen Inhalten, die direkt unmittelbar nachfolgende Selbstexploration stärker ansteigt, als nach den anderen Fragekategorien und nach Thematisierungen.
Die Überprüfung der Frage, ob die SE-Ausprägung nach den verschiedenen Kategorien überzufällig unterschiedlich ist (Friedman-Test), fiel positiv aus.
Der multiple Vergleich der Rangsummendifferenzen der einzelnen Kategorien nach Wilcoxon und Wilcox erhärtet, daß die Kategorie „Fragen nach internalen Inhalten“ die kritische Differenz gegenüber „Fragen externaler Inhalte“ überschreitet und somit die SE bedeutend stärker stimuliert als diese Kategorie. Aber auch gegenüber den anderen Kategorien wird die kritische Differenz fast erreicht. Zumindest unter den erwähnten gruppenspezifischen Psychotherapiebedingungen ist diese Psychotherapeutenaktivität offenbar für den psychotherapeutischen Prozeß günstig.

5.2. Die Auswirkungen von Interaktionsmerkmalen in der Gesprächsgruppenpsychotherapie auf die SE der Patienten

Wie wir bereits mehrfach andeuteten, wird die Höhe der SE von Patienten in Gesprächsgruppen nicht nur von der Psychotherapeutenverbalisierung und anderen Psychotherapeutenaktivitäten bestimmt, sondern von der Patient-Patient-

Interaktion. Auch das V-Niveau der Patienten selbst hat sich als Einflußgröße für die SE nachweisen lassen. Einen differenzierteren Einblick in die Wirkung von Interaktionsvariablen der Patienten auf die SE gestatten aber die bisher vorliegenden Forschungsergebnisse noch nicht. Wir haben daher mit BUCHHOLZ-DUBROWSKI (1972) in einer Erkundungsstudie den Einfluß von 1. Patient-Patient-Interaktionsphasen im Vergleich zu Psychotherapeut-Patient-Interaktionsphasen und 2. verschiedener Interaktionsbeziehungen auf die SE untersucht.
In der Gesprächsgruppenpsychotherapie sind alle Gesprächskontakte durch einen ständigen Wechsel von Phasen der Psychotherapeut-Patient-Interaktion (Psychotherapeut richtet sich auf einen Patienten, agiert oder reagiert auf ihn) und Phasen der Patient-Patient-Interaktion (Patient richtet sich an einen oder mehrere Patienten und reagiert auf diese) charakterisiert.

Die Untersuchung erfolgte an 2 Patientengruppen mit unterschiedlichen, aber gleichorientierten Gesprächspsychotherapeuten. Jede Gruppe umfaßte 8 Patienten mit neurotischen Störungen (überwiegend Kontaktstörungen, soziale Ängste und Probleme, depressive Verstimmungen, Selbstwertprobleme) beiderlei Geschlechts (10 weiblich, 6 männlich) im Alter zwischen 20 und 43 Jahren (durchschnittlich 30 Jahre). Einer der beiden Psychotherapeuten war der Verfasser, Co-Psychotherapeut des anderen Psychotherapeuten der Diplomand. Jeder Kontakt dauerte 2 Stunden. Ausgewertet wurde die letzte Stunde jedes 3. Kontakts aus den ersten 20 Kontakten der Psychotherapien, die vollständig auf Tonband registriert und anschließend transkribiert wurden. Die SE erhoben 2 trainierte Beurteilergruppen mit Hilfe der TRUAX-TAUSCH-Skalen (Beurteilerübereinstimmung .97 bzw. .94; r_{tt} .84).
Zur Beschreibung der Patient-Patient-Interaktionen hat sich die Interaktionsprozeßanalyse von BALES (1956) bewährt, die von BUCHHOLZ-DUBROWSKI (1972) etwas modifiziert wurde:

1. positive Spannungsbewältigung: Patient zeigt Entspannung, Scherz, Lachen, zeigt Zufriedenheit;
2. Verständnis, Übereinstimmung: Patient versteht, akzeptiert, stimmt überein, nimmt passiv hin, gibt nach;
3. Anregungen zur Lösungsfindung: Patient gibt Anregungen, macht Vorschläge, berät, gibt Hinweise oder Hilfen mit der Absicht, zur Lösung von Problemen beizutragen;
4. Meinungsäußerung, Bewertung, Analyse, Ausdruck von Gefühlen oder Wünschen: Patient äußert persönliche Meinungen, Stellungnahmen, Bewertungen, Analysen, drückt Gefühle oder Wünsche aus in bezug auf
– äußere Sachverhalte,
– Personen außerhalb der Gruppe,
– Gruppenmitglieder und deren Probleme, die Lage und Situationen, in der diese sich befinden,
– eigene Person und Probleme, die Lage und Situationen, in der er sich befindet;
5. Information: Patient gibt Beschreibungen, Berichte, Informationen über:
– (Unterteilung wie bei 4);
Patient wiederholt schon einmal Gesagtes, klärt Fragen diesbezüglich, bestätigt, ob ein anderer richtig verstanden hat;
6. Bitte um Information: Patient bittet andere um Beschreibungen, Berichte und Informationen über
– (Unterteilung wie bei 4)
Patient bittet um Wiederholung, Klärung oder Bestätigung;

7. Bitte um Meinungsäußerung, Bewertung, Analyse, Ausdruck von Gefühlen oder Wünschen: Patient bittet andere um persönliche Meinungen, Stellungnahmen, Bewertungen, Analysen, Ausdruck von Gefühlen oder Wünschen in bezug auf
– (Unterteilung wie bei 4);
8. Bitte um Anregungen zur Lösungsfindung: Patient erbittet von anderen Anregungen, Vorschläge, Ratschläge, Hinweise oder Hilfen, die zur Lösung von Problemen beitragen können;
9. Fehlendes Verständnis, Widerspruch: Patient zeigt kein Verständnis, lehnt ab, stimmt nicht überein, befindet sich im Gegensatz, widerspricht, verteidigt oder behauptet sich;
10. negative Spannungsbewältigung: Patient zeigt Spannung, verweigert Informationen, Stellungnahmen, Anregungen, Patient zeigt Unzufriedenheit, zieht sich zurück.

Erläuterungen zu den Kategorien:
- Zu Kategorie 1 und 10 (Spannungsbewältigung):
  In diese Kategorien gehören Äußerungen, die Reaktionen der Spannung oder Entspannung gegenüber einzelnen Gruppenmitgliedern oder der Gruppe beeinhalten. *Nicht* dazu gehören Äußerungen über Spannungen, die vom Patienten außerhalb der Gruppe erlebt wurden und die er nun berichtet – das wäre Kategorie 5: Information oder Spannungen, die aus seiner Lage und Situation außerhalb der Gruppe resultieren und die im Gespräch zum Ausdruck kommen (beispielsweise Weinen als Ausdruck von Verzweiflung) – das wäre Kategorie 4: Ausdruck von Gefühlen.
- Zu Kategorie 3 und 8 (Lösungsfindung): In diese Kategorien werden Äußerungen eingeordnet, die eine ausdrückliche (explizite) Anregung oder Bitte um Anregung zur Lösungsfindung enthalten. Meinungsäußerungen vermitteln natürlich implizit auch Anregungen, diese sind aber hier nicht gemeint.
- Zu Kategorie 4 und 7 (Meinungsäußerung, Bewertung, Analyse, Ausdruck von Gefühlen oder Wünschen):
  Äußerungen, die diesen Kategorien zugeordnet werden sollen, müssen deutlich einen aktuellen Bezug haben, d. h., es muß ersichtlich sein, daß die zum Ausdruck kommenden Meinungen, Bewertungen, Analysen, Gefühle oder Wünsche aktuell von Bedeutung sind und zum Zeitpunkt der Äußerung bestehen. Die rein verbale Beschreibung von früher erlebten Gefühlen oder Wünschen beispielsweise gehört *nicht* in diese Kategorien, sondern zu Kategorie 5 (Information).

An Hand des Kategoriensystems wurden 3 Beurteilergruppen (je 3 Beurteiler) in der Klassifizierung von Patientenäußerungen trainiert. (Wegen des Nominalskalenniveaus der erhaltenen Daten wurde die Beurteilerübereinstimmung über Prozentwerte berechnet: 84%, 86%, 67%; Wiederholungsübereinstimmung: 79%, 90%, 75%.)

Nachdem zunächst ermittelt werden konnte, daß bezüglich des prozentualen Anteils von Psychotherapeut-Patient-Interaktionen und Patient-Patient-Interaktionen in 3 Psychotherapiephasen (= Drittel der ersten 20 Kontakte) beider Gruppen keine wesentlichen Unterschiede bestehen und daß sich statistisch tendenziell ($p = 0{,}06$) ein Anstieg der Patient-Patient-Interaktionen während des untersuchten Psychotherapiezeitraumes in beiden Gruppen zeigt, wurde überprüft, ob sich Patienten in ihrer Selbstexploration bei Psychotherapeut-Patient-Interaktionen und Patient-Patient-Interaktionen unterscheiden. Wir haben dazu aus den Daten von BUCHHOLZ-DUBROWSKI für jeden Patienten beider Gruppen die mittlere SE unter Psychotherapeut-Patient-Interaktions- und Patient-Patient-Interaktions-Bedingungen errechnet und nach dem WILCOXON-Test verglichen. Es ergab sich ein signifikanter

Unterschied ($T = 27{,}5 < T_{0,05} = 30$), d. h., unter Psychotherapeut-Patient-Interaktionsbedingungen erreichen mehr Patienten eine höhere Selbstexploration als unter Patient-Patient-Interaktions-Bedingungen (diese Aussage läßt sich allerdings für die SE-Mittelwerte der Phasen pro Patient nicht mehr statistisch aufrechterhalten). Immerhin deutet sich hier an, was bereits bei der Untersuchung der Verbalisierung in der gesprächspsychotherapeutischen Gruppe deutlich wurde (vgl. 5.1.1.1.), nämlich, daß die Psychotherapeutenaktivität auch in der Gesprächsgruppenpsychotherapie bei aller Betonung der Patient-Patient-Interaktion nicht unterschätzt werden sollte.

Von besonderem Interesse war aber hier die Frage, ob bestimmte Interaktionen, in unserem Falle „BALES-Kategorien", die SE der Patienten verbessern können. Überprüft man zunächst, wie häufig die Kategorien in den einzelnen Kontakten auftreten, dann ergaben sich doch recht erhebliche Unterschiede: Am häufigsten wurden die Kategorien 4 (40,2%) und 5 (30,0%) registriert. Dann folgten mit Abstand die Kategorien 2 (12,7%), 6 (7,4%), 9 (4,3%), 7 (2,7%) und 3 (2,3%). Das bedeutet, daß die Gruppenpatienten ziemlich oft persönliche Meinungen, Stellungnahmen, Bewertungen und Analysen abgaben und Gefühle/Wünsche in bezug auf sich selbst und andere Personen und Ereignisse ausdrücken (Kategorie 4), andererseits aber auch öfter darüber berichten und informieren (Kategorie 5). Dies sind die Hauptaktivitäten der Patienten in der Gruppe. Am nächsthäufigsten sind Äußerungen, die Verständnis, Übereinstimmung und Akzeptierung ausdrücken (Kategorie 2) und solche, in denen um Information und Berichte anderer nachgesucht wird (Kategorie 6). Widerspruch und fehlendes Verständnis (Kategorie 9), Bitte um Meinung, Wertung, Gefühlsausdruck (Kategorie 7) sowie Anregungen, Vorschläge, Beratung (Kategorie 3) sind schon relativ seltener. (Die Kategorie 1 konnte aus protokollarischen Gründen nicht in die Auswertung einbezogen werden, die Kategorien 8 und 10 traten relativ selten auf.)

Haben nun diese verschieden häufig aufgetretenen Kategorien auch einen unterschiedlichen Einfluß auf die Selbstexploration, mit anderen Worten, ist die Höhe der Selbstexploration eines Patienten abhängig vom Inhalt der Äußerung (bestimmt durch die jeweilige Inhaltskategorie) eines anderen Patienten, auf die er reagiert?

Abb. 10 zeigt die Mittelwerte der SE pro Patient für die einzelnen Kategorien nach ihrer Größe geordnet sowie die signifikanten Mittelwertsunterschiede (*U*-Test von MANN und WHITNEY). Danach ist deutlich, daß die Kategorie 6 ganz eindeutig als wenig förderlich für die SE angesehen werden kann, die Höhe der SE unterscheidet sich signifikant von der Höhe der SE der anderen Kategorien außer Kategorie 9. Aber auch Kategorie 9 und eventuell 3 scheinen die SE eher zu hemmen. Die höchsten SE-Werte werden dagegen durch die Kategorien 2 und 7 (eventuell auch 4) erreicht, sie unterscheiden sich signifikant vom SE-Niveau der Kategorien 3, 9 und 6.

Dies bedeutet inhaltlich, daß das *von einem Patienten einem anderen Patienten gegenüber geäußerte Verständnis bzw. die an ihn gerichtete Mitteilung von Übereinstimmung und Akzeptierung für die SE förderlich* sind (Kategorie 2). Das entspricht weitgehend der psychotherapeutischen Konzeption der patientzentrierten Gesprächspsychotherapie. Ebenfalls wird die SE eines Patienten anscheinend dann *stimuliert, wenn ein anderer ihn um seine persönlichen Meinungen, emotionalen*

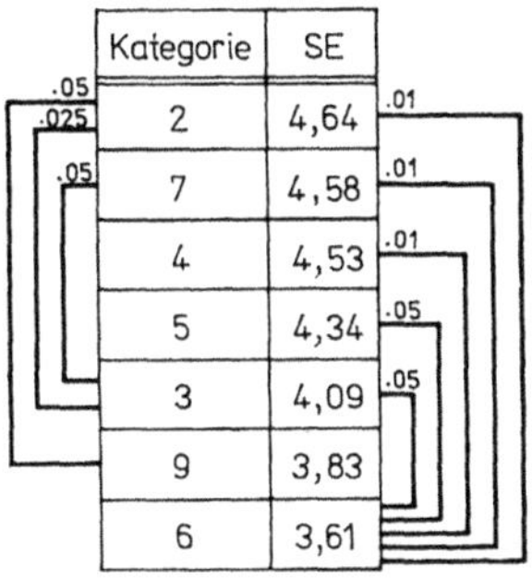

Abb. 10:
Mittelwertsunterschiede zwischen kategorienbezogener SE (*U*-Test.

Stellungnahmen und Bewertungen über sich und andere Personen bzw. Sachverhalte bittet (Kategorie 7). (Dies korrespondiert mit dem bereits berichteten Befund, wonach Fragen des Psychotherapeuten nach wesentlichen internalen Inhalten sich ebenfalls als SE-förderlich erwiesen.) Aber auch dann, wenn ein Patient gegenüber einem anderen seine eigenen persönlichen Meinungen, emotionale Bewertungen usw. äußert (Kategorie 4), mag dies für dessen SE eine günstige Bedingung sein, vermutlich im Sinne eines Modell-Lernens.
Wenig günstig für die SE *eines Patienten sind dagegen an ihn gerichtete Bitten um neutrale Informationen und Berichte über Sachverhalte, Personen, sich selbst, Situationen* usw. (Kategorie 6), aber auch, wenn der Patient *auf fehlendes Verständnis, Ablehnung, Widerspruch und Verteidigungen von Mitpatienten stößt* (Kategorie 9). Der signifikante SE-Unterschied bei den Kategorien 7 und 6 zeigt deutlich, daß nicht das Stellen einer Frage an sich auf die Höhe der SE Einfluß nimmt, sondern daß der Inhalt der Frage für die positive oder negative Wirkung bedeutsam ist. Die Versuche von Mitpatienten, *Anregungen, Vorschläge, Ratschläge* und *Hinweise in hilfreicher Absicht zu geben* (Kategorie 3), sind ebenfalls mit *relativ geringer Selbstexploration verbunden.* Auch diese Befunde über negative Auswirkungen von Interaktionskategorien lassen sich recht gut in das theoretische Gesprächspsychotherapiekonzept einordnen.

Obgleich die SE-Werte kaum intervallskaliert sein dürften, wurde eine zweifache Varianzanalyse für Stichproben verschiedenen Umfangs mit anschließendem Duncan-Test durchgeführt. Die varianzanalytische Tafel zeigt Tab. 24.
Da $F = 4.53 > F_{0,01}$; 6/53 = 3,15 ist, muß auch hiernach angenommen werden, daß die Kategorien (Spaltenvariablen) auf die Höhe der SE einen unterschiedlichen Einfluß haben. Der Duncan-Test bestätigte im wesentlichen das mit Hilfe des multiplen Mittelwertvergleichs mit dem *U*-Test ermittelte Ergebnis, daß die SE bei Kategorie 6 sich am stärksten von der SE aller anderen Kategorien unterscheidet. Die anderen nach dem *U*-Test signifikanten Unterschiede deuten sich in der Varianzanalyse nur tendenziell an.

Fragen wir nun noch abschließend nach den Beziehungen zwischen der Häufigkeit des Auftretens der Kategorien in den Gesprächen und ihrer Wirkungsrichtung auf

Tab. 24:

Tafel der Varianzanalyse über den Kategorieneinfluß auf die Höhe der SE

Variabilität	SAQ	Anzahl FG	MQ	F-Wert
Gesamt	46,88	72		
zwischen den Zeilen	21,44	13	1,65	
zwischen den Spalten	8,67	6	1,45	$F = 4{,}53 = \frac{MQ_S}{MQ_R}$
Rest	16,77	53	0,32	

die SE, dann müssen wir feststellen, daß SE-fördernde Bedingungen zwar noch nicht optimal in den Gruppen vorlagen, jedoch überwiegend Kategorien mit positivem Einfluß auf die SE zu verzeichnen sind. Fassen wir die Kategorien 2, 7 und 4 als positive, die Kategorien 3, 9 und 6 als negative und die Kategorie 5 als neutrale Bedingungen auf, dann ergibt sich folgendes Bild (Tab. 25):

Tab. 25:

Gruppierung der Kategorien nach ihrer Wirkungsrichtung auf die SE

Kategorieneinfluß auf SE-Niveau		Häufigkeit des Auftretens %	absolut
Kat. 2; 7; 4	positiv	55,6	689
Kat. 5	neutral	30,0	372
Kat. 3; 9; 6	negativ	14,0	174
nicht erfaßt		0,4	5
		100,0	1240

Etwas über die Hälfte aller einordenbaren Patientenäußerungen liegen im positiven Bereich, aber auch fast die Hälfte wurde in neutrale oder gar negative Kategorien eingeordnet. Die Konsequenz für die Gruppenpsychotherapiepraxis liegt auf der Hand: *Anregung bzw. Begünstigung der positiv wirksamen Kategorien durch den Psychotherapeuten im Gruppengespräch.* Wie und wodurch dies systematisch geschehen kann, muß allerdings zur Zeit noch offen bleiben.

Zusammenfassung:

Gegenstand des Kapitels 5 war die Herausarbeitung derjenigen therapeutischen Aktivitäten, die auf die Selbstexploration als ein wichtiges effektivitätsförderndes Patientenmerkmal Einfluß haben. Es wurde zunächst deutlich, daß die Selbstexploration von der Verbalisierung stark mitbestimmt wird. Dies gilt für verschiedene Populationen (Neurotiker, Psychotiker, jugendliche Strafgefangene) und für verschiedene situative Einflüsse (Einzel-Gruppenpsychotherapie). Besonders wichtig erscheint uns aber der Befund, daß die Selbstexploration um so stärker gefördert wird, *je mehr hochgradig* ausgeprägte Therapeutenvariablen des gesprächspsychotherapeutischen Basisverhaltens realisiert werden.

Für die Gesprächsgruppe konnten einige zusätzliche, die Selbstexploration fördernde Therapeuten- und Interaktions-Merkmale ermittelt werden.

Wir halten die Berücksichtigung der Ergebnisse dieses Kapitels für die konkrete Gestaltung des gesprächspsychotherapeutischen Kontakts für wesentlich, da hierdurch eine Effektivitätsverbesserung wahrscheinlich ist.

Teil III
Untersuchungen zur Bestimmung der Effektivität der Gesprächspsychotherapie

6.
Erfassungsmethoden zur Effektivitätsbestimmung in der Gesprächspsychotherapie

In den Ergebniszusammenstellungen zu den Problemtypen 2, 3 und 6 der Gesprächspsychotherapieforschung (Kap. 2, Abb. 1) wurden verschiedene Psychotherapeut- und Patient-Bedingungen hinsichtlich ihrer Wirkungen bzw. ihres psychotherapeutischen Erfolgs dargestellt. Dies wirft nun die Frage auf, welche Kriterien zur Effektivitätsbestimmung in den betreffenden Untersuchungen herangezogen wurden bzw. überhaupt herangezogen werden sollten. Die Gesprächspsychotherapieforschung bevorzugte meistens bisher persönlichkeitsdiagnostische Verfahren mit klinischer Relevanz, die oft prä-post-psychotherapeutisch eingesetzt wurden, so daß signifikante Prä-post-Differenzen als Veränderungsmaße dienen können. Zu diesen Verfahren gehören MMPI einschließlich ausgewählter Zusatzskalen, CPI (California Personality Inventory), Taylor-Angst-Skala, Persönlichkeits- und Anpassungs-Q-Sorts, Rorschach-Test und TAT. Ferner wurden gelegentlich objektive Tests verwendet und psychophysiologische Messungen durchgeführt oder auch globale Kriterien angewendet, wie die Zahl nachfolgender Krankenhausaufenthalte, Krankschreibungen, Psychotherapeutenurteile, Patienteneinschätzungsbögen usw. (vgl. Tausch 1973). Bei den mit diesen Kriterien durchgeführten Untersuchungen ist allerdings zu beachten, daß die Effektivitätsbestimmung keineswegs immer der wichtigen methodischen Forderung Rechnung trägt, die ermittelten Effektivitätsbeträge auch mit Prozeßvariablen in Beziehung zu bringen, damit wirklich gesichert ist, daß die Effekte auf psychotherapiemethodische Einflüsse zurückgehen (Helm 1974, Frohburg 1974).
Wenn mit Hilfe persönlichkeitsdiagnostischer Verfahren psychotherapeutische Effekte ermittelt werden, dann setzt dies eigentlich voraus, daß die psychotherapeutische Zielbestimmung zu Beginn der Psychotherapie sich eng auf die mit diesen Verfahren erfaßbaren Störungsaspekte bezieht, mit anderen Worten, Ziele der Psychotherapie werden formuliert als Korrektur bzw. Reduzierung von psychopathologisch ausgeprägten Normabweichungen bei Verfahren mit klinischer Relevanz (vgl. Helm, Kasielke und Mehl 1974). Diese Vorgehensweise kann zur Zeit nur durch den relativ unbefriedigenden Stand der theoretischen Konzeptionen psychopathologischer Störungen gerechtfertigt werden, ist aber als Dauerlösung

aus verschiedenen Gründen, auf die wir noch näher eingehen werden, nicht tragbar (Helm 1976). Zunächst möchten wir dessen ungeachtet verschiedene methodische Varianten darstellen, in denen wir versuchten, die gesprächspsychotherapeutischen Wirkungen spezifischer zu erfassen als durch einzelne psychodiagnostische Verfahren, die ja ursprünglich zur Zustands- und nicht zur Veränderungscharakteristik entwickelt wurden, denen also weitgehend eine Zielorientierung an einem Veränderungskonzept fehlt.

6.1. Die Bestimmung von Effektivitätsvariablen aus persönlichkeitsdiagnostischen Verfahren ohne spezielle Therapiezielorientierung an einem Veränderungskonzept

Im folgenden möchten wir die methodischen Ansätze darstellen, in denen versucht wird, die gesprächspsychotherapeutischen Effekte mit psychodiagnostischen Verfahren, die keinen Bezug zu einem theoretischen oder empirischen Veränderungskonzept besitzen, zur Veränderungsmessung zu verwenden. Unter einem theoretischen Veränderungskonzept verstehen wir dabei eine aus psychopathologischen oder psychotherapeutischen Theorien abgeleitete Definition psychotherapeutischer Zielstellungen. Solche Zielstellungen sind in ihrem Realismus und ihrer Gültigkeit natürlich vom Grad der Fundiertheit und Präzision der in die jeweiligen Theorien eingegangenen Erkenntnisse und ihrer Erklärungskraft abhängig. Wir gehen davon aus, daß die empirische und die theoretische Erkenntnisebene (vgl. Streussloff und Gniostko 1968) sich gegenseitig bedingende Komponenten in der Theorieentwicklung darstellen, wobei theoretischer Erkenntnisgewinn in der Verallgemeinerung von empirisch gewonnenen Einzelresultaten z. B. in Form von Hypothesen besteht, die nun ihrerseits deduktiv die Strategie und Planung zur Erhebung neuer empirischer Resultate aus der Praxis bestimmt. Von dort her wird der hypothetische (theoretische) Zusammenhang induktiv bestätigt oder korrigiert, wodurch wieder die Empirie gefordert wird usw. Dies bedeutet, daß sich eine hypothetische Gesetzmäßigkeit oder ein theoretisches Konstrukt als Inbegriff gesetzmäßiger Zusammenhänge zwischen beobachteten Erscheinungen im dialektischen Erkenntnisprozeß ständig selbst weiterentwickelt.

In dieser Sichtweise bedeutet die Unterscheidung eines theoretischen von einem empirischen Veränderungskonzept lediglich einen Hinweis darauf, ob bei der Erarbeitung eines Veränderungskonzepts mehr auf der theoretischen oder auf der empirischen Erkenntnisebene der Forschung operiert wird. Selbstverständlich fließt in jede empirische Erhebung ein theoretischer Hintergrund mit ein und fußt schließlich jede noch so vage theoretische Spekulation auf einem, wenn auch oft weichen Grund empirischer Befunde. Bei der Bestimmung von Psychotherapiezielen bzw. Effektivitätskriterien in Form eines Veränderungskonzepts ist der theoretische Hintergrund nun leider durch den noch ungenügenden Entwicklungsstand der marxistisch-leninistischen Persönlichkeitstheorie und damit zusammenhängend der psychopathologischen und psychotherapeutischen Theorienbildung unseres Erachtens noch zu schmal, um von dorther verbindliche und differenzierte Aussagen über psychotherapeutisch anzuzielende Veränderungen zu machen. Die bisher aus theoretischen Sichtweisen abgeleiteten psychotherapeutischen Ziele werden erstaunlich unterschiedlich gesehen; sie reichen von der Beseitigung

relativ isoliert aufgefaßter „Symptome" (BRENGELMANN 1976) bis hin zu tiefgreifenden Veränderungen der Persönlichkeitsstruktur z. B. bei psychoanalytischen Konzeptionen. Die Begründung dafür liegt sicher einmal in den sehr unterschiedlichen weltanschaulichen und gesellschaftlichen Voraussetzungen (KOHLER 1974), besonders aber auch in den recht unterschiedlichen Entwicklungsstufen der Theorien, gemessen am erreichten Erkenntnisniveau auf der Grundlage der Wechselwirkung empirisch-induktiven und hypothetisch-deduktiven Vorgehens. Psychotherapeutische Zielbestimmungen und Zielerreichungskriterien werden oft von theoretischen Vorstellungen deduziert, deren empirische Grundlage noch unzureichend ist und deshalb viele abweichende Meinungen darüber zulassen. Ein theoretisch fundiertes Veränderungskonzept für psychotherapeutische Gespräche wird in der Zukunft in dem Maße ableitbar sein, wie es gelingt, die Konzeption über psychische Fehlentwicklungen in der Forschungsarbeit wissenschaftlich auf der theoretischen Erkenntnisebene weiterzuentwickeln und zu begründeten Klassifikationen psychopathologischer Störungen zu kommen.
Gegenwärtig bleiben vorerst nur zwei Wege: Entweder die Ziel- und Effektivitätskriterien als operationale Normkriterien (Testnormabweichungskorrektur) ohne Bezug auf ein Veränderungskonzept zu bestimmen, ein Weg, auf den sich die folgenden methodischen Varianten zur Ermittlung von Effektivitätsvariablen beziehen, oder die psychotherapeutisch anzustrebenden Effekte aus einem noch stärker empirisch gebundenen, d. h. in der theoretischen Verallgemeinerung noch wenig differenzierten Veränderungskonzept abzuleiten. Darauf werden wir anschließend eingehen.

6.1.1. Die Dimensionierung von gesprächspsychotherapeutisch bedingten Veränderungen

Zu den von EYSENCK (1965) postulierten Forderungen für einwandfrei durchgeführte empirische Untersuchungen zur Effektivitätsermittlung gehört auch, daß möglichst multiple Indizes oder Kriterien verwendet werden sollten, um psychotherapeutische Effekte breit abzubilden. Die Verwendung nur eines oder nur weniger psychodiagnostischer Verfahren – wie dies häufig in der Erfolgsforschung praktiziert wird – würde einer solchen plausiblen Forderung ebenso widersprechen, wie der Einsatz relativ globaler Erfolgskriterien (z. B. Psychotherapeutenbefragungen auf der Skala „gebessert bis ungebessert").
Angestrebt werden sollte dagegen eine Effektivitätsbestimmung durch einen größeren Testvariablenkomplex, dessen Dimensionsstruktur aufzuklären wäre. Wir sehen also eine Möglichkeit der Veränderungsmessung im Rahmen der herkömmlichen psychodiagnostischen Verfahren in einer solchen Dimensionierung, die dann allerdings nicht nur die präpsychotherapeutische Zustandsdiagnostik, sondern besonders die prä-post-psychotherapeutischen Veränderungswerte von Testvariablen betreffen sollte. Es versteht sich, daß eine Dimensionierung von Testvariablen nur möglich ist, wenn sich die psychotherapeutisch bedingten Veränderungen nicht in allen Testvariablen gleichförmig abbilden, oder umgekehrt, wenn die Veränderungen der Testvariablen unabhängig voneinander variieren.
Faktorenanalytische Möglichkeiten zur Aufstellung von Veränderungsdimensionen, auf denen sich gesprächspsychotherapeutische Wirkungen komplex, z. B. als Pro-

file abbilden lassen, wurden in unserer Arbeitsgruppe von FROHBURG (Diss. 1974) überprüft.
Einige aus der Literatur bekannte Versuche dieser Art (CARTWRIGHT, KIRTNER und FISKE 1963, FISKE, CARTWRIGHT und KIRTNER 1964, MINSEL 1970, BOMMERT u. a. 1972) werfen besonders das Problem der Methodenspezifität der extrahierten Faktoren auf.
Die Möglichkeit einer faktoranalytischen Dimensionierung von Veränderungswerten würde zugleich die Überprüfung erlauben, ob sich die ermittelten Dimensionen zu einer individuellen Veränderungscharakteristik (Dimensionsprofile) eignen, nach denen Patienten eventuell gruppiert werden können.

In die Faktorenanalyse gingen die Veränderungswerte (prä-post-Testdifferenzen) von 44 mit Gesprächspsychotherapie einzeln von 4 Psychotherapeuten behandelten neurotisch gestörten Patienten ein. (Alter zwischen 18 und 54 Jahren, durchschnittlich 30; 8 Jahre; 15 weibliche und 29 männliche; unausgelesene, relativ weit streuende psychische und vegetativ-funktionelle Symptomatik). Es wurden psychodiagnostische Verfahren bzw. Skalen angewendet, die sich auf Grund bisheriger Untersuchungsbefunde als neurosendiagnostisch relevant und zur Erfassung von psychotherapeutisch bedingten Veränderungen als relativ tauglich erwiesen hatten: MMPI-Skalen (SPREEN 1963) F, K, Hypochondrie (Hd), Depression (D), Hysterie (Hy), Psychopathie (Pp), Paranoia (Pa), Psychasthenie (Pt), Schizoidie (Sc), Hypomanie (Ma), Soziale Introversion (Si), MMPI-Zusatzskalen Ich-Stärke, (Es, BARRON 1953), Angst- und Fehlanpassung (A, WELCH 1965), Emotionale Unreife (EM, PEARSON 1954), Abhängigkeit (Dy, NAVRAN 1954); INR-Skalen (BÖTTCHER 1968) Introversion, Neurotizismus; Selbstwert-Idealbild-Q-Sortierung nach BUTLER und HAIGH (revidiert von SCHÖN 1966).
Als zufällige, also nicht meßfehlerbedingte Veränderungen galten alle prä-post-therapeutischen Differenzwerte x_i, die die sogenannte kritische Differenz (LIENERT 1967) überschritten

$$x_i > D_{\text{krit}} = z_{\text{krit}}\, s_{\text{prä}} \cdot \sqrt{1 - r_{tt}}\,.$$

Dabei ist z_{krit} der einer vorgegebenen Irrtumswahrscheinlichkeit entsprechende z-Wert (bei $5\% = 1{,}96$), $s_{\text{prä}}$ die Streuung der prä-therapeutischen Meßwerte und r_{tt} der Retest-Reliabilitätskoeffizient. Die Konzeption der kritischen Differenzen beruht auf der Berücksichtigung des Standardmeßfehlers als „Anteil der Standardabweichung eines Tests, der zu Lasten seiner Unreliabilität geht“ (LIENERT 1967), aus dem sich das Konfidenzintervall

$$Cl_x = x \pm z \cdot s_x \sqrt{1 - r_{tt}}$$

herleitet.
FROHBURG diskutiert einige Probleme, die durch die Verwendung der kritischen Differenzen aufgeworfen werden:
1. r_{tt} ist für die verwendeten psychodiagnostischen Verfahren bzw. Skalen an einer Normalstichprobe erhoben worden, weshalb fraglich ist, ob diese Koeffizienten auch für die hier vorliegende psychopathologische Stichprobe gelten. Ein umfassender Literaturvergleich zeigt jedoch, daß sich die Reliabilitäten von Normalstichproben und Stichproben unbehandelter neurotischer Patienten nicht unterscheiden; jedenfalls gilt dies für das MMPI.
2. Die Konzeption der kritischen Differenzen beruht auf der Annahme einer linearen Beziehung zwischen Testwertdifferenz und Besserungsgrad, läßt also die Abhängig-

keit der Testwertdifferenz von der Höhe des Ausgangswertes (Regressionsproblem) außer acht. Wir werden darauf zurückkommen.
Wichtig erscheint uns aber, auf folgendes Problem bei der Verwendung kritischer Differenzen hinzuweisen: Es wird dabei davon ausgegangen, daß eine Differenz zwischen 2 Testwerten y_1 und y_2 nur dann überzufällig ist, wenn sich die Vertrauensintervalle von y_1 und y_2 nicht überlappen. Die kritische Differenz umfaßt aber laut Definition nur das Vertrauensintervall des ersten, also prätherapeutischen Testwertes y_1, d. h., sie trägt dem Konfidenzintervall des postherapeutischen Testwertes y_2 nicht Rechnung:

Dies bedeutet, daß y_2 zwar außerhalb der kritischen Differenz liegen kann, wobei aber die Möglichkeit besteht, daß das Konfidenzintervall von y_2 sich mit dem Bereich der kritischen Differenz überschneidet. Es wäre deshalb eigentlich der zweifache Wert von D_{krit} zu fordern, wenn ausgeschlossen werden soll, daß die wahren Werte von y_1 und y_2 zusammenfallen können. Dies ist die statistische Seite des Problems. Andererseits machen verschiedene Autoren darauf aufmerksam, daß die kritische Differenz bereits eine relativ strenge Schätzung der überzufälligen Veränderung darstellt, und sie fragen, ob dadurch nicht echte Differenzen zwischen zwei intraindividuellen Testwerten verdeckt werden können (Lienert 1967, Guthke 1972, 1973).
Amthauer (1957) hält für den intraindividuellen Vergleich die Irrtumswahrscheinlichkeiten von 10% bzw. 20% für angemessener. Die von Frohburg errechneten Differenzen für die zur Dimensionierung verwendeten Verfahren bzw. Skalen sind in der Tat zum Teil recht groß. Es scheint daher zweckmäßig, die Frage der Angemessenheit der kritischen Differenzen erneut zu überdenken und empirisch zu analysieren. Bis zu ihrer Aufklärung und bis zur Lösung der Regressionsfrage scheint die Anwendung kritischer Differenzen jedenfalls sinnvoller, als die bisher häufig anzutreffende unreflektierte Behandlung von Differenzwerten.
Da die Differenzwerte (T-transformierte Rohwerte) der 18 Testvariablen normal verteilt waren, konnte die Interkorrelationsmatrix für die Faktorenanalyse (Thurstone-Modell) mit Hilfe der Maßkorrelation errechnet werden. Die Rotation des errechneten Faktorenraumes bis zur Einfachstruktur erfolgte nach dem Varimax-Kriterium von Kaiser.

Es ergab sich eine 6-Faktoren-Lösung, die 57% der Gesamtvarianz aufklärte. Dem Faktor I kam dabei der Hauptanteil mit 52% zu. Tab. 26 enthält die rotierte Faktorenmatrix, in der die nach dem von Gutjahr modifizierten Kriterium von Vernon signifikanten Faktorenladungen mit einem Stern gekennzeichnet sind.
Die nach dem strengeren Fürntratt-Kriterium (vgl. S. 75) besonders interpretationsrelevanten Ladungen sind fett gedruckt.
Da Faktor VI nur durch eine dem Fürntratt-Kriterium genügende Variable repräsentiert wird, konnte er bei der Interpretation ausgeschlossen werden. Nach der inhaltlichen Interpretation der Faktoren zeichnen sich alle Faktoren durch einen ähnlichen „neurotischen Untergrund" aus, der durch „emotionale Unreife", „Schizoidie", „Psychasthenie", „Abhängigkeit" und „Mangel an Ich-Stärke" gekennzeichnet ist und sich als relativ faktorenunspezifisch erweist. *Faktor* I wird als „Veränderungen neurotischer Persönlichkeitsstörungen" bezeichnet, da Modifizierungen von Antriebsstörungen, Verstimmungszuständen, negativen Selbst-

Tab. 26:
Faktormatrix; prä-post-therapeutische Testwertdifferenzen (FROHBURG *1974*)

Variable	F I	F II	F III	F IV	F V	F VI	h^2
F	−.08	.03	**.60***	−.04	.10	.23	.43
K	.15	−**.65***	.09	.05	.13	−.11	.48
Hd	.04	−.15	.06	−**.72***	.14	−.17	.60
D	.04	.20	.15	**.40***	**.55***	.19	.57
Hy	.15	.17	−.06	**.68***	.08	.17	.55
Pp	**.56***	.20	.15	−.03	.35*	.13	.51
Pa	.22	.10	.35*	.00	.18	**.60***	.55
Pt	**.58***	.01	.16	.26*	.44*	.23	.67
Sc	.38*	−.09	.38*	.21	.59*	.20	.72
Ma	**.71***	.04	.02	.15	.14	−.17	.58
Si	.32*	**.58***	.22	.00	.03	.03	.49
Es	.19	.33*	.08	.32*	.17	.03	.29
A	.23	**.67***	.33*	.09	.31*	−.19	.75
Em	.45*	.46*	.09	.28*	.45*	.20	.74
Dy	.14	.58*	.16	.17	.43*	.39*	.74
I	.09	.16	**.63***	.07	−.02	−.02	.44
N	**.67***	.14	−.11	.06	−.05	.29*	.58
$r_{sB/iB}$	.11	.03	−.06	.07	**.71***	−.02	.53
Eigenwerte	5,29	1,50	1,08	1,07	0,67	0,61	$\sum h^2 = 10,2$
%-Anteil von $\sum h^2$	51,7	14,6	10,6	10,5	6,5	5,9	

beurteilungen und sozialen Einordnungs- und Kontaktstörungen darin angezeigt werden. In *Faktor* II „Veränderungen der sozialen Kontaktbereitschaft" dominieren besonders die Variablen „Angst und Fehlanpassung" sowie „soziale Introversion" (K bleibt unberücksichtigt). Der *Faktor* III läßt sich als „Veränderung der Introversion" interpretieren.

Faktor IV ist besonders durch 2 Bestimmungsvariablen der sogenannten neurotischen Trias gekennzeichnet („Hypochondrie" und „Konversionshysterie"). Da auch die 3. Variable der Trias („Depression") durch den Faktor relativ hoch geladen ist und 40% aller Hy-Items sowie 94% aller Hd-Items vegetative Störungen betreffen, ist Faktor IV als „Veränderungen von neurotisch-funktionellen Störungen" anzusehen. Die Bestimmungsvariablen des *Faktors* V („Selbstunzufriedenheit" und „Depression") weisen ihn ziemlich eindeutig als „Veränderung der Selbstzufriedenheit" aus.

Mit diesem Ergebnis ist zunächst einmal gezeigt, daß eine Dimensionierung von Veränderungswerten aus 18 psychodiagnostischen Skalen statistisch möglich ist und daß sich damit ein Weg eröffnet, die gesprächspsychotherapeutischen Veränderungen entlang verschiedener psychopathologischer Dimensionen zu erfassen. Die Dimensionen scheinen weitgehend methodenunspezifisch zu sein: Die Dimensionen „Veränderung der Introversion" und „Veränderung der sozialen Kontaktbereitschaft" finden sich auch in den Faktorenlösungen von BOMMERT u. a. (1972) und MINSEL (1970), während sich der bei den genannten Autoren ermittelte Faktor

„Veränderung des Neurotizismus“ in die Dimensionen „Veränderung neurotisch-funktioneller Störungen“ und „Veränderung neurotischer Persönlichkeitsstörungen“ aufspaltet. Dies ist bemerkenswert, weil die in den verschiedenen Untersuchungen sich abzeichnenden Gemeinsamkeiten trotz Verwendung teilweise unterschiedlicher Testvariablen zu Tage treten, also methodenunspezifisch zu sein scheinen.

Für die Effektivitätsbestimmung ergab sich nun die Frage, ob auf der Basis der gewonnenen Dimensionen die Veränderungen individuell, also in Form von Dimensionsprofilen ermittelt und eventuell die Patienten danach klassifiziert werden können.

Am erfolgreichsten ließen sich individuelle Profile klassifizieren, wenn sie aus den faktoriellen Bestimmungsvariablen ermittelt wurden, d. h. aus Variablen, deren Ladungen das FÜRNTRATT-Kriterium erfüllen. Die Faktoren II (Veränderung der sozialen Kontaktbereitschaft) und III (Veränderung der Introversion) wurden zu einer Dimension „Veränderung im Sozialverhalten“ zusammengefaßt, da Faktor III nur eine und Faktor IV nur 2 Bestimmungsvariablen enthalten. In Tab. 27 sind die Bestimmungsvariablen der Faktoren dargestellt.

Tab. 27:
Bestimmungsvariablen der Faktorlösung „Testwertdifferenzen“

F I	Ma; N; Pt; Pp
F II/III	A; I; Si
F IV	Hd; Hy; (D)
F V	$r_{SB/IB}$; D

Als Festlegungen wurden eingeführt:

1. Ein Faktor gilt dann als verändert, wenn 50% der Bestimmungsvariablen signifikant verändert sind, da dann angenommen werden darf, daß hinreichend statistisch gesicherte Effekte zustande gekommen sind.
2. Ist im Faktor IV nur eine der beiden Bestimmungsvariablen signifikant verändert, dann muß zusätzlich D signifikant verändert sein, damit eine Veränderung des Faktors 3 angenommen werden kann.
3. Faktor V wird nur dann bei signifikanter Veränderung einer Bestimmungsvariablen als verändert eingestuft, wenn $r_{SB\text{-}IB}$ signifikant verändert ist.

Durch diesen Bewertungsmodus kann für jeden Patienten ein Faktoren-(Dimensions-)Profil ermittelt werden, aus dem zu ersehen ist, in welcher Dimension sich bedeutsame Veränderungen vollzogen haben. Insgesamt hat dieser Aspekt der Untersuchung ergeben, daß 1. eine Dimensionierung von prä-post-therapeutisch erhobenen Testvariablen durchaus sinnvoll und möglich ist und daß 2. eine individuelle Bewertung des Psychotherapie-Effekts nach qualitativen und quantitativen Gesichtspunkten mit Hilfe von Dimensionsprofilen durchgeführt werden kann. Die Perspektive dieser Resultate besteht vor allem darin, daß die Möglichkeit zu einer dimensionierten Psychodiagnostik neurotischer Störungen und ihrer psychotherapeutisch bewirkten Änderungen aufgezeigt werden konnte, ein auch für die klinisch-psychologische Praxis wesentlicher Gesichtspunkt.

6.1.2. Zur Ermittlung von veränderungsansprechbaren Testitems

Da sich gezeigt hat, daß sich in den zur Zustandsdiagnostik entwickelten psychodiagnostischen Verfahren, besonders in den im vergangenen Abschnitt erwähnten Fragebögen, Veränderungen abbilden bzw. Psychotherapiepatienten bei diesen Verfahren deutlich höhere Änderungsquoten aufweisen als Normalstichproben, dann muß gefragt werden, wodurch diese Veränderungen in den Testdaten zustande kommen. Mit anderen Worten, sind es bevorzugte Items, die nach Psychotherapie generell anders beantwortet werden, oder ist die Änderung in einer Skala bei jedem Patienten oder bei bestimmten Patientengruppen durch Antwortänderung bei verschiedenen Kombinationen aller Items bedingt. Erfolgsforschungen in der Gesprächspsychotherapie werden ja in der Regel mit einem umfangreichen und zeitaufwendigen psychodiagnostischen Instrumentarium durchgeführt, und auch in der Praxis der Erfolgskontrolle ist der Zeitaufwand dafür recht erheblich. Daraus erwächst die Aufgabe, solche Items aus den verwendeten Testskalen auszufiltern, die besonders ansprechbar, also besonders „instabil" und damit für Veränderungen indikativ sind. Diese Items wären dann offensichtlich besonders zur Konstruktion von speziellen Veränderungsmeßverfahren geeignet, wobei natürlich alle Vorbehalte gegenüber dem Einsatz subjektiver zustandsdiagnostischer Verfahren zur Veränderungsmessung bestehen bleiben. Der Vorteil bestünde aber in einer spezifizierten und konzentrierten Veränderungserfassung im Rahmen der Aussagemöglichkeiten solcher psychodiagnostischer Verfahren überhaupt und in der damit verbundenen Ökonomisierung durch Ausschaltung von veränderungsirrelevanten Items. Dabei ist zu bedenken, daß Veränderungstests dieser Art möglicherweise nur für diejenige psychotherapeutische Methode spezifisch sind, die als Veränderungsbedingung bei der Entwicklung dieser Veränderungstests eingesetzt wurde. Es ist auch zu vermuten, daß mit Hilfe solcher Verfahren die Dimensionierung von psychotherapeutisch bedingten Veränderungen erfolgreich vorgenommen werden kann. Eine zu prüfende Voraussetzung dafür wäre aber, daß hinreichend *gemeinsame* Items von der Mehrzahl der Patienten nach der Psychotherapie verändert beantwortet werden, also solche, die sich bei fast allen Patienten verändern, d. h. *generell* veränderungsansprechbar sind. Es wäre auch denkbar, daß die meisten Änderungen auf einer Skala durch patientenspezifische oder patientengruppenspezifische Antwortänderungen bei verschiedenen Kombinationen sehr vieler Items dieser Skalen geschehen. Dann müßten die veränderungsansprechbaren Items eines psychodiagnostischen Verfahrens oder einer Testskala in Abhängigkeit von der diagnostischen Klassifikation von Patienten ermittelt werden. Unsere Untersuchungen zu dieser Frage sind noch nicht abgeschlossen, weshalb wir hier lediglich die Ermittlung veränderungsansprechbarer Testitems als methodische Möglichkeit zur Veränderungsmessung anführen.

6.1.3.
Die Verwendung von Item-offenen Problemlisten (ohne vorgegebene Items) zur Veränderungsmessung

Eine Reihe von in neuerer Zeit aufgetauchten Zweifeln an einer angemessenen Zielorientiertheit der umfangreichen zustandsdiagnostischen Fragebögen (BASTINE 1973, MINSEL und LANGER 1973, HELM 1975, TAUSCH 1973, 1976, HELM und THOM 1976) läßt die Frage einer Effektbestimmung durch Verfahren mit freier Item-Auflistung durch die Patienten wieder in den Vordergrund treten. Bei solchen Verfahren, sogenannten Problemlisten, schreiben die Patienten die für sie relevanten Items in Form von Problemen, Beeinträchtigungen und Schwierigkeiten auf. Der interindividuelle Vergleich und die statistische Bearbeitung wird dadurch möglich, daß zu jedem Item hinsichtlich bestimmter Aspekte auf mehrstufigen Skalen Urteile von Patienten verlangt werden, so z. B. über den Beeinträchtigungsgrad oder über das Änderungsbedürfnis. Die Problemlisten können wie andere psychodiagnostische Verfahren prä-post-therapeutisch angewendet werden. Nach den Erfahrungen von TAUSCH (1976) sollen diese relativ globalen Patienturteile mindestens gleichwertige, wesentlich ökonomischere Verfahren gegenüber Fragebögen, wie z. B. dem MMPI, darstellen. „Die Feststellung der Veränderung bei den Psychotherapieklienten in den jeweiligen Testskalen ist wenig sinnvoll. Entscheidend sind die Veränderungen des jeweiligen Klienten in dem beeinträchtigten Bereich sowie die gewünschten Änderungen." Die angenommene Äquivalenz von globalen Patientenratings und relativ komplexen psychodiagnostischen Verfahren bezüglich der Effektivitätsbestimmung erscheint uns sehr überprüfenswert und -bedürftig. Einerseits läßt natürlich die geringe Psychotherapie-Zielorientierung und störungsunspezifische bzw. wenig individuell zugeschnittene Ausrichtung der zustandsdiagnostischen Fragesysteme diese als nur begrenzt zur Erfolgsbestimmung geeignet und zusätzlich noch sehr zeitunökonomisch erscheinen. Andererseits werden aber durch das relativ breite, wenn auch noch wenig zielbezogene Itemangebot viele Störungsaspekte angesprochen. Das Verfahren der Auflistung von globalen Items durch die Patienten ist dagegen sehr störungsspezifisch und ökonomisch, doch muß dabei mit dem Nachteil von Darstellungsfehlern und Beschreibungsschwierigkeiten gerechnet werden, die dann das Störungsbild gelegentlich erheblich verzerren könnten. Ferner gibt es bisher keine Absicherungen gegen Dissimulations-, Simulations- und Aggravationstendenzen, die bei psychodiagnostischen Fragebögen meistens durch Kontrollskalen sichtbar werden.
Mit dem Vergleich der Veränderungen bei einem Satz psychodiagnostischer Verfahren MMPI, KQS (HELM 1973, 1974), BEB (KASIELKE, MÖBIUS, SCHOLZE 1974) mit den Veränderungen bei einer Problemliste ohne vorgegebene Items, wurde KASTNER (Diplomarbeit 1975) beauftragt.

Der größte Teil der Patientenstichprobe wurde mit der Leningrader Fassung des MMPI untersucht. Da die Auswertungsmethodik und die Normen bei dieser Adaptation nicht verändert wurden, erschien eine Zusammenfassung mit den Patienten, die mit der Saarbrückener Fassung untersucht wurden, möglich. Beim KQS (Kurz-Q-Sortierung) handelt es sich um eine Kurzform (28 Items) der von SCHÖN (1966) revidierten Fassung der Q-Sortierung von BUTLER und HAIGH (1954). Der BEB (Beschwerde-Erfassungs-Bogen) ist ein dimensionierter und normierter Fragebogen zur Erfassung von psychischen und körperlich-funktionellen Beschwerden.

Mit diesen 3 Verfahren wurde eine relativ umfassende Zustandscharakteristik der Patienten ermöglicht. Eine im Rahmen unserer praktischen Ambulatoriumsarbeit aufgestellte Problemliste (PL) wurde zur prä- und post-therapeutischen Anwendung den Patienten in 2 Fassungen vorgelegt (vgl. S. 133). Neben den numeriert aufgelisteten Beeinträchtigungen usw. wird in der prä-therapeutischen PL nach dem Grad der Beeinträchtigung und nach dem Ausmaß der Änderungserwartung gefragt. In der post-therapeutischen Problemliste wird nach dem weiterhin bestehenden Beeinträchtigungsgrad, nach dem Ausmaß der positiven oder auch negativen Veränderung (5stufige Antwortmöglichkeiten) sowie nach neu aufgetretenen Problemen usw. gefragt.

22 stationäre, mit verschiedenen psychotherapeutischen Methoden behandelte neurotisch gestörte Patienten zwischen 22 und 48 Jahren (durchschnittliches Lebensalter 32 Jahre; 8 weibliche und 14 männliche) wurden während der Behandlungszeit im Abstand von 6 Wochen zweimal mit den genannten psychodiagnostischen Fragebögen sowie der Problemliste untersucht.
Aus den Testwertdifferenzen wurden verschiedene Veränderungsindizes ermittelt: für den KQS waren dies die T-Wert-Differenzen der SB-IB-Korrelationskoeffizienten, für den BEB die C-Wertdifferenzen der Skala 1 (Gesamtskala) und für den MMPI die T-Wertdifferenzen der Mittelwerte aller klinischen Skalen.
Aus der Problemliste wurden die Veränderungen (post-therapeutisch) und die Belastungsdifferenz (prä-post-therapeutisch), jeweils über die Zahl der angegebenen Beeinträchtigungen gemittelt, als Veränderungsindizes verwendet.

Der Zusammenhang zwischen der Problemliste und den anderen psychodiagnostischen Verfahren ist in Tab. 28 dargestellt:

Tab. 28:
Zusammenhang zwischen Problemliste und psychodiagnostischem Verfahrenssatz

	MMPI	KQS	BEB
PL (mittlere Belastungsdifferenz)	.07 (n. s.)	.34 (n. s.)	.16 (n. s.)
PL (mittlere Veränderung/post)	.43 (0,05)	.43 (0,05)	.59 (0,01)

Die Änderungen in den verwendeten 3 psychodiagnostischen Fragebögen hängen mit den Änderungen im Ausmaß der Belastung (PL) nicht, dagegen mit dem subjektiv erlebten Besserungs-/Verschlechterungsgrad zusammen. Letzteres gilt besonders für den BEB. Die einmalige Befragung nach dem Grad positiver bzw. negativer Veränderung am Ende des untersuchten Behandlungsausschnitts steht also in engerer Beziehung zu den Veränderungsindizes der 3 Fragebögen als die Differenzen von Anfangs- und Endbeurteilungen über den Belastungsgrad durch die angegebenen Beeinträchtigungen. Eine Begründung dafür könnte in einer Ver-

Problemliste (vor der Therapie zu erfragen)

Name: Datum:

Bitte schreiben Sie die wesentlichen Probleme, Schwierigkeiten und Beeinträchtigungen auf, die Sie in Ihrem gesamten Verhalten und gefühlsmäßigen Erleben bemerken und derentwegen Sie eine Psychotherapie wünschen. Anschließend geben Sie bitte daneben noch an, wie stark Sie sich dadurch beeinträchtigt fühlen und welche Änderung Sie im einzelnen von der Therapie erwarten. Machen Sie in den für Sie zutreffenden Spalten jeweils ein Kreuz

Nr.	Probleme, Schwierigkeiten Beeinträchtigungen	Ich fühle mich dadurch *nicht*	*etwas*	*ziemlich*	*stark*	*sehr stark* beeinträchtigt.	Ich erwarte von der Therapie im einzelnen *keine*	*geringe*	*mittlere*	*starke*	*völlige Beschwerdefreiheit* Veränderung

Problemliste (nach der Therapie zu erfragen)

Name: Datum:

Wir möchten Sie noch einmal um einige Angaben zu Ihren Problemen, Schwierigkeiten und Beeinträchtigungen bitten, derentwegen Sie eine Psychotherapie wünschten.

Auf dieser Liste stehen die von Ihnen vor der Therapie genannten Probleme. Bitte geben Sie uns jetzt in der danebenstehenden Spalte an, in welchem Ausmaß sich Ihre Schwierigkeiten für Sie verändert haben. Außerdem möchten wir wissen, ob und in welchem Grade Sie sich auch jetzt noch beeinträchtigt fühlen. Machen Sie dazu bitte in der letzten Spalte die entsprechenden Angaben.

Falls während der Therapie für Sie *neue* Probleme aufgetreten sind, fügen Sie diese bitte noch an und geben dazu ebenfalls den Grad der Veränderung und das Ausmaß der Beeinträchtigung an.

Nr.	Probleme, Schwierigkeiten, Beeinträchtigungen	Meine Schwierigkeiten sind *gleich* geblieben	haben sich *stark gebessert*	*verschlechschlechtert*	*stark verschlechtert*	Ich fühle mich dadurch weiterhin *nicht*	*etwas*	*ziemlich*	*sehr stark* beeinträchtigt.

änderung des Bezugssystems der Beurteilung zu suchen sein, da im Verlauf der Behandlung die Patienten ständig mit Konflikten und Beschwerden anderer Patienten konfrontiert werden. Andererseits ist auch zu bedenken, daß zwischen der Erst- und der Zweitanwendung der Verfahren nur ein sechswöchiger Behandlungsabschnitt lag, der zudem noch bei den verschiedenen Patienten in unterschiedlichen Psychotherapiestadien, also am Psychotherapieanfang, mehr in der Mitte oder am Behandlungsende liegen konnte. Dies wirkt sich eventuell auf das Belastungsmaß anders aus als auf Änderungen der Probleme und Schwierigkeiten. Daß eine nur post-therapeutische Befragung recht gute Informationen über Behandlungseffekte bringen kann, zeigen auch Untersuchungsbefunde von Bommert u. a. (1972), nach denen Veränderungswerte in Testdaten (MMPI, EPI u. a.) signifikant mit Patientangaben eines einfachen Befragungsbogens korrelierten, der am Ende der Psychotherapie gegeben wurde. Wir werden im nächsten Abschnitt auf die Möglichkeiten einer Effektivitätsbestimmung durch post-therapeutisch anzuwendende Veränderungsmeßbögen genauer eingehen.

Da wir daran interessiert waren, nicht nur den Zusammenhang der Problemliste mit den einzelnen psychodiagnostischen Fragebögen, sondern auch mit den Kombinationen der Fragebögen und mit dem ganzen Satz zu ermitteln, wurden von Kastner entsprechende multiple Korrelationen berechnet, Tab. 29 zeigt das Ergebnis.

Tab. 29:
Multipler Zusammenhang zwischen Problemliste und psychodiagnostischem Verfahrenssatz

Veränderungsindizes	Multipler Korrelationskoeffizient	Signifikanz
PL–KQS/BEB	.66	$\hat{F} = 7{,}51 > F_{0,01} = 5{,}93$
PL–KQS/MMPI	.48	$\hat{F} = 2{,}85 < F_{0,05} = 3{,}52$
PL–BEB/MMPI	.63	$\hat{F} = 6{,}37 > F_{0,01} = 5{,}93$
PL–KQS/BEB/MMPI	.67	$\hat{F} = 4{,}92 > F_{0,05} = 3{,}16$

Aus der Problemliste wurde nur das Patientenurteil über positive/negative Veränderungen der angegebenen Beeinträchtigungen zur Korrelation verwendet. Es ist zu ersehen, daß alle multiplen Korrelationen zwischen der Problemliste und den Fragebögen dann signifikant sind, wenn der BEB in der Fragebogenkombination enthalten ist. Auch in Tab. 28 rangierte die PL-BEB-Korrelation an erster Stelle. Dies wird verständlich, wenn man bedenkt, daß unter den in der Problemliste aufgelisteten Beeinträchtigungen die psychischen und körperlich-funktionellen Beschwerden überwiegen. Konflikte, Lebensschwierigkeiten und Probleme werden seltener dargestellt (überwiegend auf Beruf und Partnerschaft bezogen). Vermutlich muß dies als ein Nachteil der freien Auflistung gegenüber vorgegebenen Sachverhalten angesehen werden.

Insgesamt zeigen die Resultate dieser Untersuchung von Kastner (1975), daß eine von Patienten einmalig am Ende eines Behandlungsabschnitts oder der

Behandlung vorgenommene sehr einfache und ökonomische Auflistung ihrer Beeinträchtigungen und die Beurteilung des positiven oder negativen Veränderungsausmaßes zwar inhaltlich nur sehr globale, aber über die Richtung und das Ausmaß ähnliche Informationen über psychische und körperlich-funktionelle Veränderungen, besonders im sog. Beschwerdenbereich, liefern wie ein Satz von Fragebögen mit unterschiedlicher Aspektierung psychischer Störungen. Es kann aber nicht angenommen werden, daß die Problemliste weitergehende oder neue Informationen gegenüber den Fragebögen liefert. Ihr Vorteil ist zunächst rein ökonomischer Art. Eine methodische Verbesserung der Problemliste durch genauere Instruktionen über die aufzulistenden Beeinträchtigungen, Konflikte usw. eventuell mit vorgegebenen Kategorien wäre wünschenswert.

6.2. Die Entwicklung einer therapiezielorientierten Veränderungsdiagnostik

Wir haben bereits bei der Darstellung der gesellschaftlichen Bedeutung der Gesprächspsychotherapie und ihrer Zielstellungen (Kap. 1) und bei der theoretischen Erörterung zum Veränderungskonzept der Gesprächspsychotherapie (s. 6.1.) auf einige Probleme hingewiesen, die sich aus der Verwendung herkömmlicher psychodiagnostischer Verfahren ohne spezielle Psychotherapie-Zielorientierung zur Effektbestimmung ergeben. Ergänzend möchten wir folgende kritische Punkte erwähnen:

1. Solche Verfahren gestatten nur Zielsetzungen bzw. Wirkungsbestimmungen bezüglich recht allgemein-abstrakter Eigenschaften oder bezüglich sehr spezifischer Teilaspekte (Objektangst usw.). Es geht hier um Veränderungen bestimmter relativ konstant aufgefaßter Eigenschaften sehr hohen Allgemeinheitsgrades (Konstrukta). Von solchen Persönlichkeitsmerkmalen ist meistens nicht bekannt, in welchem Ausmaß sie überhaupt verändert werden können, mit anderen Worten, welche psychotherapeutische Relevanz sie haben. Dies bedeutet, daß die konkret gestörten psychischen Prozesse bei der Anwendung persönlichkeitsdiagnostischer Verfahren „untergehen", obgleich angenommen werden muß, daß diese Prozesse der Wahrnehmung, des Urteilens, des Wertens, der Einstellungen, der gestörten Verhaltens- und Erlebensweisen gerade zur psychotherapeutischen Zielbestimmung und Messung der Zielerreichung recht wesentlich sind.
2. Diese Verfahren wurden ursprünglich zur Ermittlung von relativ konstanten interindividuellen Differenzen entwickelt und nicht zur Bestimmung veränderlicher, weniger habitueller Störungen der Tätigkeits- und Widerspiegelungsprozesse. Dies war wohl auch einer der Gründe, weshalb man in der Verhaltensdiagnostik die „Konstruktdiagnostik" weitgehend eliminiert hat und statt dessen funktionale Analysen der Beeinträchtigungen vorzieht (Goldfried und Kent 1974, Kanfer und Saslow 1974, Schulte 1974).
3. Damit hängt auch zusammen, daß die prä-therapeutischen Informationen solcher persönlichkeitsdiagnostischen Verfahren kaum zu einer konkreten Psychotherapieplanung und -gestaltung verwendet werden können. Die dort ermittelten Ausprägungen von Persönlichkeitsmerkmalen sind fast nie geeignet, zu einer spezifischen psychotherapeutischen Strategie bei bestimmten Patienten- oder Störungsgruppen zu führen.

4. Wenn die herkömmlichen persönlichkeitsdiagnostischen Verfahren zur Ziel- und Effektivitätsbestimmung aus den genannten Gründen recht problematisch sind, so gilt dies wohl auch bezüglich ihrer gesellschaftlichen Bedeutung. Da sich die Psychotherapie neurotischer Störungen immer auf Erlebens- und Verhaltensweisen von Menschen in unserer sozialistischen Lebenspraxis bezieht, für die die Normative des sozialistischen Menschenbildes eine wichtige Rolle spielen, hat jede psychotherapeutische Zielstellung diese Bedingungen zu beachten. Bekanntlich gehen in die Wahl der zur Veränderungsmessung benutzten persönlichkeitsdiagnostischen Verfahren mehr oder weniger klar formulierte theoretische und methodologische Entscheidungen ein, und dies gilt natürlich auch für alle inhaltlichen Aspekte dieser Verfahren (WOLFRAM 1974). Jede psychotherapeutische Zielstellung hat immer auch einen normativen Aspekt. Dies wird besonders deutlich bei allen Störkomponenten im Bereich der Einstellungen, Bewertungen Selbst- und Umweltwahrnehmungen, Entscheidungsfähigkeiten, in der Kooperationsfähigkeit usw., also Beeinträchtigungen, die sich auch besonders bei der Konfrontation mit gesellschaftlichen Erfordernissen und Maßstäben in der Lebensbewältigung negativ auswirken. Solche Beeinträchtigungen und deren Folgen sind sehr ungünstig für die Entwicklung von Merkmalen, die für das sozialistische Menschenbild als charakteristisch herausgearbeitet wurden und auf deren Bedeutung als Grundkategorien der Persönlichkeitsbewertung im Sozialismus besonders HIEBSCH (1966), KOSSAKOWSKI (1971) und SCHMIDT (1974) hingewiesen haben. Wir meinen, daß der größte Teil der uns zur Verfügung stehenden persönlichkeitsdiagnostischen Verfahren dem normativen Aspekt psychotherapeutischer Zielstellungen nicht wirklich gerecht wird, zumal er bei ihrer Entwicklung bisher kaum berücksichtigt wurde.

Die genannten Probleme machen also deutlich, daß die im vergangenen Abschnitt dargestellten methodischen Varianten zur Bestimmung von Effektivitätsvariablen auf der Grundlage von herkömmlichen psychodiagnostischen Verfahren ohne Psychotherapiezielorientierung nur eine Übergangslösung sein können. Es scheint dringend geboten, psychotherapie-zielorientierte diagnostische Verfahren zu entwickeln, um die spezifischen gesprächspsychotherapeutischen Wirkungen präziser und besonders für unsere sozialistischen Bedingungen verbindlich zu bestimmen. Als ein erster und vorläufiger Ausgangspunkt kann dabei u. E. das empirische Veränderungskonzept der Gesprächspsychotherapie dienen, zumal ein Vergleich mit den für das sozialistische Menschenbild charakteristischen Leitkategorien, wie Bewußtheit, Kollektivität und schöpferische Aktivität zeigt (HELM und THOM 1976), daß sich hier deutlich einige Beziehungen aufweisen lassen (vgl. Kap. 1). Das Veränderungskonzept der Gesprächspsychotherapie entstammt nicht vorschnellen hypothetisch-deduktiven Ableitungen, sondern wurde aus empirischen Untersuchungsbefunden über Änderungen von Personen mit psychopathologischen Störungen formuliert, deren theoretischer Erkenntnishintergrund noch wenig differenziert und zum Teil problematisch ist.

Wir wollen es deshalb als „empirisches Veränderungskonzept" bezeichnen, das zugleich mit den vorläufigen Zielstellungen der Gesprächspsychotherapie identisch ist. Seine Hauptaspekte sind:

- verbesserte Selbstbewertung, Selbstachtung und Selbstakzeptierung (Rogers und Dymond 1954, Ends und Page 1959, Cartwright und Vogel 1960, Shlien, Mosak und Dreikurs 1962, Cartwright, Kirtner und Fiske 1963, Truax, Wargo und Silber 1966, Krause, Langer, Müller, Schwab und Tausch 1974, Frohburg 1974);
- Verringerung von Ängstlichkeit, Verstimmungszuständen, Unruhe, Spannung und Neurotizismus (Kaufmann und Raimy 1949, Mosak 1950, Cowen und Combs 1950, Gallagher 1953, Barrett-Lennard 1962, Cartwright, Kirtner und Fiske 1963, Truax, Wargo, Frank u. a. 1966, Mehnert 1969, Bommert, Minsel, Fittkau, Langer und Tausch 1972, Minsel, Bommert, Bastine, Langer, Nickel und Tausch 1972, Sander, Langer, Bastine, Tausch, A., Tausch, R. und Wieczerkowsky 1972, Rudolph, Langer und Tausch 1973, Krause, Langer, Müller, Schwab und Tausch 1974, Frohburg 1974).
- differenziertere Wahrnehmung und Beurteilung der eigenen Person-Eigenschaften und der sozialen Umwelt (Raskin 1949, Haigh 1949, Sheerer 1949, Seeman 1962, Rogers 1970);
- sozial verantwortungsvolleres und flexibleres, weniger ichbezogenes Handeln (Muench 1947, Rogers 1954, 1970, Rogers und Dymond 1954, Cartwright, Kirtner und Fiske 1963, Truax, Wargo und Silber 1966, Sander, Langer, Bastine, A. Tausch, R. Tausch und Wieczerkowsky 1972, Krause, Langer u. a. 1974);
- verbesserte Akzeptierung anderer Personen, verbunden mit erhöhtem Verständnis ihrer Probleme (Sheerer 1949, Rogers und Dymond 1954, Ends und Page 1959, Truax, Wargo und Silber 1966, Sander, Langer, Bastine u. a. 1972, Frohburg 1974);
- realistischere Zielsetzungen und bessere Selbstbestimmung (Rogers und Dymond 1954, Rogers 1970);
- vermehrte Spontanität und Verhaltensechtheit (Rogers 1954, 1970, Krause, Langer, Müller, Schwab und Tausch 1974);
- angemessenere soziale Kommunikationsstrategie bzw. Abnahme von Defensivhaltungen (Haimowitz 1948, Haigh 1949, Krause, Langer, Müller, Schwab und Tausch 1974, Frohburg 1974);
- erhöhte Leistungsfähigkeit durch Wegfall emotionaler Blockierungen (Snyder 1945, Dickenson und Truax 1960, Seeman 1962, A. Tausch, Kettner, Steinbach und Tönnies 1973);
- größere Erholbarkeit in Stress und Belastung (Thetford 1949);
- Reduktion oder Fortfall umgrenzter psychischer und körperlicher Symptome und Beschwerden (Haimowitz 1948, Mosak 1950, Gallagher 1953, Rogers und Dymond 1954, Cartwright, Kirtner und Fiske 1963, Truax, Wargo, Frank u. a. 1966, Minsel, Bommert, Bastine, Langer, Nickel und Tausch 1972, Frohburg 1974).

Dieses empirische Konzept über reale Änderungen durch Gesprächspsychotherapie kann trotz seiner Bindung an den gegenwärtigen Erkenntnisstand über gesprächspsychotherapeutische Effekte und damit seiner Vorläufigkeit eine erste Orientierungshilfe bei der Entwicklung von therapiezielorientierten psychodiagnostischen Verfahren sein. Vermutlich können dadurch die Wirkungen gegenwärtig als effektiv herausgestellter gesprächspsychotherapeutischer Bedingungen präziser und für unsere sozialistische Gesellschaft verbindlicher erfaßt werden als mit herkömmlichen persönlichkeitsdiagnostischen Verfahren. Sowohl die Entwicklung einer Veränderungsdiagnostik als auch die psychotherapeutische Zielbestimmung sollten unseres Erachtens also von den durch die Gesprächspsychotherapie *realisierbaren* Wirkungen bzw. einem daraus abgeleiteten Veränderungskonzept ausgehen und nicht von unverbindlich-allgemeinen und möglicherweise illusionären Erwartungen („Umstrukturierung der Gesamtpersönlichkeit", „persönliche Erfüllung" usw.), die von noch nicht hinreichend wissenschaftlich begründeten theoretischen Konzepten her deduziert werden. In den folgenden Abschnitten wollen wir einige Ansätze zur Entwicklung einer zielorientierten Veränderungsdiagnostik darstellen.

Diese Strategie der Orientierung einer zu entwickelnden Veränderungsdiagnostik am Veränderungskonzept der Gesprächspsychotherapie könnte mißverstanden werden:
Durch die Orientierung eines Verfahrens am Veränderungskonzept könnten immer wieder nur *diejenigen* Änderungen erfaßt werden, die durch die *gegenwärtig* als effektiv erkannten gesprächspsychotherapeutischen Bedingungen verursacht werden, nicht aber solche Änderungen, die durch neuentwickelte effektive psychotherapeutische Maßnahmen und Gesprächsmerkmale zustande kommen. Die Effekte der in der weiteren Forschungsarbeit neueren Entwicklungen und Modifikationen der Gesprächspsychotherapiemethodik könnten sich demnach nicht in einer Veränderungsdiagnostik abbilden, die eben nur an Veränderungen der bisher als effektiv bekannten bzw. erkannten psychotherapeutischen Wirkungsbedingungen orientiert ist.
Diese Sichtweise unterstellt jedoch, daß sich das Veränderungskonzept der Gesprächspsychotherapie und die zielorientierten Veränderungsverfahren nicht in ständiger Abhängigkeit von der Entwicklung der psychotherapeutischen Methodik befinden und an diese nicht ständig angepaßt werden müßten. Im Forschungsprozeß ist es natürlich erforderlich, nach Einführung neuer psychotherapeutischer Interventionen zunächst wieder deren Wirkungen zu bestimmen und von daher nötigenfalls das Veränderungskonzept zu modifizieren.
Dies hätte dann wieder zur Folge, daß neue zielorientierte Veränderungsverfahren konstruiert werden müssen. Andererseits ist durchaus anzunehmen, daß das veränderte Veränderungskonzept auch neue, z. B. störungsspezifische psychotherapeutische Interventionen anregen kann:
In der Gesprächspsychotherapie wird bekanntlich das psychotherapeutische Verhalten relativ unabhängig von der Störungsspezifik realisiert, da sich immer wieder gezeigt hat, daß weder bestimmte diagnostische Kategorien noch bestimmte präpsychotherapeutische diagnostische Daten prognostische Relevanzen haben. Die Effektivität der Gesprächspsychotherapie streut also durch alle neurosendiagnostischen Kategorien, Ausgangsdaten und Schweregrade hindurch. Wir vermuten den Grund dafür darin, daß mit den herkömmlichen persönlichkeitsdiagnostischen Verfahren kaum eine konkrete, störungsspezifische Psychotherapieplanung und -gestaltung ermöglicht wird. Eine Orientierung am Veränderungskonzept der Gesprächspsychotherapie kann unseres Erachtens nützlich sein, um künftige Hypothesen über spezifische psychotherapeutische Interventionen aufzustellen, die über das bisher praktizierte gesprächspsychotherapeutische Basisverhalten hinausgehen (vgl. BASTINE 1974).
Das folgende Schema (Abb. 11) soll die Abhängigkeit therapiezielorientierter Veränderungsmessung und Therapieplanung von einem sich mit der psychotherapeu-

tischen Methodenentwicklung selbst verändernden Veränderungskonzept verdeutlichen:

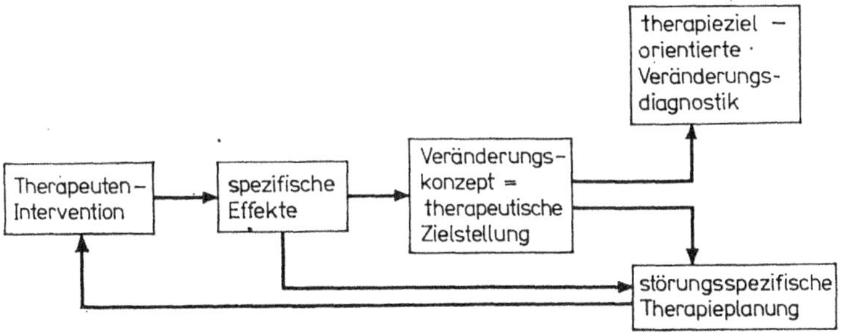

Abb. 11:
Stellung des Veränderungskonzepts bei der diagnostischen und psychotherapeutischen Methodenentwicklung.

6.2.1. Überprüfung des POI (Personal Orientation Inventory) von Shostrom als Fragebogen mit der Zielorientierung „Selbstverwirklichung"

Nach kritischen Einschätzungen und Ergebnissen der Effektivitätsforschung in der Psychotherapie (Tausch 1973, Bergin 1971, Shostrom 1966, Krause Langer, Müller, Schwab und Tausch 1974, Feindt, Schwab und Tausch, zit. in Tausch 1976) war anzunehmen, daß das POI (Shostrom 1966) als diagnostisches Verfahren zur Erfassung von Aspekten des in der Theorie von Rogers wesentlichen Konstrukts „Selbstverwirklichung" (= Selbstaktualisierung) geeignet ist. Da Rogers das erklärte Ziel gesprächspsychotherapeutischer Einflußnahmen darin sieht, eine bei neurotischer Fehlentwicklung vorausgesetzte Behinderung der Selbstverwirklichungstendenz aufzuheben bzw. die Selbstverwirklichung der Patienten zu fördern, kommt dem POI somit auch der Charakter eines zielorientierten Verfahrens zu. Wir gehen deshalb exemplarisch wegen dieses Problemgehalts auf diesen Fragebogen ein, zumal er im kapitalistischen Ausland zunehmend als Veränderungsmeßverfahren angewendet wird.
Die Selbstverwirklichungstendenz ist bei Rogers die allen Änderungsprozessen durch Lernvorgänge zugrunde liegende Dynamik, quasi der Motor zur Realisierung der eigenen Potenzen (These 4 seines theoretischen Bezugsrahmens, Rogers 1951, 1973). Zweifellos erscheinen verschiedene Aspekte (Dimensionen) des POI auf Grund ihrer Orientierung am empirischen Konzept der Gesprächspsychotherapie über reale Veränderungen als geeignet, spezifische Gesprächspsychotherapiewirkungen zu erfassen. Ihre theoretische Integration unter dem Begriff der Selbstverwirklichung bleibt hingegen recht problematisch (vgl. 3.1.3.). Hinzu kommt, daß der von Maslow (1968) in der amerikanischen Psychologie in existentialphilosophischem Sinne konzeptualisierte und stark propagierte Begriff bisher von relativ geringem wissenschaftlichem Wert geblieben ist. Statt einer Freilegung der ihn fundierenden Prozesse und der ihn inhaltlich determinierenden gesellschaftlichen Bedingungen bleibt seine Beschreibung sehr pauschal, fast tautologisch: „Wir können sie (die Selbstverwirklichung, J. H.) als

eine Episode oder einen Ausbruch definieren, in denen die Fähigkeiten einer Person in besonders wirksamer und intensiv genußvoller Weise zusammenkommen und in denen sie integrierter und weniger zerrissen ist, humorvoller, Ich-überschreitender, unabhängiger von ihren niedrigen Bedürfnissen. Sie (die Person, J. H.) wird in diesen Episoden mehr wirklich sie selbst, realisiert ihre Fähigkeiten perfekter, ist dem Kern ihres Seins näher, ist menschlicher" (Maslow 1968, S. 97). Bei Rogers finden sich Formulierungen, in denen der Begriff Selbstverwirklichungstendenz in einer stark substantialisierenden, bildhaften Weise verwendet wird: „Diese Tendenz kann tief unter Schichten von verkrusteten psychischen Abwehrmechanismen begraben sein, sie kann hinter kunstvollen Fassaden, die ihre Existenz leugnen, verdeckt sein, aber es ist meine Überzeugung, daß sie in jedem einzelnen existiert und nur auf die richtigen Bedingungen *wartet*, sich freizusetzen und auszudrücken" (Rogers 1961, 1973, S. 49).
Der sich nach dieser Auffassung selbst verwirklichende Mensch wird praktisch von seinem gesellschaftlichen und historischen Kontext isoliert und die nur aus seiner gesellschaftlichen Existenz heraus zu begreifende Selbstverwirklichung in existentialistischer Weise auf sein angeblich autonomes und unabhängiges Wesen reduziert.
In der Psychotherapie und Neurosenlehre wird eine solche Auffassung von der Selbstverwirklichung besonders von den sog. Neo-Analytikern vertreten (Horney 1961). Sève (1973) hat diesen Zug der Psychologisierung und Individualisierung gesellschaftlicher Sachverhalte im Rahmen einer Auseinandersetzung mit der Psychoanalyse in einer Weise kritisiert, die auch für diesen Aspekt der Konzeption von Rogers voll gültig sein kann. Auch bei den genannten Autoren wird offenbar in diesem Punkte verkannt, daß „Wissenschaften vom entwickelten Individuum, besonders hinsichtlich seiner entwickelten psychischen Vorgänge, ihrerseits in Zweitposition an die Wissenschaften von den gesellschaftlichen Verhältnissen der Geschichte anschließen, und zwar eben deswegen, weil die entwickelte Individualität und das entwickelte psychische Leben, weit entfernt, primäre oder unabhängige Gegebenheiten zu sein, in der Geschichte auf der Grundlage der gesellschaftlichen Verhältnisse produziert werden" (Sève 1973). Die Möglichkeiten, sich selbst, breit und universell zu entwickeln und seine Fähigkeiten zum Tragen zu bringen, dürfte kaum auf einen dem menschlichen Wesen zugesprochenen inneren Drang nach Realisierung seiner Möglichkeiten zurückzuführen sein. Diese Annahme operiert mit „verinnerlichten", als autonom unterstellten Antrieben, ähnlich dem „Hunger" oder dem „Durst". Die für ein wirkliches Verständnis der Selbstverwirklichung wesentliche Konkretisierung des Verhältnisses von Individuum und Gesellschaft auf der Basis realer sozialökonomischer Strukturen bleibt bei den genannten Autoren vollständig unberücksichtigt. Die Selbstverwirklichung soll der Mensch quasi aus sich selbst heraus vornehmen. Es ist anzunehmen, daß sich diese Betrachtungsweise auch im POI als einem zielorientierten psychodiagnostischen Verfahren niederschlagen muß.
Bei Marx ist die Selbstverwirklichung des Individuums eindeutig in die Analyse der gesellschaftlichen Prozesse und ihrer Grundlagen eingebunden: „Der reiche Mensch ist zugleich der einer Totalität der menschlichen Lebensäußerung bedürftige Mensch. Der Mensch, in dem seine eigene Verwirklichung als innere Notwendigkeit, als Not existiert" (Marx 1958, S. 83), wobei aber „die freie

Entwicklung eines jeden die Bedingung für die freie Entwicklung aller ist" (MARX und ENGELS 1973, S. 68). Damit ist die Grundbedingung für die Verwirklichung bestehender Möglichkeiten und Potenzen angesprochen, nämlich die im Sozialismus/Kommunismus beseitigte antagonistische Klassenstruktur der kapitalistischen Gesellschaft. Doch diese Grundbedingung ist für die Persönlichkeitsförderung und Verwirklichung aller zwar eine notwendige, aber sicher nicht hinreichende Bedingung. Das Finden und Aktualisieren der eigenen Möglichkeiten, eine realistische und unverzerrte Selbsteinschätzung und das Aufstellen eigener, für sich selbst verbindlicher Werte und Normen vollzieht sich in der ständigen Auseinandersetzung mit den Forderungen der sozialistischen Lebenspraxis und in ihrer Mitgestaltung sowie in der aktiven Teilnahme an der Lösung sich ständig und neu stellender Aufgaben. In diesem Sinne ist Selbstverwirklichung auch zugleich Selbsterziehung. Die sich dabei ergebenden Konflikte und Widersprüche enthalten natürlich besonders bei fehlentwickelten Personen verschiedene Möglichkeiten des Scheiterns. Doch jeweils ist dies aus den konkreten Beziehungen des Menschen zu seiner sozialen Umwelt heraus zu verstehen und nicht, wie in der existentialistischen Sichtweise von MASLOW, ROGERS u. a., aus der einem abstrakten und unhistorisch aufgefaßten Menschen innewohnenden Tendenz, sich voll zu entfalten (vgl. auch die Kritik von HÖRZ 1975, ANZYFEROWA 1976 und von TSCHESNOKOWA 1976 am bürgerlichen Selbstverwirklichungskonzept vom Standpunkt der marxistischen Philosophie aus, sowie HELM 1979).

Wenn also am POI hinsichtlich seiner fachtheoretischen Grundlagen erhebliche Zweifel bestehen, er aber andererseits durch seine Orientierung an empirischen Forschungsergebnissen über reale Änderungen wichtige Gesichtspunkte berücksichtigt, scheint eine erste Überprüfung der Anwendbarkeit dieses dimensionierten Fragebogens unter unseren gesellschaftlichen Verhältnissen notwendig. Mit dieser Aufgabe wurde SIMON (Diplomarbeit 1975) betraut.

Das POI enthält 150 Items, von denen jedes einmal positiv und negativ formuliert ist. Der Proband hat die für ihn zutreffende Alternative anzukreuzen. Die Items wurden übersetzt und fachlich sowie inhaltlich-sprachlich in unserer Arbeitsgruppe revidiert. Die Auswertung erfolgte über 2 Grundskalen (Time-Ratio = Gegenwartsbezogenheit, Support-Ratio = Ausrichtung an eigenen Werten vs. fremden Werten) und 10 Unterskalen (self-actualizing value = Bejahung von Werten der Selbstverwirklichung; existenziality = Fähigkeit, situationsbezogen und unmittelbar zu reagieren ohne rigides Festhalten an Prinzipien; feeling reactivity = Sensibilität gegenüber eigenen Bedürfnissen und Gefühlen; spontaneity = Fähigkeit, spontan und kongruent zu reagieren; self-regard = Selbstachtung, Selbstwert; self-acceptance = Selbstakzeptierung, einschließlich von Unzulänglichkeiten; nature of man = konstruktive Sicht des Wesens des Menschen; synergy = Fähigkeit, in Gegensätzen eine Einheit zu sehen, acceptance of aggression = Akzeptierung natürlicher Aggressionen vs. Defensivhaltung – Unterdrückung oder Verleugnung von Aggressionen; capacity for intimate contact = Fähigkeit, vertraulichen sozialen Kontakt frei von Erwartungen und Verpflichtungen aufzubauen.

Wie bereits aus der Skalenbenennung zu ersehen ist, soll der Fragebogen nicht speziell den Grad psychischer Beeinträchtigung, sondern, sozusagen in positiver Richtung, den Grad der Selbstverwirklichung messen, die ein Proband erreicht

hat. Er soll sich daher nicht nur für psychisch gestörte, sondern auch für gesunde Personen eignen. Die höchste Punktzahl ist die Idealnorm für Selbstverwirklichung, zeigt also nicht nur Störungsfreiheit an.
Das übersetzte POI wurde einer Gruppe von 21 neurotischen Patienten und zusätzlich einer Gruppe von 28 nicht beeinträchtigten Personen vorgelegt, die zusätzlich ihre Meinungen zum Inhalt der Items des Fragebogens abgeben sollten.

1. Zunächst zeigte sich, daß durchgehend alle Items von mindestens einem Probanden (im Durchschnitt von 2 Probanden) nicht beantwortet werden konnten (Nichtbeantwortung: Ankreuzen beider Alternativen oder keine Antwort). Wenn man festsetzt, daß Items nicht verwendet werden sollten, die mehr als 10% der Probanden nicht beantworten, dann betrifft das aus dem Itemsatz des POI bei der verwendeten Population 18 Items (=12%).
2. Unter diesen Umständen war zu erwarten, daß ein größerer Prozentsatz der Fragebögen in der Versuchsstichprobe nicht auswertbar war. Wird vorausgesetzt, daß bei 10 nicht beantworteten Items eine Auswertung nicht mehr sinnvoll ist, dann beträgt der Prozentsatz 24,5%.
Selbst wenn man als Kriterium 15 nicht beantwortete Items annimmt, dann sind immer noch 14,3% aller Fragebögen nicht mehr interpretierbar.
3. Die sich in den ersten beiden Punkten für die Probanden abzeichnende Schwierigkeit bei der Itembeantwortung geht offenbar nach deren Meinung zu einem nicht geringen Teil darauf zurück, daß manche Iteminhalte, besonders solche in extremen Formulierungen, sie befremdeten oder ratlos machten. Dies scheint besonders für solche Items zu gelten, in denen das Verhältnis von Individuum und Gesellschaft in existentialistischer Interpretation im Sinne einer abstrakten Freiheit und Bewertungsautonomie zum Ausdruck kommt (vgl. ausführlich HELM 1979).

Im folgenden dafür einige Beispiele (die kursiv gedruckte Alternative wird positiv im Sinne der Selbstverwirklichung gewertet):
a) Ich lebe nach Normen, die mit denen anderer Menschen übereinstimmen.
b) Ich lebe nach Normen, die vorwiegend auf meinen eigenen Maßstäben aufbauen.
a) Meine moralischen Grundsätze finde ich als von anderen aufgezwungen.
b) Meine moralischen Grundsätze habe ich mir selber aufgebaut.
a) Ich glaube, daß es möglich ist, das Leben nach den eigenen Wünschen zu gestalten.
b) Ich glaube nicht, daß es möglich ist, das Leben nach den eigenen Wünschen zu gestalten.
a) Es ist für mich vorrangig, mir meine eigenen Bedürfnisse deutlich zu machen.
b) Es ist für mich vorrangig, mir die Bedürfnisse anderer Menschen deutlich zu machen.

Auch Items, die von einer Wesensbestimmung des Menschen aus sich selbst heraus ausgehen, also seine konkrete historisch-gesellschaftliche Situation, Klassenlage usw. nicht berücksichtigen, führten bei den Probanden zu Beantwortungsschwierigkeiten. Sie standen damit vor Alternativen, von denen sie eben keine entsprechend ihrer Auffassung auswählen konnten. Hier wird deutlich, daß sich in der sozialistischen Lebenspraxis durch Kenntnisvermittlung über gesellschaftliche Zusammenhänge und Erziehung offenbar ganz andere Maßstäbe herausbilden als in Kreisen der sogenannten humanistisch-existentialphilosophischen psychologischen Strömungen in den USA und anderen kapitalistischen Ländern.

Folgende Items mögen die Wesensbestimmung des Menschen per se illustrieren:
a) Ich glaube, daß der Mensch im Grunde seines Wesens gut ist und daß man ihm vertrauen kann.
b) Ich glaube, daß der Mensch im Grunde schlecht ist und daß man ihm nicht vertrauen kann.
a) Der Mensch ist im Grunde hilfsbereit und kooperativ.
b) Der Mensch ist im Grunde weder hilfsbereit noch kooperativ.
a) Im Grunde seines Wesens ist der Mensch gut und sozial. Schlecht und asozial wird er eigentlich nur dann, wenn er in seinem Bemühen, gut zu sein, immer wieder scheitert.
b) Schon im Grunde seines Wesens ist der Mensch schlecht und asozial, wodurch er immer wieder mit dem Guten in Konflikte kommt.

4. Ein weiterer, mehr formaler Grund für die Schwierigkeiten bei der Itembeantwortung lag darin, daß bei manchen Alternativitems zu absolute Standpunkte oder auch sich gegenseitig nicht ausschließende Alternativen formuliert wurden.

Hierfür zwei Beispiele:
a) Ein Mensch kann sein Wesen vollständig ändern.
b) Ein Mensch kann sein Wesen niemals ändern.
a) Es macht mir nichts aus, ärgerlich zu werden.
b) Ärger gehe ich aus dem Wege.

5. Die meisten Items scheinen durch ihren Inhalt erhebliche Anforderungen an Selbstreflexion und Intelligenz der Probanden zu stellen.
Bei der Verwendung des POI als eines zielorientierten persönlichkeitsbezogenen Verfahrens treten die durch seinen ideologisch-theoretischen Hintergrund bedingten Diskrepanzen zu unseren sozialistischen Normen und Auffassungen vom Wesen des Menschen als Ensemble der gesellschaftlichen Verhältnisse und Schöpfer neuer gesellschaftlicher Verhältnisse schärfer und deutlicher zu Tage als beim Einsatz von unter kapitalistischen Bedingungen entwickelten zustandsdiagnostischen Methoden zur Erfassung von gestörten Einstellungen, Persönlichkeitseigenschaften usw. oder gar bei diagnostischen Verfahren, die nur auf eng begrenzte Störkomponenten wie „Symptom- und Beschwerdelisten" u. ä. bezogen sind. Mag also bei solchen Verfahren eine Neustandardisierung oder eine Revision noch als Übergangslösung tragbar sein, für eine zielorientierte persönlichkeitsbezogene Veränderungsmessung scheint eine Neuentwicklung der angemessene Weg, bei dem bereits in die Planung und in die ersten Schritte der Konstruktion die für unsere sozialistischen Lebensverhältnisse gültigen gesellschaftsspezifischen normativen Aspekte einbezogen werden müssen. Auf Grund unserer kritischen Einschätzung wurde also von vornherein darauf verzichtet, das POI für unsere gesellschaftlichen Verhältnisse zu revidieren.
Statt dessen begannen wir mit SIMON mit der Entwicklung eines neuen Fragebogens, der von vornherein die genannten Mängel ausschließt und dabei das Veränderungskonzept der Gesprächspsychotherapie berücksichtigt, also zielorientiert sein soll.

Wir haben unter 1.3. dargestellt, welche Beziehungen sich zwischen dem Veränderungskonzept der Gesprächspsychotherapie und wichtigen Aspekten des sozialistischen Menschenbildes abzeichnen, wo aber auch ihre gegenwärtigen Begrenzungen liegen. Dabei schien es uns wichtig, darauf hinzuweisen, daß der unseres Erachtens überhöhte Anspruch an die psychotherapeutischen Wirkungsmöglichkeiten, *direkt* und *unmittelbar* Verhaltensweisen zu entwickeln, die den Leitkategorien des sozialistischen Menschenbildes entsprechen, unrealistisch ist. Psychotherapie hat als eine innerhalb des sozialistischen Gesundheitswesens organisierte spezielle Behandlung von Störungen der psychischen Widerspiegelungstätigkeit und der Handlungsregulation die *mittelbare* Aufgabe, die durch psychische Fehlentwicklungen beeinträchtigten *Voraussetzungen* dafür wieder herzustellen, daß sich die Patienten in unserer sozialistischen Gesellschaft im Hinblick auf die Leitkategorien des sozialistischen Menschenbildes ihr Leben schöpferischer, erlebnisfähiger und erfüllter gestalten können.

Unter Berücksichtigung der Beziehungen des Veränderungskonzepts zum sozialistischen Menschenbild haben wir mit unseren Mitarbeitern versucht, die empirisch fundierten Zielstellungen der Gesprächspsychotherapie als hypothetische Dimensionen für einen zielorientierten Fragebogen zusammenzustellen:

1. Abnahme von inneren Spannungen, Ängstlichkeit und Besorgtheit (Entwicklung zur Ruhe und Ausgeglichenheit, größere Gelassenheit).
2. Zunahme an Offenheit gegenüber sich selbst (realistischere und ehrlichere Selbstbeurteilung, differenzierteres Selbstbild).
3. Zunahme an Selbstvertrauen (größere Selbstachtung, mehr Zutrauen in eigene Urteile und Wertungen).
4. Zunahme an Akzeptierung anderer Menschen (mehr Verständnisbereitschaft, weniger aggressive Gefühle anderen gegenüber, erhöhte Bereitschaft zur Toleranz).
5. Zunahme an sozialem Handeln (größere Kooperationsfähigkeit, Verantwortlichkeit, Hilfsbereitschaft, Abnahme egozentrischen Verhaltens).
6. Zunahme an Produktivität (mehr Möglichkeiten zu produktiver und befriedigender Tätigkeit, gesteigerte Leistungsfähigkeit und Kreativität, produktive Auseinandersetzung mit und Aneignung von Kulturgut und wissenschaftlichen Erkenntnissen).
7. Zunahme der Fähigkeit zum *selbständigen* Urteilen und Werten (weniger Abhängigkeit und passive Anpassung an Urteile anderer, häufigeres Vertreten des eigenen Standpunktes).

Zu jeder dieser Dimensionen wurden 15 bis 20 Items als Feststellungen formuliert, die eine Beurteilergruppe aus psychotherapieerfahrenen Mitarbeitern den Dimensionen zuordnete und auf 8, je 4 positiv und 4 negativ formulierte Items pro Dimension reduzierte.
Die 56 Items dieser Ausgangsfassung, die wir hier wegen ihres vorläufigen Charakters nicht wiedergeben, können alternativ (ja/nein) in ca. 20 bis 30 Minuten beantwortet werden. Bei den negativ formulierten Items zählt eine Nein-Antwort, bei den positiv formulierten eine Ja-Antwort als ein Punkt, so daß im Idealfall 56 Punkte erreicht werden können.
Zum Zweck einer Item-Analyse wurde diese Erstfassung einer Stichprobe von Patienten, die sich wegen neurotischer Störungen in Psychotherapie befanden ($n=50$, 25 männlich, 25 weiblich; Durchschnittsalter 29 Jahre) und einer Normalstichprobe ($n=50$, 13 männlich, 37 weiblich; Durchschnittsalter 33 Jahre) vorgelegt.

Die Analyse der Verteilungsunterschiede zeigt, daß die Dimensionen 1 (innere Spannungen vs. Ruhe und Ausgeglichenheit), 2 (Offenheit gegenüber sich selbst), 3 (Selbstvertrauen), 6 (Produktivität) und 7 (selbständiges Urteilen und Werten) wegen ihrer größtenteils sehr signifikant unterschiedlichen Antworten für die Itemanalyse logisch bereits gut vorbereitet sind. Dies ist bei den Dimensionen 4 (Akzeptierung anderer Menschen) und 5 (soziales Handeln) bzw. ihren Items weniger der Fall.
Nach durchgeführter Itemanalyse verbleiben in der Erstfassung des Fragebogens noch 36 Items. Die selegierten 20 Items enthalten Formulierungsschwächen, d. h., ein Teil ist zu allgemein formuliert, ein anderer legt zu stark eine sozial erwünschte Antwort nahe, und einige sind zu absolut in der Aussage.
Gegenwärtig wird die Arbeit an diesem Fragebogen im Sinne der angegebenen Zielstellung weitergeführt: Faktorenanalyse zur Überprüfung der hypothetischen Dimensionen, Ermittlung der Testkriterien und Normierung sowie schließlich Überprüfung der Eignung als therapiezielorientiertes Veränderungsmeß-Verfahren.

6.2.2.
Die Erarbeitung von Veränderungsdimensionen der Selbstbild-Idealbild-Kongruenz

Das Selbstkonzept eines Menschen ist für sein Verhalten von erheblicher Bedeutung (vgl. TSCHESNOKOWA 1976). Änderungen in der Struktur des Selbstkonzepts bilden die Grundlage für wesentliche psychotherapeutische Effekte.
Wir möchten das Selbstkonzept (= Selbstbild) eines Individuums dem Subjektbewußtsein gleichsetzen, dessen enge Beziehungen zum Objektbewußtsein mehrfach als wichtiges Kriterium des Bewußtseins bezeichnet wurden, etwa wenn RUBINSTEIN (1958) von Subjekt-Objekt-Beziehung spricht. Dazu gehören neben der Körperwahrnehmung Stimmungen, Bedürfnisse, Gefühle, Entscheidungserlebnisse und auch der ganze Bereich der weniger anschaulichen Vorstellungs- und Denkinhalte und Erinnerungen, also alles, was im Gegensatz zum Objektbewußtsein als zum Subjekt gehörend erlebt wird. Insofern ist das Selbstkonzept ein mehr oder weniger realistisch verarbeitetes inneres Abbild des Individuums von sich selbst. Damit gelten natürlich für das Selbstkonzept die gleichen determinierenden Bedingungen, wie sie für das Bewußtsein von fachwissenschaftlicher und philosophischer Seite herausgearbeitet wurden: Entwicklungspsychologische und psychopathologische Theorien über die Ontogenese des Selbstkonzepts und seine möglichen Fehlstrukturierungen und deren soziale Bedingungen; philosophische Herausarbeitung des Selbstkonzepts im Sinne des „historisch gewordenen Selbstbewußtseins der Persönlichkeit als Erkenntnis des eigenen Wertes, als sich selbst Begreifender, als aktiv Tätiger und sich dabei verändernder Handelnder" (HÖRZ 1973, RUBINSTEIN 1975, S. 41), wobei die Entwicklung des Selbstkonzepts mit der Klassenproblematik verbunden werden muß. Wir stimmen mit KON (1971) überein, daß das Selbstkonzept – er nennt es „Selbst" – in der Bedeutung des „Ich als Objekt des Selbstbewußtseins" und damit als Aspekt der Persönlichkeit nur durch die Berücksichtigung der sozialökonomischen Verhältnisse als wesentliche Determinanten seiner Entwicklung verstanden werden kann. Damit grenzen wir uns ausdrücklich von Definitionen des Selbstkonzepts

ab, die diesen Begriff aus sich selbst heraus ahistorisch-individualisierend, d. h. ohne Bestimmung seines Wesens aus den gesellschaftlich-ökonomischen Verhältnissen heraus ableiten. So positiv wir die differenzierten deskriptiven Analysen von ROGERS über Komponenten des Selbstkonzepts im Rahmen psychotherapeutischer und neurosenpsychologischer Fragen einschätzen, so deutlich möchten wir uns aus den genannten Gründen von seiner Position in der Frage der Determination des Selbstkonzepts distanzieren.
Daß Änderungen des Selbstkonzepts und seiner vielfältigen Aspekte (Selbstbewertung und -erkenntnis, Selbstachtung, Selbstakzeptierung, Selbstzufriedenheit, Selbstvertrauen usw.) psychotherapeutisch von hoher Relevanz sind, läßt sich bereits aus recht frühen Effektivitätsstudien vermuten (SNYDER 1945, KESSLER 1947, RAIMY 1948, SNYGG und COMBS 1948, HOGAN 1948, HAIGH 1949, SEEMAN 1949, BUTLER und HAIGH 1954, LEARY 1957, HILSON und WORCHEL 1957). Doch auch neuere Befunde legen nahe, Änderungen des Selbstkonzepts von neurotisch gestörten Personen zu einer wichtigen psychotherapeutischen Zielstellung zu machen. Eine Durchmusterung des empirischen Veränderungskonzepts der Gesprächspsychotherapie (vgl. 6.2.)zeigt, daß viele seiner Aspekte Änderungen des Selbstkonzepts unmittelbar betreffen. Die methodische Erfassung solcher Aspekte basiert überwiegend auf Eigenschaftslisten, Fragebögen oder systematischen Beurteilungen von Psychotherapieaufzeichnungen. Erfaßt werden dabei z. T. recht unterschiedliche Gesichtspunkte. TAUSCH und TAUSCH (1972) zeigten z. B., daß die Inhalte der „intrapersonellen Kommunikation" (wie jemand zu sich selbst spricht) von Personen mit hohen Neurotizismuswerten stark negative Selbstbewertungen enthielten, während dies bei Personen mit mittleren Neurotizismuswerten nur selten der Fall war. Von hier aus bietet sich die Konstruktion von Erfassungsmethoden der Selbstkommunikation zur Veränderungsmessung an.
Eine Methode zur differenzierten Beschreibung des Selbstkonzepts entwickelte HUGLER (1976) im Rahmen ihrer Dissertation mit Hilfe des GRID-Verfahrens (KELLY 1955). Ihr Fragebogen betrifft Eigenschaften des Selbstkonzepts, die für neurotisch gestörte Personen wichtig sind. Mit ihnen müssen Patienten sich selbst und 2 Bezugspersonen sowie 2 Mitpatienten zum Zweck nichtreziprok messender Vergleiche einschätzen. Ferner werden die Patienten von ihren Mitpatienten, die sie beurteilt haben, ebenfalls eingeschätzt, damit reziprok messende Vergleiche vorgenommen werden können. Nichtreziprok messende Vergleiche erfolgen also zwischen den selbstbezogenen Einschätzungen a) Selbstbild (so sehe ich mich), b) Selbstfremdbild (so denke ich, daß du mich siehst) und c) Selbstfremdselbstbild (so denke ich, daß du denkst, daß ich mich sehe). Ferner erfolgen nichtreziprok messende Vergleiche zwischen den fremdbezogenen Einschätzungen d) Fremdbild (so sehe ich dich), e) Fremdselbstbild (ich denke, daß du dich siehst als . . .) und f) Fremdselbstfremdbild (ich denke, daß du denkst, daß ich dich sehe als . . .). Die selbst- und fremdbezogenen Einschätzungen erfolgen also durch die gleiche Person. Die Schemata (Abb. 12) sollen den Wechsel der Beurteilungsebenen verdeutlichen.
Bei reziprok messenden Vergleichen werden die Einschätzungen verschiedener Personen einander gegenübergestellt (z. B. das Selbstbild von A mit dem Fremdbild von B über A). Alle diese Vergleiche erlauben eine Reihe von operationalen

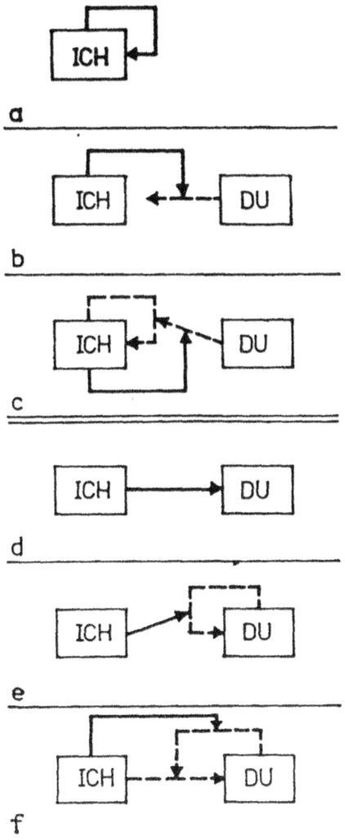

Abb. 12:
Schema der Beurteilungsebenen.

Definitionen verschiedener Aspekte des Selbstkonzepts. So kann das Gefühl, „verstanden zu werden", durch die Beziehungen zwischen dem Selbstfremdselbstbild eines Patienten A über B und dem Selbstbild von A definiert werden (HUGLER 1976):
A→B: Ich glaube, daß B denkt, daß ich mich nicht ängstlich sehe. A: Ich sehe mich als sehr ängstlich.
Dieser Fragebogen soll künftig bei der Diagnostik interpersoneller Beziehungen bei Ehepartnern und Patienten in der Gruppenpsychotherapie bzw. zur Psychotherapieerfolgsmessung eingesetzt werden.
Besonders bietet sich auch die SB-IB-Q-Sortierung als Methode der Wahl zur Erfassung der Selbstzufriedenheit bzw. Selbstakzeptierung an: Über eine Reihe von Items wird zunächst eine Beschreibung des Selbstbildes und danach des Selbstidealbildes von Patienten vorgenommen. Deren Vergleich gestattet über eine Ähnlichkeitskorrelation (SB-IB-Kongruenz) Aussagen über das Ausmaß der Selbstzufriedenheit. Die Zunahme der SB-IB-Kongruenz bei prä-post-therapeutischer Anwendung der Q-Sortierung wurde mehrfach erfolgreich als psychotherapeutische Wirkung nachgewiesen (MOWRER 1953, BUTLER und HAIGH 1954, ROGERS 1954, PHILIPPS, RAIFORD und BERTRAMIS 1965, TRUAX, WARGO und SILBER 1966, KRAUSS 1971, FROHBURG 1974, 1975).

Über verschiedene testtheoretische und praktische Probleme von Q-Sortierungen informierten SCHÖN (1960) und FROHBURG (1970). Für Forschungszwecke und in der Praxis hat sich bisher der Persönlichkeits-Q-Sort von BUTLER und HAIGH (1954) in seiner von SCHÖN (1966) revidierten Fassung durchgesetzt. In mehreren in unserer Forschungsgruppe durchgeführten Validierungsstudien (KRAUSS 1971, FROHBURG 1972) ergaben sich signifikante Zusammenhänge mit den MMPI-Skalen D, Pp, Pt, Sc, Ma, Si und den Zusatzskalen Angst, emotionale Labilität und Abhängigkeit. Kein oder eher ein negativer Zusammenhang besteht mit den Skalen Hy und Hd. Neurotizismus (INR, BÖTTCHER 1968) korreliert schwach signifikant mit dem SB-IB-Koeffizienten.

Inzwischen haben wir in zwei Richtungen weitere Untersuchungen zur Verbesserung der Q-Sortierungsmethode vorgenommen: KRAUSS (1971) erarbeitete eine Kurzauswertung, indem er aus den 74 Items der Persönlichkeitssortierung von BUTLER und HAIGH (revidiert nach SCHÖN) diejenigen auswählte, bei denen besonders hohe SB-IB-Differenzen bei Gesunden und Psychotherapiepatienten auftraten. Ferner wurden die Items nach ihrer Trennfähigkeit hinsichtlich der SB-IB-Differenzen zwischen gesunden Personen und neurotischen Patienten ausgelesen. Es zeigte sich, daß die Auswertung der hier relevanten 23 Items eine vollständige Auswertung vertreten kann. Damit entstand für uns die Frage, ob nicht durch eine Itemselektion eine Kurzform der Q-Sortierung erarbeitet werden kann, die nicht nur Auswertungserleichterungen bringt, sondern auch eine ökonomische Durchführung ermöglicht.

Eine von uns uns entwickelte Kurzform (HELM 1974) enthält 28 Items, korreliert mit der vollständigen Form .84 ($p < 0{,}001$), liegt aber in ihrer Retest-Reliabilität etwas niedriger ($r_{tt} = .78$) als die vollständige Form ($r_{tt} = .89$).
In Tab. 30 werden die Mittelwerte und die Streuungen der SB-IB-Ähnlichkeitskoeffizienten zwischen unserer Kurzform (KQS) und der vollständigen Form (PQS) dargestellt.

Tab. 30:
Vergleich des Persönlichkeits-Q-Sort mit seiner Kurzform (aus HELM 1974)

	PQS		KQS	
	No	Pat	No	Pat
$\bar{r}$ SB–IB	.69	.29	.65	.23
$\bar{z}$	.84	.30	.77	.27
s	.39	.32	.43	.49
n	157	228	36	25

Mit der erarbeiteten Fassung kann mit erheblicher Zeiteinsparung in der Durchführung (mindestens 50%) und Auswertung (etwa 70%) ungefähr die gleiche Information über den Aspekt der Selbstakzeptierung gewonnen werden wie mit der vollständigen Fassung. Die Korrelation mit Änderungswerten anderer psychodiagnostischer Verfahren zeigt, daß die KQS-Änderungen durch Psychotherapie offenbar weniger lokale Symptome/Beschwerden (Beschwerdenerfassungsbogen, Symptomlisten) betreffen, sondern eher Einstellungen und Persönlichkeitszüge (MMPI-Skalen) (vgl. 6.1.3.).

Eine erste Erprobung auf Änderungsansprechbarkeit durch Psychotherapie haben wir an 22 Patienten vorgenommen. Wir legten ihnen während der Psychotherapie im Abstand von 6 Wochen den KQS zweimal vor. Unter diesen Bedingungen vergrößern sich die SB-IB-Koeffizienten dieser Patientengruppe signifikant ($p = 0{,}01$). Demgegenüber konnte in einer vergleichbaren Wartezeit von etwa 9 Wochen eine knapp signifikante ($p = 0{,}05$) Verschlechterung der SB-IB-Kongruenz mit dem KQS ermittelt werden (60% unverändert, 33% verschlechtert, 7% verbessert).

Geht es hier um eine Ökonomisierung in Durchführung und Auswertung der in seiner vollständigen Fassung ziemlich zeitaufwendigen Persönlichkeits-Q-Sortierung, so wurde in anderen Untersuchungen versucht, den Informationsgehalt des Verfahrens zu vergrößern. Aus den Befunden von Wolfram (1974), der sich mit der Konstruktion eines Entscheidungs-Q-Sorts (EQS) befaßte, ging die Anregung hervor, statt eines generellen Koeffizienten für SB-IB-Kongruenz mehrere, für thematische Bereiche der Selbstbeschreibung gültige Kongruenzmaße zu ermitteln. Einen ersten, im Ergebnis weniger befriedigenden Versuch der Ausfilterung solcher Bereiche aus dem Itemsatz der Persönlichkeits-Q-Sortierung von Butler und Haigh zur Gewinnung einer spezifisch thematisierten Information unternahm Egel (1973).

Es gelang ihr zwar dabei, faktorenanalytisch 5 Dimensionen aus der Q-Sortierung (also induktiv) zu gewinnen, doch ergab eine logische Überprüfung der Itemskalenzuordnung, daß bei 50% der Items die inhaltliche Gültigkeit der Skalenzugehörigkeit nicht befriedigen konnte. Dieser Mangel ist zum Teil auf den verwendeten Itemsatz der Q-Sortierung zurückzuführen, der 1. ohne Dimensionierungsanspruch aufgestellt wurde und 2. lediglich eine unsystematische und nicht an bestimmten Konzeptionen orientierte Sammlung von plausiblen Feststellungen zur allgemeinen Selbstbeschreibung darstellt. Daraus wird auch deutlich, daß mit unserem Kurzverfahren, das nur 38% der Items der vollständigen Fassung enthält, annähernd die gleiche Information zu gewinnen war. Hier konnte Egel die Nachteile einer überwiegend nur induktiven Forschungsstrategie deutlich machen.

Deshalb wurde ein neuer Itemsatz zur Q-Sortierung erarbeitet (Wolfram, E., Diplomarbeit 1975), der von vornherein therapiezielorientiert, d. h. unter Ausnutzung des empirischen Veränderungskonzepts der Gesprächspsychotherapie, angelegt war. Die Faktorenanalyse dient in diesem Fall als Prüfverfahren für die abgeleiteten hypothetischen Dimensionen der Q-Sortierung. Der Testentwurf beruhte ebenfalls wie bei der Erarbeitung des zielorientierten Fragebogens von Simon auf hypothetisch erarbeiteten Veränderungsdimensionen und ihnen zugeordneter Items. Die Dimensionen formulierten wir unter Berücksichtigung

1. der Ergebnisse faktorenanalytischer Untersuchungen zur Persönlichkeits- und Neurosenpsychologie (Guilford 1965, Cattell 1965, Eysenck 1967, Pawlick 1968),
2. des Veränderungskonzepts der Gesprächspsychotherapie und
3. gesellschaftlich relevanter Normative (vgl. Kap. 1). Sie sollten als Bereiche der Selbstunzufriedenheit verstanden werden, da in dieser Untersuchung entsprechend der Q-Sortierungsmethode das Selbstbild in diesen Bereichen dem Idealbild gegenübergestellt wurde:

1. Selbstachtung, -bewertung und -vertrauen
2. Leistungsfähigkeit und -voraussetzungen
3. Emotionale Ausgeglichenheit
4. Aktivität
5. Selbstkontrolle/-beherrschung
6. Sozialverhalten
6.1 Wirkung auf andere
6.2 Soziales Normverhalten
6.3 Durchsetzung
6.4 Sozialer Umgang und Kontakt.

Der diesen hypothetischen Dimensionen vorläufig zugeordnete Itemsatz enthielt 53 Items (26 positiv und 27 negativ gepolt). Sie wurden durch ein Rating (12 Mitarbeiter, 15 Studenten) hinsichtlich der Zuordnungsübereinstimmung, der sprachlichen Formulierung und nach Vorschlägen für die Aufnahme neuer Items überprüft. Das Resultat bestand in einem logisch überprüften Satz von 54 Items: statt der Bereiche 6.2. und 6.4. wurde ein Bereich „Einstellung zu anderen" bevorzugt.
In den Vorversuchen zur Itemanalyse teilten die Versuchspersonen jedes Item einer von 7 Kategorien (von überhaupt nicht zutreffend bis besonders typisch und genau zutreffend) zu, einmal zur Selbstbild- und einmal zur Idealbildbeschreibung. Da die unterschiedlichen Argumente für und gegen eine freie bzw. vorgeschriebene Verteilung bei der Sortierung bisher keine bestimmte Lösungsvorschrift als bevorzugt erscheinen lassen (STEPHENSON 1953, BLOCK 1965), wurde hier eine freie Verteilung bei der Sortierung gewählt, wobei die Probanden allerdings jede Kategorie mit mindestens 2 Items zu belegen hatten. Die Entscheidung gegen die übliche vorgeschriebene Quasinormalverteilung wurde auch auf Grund der ermittelten Nichtnormalität der Itemverteilungen sowohl beim Selbstbild als auch beim Idealbild getroffen.
Die Analysenstichprobe umfaßte 50 Probanden und 25 gesunde Personen. Die zur Itemanalyse verwendeten Daten waren die SB-IB-Differenzen über jedes Item beider Gruppen. Unter Berücksichtigung üblicher Selektionskriterien mußten 5 Items ausgeschieden werden.

Zur Überprüfung der hypothetischen Dimensionen stand somit ein Satz von 49 Items (21 positiv und 28 negativ gepolt) zur Verfügung. Sie erfolgte faktorenanalytisch an 2 Stichproben (Hauptkomponentenmethode mit anschließender Varimaxrotation nach KAISER).

Die erste Stichprobe bestand aus neurotisch gestörten Patienten ($n = 150$, 61 männliche, 89 weibliche; Durchschnittsalter 36; 5 Jahre), die nach der bildungsmäßigen Zusammensetzung die Neurotikerpopulation nahezu repräsentiert, und eine zweite aus gesunden Personen ($n = 150$, 64 männliche und 86 weibliche; Durchschnittsalter 32 Jahre), die nach der Verteilung des Bildungsstandes für die Normalpopulation einer Großstadt etwa repräsentativ sein kann.
Als Ergebnis konnten 2 Faktorenlösungen mit je 5 Faktoren extrahiert werden. Die Eigenwerte aller Faktoren sind > 1, der letzte Faktor beider Lösungen deckt mehr als 5% der Gesamtkommunalität ab, und jeder Faktor enthält mindestens 3 Variable, bei denen das FÜRNTRATT-Kriterium erfüllt ist. Damit ist den wichtigsten Kriterien für beide Lösungen Rechnung getragen. Die 5 Faktoren tragen bei der Neurotikerstichprobe zur Aufklärung von 66,8% und bei der Normalstichprobe zur Aufklärung von 64,7% bei.

Auf die Darstellung der Faktorenmatrizen möchten wir hier verzichten, da die Faktorenanalyse nicht zur Aufstellung, sondern zur Überprüfung von Dimensionen diente und außerdem die Variablen (Items) bisher nicht dargestellt wurden. Da der Faktor IV der Neurotikerstichprobe nur 3 Items mit signifikanten Ladungen enthält, wurde er aufgelöst und diese Items nach statistischen und inhaltlichen Kriterien auf die anderen Faktoren aufgeteilt. In Tab. 31 werden die beiden Faktorinterpretationen den hypothetischen Dimensionen gegenübergestellt:

Tab. 31:
Vergleich der Faktorenlösungen mit den hypothetischen Dimensionen

Hypothetische Dimensionen	Faktoren der Neurotikerstichprobe	Faktoren der Normalstichprobe
1. *Selbstachtung und Vertrauen* (5 Items)	1. *Selbstwertproblematik* (18 Items)	5. *Selbstwertproblematik im sozialen Kontakt* (6 Items)
– in meinem Innersten fühle ich mich unsicher	– In meinem Innersten fühle ich mich unsicher	– Ich verachte mich selbst
– Ich verachte mich selbst	– Ich fühle mich als Versager	– Ich bin mißtrauisch
– Ich bin voller Selbstvertrauen	– Ich habe Angst vor Mißerfolgen, wenn ich etwas leisten soll	– Ich stecke sehr viel zurück, so daß ich meine eigenen Wünsche fast gar nicht mehr kenne
2. *Leistungshaltung und -fähigkeit* (8 Items)		4. *Leistungseigenschaften* (10 Items)
– Ich neige dazu, gestellten Anforderungen aus dem Wege zu gehen		– Ich bin voller Gedanken und Einfälle
– Ich bin leistungsfähig und habe Erfolge		– Ich bin leistungsfähig und habe Erfolge
– Ich bin ehrgeizig		– Ich bin stark beschäftigt (engagiert)
3. *Emotionale Ausgeglichenheit* (9 Items)	2. *Emotionale Ausgeglichenheit und psychische Spannkraft* (13 Items)	2. *Emotionale Ausgeglichenheit* (9 Items)
– Ich bin innerlich ruhig und gelassen	– Ich bin innerlich ruhig und gelassen	– Ich bin innerlich ruhig und gelassen
– Mich bringt so leicht nichts aus der Ruhe	– Ich fühle mich frisch und aktiv	– Immer wieder erlebe ich Dinge, die mich innerlich aus dem Gleichgewicht bringen
– Ich fühle mich gehetzt	– Mich strengt alles an	– Mich bringt nichts so leicht aus der Ruhe
4. *Aktivität* (6 Items)		3. *Psychische Spannkraft und Aktivität* (6 Items)
– Ich fühle mich schwunglos und lahm		– Ich fühle mich schwunglos und lahm
– Ich bin stark engagiert		– Ich fühle mich frisch und aktiv
– Ich habe Initiative		– Mich strengt alles an

Fortsetzung von Tab. 31

Hypothetische Dimensionen	Faktoren der Neurotikerstichprobe	Faktoren der Normalstichprobe
5. *Selbstkontrolle/Beherrschung* (5 Items)	5. *Selbstkontrolle und Selbstbehauptung* (7 Items)	1. *Angepaßtheit an eigene Wertmaßstäbe* (11 Items)
– Ich handle unüberlegt	– Ich bin eher ein Willensmensch	– Ich handle unüberlegt
– Ich kann mein angriffslustiges Verhalten nur schwer beherrschen	– Ich kann mich gut durchsetzen	– Ich bin eher ein Willensmensch
		– Ich kann mich nicht entscheiden
– Ich kann mich gut steuern	– Ich schrecke davor zurück, Schwierigkeiten oder Krisen zu begegnen	
6.1. *Wirkung auf andere* (5 Items)		
– Andere Menschen halten nicht viel von mir		
– Ich wirke auf das andere Geschlecht sexuell anziehend		
– Andere halten mich für gesellig		
6.2. *Durchsetzung* (6 Items)		
– Ich fürchte mich vor Situationen, in denen ich mich behaupten muß		
– Ich vertrete meine Meinung auch dann offen, wenn sie im Gegensatz zu anderen steht		
– Ich lasse mich leicht beeinflussen		
6.3. *Einstellung zu anderen* (5 Items)	3. *Emotionale Einstellung zu anderen* (Sympathie/Antipathie) (7 Items)	
– Ich kann viele Menschen nicht leiden	– Zu anderen habe ich gute gefühlsmäßige Beziehungen	
– Ich bin mißtrauisch	– Ich kann viele Menschen nicht leiden	
– Zu anderen habe ich gute gefühlsmäßige Beziehungen	– Ich kann mein angriffslustiges Verhalten nur schwer beherrschen	

Daraus ist ersichtlich, daß beide Faktorlösungen eine Reihe von Gemeinsamkeiten zeigen und auch auf die hypothetischen Dimensionen zu beziehen sind. Die Selbstwertproblematik wird in der Neurotikerstichprobe (Faktor I) relativ zur Normalstichprobe durch viele Items repräsentiert. Es findet sich dort auch ein eigenständiger Faktor (Faktor III) der sozialen Einstellung, der bei der Normalstichprobe fehlt. Dagegen bilden die Merkmale einer kreativen, leistungsfähigen und durchsetzungsfähigen Persönlichkeit bei der Normalstichprobe einen eigenständigen Faktor (Faktor IV).

Ein Vergleich der hypothetischen Dimensionen mit der Faktorlösung der Neurotikerstichprobe ergibt in der Selbstwertproblematik eine deutliche Entsprechung, doch sind viele Items der hypothetischen Dimension „Leistungshaltung und -fähigkeit" im Faktor Selbstwertproblematik der Neurotiker (Faktor I) wiederzufinden, so daß hier ein enger Zusammenhang zwischen Leistung, Leistungsbewährung und Selbstbewertung zu vermuten ist. Der Faktor II der Neurotikerstichprobe vereinigt die beiden hypothetischen Dimensionen 3 und 4 in sich, und Faktor III korrespondiert deutlich mit der hypothetischen Dimension „Einstellung zu anderen". Auch Faktor V zeigt Übereinstimmung mit der entsprechenden hypothetischen Dimension (5), doch finden sich dort auch Items der hypothetischen Dimension 6.2 „Durchsetzung". Insgesamt kann die Faktorlösung der Neurotikerstichprobe als eine Zusammenfassung der hypothetischen Dimensionen verstanden werden, bei der zugleich sinngemäß eine befriedigende Übereinstimmung zwischen den sachlogischen und statistisch gewonnenen Resultaten sichtbar ist. Vergleicht man die hypothetischen Dimensionen mit der Faktorenlösung der Normalstichprobe, dann finden sich nur wenige Entsprechungen bezüglich des 1. Faktors, der nur schwachen Bezug zu der hypothetischen Dimension 5 hat. Der Faktor II zeigt dagegen mit der 3. hypothetischen Dimension und der Faktor IV mit der 4. hypothetischen Dimension eine gute Übereinstimmung. Im 4. Faktor sind dagegen wieder Items aus verschiedenen hypothetischen Dimensionen (2; 4; 6.1 und 6.2) enthalten, und Faktor V steht in enger Beziehung zur ersten hypothetischen Dimension (Selbstwertproblematik), doch auch zu Dimension 6.3. Auch die Faktorlösung der Normalstichprobe entspricht den hypothetischen Dimensionen, doch ist dies weniger deutlich als bei der Faktorlösung der Neurotikerstichprobe. Dies war auch zu erwarten, weil die hypothetischen Dimensionen zur Differenzierung von psychopathologisch bedingten Veränderungen bei neurotisch gestörten Personen aufgestellt worden waren. Für die Berechnung von Gütekriterien und für eine Normierung wurde daher die Faktorenlösung der Neurotikerstichprobe verwendet.

Die vorläufige Normierung erfolgte für die einzelnen Dimensionen getrennt an einer Normierungsstichprobe von neurotisch gestörten Personen ($n = 165$, 66 männlich und 79 weiblich; Durchschnittsalter 37 Jahre), die nach dem Bildungsgrad als repräsentativ für die Neurotikerpopulation angesehen werden kann, und an einer Normalstichprobe ($n = 183$, 73 männlich und 110 weiblich; Durchschnittsalter 30 Jahre). Zunächst wurden die Rohwerte der Probanden beider Stichproben zu den Dimensionen berechnet und deren Häufigkeitsverteilungen analysiert. Danach erfolgte die Berechnung verteilungsfreier Normen. Die Prüfung auf Geschlechts- und Altersunterschiede für beide Stichproben ergab nur einen signifikanten Geschlechtsunterschied hinsichtlich der Dimension „Selbstwertproblematik"; weibliche Probanden der Normalstichprobe zeigten hier höhere Werte. Darum erfolgten 2 verschiedene Normierungen. Für die Normierung wurde die C-Skala (Mittelwert $= 5$, Streuung $= 2$) gewählt, bei der Werte unter 3 und über 7 eine relativ geringe bzw. ausgeprägte Selbstunzufriedenheit in der betreffenden Dimension anzeigten. Die Standard-C-Werte errechneten sich aus den Rohwertklassen der Dimensionen über Prozentrangwerte.

Da vorläufige Normwerte sowohl für die Neurotiker-Stichprobe als auch für die Normalstichprobe berechnet wurden, war die Position eines Probanden bezüglich beider Bezugsgruppen für jede Dimension bestimmbar. Außerdem wurden die Normen für die Gesamt-Q-Sortierung für beide Stichproben bestimmt.

Die *Retestreliabilität* wurde bisher nur an einer kleinen Stichprobe ($n = 25$) berechnet. Sie beträgt für die 4 Dimensionen .67; .71; .67; .59 und für den Gesamtwert .76, befriedigt also für die Individualdiagnostik nur knapp, bei Dimension 4 aber gar nicht.

Hier wäre bereits zu fragen, und wir werden im nächsten Abschnitt ausführlich darauf eingehen, ob für die Reliabilitätsbestimmung bei zur Veränderungsmessung konstruierten Verfahren überhaupt die Retestmethode angemessen ist. Die Items sind hier nicht zur Beschreibung von relativ konstanten Persönlichkeitseigenschaften, sondern zur Beschreibung von veränderbaren Merkmalen in der sozialen Person-Umwelt-Beziehung ausgesucht worden. Sie betreffen zum Teil auch eher das aktuelle Befinden der Probanden und unterliegen daher starken Veränderungen in ihrer Ausprägung. Die Überprüfung der inneren Konsistenz des Verfahrens wäre unter Umständen bei der Reliabilitätsprüfung von Veränderungstests sinnvoller. Andererseits setzt wiederum die Bestimmung einer Veränderung durch systematische psychotherapeutische Einwirkungen voraus, daß die Retestreliabilität des Verfahrens bekannt ist. Dies gilt sowohl für die Ermittlung der kritischen Differenzen (vgl. 6.1.1.) als auch für die Bestimmung der kritischen Profildifferenzen. Diese müssen bekannt sein, um Aussagen über die Signifikanz des Unterschieds zweier Skalenwerte, in unserem Falle C-Werte der Dimensionen, treffen zu können. E. Wolfram hat sowohl die kritischen Differenzen als auch die kritischen Profildifferenzen für den zielorientierten Q-Sort errechnet. Die für signifikante Veränderungen zu überschreitende kritische Differenz und der für 2 Dimensionen kritische Bereich für signifikante Unterschiedlichkeit sind auf Grund der nur mäßig befriedigenden Retestkoeffizienten ziemlich groß, ein Nachteil für die Veränderungsmessung, der zunächst nur durch eine Verbesserung der Reliabilität aufzuheben wäre (Vergrößerung der Untersuchungsstichprobe, Itemvermehrung bei den Dimensionen 3 und 4, Einengung des Kategorienbereichs der Itemzuordnung).

Zur *Validität* der zielorientierten Q-Sortierung kann bisher 1. auf deutliche Verteilungsunterschiede zwischen der Neurotikerstichprobe und der Normalstichprobe hingewiesen werden, die für eine gute Differenzierungsfähigkeit in Bereichen neurotischer Selbstunzufriedenheit sprechen, und 2. auf einige signifikante Korrelationen mit den MMPI-Skalen D, Pp, Pt und Si sowie mit den FPI-Skalen 3, 5 und 8, die sich auf die einzelnen Dimensionen unterschiedlich verteilen, aber kaum dimensionsspezifische Aussagen erlauben. Die Validitätskontrolle ist daher noch nicht hinreichend gelöst.
Insgesamt liegt mit diesem zielorientierten und dimensionierten Q-Sort-Verfahren ein bereits einsetzbares Instrument zur Erfassung der Selbstunzufriedenheit in 4 verschiedenen Bereichen vor. Gegenwärtig wird seine Eignung als Veränderungsmeßverfahren in der Psychotherapie überprüft.

6.2.3. Die Entwicklung psychotherapeutisch anwendbarer Veränderungsfragebögen (VF)

Bisher haben wir uns mit einer Erfassungsmethodik für Effektivitätsvariablen befaßt, die fast ausschließlich auf prä-post-therapeutischen Differenzwerten der jeweiligen Verfahren basieren. Dabei soll sich also der psychotherapeutische Gewinn als Normenabweichungskorrektur darstellen. Nun wirft diese Vorgehensweise bei allen Vorteilen auch eine Reihe von methodischen Problemen auf, die unabhängig davon bestehen, ob die Veränderungsmessung mit Hilfe von psychotherapiezielorientierten psychodiagnostischen Verfahren oder herkömmlichen persönlichkeitsdiagnostischen Methoden vorgenommen wird. Diese Probleme haben dazu geführt, Veränderungen durch eine einmalige Erhebung am Ende der Psychotherapie zu ermitteln.

Die spezifischen Schwierigkeiten des Prä-post-Ansatzes sind bereits von unseren Mitarbeitern FROHBURG (1974) sowie MEHL und GÖPFERT (1976) ausführlich dargestellt worden. Deshalb wollen wir uns hier mit einigen Hinweisen begnügen:
1. ist bei der Verwendung von Testwertdifferenzen damit zu rechnen, daß verschiedene Wiederholungseinflüsse wirksam werden, z. B. durch Vertrautheit mit dem Test bei der posttherapeutischen Messung bzw. durch eine Sensibilisierung des Patienten für spezielle Probleme durch die prätherapeutische Messung. Hier sind auch sogenannte Habituationseffekte (Adaptations- und Trainingseffekte, Sättigung und sekundäre Änderung der Testmotivation) einzuordnen (GUTHKE 1973).
2. ergeben sich zahlreiche Fragen daraus, daß eine bei psychodiagnostischen Verfahren angestrebte hohe Retestreliabilität der Verwendung dieser Verfahren als Veränderungsmeßinstrumente im Wege steht. Eine hohe Retestreliabilität zeigt an, daß der gemessene Sachverhalt sich recht zeitkonstant verhält. Merkmale von Zuständen, die sich rascher verändern, werden hingegen eine erheblich geringere Retestreliabilität zeigen, obgleich die entsprechende Erfassungsmethode den Ausprägungsgrad des betreffenden Merkmals zu verschiedenen Zeitpunkten genau abbilden mag. Bei den sich durch Psychotherapie in relativ kürzeren Zeitphasen verändernden Merkmalen muß daher die Retestreliabilität der entsprechenden diagnostischen Verfahren ungünstig ausfallen. Paradox formuliert: Je „unreliabler" ein Veränderungsmeßverfahren erscheint, um so valider erfaßt es anscheinend Änderungen (Reliabilitätsvaliditätsdilemma, BEREITER 1963). Da aber dieses Dilemma nur für die Retestreliabilität von Verfahren besteht, empfiehlt es sich, als Reliabilitätsmaß die innere Konsistenz eines Verfahrens zu verwenden. BEREITER empfiehlt, der Konstruktion von Veränderungsmeßverfahren von vornherein Testwertdifferenzen zugrunde zu legen.
3. ist bei der Verwendung von Testwertdifferenzen zu bedenken, daß die Meßfehler beider Werte zu einer falschen Beurteilung der Differenz beitragen können. Diese Fehleranteile der Differenzen, die in der Unreliabilität der verwendeten Verfahren, Skalen usw. zum Ausdruck kommen, müssen daher korrigiert werden (vgl. Konzept der kritischen Differenzen, 6.1.1.).
4. kann die Beurteilung von Testwertdifferenzen durch Nichtbeachtung der sogenannten statistischen Regression fehlerhaft werden. Unter Regression wird verstanden, daß sich die bei der Erstmessung erhobenen Meßwerte bei der Zweitmessung dem Mittelwert der Gesamtpopulation annähern. Dieser „Trend zur Mitte" ist um so größer, je extremer die Ausgangswerte liegen. Dadurch kann bei der Interpretation individueller Prä-post-Differenzen der Irrtum zustande kommen, daß besonders stark gestörte Personen (extreme Werte der Erstmessung) günstige Psychotherapieerfolge haben. GÖPFERT untersucht in ihrer Dissertation zur Zeit die Fragen, ob sich Regressionsphänomene bei einigen in der Veränderungsmessung oft verwendeten Persönlichkeitsfragebögen nachweisen lassen, durch welche Bedingungen sie zustande kommen und wie sie gegebenenfalls in der Veränderungsmessung zu berücksichtigen bzw. zu eliminieren sind. Die bisher vorliegenden Befunde zeigen deutlich, daß generell nicht mit einem Trend zur Mitte gerechnet werden muß, sondern daß diese Trends nur bei bestimmten Testskalen auftreten. Darauf wies bereits BASTINE (1971) hin. Dieses Ergebnis stellt die Allgemeingültigkeit der Annahme in Frage, nach der ein Trend zur Mitte rein statistisch aus dem Meßfehlerkonzept ableitbar ist (CAMPBELL

und STANLEY 1968). Ebenso fraglich wird durch diesen Befund der Erklärungsansatz durch den Testdeckeneffekt (CATTELL 1966, GUTHKE 1972, 1973), da 1. die Testdecken der einzelnen Skalen nicht unterschiedlich sind und 2. überhaupt in keiner der untersuchten Skalen je erreicht wurden. Es ist zu vermuten, daß der Trend zur Mitte durch psychologische Bedingungen der jeweiligen Skalen (z. B. soziale Erwünschtheit) mitbedingt wird.
Gegenwärtig existieren lediglich einige Ansätze zur Korrektur von Regressionseffekten bei der Verwendung von Testwertdifferenzen zur Veränderungsmessung. Einmal besteht die Möglichkeit, die Differenzbildung unter Berücksichtigung von Regressionsabweichungswerten vorzunehmen. Aus dem prätherapeutischen Wert kann regressionsstatistisch der jeweils auf Grund von Regression erwartete posttherapeutische Wert berechnet werden. Dabei müssen Mittelwerte und Streuungen der prä- und post-therapeutischen Werte sowie deren Korrelation bekannt sein. Zur Differenzbildung kann der tatsächlich gemessene posttherapeutische Wert um diesen errechneten Regressionsbetrag korrigiert werden (FROHBURG 1974). Eine andere Möglichkeit zur Abschätzung des behandlungsbedingten und des regressionsbedingten Anteils von Testwertdifferenzen diskutieren LANDER und KRAUSE (1975) mit regressions- und varianzanalytischen Verfahren. Dabei setzen sie voraus, daß die Regressions- und Behandlungsanteile an der Gesamtvarianz der prä-post-therapeutischen Differenzen eine Funktion der Varianzen der prätherapeutischen und der posttherapeutischen Werte sind.

Einen Versuch, Behandlungseffekte ausschließlich durch eine posttherapeutische Erhebung zu bestimmen, unternahmen wir zusammen mit WYRWICH und FROHBURG. Die Patienten sollten positive und negative Veränderungsausprägungen bezüglich vorgegebener Aussagen über ihr eigenes Verhalten und Erleben angeben, die sie seit Beginn der Behandlungsaufnahme feststellten. Die üblichen Feststellungen wie „Ich bin ausgeglichen" ersetzten wir durch Festlegungen wie „Ich bin ausgeglichener geworden" und verwendeten dabei solche Items, die nach empirischen Befunden der Gesprächspsychotherapie positive Veränderungen erwarten ließen, die also dem Veränderungskonzept der Gesprächspsychotherapie und eigenen praktischen Erfahrungen entsprechen. Die Patienten beantworteten die 50 Items auf einer 5stufigen Skala und ordneten zusätzlich jedes Item noch als bedeutsam oder nicht bedeutsam ein, um den Einfluß „ungerichteter Items" gering zu halten. Die Auswertung erfolgte getrennt für positive und negative Items. Dadurch wird die individuelle Störungsspezifik berücksichtigt bzw. bedeutungslose Veränderungen werden nicht pauschal verrechnet. Ein zunächst erkundungsweise erfolgter Einsatz dieses Veränderungsfragebogens ermutigte uns, diesen Ansatz weiter zu verfolgen.
Da inzwischen von MEHNERT (1969) ein Veränderungsfragebogen dieser Art weiterentwickelt wurde (Itemanalyse, faktorenanalytische Überprüfung, Reliabilitätsbestimmung, Kontrollgruppenvergleich), konnten, auf beiden Untersuchungen aufbauend, HORN (1974) sowie SADOWSKI und HALBEKATH (1975) unter Anleitung von MEHL eine neue Fassung des VF erarbeiten.

Der VF von MEHNERT (1969) kann ebenfalls als therapiezielorientiert bezeichnet werden, da sie hier überwiegend Aussagen als Items verwendete, in denen Patienten vor, während und nach der Psychotherapie zu Veränderungen Stellung nehmen (daneben sind eine Reihe von Items der Q-Sortierungen von BUTLER und HAIGH (1954) und von BLOCK (1961) enthalten, die dem Veränderungskonzept der Gesprächspsychotherapie sinngemäß entsprachen). Die Faktorenanalyse ergab hier nur einen interpretierbaren bipolaren Faktor, der als „Entspannung, Gelassenheit und Optimismus im Erleben und Verhalten vs. Spannung, Unsicherheit und Pessimismus im Erleben und Verhalten" bezeichnet wird. Der Faktor umfaßt damit einen wichtigen Aspekt des Veränderungskonzepts.

HORN (Diplomarbeit 1974) stellte 111 Items für einen VF aus 3 Arbeiten zusammen: 1. aus Items unseres noch nicht erprobten Veränderungsfragebogens (FROHBURG, HELM, WYRWICH), 2. aus den Items der Fassung von MEHNERT, und 3. wurden Items aus dem MMPI und dem INR (BÖTTCHER 1968) verwendet, die sich als besonders veränderungsansprechbar erwiesen hatten (vgl. 6.1.2.). Die Beantwortung war auf 3 Stufen in Richtung der Aussage, auf 3 Stufen in entgegengesetzter Richtung und in der Kategorie „unverändert" möglich. Auch hier sollte die Bedeutsamkeit jedes Items zusätzlich angegeben werden, um die individuelle Störungsspezifik bei der Auswertung berücksichtigen zu können.
Nach der Itemanalyse verblieben 59 Items im Fragebogen. Seine innere Konsistenz beträgt .97. Nach 8wöchiger Psychotherapie ergaben sich signifikant ($p = 0{,}01$) mehr positive Veränderungen bei der posttherapeutischen Anwendung als bei Anwendung des Verfahrens vor der Psychotherapie, bei der die Patienten Änderungen im 8wöchigen Zeitraum vor Psychotherapieaufnahme angeben sollten. Ein Vergleich der Änderungswerte des VF mit den prä-post-therapeutischen Testwertdifferenzen der Skalen des PPKV (HENNIG und MEHL 1974) und des BEB (KASIELKE u. a. 1974) ergab aber nur bei der Pt-Skala einen knapp signifikanten Zusammenhang. Damit ist nahegelegt, daß der VF und die genannten psychodiagnostischen Verfahren andersartige psychotherapeutische Wirkungen erfassen.
SADOWSKI und HALBEKATH (1975) führten die Untersuchungen zum VF zunächst weiter, indem sie u. a. die Validität des Fragebogens untersuchten.

Zweifellos ist es sehr schwierig, angemessene *Validierungskriterien* für die errechneten Änderungsindizes zu finden. Wie sich bereits in der Untersuchung von HORN gezeigt hat, sind persönlichkeitdiagnostische Fragebögen oder Symptomlisten bei prä-posttherapeutischer Anwendung dazu wenig geeignet, da sie offenbar andere Aspekte der Veränderung erfassen. Auch berücksichtigen sie persönlichkeitsrelevante Psychotherapieziele nicht hinreichend. Als Außenkriterium wurde daher das Psychotherapeutenurteil verwendet: Psychotherapeuten mußten nach der Behandlung auf einer 7stufigen Skala den positiven bzw. negativen Veränderungsgrad des Gesamtzustandes schätzen. Dabei muß allerdings bedacht werden, daß Therapeutenurteile sich im Grunde als Validierungskriterien wenig eignen, denn ihre eigene Validität ist unbekannt. Wir konnten auf diese Weise den Validitätskoeffizienten für den Änderungsindex (= erreichte Punktzahl für alle bedeutsamen Items, bezogen auf die maximale Punktzahl für alle bedeutsamen Items) errechnen; er beträgt .33 ($p = 0{,}05$), ist also nicht hoch, was bei Berücksichtigung der Tatsachen, daß Psychotherapeutenurteile selbst als Veränderungsindikatoren problematisch sind (VOIGT 1974), nicht verwundert.

Der vorliegende VF ist gewiß noch nicht als eine Endform zu betrachten. Es ging vorerst um die Überprüfung der Möglichkeit, durch eine systematische posttherapeutische Fragebogenerhebung Informationen über verschiedene Veränderungsaspekte zu gewinnen. Die Erfahrungen mit Selbsteinschätzungsbögen für Patienten, die am Ende der Psychotherapie einmalig vorgelegt werden, stimmen trotz oft geäußerten Mißtrauens über Gültigkeit und Objektivität solcher Erhebungen doch

eher optimistisch. Wichtig scheint zu sein, daß diese posttherapeutische Erhebung nicht in Anwesenheit des Psychotherapeuten, sondern am besten anonym unter Angabe der Patientennummer vorgenommen wird, wobei den Patienten mitgeteilt werden sollte, daß ihre Angaben nicht für den Psychotherapeuten, sondern für die Psychotherapiekontrolle oder für Forschungszwecke gedacht sind.
Für die Verwendung von posttherapeutischen Fragebögen auf unsystematische Art (d. h. nicht nach Testkonstruktionsprinzipien entwickelte Fragebögen) sprechen auch Validierungsbefunde von BOMMERT, MINSEL, FITTKAU, LANGER und TAUSCH (1972) sowie Forschungserfahrungen von TAUSCH (1973). Ferner wird ihr Einsatz dadurch nahegelegt, daß mit ihnen andere Aspekte der Änderung erfaßt werden können als mit herkömmlichen prä-post-therapeutisch angewendeten psychodiagnostischen Verfahren. Künftig wird es bei der Weiterentwicklung des VF darauf ankommen, eine Abstimmung der zielorientierten Dimensionen mit anderen therapieorientierten Veränderungsmeßverfahren (Q-Sortierung, zielorientierte Fragebögen) und vielseitigere Gültigkeitsermittlungen vorzunehmen.
Im Kapitel 6 stellten wir verschiedene methodische Varianten dar, mit deren Hilfe die gesprächspsychotherapeutisch bewirkten Änderungen angemessener erfaßt werden sollen als durch einzelne, ursprünglich zur Zustands- und nicht zur Veränderungscharakteristik entwickelte psychodiagnostische Verfahren. Es wurde dabei deutlich, daß die weitere Entwicklung der Veränderungsdiagnostik therapiezielorientiert, d. h. unter Bezugnahme auf ein Veränderungskonzept, vorgenommen werden kann, in dem besonders auch die normativen Aspekte unserer sozialistischen Gesellschaft hinreichend berücksichtigt werden.
Beim gegenwärtigen Ergebnisstand zeichnet sich ab, daß vorerst zwei einander ergänzende Wege der Effektivitätsforschung möglich und sinnvoll sind: Einmal sollte der traditionelle Weg der Effektivitätsbestimmung über die Dimensionierung von therapiebedingten Veränderungen mit Hilfe herkömmlicher psychodiagnostischer Verfahren (Prä-post-Methodik) weiterverfolgt werden. Zum anderen muß der zunächst noch relativ unentwickelte Ansatz einer zielorientierten Veränderungsdiagnostik, der an die Differenzierung des gesprächspsychotherapeutischen Veränderungskonzepts gebunden ist, ausgebaut werden. Wir möchten hoffen, daß beide Wege in Zukunft zusammenlaufen.

7. Die Ermittlung gesprächspsychotherapeutischer Wirkungen

Vor etwa 10 Jahren kamen TRUAX und CARKHUFF (1967) durch die Analyse einer umfangreichen Forschungsliteratur zu dem Schluß, daß EYSENCKS Behauptung von der durchschnittlichen Ineffektivität der traditionellen Psychotherapiemethoden im großen und ganzen zugestimmt werden muß, obgleich die von EYSENCK verwendeten Daten bekanntlich strittig sind und er kaum vergleichbare Erfolgs- und Behandlungskriterien verwendete. Auch FRANK (1961) u. a. Autoren fanden, daß sich über zwei Drittel der neurotischen Patienten nach einer traditionellen Behandlung besserten, doch findet sich dieser Erfolg auch bei ebensovielen sogenannten vergleichbaren Kontrollpatienten ohne Psychotherapie.
TRUAX und MITCHELL (1971) tabellierten 15 relativ exakt geplante Untersuchungen

der letzten 15 Jahre, bei denen Behandlungs- und Kontrollgruppen miteinander verglichen wurden. Hier zeigte sich bei 12 Arbeiten im Durchschnitt kein Unterschied in der Besserungsrate zwischen den Kontroll- und Behandlungsgruppen. Die Psychotherapeuten waren hier Analytiker, Neoanalytiker, klientzentrierte Psychotherapeuten und Individualtherapeuten im Sinne ADLERS, und die Patienten setzten sich überwiegend aus Neurotikern zusammen; in einigen Untersuchungen wurden Alkoholiker, stationär behandelte Schizophrene und Patienten mit gemischten psychopathologischen Störungen einbezogen. Bei den restlichen 3 Arbeiten, von denen 2 aus klientzentrierter Richtung und eine aus der ADLER-Richtung stammen, kam es zu durchschnittlich größerem Erfolg bei den Behandlungsgruppen gegenüber den Kontrollgruppen. Insgesamt legt dieser Überblick deutlich nahe, daß die nachgewiesenen Wirkungen psychotherapeutischer Gespräche verschiedener Orientierungen im Durchschnitt etwa den extratherapeutischen Wirkungen entsprechen, vermutlich solchen Einflüssen, die aus dem normalen sozialen Umgang der Patienten ohne Behandlung stammen.
Diese Ergebnisse sind in Forschungsarbeiten herausgearbeitet worden, in denen Gruppenvergleiche durchgeführt wurden. Es gibt nun begründete Hinweise dafür, daß sich die *durchschnittliche* (In-)Effektivität einer Behandlungsgruppe aus positiven und negativen Wirkungen verschiedener Größen ausmittelt. Dies bedeutet, daß es offenbar erfolgreiche, erfolglose und verschlechternde Psychotherapeuten gibt, deren mittlerer Effekt nicht größer ist als der von Bezugspersonen in der sozialen Umwelt von Patienten. Daß solche Bezugspersonen manchem Patienten eine echte Hilfe sein können und damit zur Erklärung eines Teils der Spontanremissionen beitragen, geht aus den Arbeiten von GURIN, VEROFF und FELD (1960) sowie von RYAN (1969) hervor. Nach RYAN suchten von 150 emotional gestörten Personen nur 10 eine professionelle Behandlung auf, 60 wurden von nichtpsychiatrischen Ärzten behandelt, weitere 10 wendeten sich an gesellschaftliche Einrichtungen, Kirchen usw., und der Rest (70) erhielt überhaupt keine institutionelle Hilfe. Selbstverständlich können solche Zahlenangaben nicht auf die unter unseren gesellschaftlichen Verhältnissen organisierte gesundheitliche Betreuung übertragen werden. Dennoch kann man darin vielleicht einen Hinweis erblicken, daß es unter den Bezugspersonen in der sozialen Umwelt von Patienten ebenso wie unter den Psychotherapeuten bessernde, erfolglose und verschlechternde gibt, da im Durchschnitt Kontrollgruppen und Behandlungsgruppen gleiche Erfolgsraten haben.
BERGIN (1971) hat verschiedene Effektivitätsstudien genauer analysiert, bei denen keine Differenzen zwischen Behandlungs- und Kontrollgruppen in der durchschnittlichen Erfolgsrate festgestellt werden konnten. Ein Resultat war, daß die Streuung der Veränderungswerte in den Behandlungsgruppen meistens größer war als die Streuung der vortherapeutischen Testwerte. Dies spricht dafür, daß einige Psychotherapeuten ineffektiv oder gar destruktiv sind, während andere recht effektiv zu sein scheinen. Für eine verschiedenartige Psychotherapiewirkung spricht auch eine Analyse der Besserungsrate verschiedener Effektivitätsstudien, die EYSENCK (1960) zu einem Mittelwert zusammengefaßt hatte, als er die Effektivität von Psychotherapie insgesamt überprüfen wollte. Dabei zeigte sich eine beträchtliche Streuung im Behandlungsergebnis unterschiedlicher Psychotherapeutengruppen: Während in der bei EYSENCK verwendeten Untersuchung von ROSS eine Besserungsrate von 77% für 1089 Patienten angegeben wurde, fand sich bei MATZ nur eine von 41%

bei 775 Fällen. In beiden hinsichtlich der Erfolgsrate also recht verschiedenen Untersuchungen behandelten in gleicher Richtung orientierte eklektische Psychotherapeuten. Bestimmte Psychotherapeuten sind also viel effektiver als andere, die eher zu schaden scheinen.

Nach einem Überblick über ein sehr umfangreiches Material zur Effektivitätsforschung bei traditioneller Psychotherapie kommen TRUAX und CARKHUFF (1967) zu folgenden zusammenfassenden Feststellungen:

Psychotherapeutische Bemühungen sind im Durchschnitt gesehen und auf Kontrollgruppen bezogen nicht effektiv.

Dies beruht darauf, daß traditionelle Psychotherapie ein sehr uneinheitliches Gemisch psychotherapeutisch fördernder und hemmender psychologischer Bedingungen darstellt, d. h., einige Psychotherapeuten erzielen gute positive Ergebnisse, während andere destruktiv wirken, so daß im Durchschnitt die Effekte nicht viel größer sind als bei einer nichtberufsmäßigen Hilfe.

Inzwischen hat BERGIN (1971) eine ausführliche zusammenfassende Studie über psychotherapeutische Ergebnisforschungen vorgelegt, aus der ebenfalls hervorgeht, daß traditionelle Psychotherapie im Durchschnitt recht bescheidene positive Effekte aufweist. Unter anderem berichtet er von 52 veröffentlichten Analysen, von denen – hinsichtlich ihrer Ergebnisse – zwar 22 als positiv, aber 15 als zweifelhaft und 15 als negativ eingeschätzt werden müssen. Diese Beurteilung fällt also etwas günstiger aus als die von TRUAX und MITCHELL sowie EYSENCK, doch ist insgesamt der Nachweis einer pauschalen Wirkung traditioneller Verfahren nicht sehr überzeugend.

Auch BERGIN argumentiert, daß unter den Studien gewöhnlich Psychotherapeuten mit unterschiedlichen Merkmalen und unterschiedlicher Qualität zusammengeworfen werden, was zu den mangelhaften Ergebnissen beitragen mag.

Wie wir bereits eingangs darstellten, war es möglich, solche Bedingungen zu identifizieren, aus denen die positiven Effekte psychotherapeutischer Gespräche hervorgehen, und solche, die verschlechternd wirken. Darüber haben wir bereits ausführlich berichtet und auch unter den Problemtypen 2; 3 und 6 unseres didaktischen Schemas (Abb. 1) Untersuchungen angeführt, aus denen die effektiven Bedingungen der Gesprächspsychotherapie deutlich werden, also solche Bedingungen, durch die höhere Besserungsraten erreicht werden können als durch außerpsychotherapeutische Faktoren oder andere Bedingungen sogenannter spontaner Remission.

Da sich die gegenwärtig oft vertretenen Ansichten über das Ausmaß der Spontanremission immer noch an den Argumenten von LANDIS (1937) und DENKER (1946) orientieren, wonach Patienten ohne Psychotherapie zu etwa 72% im Verlauf von 2 Jahren gebessert sein sollen, möchten wir die von BERGIN (1971) dargestellten neueren Befunde dazu erwähnen. Dies scheint insofern wichtig, als bis zur Gegenwart die Spontanheilungsziffer als Gradmesser für die Wirksamkeit psychotherapeutischer Einflüsse betrachtet wird. Abgesehen davon, daß die Statistiken von LANDIS und von DENKER zu erheblichen Kontroversen geführt haben (vgl. KIESLER 1966), existieren Ergebnisse, die das Spontanremissionsproblem in einem neuen Licht zeigen.

BERGIN führt insgesamt 13 Untersuchungen an, aus denen sich etwa eine mittlere Spontanheilungszahl von 30% (zwischen 0% und 46%) ergibt. Die methodische Strenge dieser Arbeiten ist unterschiedlich zu bewerten, doch basiert diese Quote

offenbar auf besseren bzw. gründlicheren Voraussetzungen als die von LANDIS und DENKER. Ferner scheinen Ängste und depressive Zustände eher spontan zurückzugehen als Zwänge und psychosomatische Störungen.
In einer kritischen Untersuchung über mögliche Ursachen sogenannter „spontaner" Besserung gelangt BERGIN zu der Folgerung, daß außerpsychotherapeutische positive Effekte mit hoher Wahrscheinlichkeit zum Teil durch ganz ähnliche Faktoren zustande kommen, wie sie in der Psychotherapie systematisch vermittelt werden: „d. h., daß Personen, die als Kontrollgruppe ... für den Vergleich mit behandelten Fällen verwendet werden, keine wirkliche Kontrollgruppe sind" (BERGIN 1970). Es ist zu vermuten, daß nichtbehandelte Personen „psychotherapieähnlichen" Prozessen in ihrer sozialen Kommunikation oder Selbstkommunikation unterliegen. Dies könnte zu der Überlegung führen, psychotherapeutische Gespräche im größeren Rahmen persönlichkeitsfördernder Wirkungen zu sehen. Das Problem, inwieweit manche in psychotherapeutischen Gesprächen wirksamen Interaktionsmerkmale und psychotherapeutische Verhaltensfertigkeiten auch in außertherapeutischen Sozialbeziehungen wegen ihrer positiven Effekte bei der Gestaltung zwischenmenschlicher Beziehungen und bei der persönlichen Konfliktbewältigung, Entscheidungsfindung usw. realisiert werden sollten, ist zur Zeit kaum bearbeitet. Es wäre z. B. für die Verbesserung der Gestaltung des Arzt-Patient-Verhältnisses in der sozialistischen Gesellschaft zu diskutieren. Auf die Notwendigkeit, dieses Problem in der gegenwärtigen Situation wissenschaftlich zu bearbeiten, hat der Stellvertreter des Ministers für Gesundheitswesen anläßlich des 2. Soziologiekongresses der DDR ausdrücklich aufmerksam gemacht (TOEDTMANN 1974). Ansätze dazu finden sich bei TASCHLYKOW (1972). Weitere Untersuchungen zeigen, daß Verallgemeinerungen psychotherapiespezifischer Ergebnisse auch für die Verbesserung sozialer Beziehungen in anderen Lebensbereichen genutzt werden können und sollten.
Dies gilt für das Erzieherverhalten (TAUSCH, KETTNER, STEINBACH und TÖNNIES 1973, LANGER, RIECKHOF, STEINBACH und TAUSCH 1973, SCHWÄBISCH und SIEMS 1974, TAUSCH und TAUSCH 1976, TAUSCH 1976), für das Verhalten von Lehrern und Hochschullehrern (BEDNAR und WEINBERG 1970, MÜLLER-WOLF und FITTKAU 1971, SPANHEL, TAUSCH und TÖNNIES 1975, HÖDER, JOOST und KLYNE 1975), für den Bereich des Strafvollzugs (TAUSCH und LANGER 1971, DOLL, FEINDT, KÜHNE, LANGER, STEINBERG und TAUSCH 1973) und für die Betreuung älterer Bürger (TAUSCH, LANGER, RÖNNECKE, JÜRGENS und STEINBACH 1973). Bei diesen Untersuchungen sollte allerdings die gesellschaftsspezifische Situation, in der sie durchgeführt wurden, beachtet werden, da unsere sozialistische Lebenspraxis sich unter gesellschaftspolitischen Zielstellungen realisiert, die kapitalistischen Verhältnissen fremd sind.
Wir möchten im folgenden Kapitel Untersuchungen vorstellen, aus denen der Nachweis von gesprächspsychotherapeutischen Wirkungen hervorgeht, die über die zu erwartende spontane Remission hinausgehen und die eindeutig mit den für die Gesprächspsychotherapie verbindlichen Prozeßvariablen zusammenhängen. Im Abschnitt 7.1. wollen wir auf Untersuchungsbefunde eingehen, in denen die Abhängigkeit gesprächspsychotherapeutischer Effekte von Prozeßvariablen deutlich wird, während wir im Abschnitt 7.2. Art und Ausmaß der durch Gesprächspsychotherapie erreichten Wirkungen darstellen.

7.1.
Die Abhängigkeit psychotherapeutischer Effekte von Prozeßvariablen der Gesprächspsychotherapie

Im Teil II berichteten wir ausführlich unsere Untersuchungsbefunde über den Zusammenhang von Prozeßvariablen des Psychotherapeuten mit der Selbstexploration der Patienten, d.h., wir hoben die psychotherapeutischen Bedingungen für positive Effekte hervor, die zugleich auch einen hohen Grad an Selbstexploration bewirken. Die Selbstexploration ihrerseits ist in der internationalen Forschungsliteratur als außerordentlich wichtiger Faktor für positive Veränderungen ausgewiesen worden. Wir wenden uns daher zunächst einigen speziellen Fragen des Zusammenhangs von gesprächspsychotherapeutischen Effekten mit Prozeßvariablen des Psychotherapeuten zu, um anschließend über die Beziehungen zwischen der Selbstexploration und der Effektivität zu berichten.

7.1.1.
Untersuchungen über den Zusammenhang des komplexen Einsatzes von Gesprächsvariablen des Psychotherapeuten mit der Effektivität

Die psychotherapeutischen Bedingungen entfalten ihre Wirkung vermutlich nicht isoliert voneinander. Positive Änderungen sind offenbar erst durch ihren komplexen Einsatz zu erwarten, wie auch aus dem in Abb. 2 dargestellten Schema über die Wirkungsweise angenommen werden darf (Tausch 1973, Truax und Mitchell 1971, Rogers 1973). Uns interessierte daher, ob über den mehrfach gesicherten Zusammenhang zwischen den einzelnen Variablen der Gesprächspsychotherapie und verschiedenen Effektivitätsvariablen hinausgehend angenommen werden darf, daß

1. bei erfolgreich behandelten Patienten seitens des Psychotherapeuten eine größere Zahl von bereits als effektiv bekannten Gesprächsvariablen im hohen Grade eingesetzt wird als bei weniger oder nicht erfolgreich behandelten Patienten und
2. eine bestimmte Kombination von Psychotherapeutenvariablen bei erfolgreichen Patienten häufiger im hohen Grade auftritt (Faktor 1 = gesprächspsychotherapeutisches Basisverhalten in der faktoranalytischen Untersuchung der Psychotherapeutenvariablen, 4.1.4.1.). Diese Fragestellungen untersuchte Pincus (Ahnert u. a. 1974).

Sie verglich 10 erfolgreiche mit 10 weniger erfolgreich behandelten neurotisch gestörten Patienten, die von 4 Psychotherapeuten mit patientzentrierten Einzelgesprächen behandelt wurden. Die Trennung in erfolgreiche und weniger erfolgreiche Patienten geschah nach den prä-post-therapeutischen Testwertdifferenzen der MMPI-Skalen, des INR und der Persönlichkeits-Q-Sortierung (Butler und Haigh 1954). Nach der Häufigkeit von Überschreitungen der kritischen Differenz (vgl. 6.1.1.) bei den einzelnen Testskalen wurde eine Rangreihe gebildet, deren Extreme die beiden Vergleichsgruppen waren. Erfolgreiche Patienten hatten also in möglichst vielen Skalen signifikante Differenzwerte, weniger erfolgreiche dagegen relativ wenige. Die Ausgangswerte waren in beiden Gruppen nicht wesentlich verschieden.
Es wurden insgesamt 10 Psychotherapeutenvariablen aus Anfangs-, Mittel- und Endkontakten aller Psychotherapien erfaßt, die bereits zusammen mit den Erhebungsbedingungen im Abschnitt 4.1.4.1. in einem anderen Zusammenhang vorgestellt

worden sind (Interpretation, verbale Anlehnung, Akzeptierung, Konkretheit, Konfrontation, Verbalisierung, positive Wertschätzung und emotionale Wärme, Selbstkongruenz, Empathy, verständliche Form). Da beide Fragestellungen nur die in *hohem Grade* realisierten Psychotherapeutenvariablen betreffen, wurden die Skalen entsprechend ihrer Semantik in Abschnitte hoher und niedriger Variablenausprägung geteilt. Zur Beantwortung der ersten Fragestellung wurde jede Psychotherapeutenäußerung ($n = 558$) mit allen 10 Skalen beurteilt und danach ermittelt, wieviel Variablen der Psychotherapeut bei jeder Äußerung in *hoher* Ausprägung realisierte. Diese Auszählung erfolgte getrennt für erfolgreich und weniger erfolgreich behandelte Patienten.

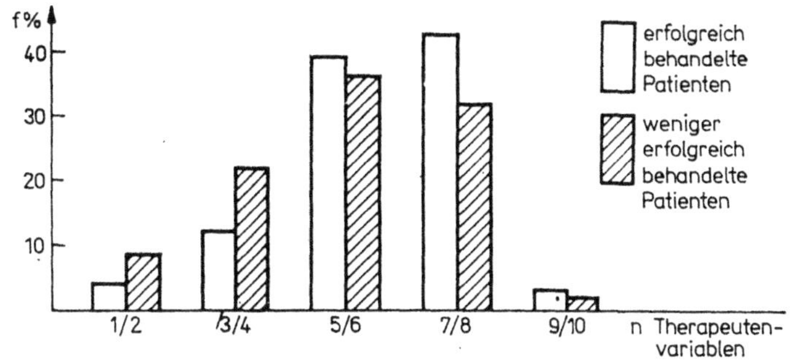

Abb. 13:
Verteilung der Zahl hochrealisierter Therapeutenvariablen bei erfolgreich und weniger erfolgreich behandelten Patienten.

Abb. 13 zeigt, daß bei erfolgreich behandelten Patienten die Anzahl hoch eingesetzter Psychotherapeutenvariablen größer ist als bei weniger erfolgreich behandelten. Der Unterschied beider Verteilungen über alle 10 Variablen ist sehr signifikant ($p = 0{,}001$; Kolmogorow-Smirnow-Test).
Die Annahme, daß mindestens 2 der 3 Kernvariablen hoch realisiert werden müssen, um psychotherapeutisch effektiv zu werden (Truax und Mitchell 1970), muß also nach diesem Ergebnis dahingehend revidiert werden, daß der Psychotherapeut sich bemühen sollte, möglichst *viele* der als effektiv nachgewiesenen Merkmale gleichzeitig im *hohen Ausmaß* zu verwirklichen.
Da sich die 10 untersuchten Psychotherapeutenvariablen faktoranalytisch in 2 Variablengruppen ordnen ließen (vgl. 4.1.4.1.), die auch auf die Selbstexploration unterschiedlichen Einfluß ausüben (vgl. 5.1.2.), liegt es nahe, entsprechend der 2. Fragestellung zu prüfen, ob der Verteilungsunterschied in der Anzahl hoch realisierter Psychotherapeutenvariablen zwischen erfolgreichen und weniger erfolgreichen Patienten besonders auf die Variablengruppe (Faktor 1 = gesprächspsychotherapeutisches Basisverhalten) zurückgeht, die auch die Selbstexploration stärker positiv stimuliert. Mit anderen Worten: Wir erwarten, daß die Anzahl der hochrealisierten Variablen des Faktors I (Akzeptierung, Verbalisierung, Empathy, Wärme/Wertschätzung, Selbstkongruenz) bei erfolgreichen Patienten ebenfalls größer ist als bei weniger erfolgreichen (zu den genannten Variablen des Faktors I wird zusätzlich die Variable „Konfrontation“ einbezogen, da sie im Faktor I relativ

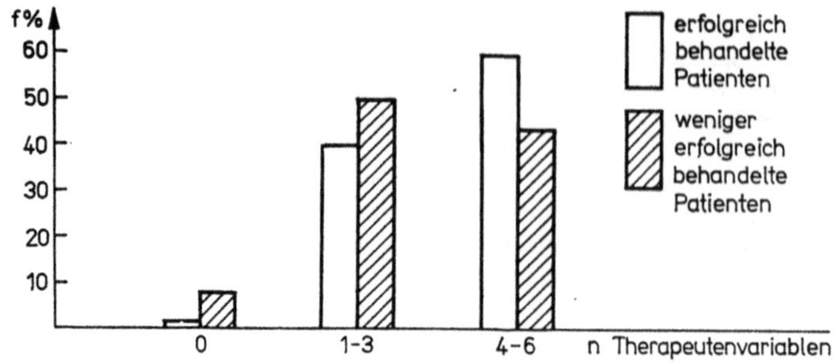

Abb. 14:
Verteilung der Zahl hochrealisierter Therapeutenvariablen bei erfolgreich und weniger erfolgreich behandelten Patienten (Basisverhalten).

hoch lädt. So ist zu erklären, daß in der Abb. 14 6 Variablen als höchste, gleichzeitig im hohen Ausmaß realisierte Anzahl erscheinen).
Wie die Abbildung zeigt, ist auch bei ausschließlicher Berücksichtigung der Variablen des Faktors I, die sich als besonders selbstexplorationsfördernd erwiesen hatten, ein ähnlicher Verteilungsunterschied vorhanden: Die Anzahl der in hohem Grad gleichzeitig eingesetzten Variablen ist bei erfolgreichen Patienten deutlich größer, der Unterschied der beiden Verteilungen über alle 6 Variablen ist bedeutsam ($p=0{,}001$; Kolmogorow-Smirnow-Test). Ein signifikanter Verteilungsunterschied hinsichtlich der Variablenkombination des Faktors II (Interpretation, Anlehnung, verständliche Form) besteht hingegen nicht.
Mit diesem Ergebnis ist die 2. Fragestellung dieser Untersuchung ebenfalls positiv beantwortet: Der Unterschied zwischen erfolgreich und weniger erfolgreich behandelten Patienten in der Anzahl gleichzeitig hoch realisierter Psychotherapeutenvariablen geht hauptsächlich auf Unterschiede in der Anzahl hoch realisierter Psychotherapeutenvariablen des gesprächstherapeutischen Basisverhaltens im Sinne eines emotional warmen, akzeptierenden Verbalisierens eines selbstkongruenten Psychotherapeuten zurück.
Dieses Ergebnis ist neu und ergänzt damit die Befunde, in denen zwischen einzelnen Psychotherapeutenvariablen und dem psychotherapeutischen Effekt Zusammenhänge nachgewiesen werden konnten (Halkides 1958, Barrett-Lennard 1962, Strupp, Wallach und Wogan 1964, Truax, Wargo, Frank u. a. 1966, Tausch, Sander, Bastine, Freise und Nagel 1967 und weitere Autoren). Auch in dieser Untersuchung unterschieden sich die Verteilungen des Ausprägungsgrades der Psychotherapeutenvariablen Empathy, Wertschätzung/Wärme, Akzeptierung und Selbstkongruenz bei erfolgreichen und weniger erfolgreichen Patienten, obgleich die hier beteiligten Psychotherapeuten entsprechend ihrer Ausbildung im allgemeinen höhere Skalenstufen in diesen Merkmalen realisierten. Selbst im Bereich höherer Skalenstufen sind demnach Niveauunterschiede in den psychotherapeutischen Verhaltensmerkmalen für den Erfolg maßgeblich.
Für die gesprächspsychotherapeutische Praxis ist daher sehr anzuraten, auch innerhalb eines relativ hohen Variablenniveaus möglichst hohe Ausprägungsgrade

anzustreben und dies gleichzeitig bei einer möglichst großen Anzahl der als effektiv ausgewiesenen Variablen. Die Ergebnisse über eine nur geringere Effektivität weniger erfahrener Gesprächspsychotherapeuten, die aber trainingsbedingt offenbar bereits ein höheres Variablenniveau erreichen konnten, unterstützte unsere Folgerung (CARTWRIGHT und VOGEL 1960, SANDER u. a. 1972).

7.1.2. Die Selbstexploration als effektivitätsfördernder Faktor im psychotherapeutischen Gespräch

Daß das Ausmaß der Selbstexploration, das ein Patient im gesprächspsychotherapeutischen Verlauf erreicht, für dessen positiven Behandlungseffekt wesentlich ist, haben verschiedene Untersuchungen ziemlich eindeutig belegen können (TRUAX und CARKHUFF 1965, TRUAX 1966, TAUSCH u. a. 1970, TRUAX und WITTMER 1971, BOMMERT u. a. 1972, MINSEL u. a. 1972, SANDER u. a. 1972, ECKERT und SCHWARTZ 1972).

Die Ergebnisse unserer Forschungsgruppe sind in diesem Punkt nicht so eindeutig, so daß eine inhaltlich differenziertere Analyse der Selbstexploration erforderlich scheint. Aus den im Rahmen der Diplomarbeit von AHNERT (AHNERT u. a. 1974) mit Hilfe der TRUAX-TAUSCH-Skala erhobenen SE-Daten ($n = 279$) und von SCHEFFEL (AHNERT u. a. 1974) mit unserer neuen SE-Skala (BOLDT 1973) erhobenen SE-Daten ($n = 279$) ergaben sich statistisch signifikante Mittelwertsunterschiede in der Höhe der SE bei 10 erfolgreichen und 10 weniger erfolgreichen Patienten.

Die Erfolgskriterien nach dem MMPI, INR und der Q-Sortierung entsprechen der Untersuchung von PINCUS (7.1.1.). Auch die von BÖTTCHER (AHNERT u. a. 1974) durchgeführte Untersuchung an den beiden gleichen Stichproben replizierte den engen Zusammenhang der Selbstexploration mit positiven Veränderungen gemäß prä-post-therapeutischer Testwertdifferenzen.

Es zeigte sich (Tab. 32), daß die SE erfolgreicher Patienten durchgehend höher lag. Bei den mit der TRUAX-TAUSCH-Skala erhobenen SE-Daten ist der Unterschied in den Endkontakten nicht signifikant; ebenso ist dies bei den mittleren Kontakten, wenn die SE-Daten mit der neuen Skala eingeschätzt wurden.

Tab. 32:
Unterschiede in der Selbstexploration erfolgreicher und weniger erfolgreicher Patienten

	Entscheidung der Hyp. $SE_{erf+} > SE_{erf-}$	
	TRUAX-TAUSCH-Skala	neue SE-Skala
Anfangskontakt	$p < 0{,}05$	$p < 0{,}01$
Mittelkontakt	$p < 0{,}005$	$p > 0{,}05$
Endkontakt	$p > 0{,}05$	$p < 0{,}05$

Insgesamt ist der Zusammenhang zwischen dem SE-Niveau und dem Psychotherapieerfolg aber deutlich. Besonders im Anfangskontakt scheinen erfolgreiche Patienten bereits eine höhere SE als weniger erfolgreiche Patienten in das psychotherapeutische Gespräch einzubringen. Dies hat zu der Annahme geführt, daß die SE in den ersten psychotherapeutischen Gesprächskontakten für den Erfolgsgrad

prediktiv sein könne. Befunde von TRUAX und CARKHUFF (1965), wonach das Niveau der Selbstexploration im 2. Kontakt mit dem Behandlungsergebnis signifikant korrelierte, unterstützen diese Annahme. In der Tendenz bestätigten dies auch TAUSCH u. a. (1967). Dem steht aber nach TRUAX und CARKHUFF (1967) wieder entgegen, daß eine zu hohe Selbstexploration am Psychotherapiebeginn wegen der damit verbundenen Angstinduktion auch zum Abbruch der Psychotherapie führen kann. Sie empfehlen daher, eine zu hohe Selbstexploration der Patienten in den ersten Kontakten zu vermeiden und erst im Verlauf der Psychotherapie durch den Einsatz psychotherapeutischer Bedingungen eine allmählich ansteigende Selbstexploration in dem Grad zu induzieren, den der Patient ertragen könne. Dem entsprechend fand TRUAX (1966) auch, daß bei erfolgreichen Patienten die Selbstexploration im Psychotherapieverlauf allmählich zunahm.
Diesen Fragen, also 1. nach der Prediktierbarkeit des Psychotherapieerfolgs aus der SE von Anfangskontakten und 2. nach dem Zusammenhang zwischen Psychotherapieabbruch und SE-Anfangsniveau sowie 3. nach dem Zusammenhang zwischen Psychotherapieerfolg und dem Verlauf der SE während der Gesprächspsychotherapie, ging unsere Mitarbeiterin FROHBURG (1974) nach.

Sie analysierte dazu insgesamt 152 Stichproben-Mittelwerte der SE (von 1216 Patien tenäußerungen) aus Anfangs-, Mittel- und Endkontakten von 33 erfolgreichen und 11 erfolglosen Patienten sowie 23 Psychotherapieabbrechern (auch hier erwiesen sich die mit der TRUAX-TAUSCH-Skala ermittelten SE-Daten als normal verteilt).

Dabei ergab sich 1., daß die mittlere Selbstexploration der Anfangskontakte mit dem Behandlungserfolg in keinem Zusammenhang stand. Dies gilt für alle 5 Veränderungsgruppen, die FROHBURG auf Grund faktoranalytischer Dimensionierungen von Prä-post-Testwertdifferenzen aufstellen konnte (1. Abnahme von Persönlichkeitsstörungen, 2. Abnahme von funktionellen Störungen, 3. Abnahme von Selbstunzufriedenheit, 4. Abnahme von Introversion, 5. ohne Veränderung; vgl. ausführlich 6.1.1.). Nach Tab. 33 sind die Mittelwerte und Streuungen der Selbstexploration in den Gruppen mit positiven Veränderungen und in der Gruppe ohne Erfolge fast gleich.

Tab. 33:
Zusammenhang zwischen Anfangs-SE und Veränderungen (nach FROHBURG *1974)*

	$\overline{SE}$ (TRUAX-TAUSCH-Skala) (Anfangskontakte) $\bar{x}$	s	n
Veränderungsgruppen 1–4	4,30	0,48	33
Gruppe ohne Veränderungen	4,29	0,49	11
Abbrecher	4,69	0,83	17

Dies steht im Gegensatz zu den oben berichteten Befunden von BÖTTCHER und Untersuchungsergebnissen der Literatur. Der Versuch, über Korrelationen zwischen Anfangs-SE und prä-post-therapeutischen Veränderungen aus einzelnen Testskalen ein besseres Ergebnis zu erhalten, fiel relativ bescheiden aus. Nur bei 2 von 11 Skalen (Persönlichkeits-Q-Sortierung, MMPI-Zusatzskala Em) fanden sich signifikante Beziehungen im Sinne der Erhöhung der Selbstbild-Idealbild-Kongruenz und der Abnahme emotionaler Labilität. Verbindliche Aussagen über die Prediktierbarkeit psychotherapeutischer Erfolge aus der Anfangs-SE bedürfen offenbar weiterer Forschungsbemühungen.

2. zeigte die Abbrechergruppe einen deutlich höheren SE-Mittelwert und eine größere Streuung (vgl. Tab. 33). Der Mittelwertunterschied ist tendenziell statistisch bedeutsam. Vergleicht man die Verteilung der SE-Werte der Abbrechergruppe mit der der Behandlungsgruppe (Abb. 15), so fällt die Zweigipfligkeit der Verteilungskurve für Abbrecher auf: Fast die Hälfte der Abbrecherpatienten hat im Anfangskontakt wesentlich höhere SE-Werte als die Gruppe erfolgreich und nicht erfolgreich behandelter Patienten. Dementsprechend ist die Streuung größer.

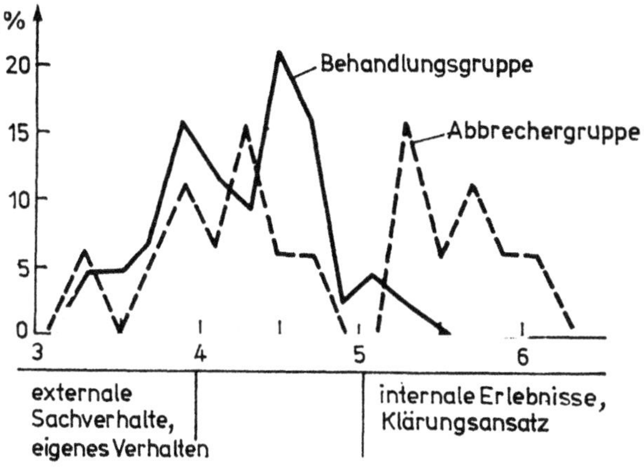

Abb. 15:
Verteilung der SE in den Anfangskontakten bei Abbrechern und behandelten Patienten (aus Frohburg 1974).

Dieses Ergebnis spricht allerdings sehr für die Annahme von Truax und Carkhuff (1967) über die angstinduzierende und damit abbruchbegünstigende Rolle einer zu hohen SE zu Beginn der gesprächspsychotherapeutischen Behandlung. Die Annahme wird ferner durch das Ergebnis unterstützt, daß sich zwischen höherer SE und Zunahme von Angst und Fehlanpassung (Skala A des MMPI) ein statistisch gesicherter Zusammenhang ergab.

3. konnte bei erfolgreich behandelten gegenüber nicht erfolgreich behandelten Patienten kein systematischer SE-Anstieg vom ersten zum letzten Kontakt festgestellt werden, von dem Truax (1966) berichtete. Der Wert dieser Aussage wird allerdings dadurch eingeschränkt, daß lediglich der erste und der letzte Kontakt miteinander verglichen wurden bzw. das Ausmaß der Selbstexploration im psychotherapeutischen Verlauf unberücksichtigt blieb. Daß insgesamt bei der SE mit etwa 40 % Trends zu rechnen ist, hatten die bereits mit-

geteilten Trendanalysen von KUHNT (1973; 4.2.1.1.) ergeben. Es bestehen aber nach den Ergebnissen von FROHBURG keine systematischen Beziehungen zwischen Trendtypen (Ansteigen, Abfallen, Polyton) und dem Ausmaß bzw. der Qualität des Psychotherapieerfolgs.
Aus dieser Untersuchung ergab sich noch ein weiterer Befund, der überraschenderweise sowohl zahlreichen in der Forschungsliteratur berichteten Ergebnissen als auch den oben berichteten Ergebnissen von AHNERT u. a. (1974) entgegensteht: Die Gesamteinschätzung der Selbstexploration unterscheidet sich nicht bei erfolgreich behandelten und nichterfolgreich behandelten Patienten. Die Ursache für dieses zum bisherigen Erkenntnisstand kontroverse Ergebnis kann zunächst nicht geklärt werden, doch nehmen wir an, daß Verbesserungen der SE-Erfassungsinstrumente, die 1. zu größeren Streuungen der mit ihnen erfaßten Daten führen (hier lag die Streuung bei .77 Skaleneinheiten) und 2. inhaltlich bessere Differenzierungen erlauben, die Widersprüche auflösen helfen werden.
Einen ersten Ansatz haben wir mit einer inhaltsanalytischen Untersuchung höherer SE-Anteile mit PLISCHKE (Diplomarbeit 1975) unternommen. Wenn erfolgreich und nicht erfolgreich behandelte Patienten im höheren Skalenbereich der SE nicht die erwarteten Unterschiede zeigen, dann wäre von einer Inhaltsanalyse hoher SE-Anteile zu erwarten, daß sich Unterschiede *inhaltlicher* Art zwischen erfolgreich und nicht erfolgreich behandelten Patienten auffinden lassen. Die generelle Fragestellung läßt sich folgendermaßen formulieren: Lassen sich inhaltliche Differenzierungen der SE bei variiertem Erfolgsausmaß, aber konstant gehaltener (mittelhoher) SE ermitteln und welcher Art sind sie gegebenenfalls?

Die Inhaltsanalyse spielte anfänglich in der Literaturwissenschaft eine Rolle, indem versucht wurde, qualitative Aspekte der Sprache zu quantifizieren und statistisch zu analysieren. Generell besteht sie in der Einordnung des zu untersuchenden Materials in ein dem Zweck der Fragestellung angemessenes inhaltliches Klassifizierungs- oder Kategoriensystem mit anschließender Verteilungsanalyse der Häufigkeiten und Gewichtungen sowie weiterer statistischer Verarbeitung. In den letzten Jahren sind verschiedene methodische Varianten der Inhaltsanalyse in der Psychotherapieforschung angewendet worden (vgl. MARSDEN 1971, TAUSCH 1973), wobei die verwendeten Klassifizierungssysteme stark schulorientiert deduziert wurden.

Die Aufstellung von Inhaltskategorien, in denen sich erfolgreiche und nicht oder wenig erfolgreiche Patienten in ihrer SE unterscheiden können, setzt zunächst theoretische Annahmen darüber voraus. Diese könnten z. B. aus dem Veränderungskonzept der Gesprächspsychotherapie abgeleitet werden. Da die Untersuchung nur an einer begrenzten Zahl von Patienten durchgeführt werden konnte, um deren Psychotherapien möglichst vollständig analysieren zu können, wurde weitgehend bewußt auf Deduktionen aus bereits vorliegenden theoretischen Konzeptionen verzichtet. Statt dessen stellten wir die Hypothesen über differenzierende Inhalte der SE aus einer genauen Durchsicht umfangreichen Materials von Tonbandtranskriptionen von Gesprächspsychotherapien bzw. aus dem Abhören von Psychotherapietonbändern von 4 erfolgreich und 4 nicht erfolgreich behandelten Patienten auf. Eindrucksunterschiede betreffen im wesentlichen die Erwartungen des Patienten bezüglich der psychotherapeutischen Gespräche, die Form der Problemdarstellung, die Klärungsbemühungen und die Veränderungswünsche bzw. Veränderungen. Dementsprechend wurden für diese Aspekte der Selbstexploration verschiedene Kategorien formuliert, mit denen die hypothetischen Unterschiede erfaßt werden sollten:

I. Erwartungen vom psychotherapeutischen Gespräch
1. Der Patient bezweifelt, ob die Psychotherapie wirksam ist und zum Erfolg führt (z. B. „Ich weiß nicht – aber nur darüber sprechen . . .").
2. Der Patient äußert das Gefühl, daß die Gespräche ihm helfen; er fühlt sich dadurch erleichtert.
3. Der Patient äußert den Wunsch nach anderen Therapieformen, bzw. er deutet die Möglichkeit an (z. B. „. . ., daß ich vielleicht doch solch ein autogenes Training mitmache.").
II. Problemdarstellung
1. Der Patient berichtet aus einer distanzierten Sicht über seine Beschwerden und Probleme, er intellektualisiert diese.
III. Klärungsbemühungen
1. Der Patient bagatellisiert bestimmte persönliche Einstellungen und Haltungen, indem er sie als völlig selbstverständlich und „normal" hinstellt (z. B. „Natürlich muß man sich da aufregen . . .").
2. Der Patient sieht die Ursachen seiner Probleme in äußeren Umständen und/oder in Persönlichkeits- und Charaktereigenschaften, die er im wesentlichen als unveränderlich annimmt (z. B. „Ich bin eben sehr nervös" oder „Wenn wir eine Wohnung hätten, würde das Problem gar nicht stehen.").
3. Der Patient hat das Gefühl, immer wieder das gleiche zu erzählen, auf der Stelle zu treten (z. B. „Ich habe schon so viel erzählt. Ich weiß gar nicht mehr, was ich noch sagen soll. Es ist doch immer wieder dasselbe.").
4. Der Patient sieht eigene Einstellungen, Haltungen, Gefühle und Ansprüche im Zusammenhang mit seinen Problemen.
5. Der Patient vermutet krankhafte organische Ursachen für seine Beschwerden.
IV. Veränderungswünsche und Veränderungen
1. Der Patient äußert den Wunsch, eigene Einstellungen und Haltungen zu ändern.
2. Entscheidungen und neue Verhaltensweisen werden vom Patienten vom Prinzip her erläutert und als theoretische Möglichkeiten erwogen (z. B. „Man könnte als erstes mehr den Mund aufmachen.").
3. Der Patient diskutiert aktiv Möglichkeiten und/oder berichtet über konkrete Vorsätze.
4. Der Patient berichtet über positiv veränderte Verhaltensweisen und Haltungen.

Als Einheit für die Kategorienzuordnung wurde jeweils eine Patientenäußerung, d. h. die zwischen 2 Psychotherapeutenäußerungen liegende Mitteilung des Patienten gewählt. Die Kategorisierung erfolgte dabei durch 3 Beurteiler, wobei Mehrfachzuordnungen möglichst gering gehalten werden konnten. Die Reihenfolge der Patientenäußerungen wurde dabei zufällig variiert.
Die 4 erfolgreich behandelten Patienten (Durchschnittsalter 27; 7 Jahre) und die 4 nicht erfolgreich behandelten Patienten (Durchschnittsalter 31; 2 Jahre) waren hin-

sichtlich ihrer Intelligenz, ihres Bildungsgrades und der prä-therapeutischen Hauptbeschwerden grob parallelisiert worden. Als Kriterium für erfolgreich bzw. nicht erfolgreich behandelt dienten die prä-post-therapeutischen Testwertdifferenzen der Bestimmungsvariablen der von FROHBURG faktorenanalytisch ermittelten Veränderungsdimensionen (vgl. 6.1.1.).
Es wurden aus allen verwendbaren, tonbandaufgezeichneten Psychotherapiekontakten der 8 Behandlungen Stichproben von je 8 Patientenäußerungen und den zugehörigen Psychotherapeutenäußerungen ($n = 560$) transkribiert und kategorisiert.

Die prozentualen Häufigkeiten der Äußerungen in den einzelnen Kategorien (bezogen auf alle einordenbaren Äußerungen) getrennt nach erfolgreich und nichterfolgreich behandelten Patienten zeigt folgende Tab. 34:

Tab. 34
Kategorienverteilung der erfolgreich und nichterfolgreich behandelten Patienten

Kategorie		Erfolgreiche Patienten	Nichterfolgreiche Patienten	
I	1/3	1,0	3,0	n.s.
	2	1,0	0,7	n.s.
II	1	7,1	14,4	n.s.
III	1	3,5	4,3	n.s.
	2	12,2	36,0	0,01
	3	0	4,3	0,05
	4	42,6	17,3	0,05
	5	0	2,3	n.s.
IV	1	10,2	4,0	0,05
	2	4,1	6,7	n.s.
	3	7,1	1,0	0,05
	4	11,2	6,0	0,05
		100	100	

Zwischen beiden Verteilungen bestehen hochsignifikante Unterschiede: Erfolgreiche und nicht erfolgreiche Patienten gleicher mittelhoher Selbstexploration unterscheiden sich demnach hinsichtlich inhaltlicher Aspekte ihrer Selbstexploration sehr deutlich.
Die Verteilungsunterschiede der Patientenäußerungen bei den einzelnen Kategorien sind aber nur etwa zur Hälfte bedeutsam. Sie lassen sich mit dem U-Test für die Kategorien $III_{2;3;4}$, und $IV_{1;3;4}$ meistens auf dem 5-%-Niveau sichern (vgl. Tab. 34). Dies bedeutet also, daß es für erfolgreiche Patienten mit mittelhoher SE in den Anfangs-, Mittel und Endkontakten wesentlich ist, daß sie im Gespräch die Ursachen ihrer Probleme weniger in äußeren Umständen oder ihrer eigenen Konstitution zu erkunden versuchen, sondern sich eher ihren eigenen veränderlichen Gefühlen, Einstellungen, Ansprüchen und Bewertungen zuwen-

den und deren Beziehungen zu ihren Schwierigkeiten explorieren. Ferner scheint wichtig zu sein, daß die Patienten in der Auseinandersetzung mit ihren internalen Inhalten ihr Problem weiter diskutieren, d. h. nicht nur immer wieder ausführlich und perpetuierend darüber sprechen. Weiterhin scheint für den Behandlungserfolg ein hinter der Selbstexploration stehender Änderungswunsch bezüglich eigener Einstellungen wichtig zu sein, verbunden mit der aktiven Auseinandersetzung über eigene Möglichkeiten und mit Erprobungsvornahmen. Daß sich in Kategorie IV_4 Unterschiede zwischen erfolgreich und nichterfolgreich behandelten Patienten ergeben, versteht sich von selbst, da nur erfolgreiche Patienten über positive Veränderungen berichten können. Unterschiede in den Erwartungen bezüglich der psychotherapeutischen Gespräche und in den Problemdarstellungen deuten sich an, sind aber nicht zu sichern.
Die Ergebnisse dieser Studie machen eindeutig darauf aufmerksam, daß in der operational durch die Truax-Tausch-Skala definierten Selbstexploration wichtige Aspekte nicht enthalten sind, die aber für den Behandlungserfolg maßgeblich sein dürften. Ihre Herausarbeitung kann 1. für die Weiterentwicklung der SE-Skala bzw. deren Differenzierung (vgl. die Untersuchungen zur semantischen Differenzierung im Abschnitt 4. 2. 1. 3) und 2. für die Entwicklung neuer psychotherapeutischer Interventionskonzepte der Gesprächspsychotherapie anregend sein. Die hier sichtbar gewordenen „außerhalb" des Informationsbereichs der SE-Skala liegenden erfolgsfördernden Verhaltenskomponenten von Patienten lassen das unerwartete und überraschende Fehlen des Zusammenhangs zwischen der Selbstexploration und Effektivitätsparametern in einigen Untersuchungsergebnissen verständlicher erscheinen.

7.2. Ausmaß und Richtung gesprächspsychotherapeutischer Wirkungen

Daß bei niveauvoller und auf hinreichender Erfahrung beruhender Realisierung der dargestellten Gesprächsvariablen des Psychotherapeuten eine Erfolgsquote bei psychisch beeinträchtigten, besonders neurotisch gestörten Personen verschiedener Störungsgruppen erreicht werden kann, die über der im Behandlungszeitraum zu erwartenden Spontanremissionsquote liegt, ist in mehreren Forschungsuntersuchungen festgestellt worden, in denen entsprechende Kontrollgruppen verwendet und/oder eine Prozeßvariablenkontrolle zum Nachweis des Zusammenhangs von Effektivitätsvariablen und gesprächspsychotherapeutischen Prozeßvariablen durchgeführt wurden (Literatur vgl. Kap. 2 sowie neuere Arbeiten von Tausch 1976). Weiterführende Untersuchungen sollten sich deshalb nicht perpetuierend auf weitere Effektivitätsnachweise bereits bekannter psychotherapeutischer Bedingungen konzentrieren, sondern Fragestellungen nachgehen, in denen 1. das Ausmaß der erreichbaren Effekte in ihrer Richtung und Qualität spezifiziert werden, und zwar in Abhängigkeit von der Art der Beeinträchtigung und anderen Patientenmerkmalen, und 2. über das psychotherapeutische Basisverhalten hinausgehende psychotherapeutische Bedingungen in ihrer Qualität und Besonderheit erarbeitet werden, ebenfalls in Abhängigkeit von der Störungsspezifik, aber auch in Beziehung zur jeweiligen Psychotherapie-Prozeß-Phase.
Unter der zuletzt genannten Fragestellung kommt es also darauf an, ein System psychotherapeutischer Interventionen zu erarbeiten und zu klären, welche Inter-

ventionen bzw. Interventionskombinationen bei welchen Beeinträchtigungen effektiv werden. Ein solches, noch hypothetisches System psychotherapeutischer Interventionen hat inzwischen BASTINE (1974) aus der Analyse gesprächspsychotherapeutischer und verhaltenstherapeutischer Aktivitäten entwickelt und vorgestellt. Es handelt sich dabei um 9 Interventionsstrategien, die als Satz gemeinsamer psychotherapeutischer Einflußnahmen bei verschiedenen psychotherapeutischen Konzepten anzusehen sind. Den 9 Strategien werden bestimmte psychotherapeutische Teilziele im Psychotherapieprozeß zugeordnet. So ist für die Intervention „Akzentuieren" das Ziel: „Schwerpunktmäßiges Auswählen verschiedener Verhaltensaspekte in der Analyse und Bewältigung von Schwierigkeiten". Die möglichen Vorgehensweisen dabei sind:

- Lenkung der Gesprächsinhalte, z. B. auf Gefühls- und Verhaltensaspekte,
- Auswählen eines verbalen oder nonverbalen Psychotherapiemediums, wie z. B. Desensibilisierung zur Angstbewältigung oder Verbalisieren zur Erlebnisorientierung.

Das Forschungsproblem besteht darin, die Wirkung solcher hypothetisch abgeleiteter Interventionen, die über das gesprächspsychotherapeutische Basisverhalten hinausgehen, zu überprüfen, und zwar bezüglich bestimmter Klassen von Beeinträchtigungen, die aus dem Veränderungskonzept bzw. aus einer psychotherapiezielorientierten Psychodiagnostik hergeleitet werden könnten. Ein Schema mag diesen Ansatz verdeutlichen (Abb. 16):

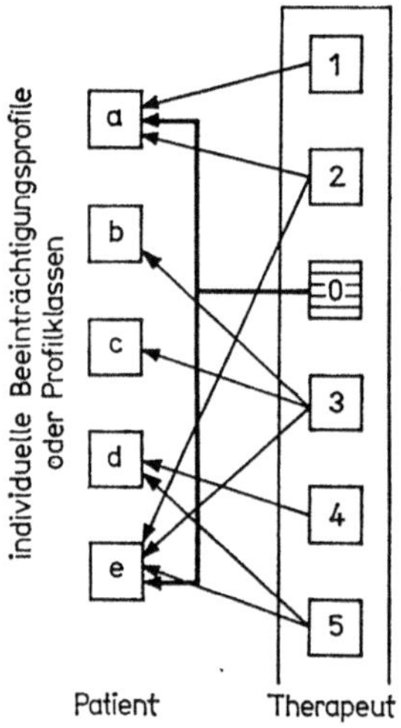

Abb. 16:
Schema zu einem differentiellen Ansatz der Gesprächspsychotherapie.

Die Boxen a–e sollen die diagnostisch abgeleiteten, zu verändernden individuellen Beeinträchtigungsprofile oder – falls dies geht – Beeinträchtigungsklassen darstellen.

Die Boxen 1–5 stellen einzelne Interventionsstrategien dar, Box 0 symbolisiert das gesprächspsychotherapeutische Basisverhalten.

Die Forschungshypothese heißt, daß besondere Interventionen bzw. Kombinationen davon für besondere Beeinträchtigungsprofile, -arten oder -klassen den psychotherapeutischen Effekt verbessern können. Damit würde sich im positiven Fall auch eine interventionsspezifische Indikation ermöglichen lassen.
Der erstgenannten Frage nach den spezifischen Effekten der gegenwärtig bekannten psychotherapeutisch wirksamen Bedingungen ist in ihrer speziell zur Indikationsproblematik angesetzten Arbeit (FROHBURG 1974) nachgegangen. Dabei wurde zunächst gesichert, daß ein hinreichendes Niveau des gesprächspsychotherapeutischen Basisverhaltens von den 4 in dieser Untersuchung beteiligten Psychotherapeuten bei den neurotisch gestörten Patienten (Charakterisierung s. 6.1.1.) konkret verwirklicht wurde. Die Psychotherapeuten waren vor Beginn der Untersuchung in den entsprechenden Merkmalen trainiert worden, und parallel zu den Behandlungen wurden regelmäßige Kontrollen und Auswertungen der Gespräche vorgenommen.

Als wesentlichste Psychotherapeutenvariable wurde die Verbalisierung in dem von uns (vgl. 4.1.1.1.) errechneten Stichprobenumfang von 2×3 Äußerungen pro Kontakt mit Hilfe der TRUAX-TAUSCH-Skala und nach dem optimalen Erhebungsmodus von FICHTE (vgl. 4.1.1.2.) von 2 trainierten Beurteilergruppen hinreichend zuverlässig eingeschätzt (Beurteilerübereinstimmung .82 bzw. .77; Retestreliabilität .75 und .55). Die Analyse der V-Werte von 152 Stichproben aus Anfangs-, Mittel- und Endkontakten ergab,
- daß bis auf 2 untypische Fälle keine Bewertung unterhalb der Skalenstufe 6 vorgenommen wurde, also eine Psychotherapeutenreaktion auf externale Sachverhalte ebenso vermieden wurde wie Ratschläge, Bewertungen usw.
- 94% aller Verbalisierungen betreffen wesentliche internale Inhalte der Patienten und nur 4% nebensächliche Anteile internaler Inhalte.
- Der Median beträgt auf der 12-Stufenskala 8,7, das Dichtemittel 9,1.
- Die Verbalisierungsniveaus der Psychotherapeuten sind unabhängig vom Patienten; zwischen den Psychotherapeuten und zwischen Psychotherapiestadien bestehen keine bedeutsamen V-Unterschiede, so daß die relativ hoch realisierte Verbalisierung als konstante Bedingung in dieser Untersuchung gelten kann.

7.2.1. Skalenspezifische Veränderungen durch Gesprächspsychotherapie

Obgleich der prä-post-therapeutische Vergleich von Mittelwerten einzelner Testskalen nur wenig spezifische Informationen über Behandlungseffekte unter der Bedingung konstant hoher Verbalisierung gestattet, soll das Ergebnis der Signifikanzüberprüfung der Mittelwertunterschiede (t-Test für korrelierende Stichproben) mitgeteilt werden:
Bei allen MMPI-Skalen einschließlich der Zusatzskalen Es, A, Em und Dy erergaben sich bis auf die Kontrollskala K und die klinische Skala Ma signifikante, meistens sehr signifikante Unterschiede im Sinne einer Normalisierung. Dies gilt auch für die SB-IB-Kongruenz und für die N-Skala des INR, nicht aber für die I-Skala. Es sind also durchschnittliche positive Änderungen in fast allen Testskalen anzunehmen
Fragt man sich nun nach der Häufigkeit individueller Veränderungen auf den

einzelnen Skalen, so zeigen sich hier erhebliche Unterschiede, d. h., signifikante Testwertdifferenzen (D_{krit}, $p = 0{,}05$, vgl. 6. 1. 1.) werden auf den Skalen unterschiedlich häufig von Patienten in Richtung von Besserung bzw. Verschlechterung (Tab. 35) erreicht. Die an der Spitze der von Patienten erreichten Veränderungshäufigkeit stehende „Ich-Stärke-Skala" (Es), von BARRON (1953) empirisch konstruiert, wurde speziell zur Vorhersage des Psychotherapieerfolgs bei neurotisch gestörten Patienten entwickelt. Eine Verbesserung in der Skala bezieht sich auf folgende Aspekte: Zunahme körperlicher Stabilität und Toleranz in der sozialen Beurteilung, Abnahme von Psychasthenie, Kontaktarmut, Unfähigkeit in der Problembewältigung und Angstzuständen. Die ebenfalls sehr häufig bei den Patienten signifikant positiv veränderte empirische Skala „Emotionale Unreife" (Em) von PEARSON (1954) betrifft Unausgeglichenheit und innere Spannungen, Nervosität, körperliche Labilität, verminderte Leistung und mangelnde soziale Anpassung. In der Es-Skala sind 66% und in der Em-Skala 52% der Patienten verbessert. Die Hy-Skala, in der ausschließlich funktionelle körperliche Symptome erfaßt werden, ist bei 46% der Patienten signifikant positiv verändert, es folgen dann Schizoidie (Sc) und die Dy-Skala mit je 41% Verbesserungen, bei letzterer finden sich allerdings auch 16% negative Änderungen. Die Dy-Skala soll Abhängigkeit vom Urteil und von den Wertungen anderer Menschen sowie Stimmungslabilität, geringes Selbstvertrauen, Durchsetzungsschwierigkeiten, Isolierungs- und Ausweichtendenzen erfassen. Fast ebenso häufig ist die Depressivitätsskala (D) und die komplexe Selbstunzufriedenheit ($r_{SB\text{-}IB}$) bzw. Selbstbild-Idealbild-Inkongruenz mit 39% und die Neurotizismusskala des INR mit 37% verändert. Es folgen dann die ebenfalls überwiegend funktionell-körperliche Störungen betreffende Hypochondrie-Skala (Hd) mit 32% und die Skala soziale Introversion (Si) mit 30% positiven Änderungen. Die faktorenanalytisch ermittelte recht komplexe Skala „Angst und Fehlanpassung" (A) von WELSH (1965) beschreibt Leistungsaspekte, Entscheidungsfähigkeit, negative Emotionen, wie Angst, Verwirrung und Schuldgefühl, Antriebsmangel, Realitätsbezug und soziale Sensitivität. Sie ist ebenso wie die Pp-Skala (soziale Psychopathie) bei 27% der Patienten signifikant positiv verändert. Fast ebenso häufig positiv (25%) wie negativ (23%) verändert ist die K-Skala, deren inhaltliche Bedeutung nicht sehr klar ist. Sie kann sowohl Veränderungen in Verteidigungstendenzen als auch in der Interessenweite, der Ausdauer und der Ausgeglichenheit andeuten. FROHBURG fand in einer *Normal*stichprobe ebenfall einen relativ hohen Prozentsatz von Veränderungen bei einer Zweiterhebung. Die Introversionsskala des INR ist zu 23% positiv, aber auch zu 16 % negativ verändert, offenbar in Abhängigkeit vom Ausgangswert. Auffällig ist der geringe Prozentsatz signifikant positiver Veränderungen in der Pt-Skala, die gern zur sogenannten „Neurotischen Tetrade" des MMPI gerechnet wird. Er scheint aber weitgehend auf die mit der geringen Reliabilität der Pt-Skala ($r_{tt} = .49$) zusammenhängenden sehr hohen kritischen Differenz zurückzugehen. Diese von FROHBURG ermittelte Reliabilitätshöhe scheint aber nach einem Vergleich mit Pt-Reliabilitätswerten aus der Literatur (r_{tt} .71 bis .90) sehr niedrig ausgefallen bzw. stark stichprobenspezifisch zu sein, so daß angenommen werden kann, daß hier real ein größerer Prozentsatz von Patienten positiv signifikante Veränderungen aufweist, als in Tab. 35 angegeben.

Tab. 35:
Häufigkeiten signifikanter individueller Veränderungen

Verbesserung in	% Patienten	Verschlechterung in
Es, Em	50	
Hy	45–50	
Sc, Dy	40–45	
D, $r_{SB\text{-}IB}$, N	35–40	
Hd, Si	30–35	
A, Pp, K	25–30	
I, Pa, F	20–25	K
	15–20	I, Dy, $r_{SB\text{-}IB}$
Ma, Pt	10–15	Ma, Si, Es
	5–10	Pa, Pp, N, D, Em
	0– 5	Pt, F, A, Hd, Sc, Hy

Insgesamt läßt sich also bei dieser Betrachtungsweise interpretieren, daß in vielen, dem Veränderungskonzept der Gesprächspsychotherapie entsprechenden Aspekten positive Veränderungen erreicht werden können.

7.2.2. Veränderungen in faktoriellen Bestimmungsvariablen von Veränderungsdimensionen

Wir haben bereits im Abschnitt 6.1.1. ein Ergebnis dargestellt, das durch eine faktorenanalytische Bearbeitung von prä-post-therapeutischen Testwertdifferenzen die Aufstellung von Veränderungsdimensionen erlaubte. In Tab. 36 sind die prozentualen Häufigkeiten der dimensionsspezifischen Verbesserungen dargestellt.
Die in Klammern angegebenen Werte zeigen, wieviel Prozent derjenigen Patienten gebessert wurden, deren prätherapeutische Bestimmungsvariablen der betreffenden Dimension erhöht waren.

Tab. 36:
Häufigkeiten dimensionsspezifischer Verbesserungen

% Patienten	Verbesserung in Dimensionen
18 (26)	neurotische Persönlichkeitsstörungen (Ma, N, Pt, Pp)
48 (54)	neurotisch funktionelle Störungen (Hd, Hy)
25 (39)	Sozialverhalten (A, I, Si)
41 (54)	Selbstunzufriedenheit ($r_{SB\text{-}IB}$,D)

Damit ist es möglich, die Veränderung nicht nur durch qualitativ globale Einschätzungen oder eng testvariablen-spezifisch zu erfassen, sondern auch in qualitativ verschiedenen Dimensionen, in denen sich offenbar zugleich eine Schweregradeinteilung abzuzeichnen scheint. Ein Vorteil dieses Vorgehens besteht darin, daß sich alle Patienten nach den dimensionalen Änderungen unter Berücksichtigung ihrer Kombinationen in 5 Veränderungsgruppen klassifizieren ließen (Tab. 37).

Tab. 37:
Gruppierung der Patienten nach dimensionalen Veränderungen

		% Patienten
Gruppe 1:	Patienten mit Reduzierung der neurotischen Persönlichkeitsstörungen und zum Teil Abnahme neurotisch funktioneller Störungen sowie Veränderung von Selbstunzufriedenheit und Zunahme sozialer Aufgeschlossenheit (F I, teilweise F II/III, IV u. V)	18 (8)
Gruppe 2:	Patienten mit Abnahme neurotisch funktioneller Störungen, zum Teil mit Veränderung von Selbstunzufriedenheit und Zunahme sozialer Aufgeschlossenheit (F IV, teilweise F V und II/III)	34 (15)
Gruppe 3:	Patienten mit verminderter Selbstunzufriedenheit (F V)	16 (7)
Gruppe 4:	Patienten mit Zunahme sozialer Aufgeschlossenheit (F II/III)	7 (3)
Gruppe 5:	Patienten ohne signifikante Veränderung	25 (11)
		100 (44)

Prozentual verteilen sich die 44 Patienten unterschiedlich in den Gruppen. Es ist anzunehmen, daß die Gruppen 1 und 2 Veränderungen größeren Ausmaßes und die Gruppen 3 und 4 Veränderungen geringeren Ausmaßes anzeigen.
Insgesamt ergeben sich danach bei 75% der Patienten signifikant positive Änderungen in verschiedenen Änderungsbereichen. Nach dem Ergebnis der Gruppierung fanden sich keine Patienten, die sich nach Gesprächspsychotherapie verschlechterten.

7.2.3.
Veränderungen in Beschwerdebereichen

Die mittels eines besonderen Beschwerdeerfassungsbogens prätherapeutisch angegebenen Beschwerdebereiche ordnen sich nach dem prozentualen Auftreten bei den Patienten in folgender Reihe (Tab. 38), die sich mit geringen Abweichungen auch bei anderen Autoren findet (Höck 1960, Jorswieck und Ketwan 1967, Möbius und Scholze 1973). Die in Klammern angegebenen Werte sind die prozentualen Häufigkeiten der Symptomverminderung (prä-post-therapeutischer Vergleich), bezogen auf die Häufigkeiten prätherapeutischen Auftretens.
Die eingetretenen Veränderungen können als Beschwerdenreduktion in allen Bereichen angesehen werden, da nur einmal Beschwerdenveränderungen in einem Bereich angegeben wurden, der prätherapeutisch als nicht gestört erfaßt war. Geringere Besserungsaussichten bestehen danach bei Störungen des Wasserhaushalts. Neben funktionellen Herz-Kreislauf-Störungen sind besonders verschiedene psychische Beschwerden psychotherapeutisch positiv zu beeinflussen.
Eine Analyse des Zusammenhangs von Veränderungsgruppen mit Beschwerdereduktionen ergibt, daß sich psychische Beschwerden stärker bei Patienten der Veränderungsgruppen 1 und 2 (Besserungen größeren Ausmaßes) als bei solchen der Veränderungsgruppen 3 und 4 (Besserungen geringeren Ausmaßes) signifikant verringern. Für körperlich-funktionelle Störungen ist der Zusammenhang nur

Tab. 38:
Beschwerdehäufigkeiten und -minderungen

Nr.	Beschwerdebereich	Prätherapeutisches Auftreten	Prä-post-therapeutische Änderung
1.	neurasthenische Beschwerden	91%	(50%)
2.	zwanghafte und phobische Beschwerden	84%	(65%)
3.	Störungen im Sozialverhalten	75%	(65%)
4.	Störungen der Leistungsfähigkeit	73%	(53%)
5.	Beschwerden im Herz-, Kreislauf- und Atmungssystem	67%	(76%)
6.	Schlafstörungen	66%	(63%)
7.	emotionale Labilität	60%	(58%)
8.	Störungen im Magen-Darm-Traktus	49%	(43%)
9.	Störungen im Wasserhaushalt	39%	(25%)
10.	Störungen im Sexualverhalten	18%	(38%)

tendenziell vorhanden. Patienten der Veränderungsgruppe 5, also ohne nachweisbare Besserungen in den Veränderungsdimensionen, haben signifikant weniger Beschwerdereduktionen als alle anderen Veränderungsgruppen. Es kann daher angenommen werden, daß das Ausmaß von Besserung auf den Veränderungsdimensionen und der Grad von Reduktionen in den Beschwerdebereichen gleichsinnig verlaufen.

In der Veränderungsgruppe 5, also bei Patienten ohne signifikante Veränderungen in den ermittelten Dimensionen, fanden sich aber bei über der Hälfte der Patienten Beschwerdereduktionen verschiedenen Ausmaßes. Faßt man diese mit den Besserungen in den Veränderungsdimensionen (Veränderungsgruppe 1 bis 4 = 75% Besserungen) zusammen, dann erhöht sich diese Quote unterschiedlicher, aber bedeutsamer Besserungen nach Gesprächspsychotherapie. Die Besserungsquote entspricht dann etwa der von TAUSCH (1973, S. 281) angegebenen von etwa 85%, die bei 35 Psychotherapeuten mit 5 erfolgreich abgeschlossenen Psychotherapien erzielt werden konnte. Dabei sollen 55% der Patienten „sehr deutliche, voll hinreichende konstruktive Änderungen des Erlebens und Verhaltens in den beeinträchtigten Bereichen, im Vergleich mit Änderungen der Warteklienten" in etwa 8 Wochen erreichen. 30% ändern sich offenbar ebenfalls positiv, aber in noch nicht befriedigendem Grad.

BERGMANN hat in ihrer Diplomarbeit (1971) die posttherapeutische Stabilität der durch Gesprächspsychotherapie erzielten Effekte in einer katamnestischen Erhebung von 22 neurotisch gestörten Patienten unseres Ambulatoriums überprüft (8 weibliche, 14 männliche Patienten; Durchschnittsalter 30;5 Jahre). Das Zeitintervall zwischen der Abschlußdiagnostik und der katamnestischen Erhebung betrug im Durchschnitt 8 Monate. Neben den psychodiagnostischen Verfahren, die bereits prä-post-therapeutisch zur Veränderungsmessung verwendet worden waren (MMPI, INR, Persönlichkeits-Q-Sort, Beschwerdefragebogen) wurde zusätzlich ein katamnestischer Selbsteinschätzungsbogen für ehemalige Patienten verwendet. Im Ergebnis zeigte sich bei einem Vergleich der abschlußdiagnostischen mit den katamnese-diagnostischen Testwerten

– kein signifikanter Unterschied bei fast allen MMPI-Skalen (mit Zusatzskalen A, Es,

Dy, Em). Lediglich die F- und die A-Skala sind in Richtung Abnahme von Ängstlichkeit und Zunahme von F verändert,

- kein signifikanter Unterschied bei den INR-Skalen,
- jedoch in gewissem Widerspruch zu den im Katamnesezeitraum stabil gebliebenen Testdaten bei ungefähr 30% der Patienten nach der Selbsteinschätzung verschlechtertes Befinden, bei 10% verbessertes Befinden und bei 60% unverändertes Befinden.

Die zum Zeitpunkt der Nacherhebung subjektiv verschlechterten Patienten sind zum Teil solche mit nicht erfolgreichem Psychotherapieabschluß und/oder fehlender positiver Einstellung zur Psychotherapie bzw. gestörten Beziehungen zum Psychotherapeuten. Etwa die Hälfte von ihnen befand sich erneut in Behandlung, fast alle waren in der Zwischenzeit einmal krankgeschrieben, meistens wegen innerer Erkrankungen, 40% davon gaben negative familiäre Einflüsse und/oder andere negative Erlebnisse im Katamnesezeitraum an. Daß sich bei einer Nachbefragung keine signifikanten Teständerungen ergeben, jedoch in den Selbsteinschätzungen ein gewisser Teil der Patienten positive oder negative Änderungen im subjektiven Befinden angeben, bestätigten die Ergebnisse einer Katamnese-Untersuchung von Fiske und Goodman (1965).

Insgesamt kann eine relativ gute Stabilität der erreichten Effekte angenommen werden, wenngleich wegen der geringen Stichprobe, der fehlenden Beziehungen zu Beeinträchtigungsklassen usw. die Aussage eingeschränkt sein muß. Das Ergebnis, nach dem die psychotherapeutisch bedingten Veränderungen im wesentlichen erhalten bleiben, stimmt mit zahlreichen Befunden aus Katamnese-Untersuchungen überein (Rogers u. a. 1954, Butler und Haigh 1954, Stone u. a. 1961, Lorr 1962, Strupp, Wallach und Wogan 1964, Fiske und Goodman 1965, Rogers u. a. 1967, Sander u. a. 1973, Kranz und Tegen 1974).

7.2.4. Zur Indikation der Gesprächspsychotherapie

Aus den Untersuchungen zur Effektivitätsbestimmung kann zugleich eine recht breite Indikationsbasis für die Gesprächspsychotherapie angenommen werden, denn es liegen fast keine Befunde vor, die für eine Einengung der Indikation bei Gesprächspsychotherapie sprechen. Bis auf wenige zu vernachlässigende Ausnahmen wurde keine Abhängigkeit der Erfolge von prätherapeutisch erhobenen Testvariablen der Patienten gefunden (Tausch 1973, Sander 1976). Auch andere Patienten-Merkmale, wie Alter, Geschlecht, Bildung, Psychotherapiedauer, Art der Symptomatik sind für die Effektivität gesprächspsychotherapeutischer Bemühungen nur eingeschränkt prediktiv (Literatur vgl. Kap. 2). Dies entspricht dem Befund von Sander (1976), wonach auch die SE unabhängig von Persönlichkeitsausgangsbedingungen ist.

Wie wir bereits darstellten, ließen sich in der Untersuchung von Frohburg (1974) neurotisch gestörte Patienten nach den faktoriellen Bestimmungsvariablen von prä-post-therapeutischen Testwertdifferenzen in 5 Veränderungsgruppen einordnen (vgl. 6.1.1.). Vergleicht man die Patienten der Veränderungsgruppen 1 bis 4 (positive Veränderungen) mit den Patienten der Veränderungsgruppe 0 (keine Veränderungen) nach verschiedenen prätherapeutischen Patientencharakteristika, so lassen sich hier verhältnismäßig wenige, zur Indikation bzw. Prediktion nutzbare Unterschiede feststellen:

1. Prätherapeutische Testdaten, die sich zu neurotischen Persönlichkeitsstörungen und/oder zu neurotisch funktionellen Störungen zusammenfassen lassen,

lagen häufiger bei erfolgreich behandelten Patienten vor, während Ausgangswerte, die auf Selbstunzufriedenheit und/oder Introversion schließen lassen, eher bei nicht erfolgreich behandelten Patienten vorkommen. Dies wirft die Frage auf, ob bei Störungen ersterer Art Gesprächspsychotherapie besonders indiziert ist.
2. Hinsichtlich der Beschwerdespezifik und der Dauer der Beschwerden ließen sich keine Differenzen ermitteln.
Dies trifft auch für die Häufigkeit körperlicher Beschwerden zu, während sich eine sehr große Häufigkeit psychischer Beschwerden eher bei erfolglos behandelten Patienten fand.
3. Allgemeine Patientenmerkmale wie Alter, Geschlecht und IQ differenzierten nicht im Behandlungserfolg. Dagegen sind Patienten mit höherem Bildungsniveau relativ häufiger in der Gruppe nichterfolgreicher Patienten. Studenten finden sich aber relativ häufiger unter den erfolgreichen.

Eine Erfolgsprediktion bzw. Indikation der Gesprächspsychotherapie durch Berücksichtigung psychopathologischer Klassifikationssysteme ist bisher ebenfalls ohne Erfolg geblieben, zumal die vorliegenden Klassifikationsansätze weder theoretisch noch praktisch befriedigen: Geringe Abgrenzbarkeit der Störungsklassen; Einbeziehung ätiologischer Faktoren ohne Klärung ihrer Relevanz und Gültigkeit; Vernachlässigung der Dimensionalität psychopathologischer Bereiche in Diskontinuitätsmodellen z. B. traditioneller psychiatrischer Nosologien; unterschiedliches Abstraktionsniveau; Stichprobenabhängigkeit usw. (vgl. Kasielke und Frohburg 1974, ausführliche Literaturzusammenstellung in Frohburg 1974 und in Kasielke 1976).
Besseren Aussagewert für das Indikationsproblem haben Untersuchungsergebnisse, in denen verschiedene psychotherapeutische Methoden auf ihre differentiellen Effekte bei der gleichen Diagnosegruppe überprüft wurden. So untersuchten Grawe und Plog (1976) die Wirkungen von Verhaltens- und Gesprächspsychotherapie bei Phobikern. Die phobische Symptomatik wurde zwar durch beide Behandlungsmethoden durchschnittlich im gleichen Ausmaß signifikant gegenüber einer Kontrollgruppe reduziert, doch die nähere Analyse und besonders die Berücksichtigung der Veränderungsvarianzen zeigte deutlich qualitativ verschiedene Effekte. Bei der Verhaltenstherapie hingen alle Besserungswerte enger miteinander zusammen, d. h., daß eine Gesamtbesserung nur dann vorlag, wenn die phobische Symptomatik reduziert war. Demgegenüber waren die Besserungswerte bei Gesprächspsychotherapie unabhängiger voneinander; es gab also keine solche Koppelung zwischen Symptomatik und sonstigen Besserungen. Ferner zeigte sich, daß Verhaltenstherapie beim Vorhandensein einer stärkeren Symptomatik prognostisch günstig ist, während die Erfolge der Gesprächspsychotherapie unabhängig von der Stärke der Symptome eintreten. Daraus leiten die Autoren für die *Indikation* folgende Aussagen ab:
Soll eine stärkere phobische Symptomatik mit größerem Leidensdruck dringlich beseitigt werden, dann sollte Verhaltenstherapie zur Anwendung kommen; ist dagegen der auf die phobischen Symptome bezogene Leidensdruck geringer, dann empfiehlt sich die Gesprächspsychotherapie da hier unabhängig von der Ausgangsstärke und Veränderung des phobischen Symptoms eher eine Chance zur Symptomreduktion besteht. Ferner sollte nach diesen Untersuchungen für die

therapiezielbezogene Indikation beachtet werden, daß Verhaltens- und Gesprächspsychotherapie den Patienten unterschiedliche Sichtweisen vermitteln: Die Verhaltenstherapie, der oft eine Umweltbezogenheit zugeschrieben wurde, veranlaßt den Patienten hauptsächlich zur Symptomkontrolle. Bei dem stärker symptomzentrierten Vorgehen scheint das gesamte Wohlbefinden stark von der Symptombeseitigung abzuhängen. Die Gesprächspsychotherapie, der man oft Individuumszentriertheit vorgeworfen hat, veranlaßt dagegen oft Patienten eher, ihre Symptomatik mit ihren Lebensproblemen und Umweltbezügen im Zusammenhang zu sehen und sich in dieser Richtung selbst zu explorieren. Hier wird deutlich, daß die Indikationsfrage nicht nur störungsspezifisch zu stellen ist, sondern auch unter Berücksichtigung umgreifenderer therapeutischer Zielstellungen.

Gegenwärtig entwickelt sich ein neuer Trend in der Ermittlung von Indikationskriterien, indem geprüft wird, diese aus der systematischen Erfassung psychotherapeutischer Anfangsreaktionen des Patienten auf die gesprächspsychotherapeutischen Bedingungen abzuleiten. Dadurch soll von vornherein die Anwendung der Gesprächspsychotherapie sinnvoll auf den Patientenkreis eingeschränkt werden, für den die Behandlung potentiell erfolgreich sein kann.

„Bereits jetzt kann jeder Psychotherapeut auf Grund des Klienten-Erfahrungsbogens, des Einschätzungsbogens für das Psychotherapeutenverhalten durch den Klienten sowie auf Grund der Erfassung der Selbstexploration und des Merkmals VEE (Verbalisierung) des Psychotherapeuten spätestens nach dem 2. bis 3. Gespräch deutliche Informationen für Indikation und Prognose gewinnen" (Tausch 1973, S. 282).

In dem hier erwähnten Erfahrungsbogen nach Eckert und Schwartz (1972) zeigten stark gebesserte Patienten und wenig gebesserte Patienten deutliche Unterschiede nach den ersten beiden Kontakten und besonders auch drittem Kontakt bei folgenden 8 Items:

1. Pausen während unseres Gesprächs haben mich belastet.
2. Während des Gesprächs – und auch jetzt noch – fühle ich mich körperlich entspannt.
3. Durch die Zurückhaltung des Psychotherapeuten fühlte ich mich verunsichert.
4. Ich fühlte mich gehemmt, dem Psychotherapeuten alles zu sagen, was mich beschäftigt.
5. So, wie das Gespräch heute lief, hat es mich nicht befriedigt.
6. Nach dieser Stunde bin ich eigentlich optimistischer, was die Lösung meiner Probleme angeht.
7. Heute sind wir irgendwie weiter gekommen.
8. Ich habe durch dieses Gespräch mehr Vertrauen zu mir selbst gewonnen.

Die Items werden mehrstufig beantwortet. Den Stufen (ja, ganz genau – ja – eher ja – eher im Gegenteil – im Gegenteil – ganz im Gegenteil) entsprechen die Punktwerte 1–6. Von der Summe der Punktwerte der Items 1, 3, 4 und 5 wird die Summe der Punktwerte der Items 2, 10, 7 und 8 abgezogen. Bei einem Gesamtwert $\leqslant +5$ sind mit etwa 70% Wahrscheinlichkeit keine wesentlichen positiven Veränderungen durch Gesprächspsychotherapie zu erwarten (vorläufige Mitteilung, Tausch 1973). Auch für andere therapeutische Methoden scheinen solche Erfahrungsbögen zur Erfolgsverbesserung geeignet zu sein, so für Verhaltenstherapie und Gruppentherapie (Matthies und Fittschen 1974).

Bei dem von Tausch zitierten Einschätzungsbogen für das Psychotherapeutenverhalten durch den Patienten handelt es sich um eine Kurzfassung des Barrett-Lennard-Inventars mit 13 Items.

Neben solchen Fragebogenwerten hat auch die Selbstexploration der Patienten in den Anfangskontakten der Psychotherapie einen höheren Prediktionswert als psychodiagnostische Ausgangsdaten. Es zeigte sich, daß die Anfangs-SE mit dem Behandlungsergebnis in mehreren Untersuchungen korrelierte (SCHWARTZ und ECKERT 1976). Auch in unserer Untersuchung mit BÖTTCHER bestätigte sich dieser Zusammenhang eindeutig, jedoch nur teilweise in der Untersuchung von FROHBURG, in der lediglich die Änderungswerte der Testskala „emotionale Labilität" und der „Selbstbild – Idealbild – Kongruenz" mit Anfangs-SE signifikant korrelierten.
Es ist also deutlich, daß gegenwärtig aus der prätherapeutischen Psychodiagnostik noch keine verbindlichen Indikationshinweise entnommen werden können. Die hierzu vorliegenden Untersuchungsbefunde sind entweder zu widersprüchlich oder zu wenig abgesichert, um aus ihnen bindende Urteile prognostischer Art vornehmen zu können. Es muß daher beim vorliegenden Wissensstand zu dieser Frage angenommen werden, daß die Gesprächspsychotherapie innerhalb ihres bekannten Wirkungsspektrums immer dann zur Anwendung kommen sollte, wenn eine gute Ansprechbarkeit auf die Bedingungen der Therapie bzw. eine hinreichende Selbstexploration in den ersten Kontakten ermittelt werden kann.

Andererseits ist nicht zu verkennen, daß die Selbstexploration der Patienten durch geeignete vortherapeutische Instruktionen, durch Anhören von Modelltonbändern (TAUSCH 1973) und besonders durch den Einsatz einer möglichst großen Zahl hochgradig realisierter effektiver Psychotherapeutenmerkmale erheblich gefördert werden kann (vgl. 5.1.2.). Im folgenden ist ein von H. HELM entwickelter Informationsbogen dargestellt, der den Patienten vor Aufnahme der Gesprächspsychotherapie gegeben wird. Er scheint zur Stimulierung der Anfangs-SE von Patienten eindrucksmäßig geeignet zu sein.

Informationsblatt für Psychotherapiepatienten

Um einen möglichst guten Erfolg unserer gemeinsamen Gespräche in der Psychotherapie vorzubereiten, möchten wir kurz Fragen beantworten, die uns häufig am Beginn einer Behandlung gestellt werden.

1. *Frage:* Wie oft muß ich zur Behandlung kommen?
Antwort: Ein Gespräch dauert eine dreiviertel Stunde und findet ein- bis zweimal pro Woche statt.

2. *Frage:* Bleibt das, was wir besprechen, wirklich unter uns?
Antwort: Alle unsere Mitarbeiter unterliegen einer strengen Schweigepflicht. Wir verpflichten aber auch Sie, über unsere anderen Patienten, die Sie während Ihrer Behandlung eventuell kennenlernen, zu schweigen. Andernfalls stehen wir Ihnen nicht mehr zur Verfügung.

3. *Frage:* Helfen Gespräche überhaupt? Ich habe über meine Schwierigkeiten schon mit vielen gesprochen, und es hat sich nichts geändert.
Antwort: Häufig laufen die Gespräche im Kollegen- und Freundeskreis oder auch beim Partner darauf hinaus, daß der andere aus seiner Sicht Ratschläge gibt und sagt, wie er es an Ihrer Stelle machen würde. Bei solchen Gesprächen hatten Sie vielleicht das Gefühl, daß Sie aus Rücksicht auf den anderen nicht alles Wichtige sagten. Vielleicht fühlten Sie auch, daß der andere Vorurteile oder einfach schlechte Erfahrungen hatte und dies seine Ratschläge färbte. Vielleicht sind Sie aber auch schon einem Menschen begegnet, der Ihnen nicht nur zuhören konnte, sondern versucht hat, sich ganz auf Ihren Standpunkt und

Ihre Sichtweise einzustellen. Er hat Ihnen vielleicht keinen Ratschlag gegeben, und trotzdem haben Sie sich nach einem solchen Gespräch befreit und wohler gefühlt, einfach weil Sie sich verstanden fühlten.

4. *Frage:* Unterscheidet sich ein Gespräch hier in der Psychotherapie überhaupt von anderen Gesprächen?

Antwort: Wir möchten gern für Sie eine solche Atmosphäre schaffen, wie wir sie im letzten Beispiel schilderten. Der Psychologe wird sich in dem Gespräch ganz auf Sie einstellen, auf die Probleme, die Sie besprechen wollen. Wir wollen Sie aber nicht in eine bestimmte Richtung drängen. Darin unterscheiden sich also unsere Gespräche stark von den vorhin zuerst genannten mit Ratschlägen und Hinweisen. Aber noch in einer wichtigen Beziehung unterscheiden sich psychotherapeutische Gespräche von anderen Gesprächen: Sie sind nicht abhängig vom Psychologen. Aus allem, was Sie sagen, werden sich für Sie nie unangenehme Dinge in Ihrem Leben ergeben. Sie gehen kein Risiko ein, wenn Sie bei uns über Dinge sprechen, die Sie stark belasten, die Sie aber bisher verschwiegen, weil Sie die Verachtung Ihres Gesprächspartners befürchteten.

5. *Frage:* Was macht der Psychologe überhaupt, wenn er mir nicht sagt, was ich machen soll. Schweigt er und hört nur zu?

Antwort: Der Psychologe wird nicht schweigen, sondern er wird versuchen, das, was Sie ihm sagen, sinngemäß und in der genauen Bedeutung für Sie zu verstehen und Ihnen darüber eine Rückmeldung geben. Auf diese Weise kann er Ihnen sehr dabei helfen, sich selbst, auch mit vielen Widersprüchen in ihren Gefühlen, Wünschen und Ansichten, zu verstehen.

6. *Frage:* Sie sagen, daß Sie mich nicht in eine bestimmte Richtung drängen wollen, aber irgendein Ziel muß das Ganze doch haben?

Antwort: Unser Ziel besteht darin, Ihnen dabei zu helfen, mit sich selbst wieder ins Reine zu kommen, so daß Sie wieder mit sich einigermaßen einverstanden sind. Wir vermuten, daß Sie in einer warmen und verständnisvollen Atmosphäre mit weniger Angst Ihre inneren Spannungen erkennen und vielleicht auch lösen können, daß Sie sich besser entscheiden können oder neue Einsichten gewinnen. Dadurch werden Sie sich voraussichtlich in Ihrer Umwelt anders verhalten können. Auch Ihre Beschwerden und Beeinträchtigungen, die damit in Verbindung stehen, werden dadurch vermindert.

7. *Frage:* Sie sprechen soviel über das, was der Psychologe machen wird. Bestehen auch bestimmte Erwartungen an mich?

Antwort: Unsere Erwartung besteht darin, daß Sie möglichst offen über Ihre Sie bedrückenden Gefühle und Konflikte sprechen. Dabei kommt es häufig vor, daß Sie erst nach und nach wirklich Wichtiges über sich sagen. Das hängt davon ab, wie weit Sie sich verstanden fühlen. Sie können z. B. ruhig in der 5. oder 6. Behandlungsstunde sagen, daß ein Ereignis, das Sie am Anfang der Behandlung schilderten, sich in Wirklichkeit anders zutrug. Sie haben vielleicht erst dann die Kraft, es vor sich selbst zuzugeben.

Wir erwarten von Ihnen, daß Sie uns über gleichzeitig laufende anderweitige Behandlungen, insbesondere über die Art der Medikamente, informieren.

8. *Frage:* Für mich trifft alles nicht zu, was bisher gesagt wurde. Ich habe keine Sorgen. Meine einzige Sorge ist, daß ich nicht schlafen kann (Kopf-,

Herz-, Magenbeschwerden habe). Mir können Gespräche wohl nicht helfen?

Antwort: Vorbedingung für eine Behandlungsaufnahme bei Beschwerden, wie Sie sie schildern, also bei Beschwerden, die sich nicht so sehr in Ängsten und Hemmungen als vielmehr in körperlichen Symptomen äußern, ist eine ärztliche Untersuchung.

In unserer psychodiagnostischen Erstuntersuchung fanden wir Hinweise darauf, daß Ihre Beschwerden im Zusammenhang mit seelischen Schwierigkeiten in Ihrem Leben entstanden. Die genannten Symptome, so wie auch z. B. Schweißausbrüche, Erröten, Durchfälle und sexuelle Schwierigkeiten entstehen durch „Fehlsteuerungen" des vegetativen Nervensystems. Dieses ist wiederum durch verschiedenste Umstände in seiner Funktion zu stören.

Gespräche können in diesem Falle mögliche Spannungen und Erwartungsängste abbauen helfen, ohne daß direkte gegenwärtige Konflikte vorliegen müssen.

9. *Frage:* Werde ich noch einmal getestet?

Antwort: Sie werden auch am Ende der Behandlung noch einmal psychodiagnostisch untersucht. Das wird wiederum 2 bis 3 Stunden dauern. Diese Untersuchung dient uns dazu, psychische und körperliche Veränderungen im Zeitraum der Gespräche festzustellen.

Wir bitten Sie um Ihr Einverständnis, die Gespräche auf Tonband aufnehmen zu können; zur Kontrolle des Therapeutenverhaltens ist das notwendig. Ihr Name ist selbstverständlich codiert.

Wir hoffen, daß Sie etwas konkretere Vorstellungen von der Art der Gespräche haben als vorher und wünschen Ihnen für Ihre Behandlung alles Gute.

Ihr erster Termin ist am ...... bei Dipl.-Psych. ....

Ambulatorium des Lehrbereichs
Klinische Psychologie der
Sektion Psychologie,
Humboldt-Universität Berlin

Insgesamt gesehen ist es also noch der künftigen Forschungsarbeit vorbehalten, die Prognosegenauigkeit durch die Kombination prätherapeutischer und anfangstherapeutischer Daten zu erhöhen, wobei sowohl eine verbesserte Erfassungsmethodik zu erarbeiten wäre als auch ihr Bezug zur Theorie der Psychopathogenese nicht weiterhin vernachlässigt werden dürfte. Es sollte beachtet werden, daß die Indikationsforschung nicht nur symptomatologisch oder nosologisch orientiert vorgeht, sondern sich auf ontogenetisch und situativ relevante störungsätiologische Faktoren bezieht, die sicher teilweise auf die syndromätiologische und nosologische Klassifikation übergreifen (vgl. Feldes, Weise und Weise 1976). Dies hätte allerdings eine Ausdehnung der bisher stärker auf sogenannte neurotische Störungen konzentrierten Gesprächspsychotherapieforschung auf andere psychopathologische Klassen zur Voraussetzung (vgl. S. 214).

7.2.5.
Zum Problem außerpsychotherapeutischer Wirkungen

Die von uns in diesem Kapitel dargestellten gesprächspsychotherapeutischen Wirkungen wurden nicht in einer speziellen Effektivitäts-, sondern in einer Indikationsstudie ermittelt. Deshalb konnte auch bewußt auf die Kontrollgruppe verzichtet werden, da zahlreiche Effektivitätsnachweise der Gesprächspsychotherapie bereits vorliegen, und zwar unter der Voraussetzung und Kontrolle einer hinreichenden Realisierung effektiver Gesprächsvariablen des Psychotherapeuten. Kontrollgruppen (als Eigenwerte- oder Fremdkontrollgruppen, vgl. Helm 1974) sind in Effektivitätsstudien in der Regel dann für den Versuchsplan unerläßlich, wenn nachzuweisen ist, daß die ermittelten positiven Effekte nicht auf außerpsychotherapeutische Bedingungen bzw. sogenannte spontane Remissionen zurückgehen.

Wie wir bereits darstellten, spielen solche Faktoren eine nicht unerhebliche Rolle, besonders, wenn die Effekte länger dauernder Behandlungen objektiviert werden sollten. Im folgenden möchten wir die möglichen Bedenken entkräften, daß die erreichten positiven Veränderungen durch nichtpsychotherapeutische Bedingungen zustande gekommen sein können.

Wir gehen davon aus, daß die durchschnittliche Länge der Psychotherapie 17 Kontakte in einem durchschnittlichen Zeitraum von 4 bis 5 Monaten beträgt. 30% der Patienten benötigten lediglich 4 bis 10 Kontakte, 50% 11 bis 25 Kontakte und nur bei 20% war die Anzahl der psychotherapeutischen Gespräche größer als 25.

Bringt man die relativ kurze Psychotherapiedauer in Verbindung mit dem psychotherapeutischen Erfolg, dann zeichnet sich bei 30% aller Patienten ein erfolgreicher Abschluß in weniger als 10 Kontakten ab. Eine Behandlungsdauer $>$ 25 Kontakte bringt durchschnittlich nur noch bei jedem 5. Patienten positive Veränderungen.

1. Welcher Prozentsatz „spontaner" positiver Veränderungen wäre nach Eysencks Spontanremissions-These nach einer Psychotherapiedauer von 4 bis 5 Monaten zu erwarten?

Bekanntlich hat Eysenck (1967) aus Literaturbefunden eine Formel abgeleitet, aus der die prozentuale „spontane" Besserung in Abhängigkeit von der Zeit errechnet werden kann: $X = 100\ (1 - 10^{-k \cdot N})$, wobei X den Prozentsatz gebesserter Patienten und N die Zahl der Wochen seit Psychotherapiebeginn und k eine Konstante von 0.00435 bedeuten. Danach wäre nach 4 bis 5 Monaten mit einer nicht durch die Psychotherapie bedingten positiven Änderung bei etwa 20% der Patienten zu rechnen. Diese Quote liegt nun weit unter der hier erreichten.

2. Wie wir bereits einleitend zum Kapitel 7 berichteten, sind die von Eysenck angenommenen Zeit-Spontanremissions-Relationen heute kaum noch vertretbar. Nach seiner Formel bzw. nach den von Landis (1937) und Denker (1946) vorgetragenen Argumenten wäre mit einer Spontanremissionsquote von ungefähr 70% nach 2 Jahren zu rechnen. Die neuere und offenbar strengere Analyse von Bergin (1971) legt aber vielmehr nahe, daß über einen noch längeren Zeitraum als 2 Jahre lediglich mit „spontanen" Besserungen von 0%–46% zu rechnen ist. Bezieht man diese Quote auf unseren Zeitraum von knapp einem halben Jahr, dann kann an der Psychotherapiebedingtheit der ermittelten positiven Effekte in ihrem Ausmaß und ihrer Richtung kein Zweifel bestehen.

3. Dennoch möchten wir einige weitere Literaturbefunde vorstellen, durch die in Frage gestellt wird, daß in der für die Gesprächspsychotherapie relevanten Psychotherapiedauer überhaupt Spontanremissionseffekte nennenswerten Aus-

maßes auftreten. In der schon älteren Effektivitätsstudie von ROGERS u. a. (1954) zeigten sich bei der hier verwendeten Eigenkontrollgruppe nach einer 2 Monate betragenden Wartezeit keine signifikanten Änderungen in den verwendeten psychodiagnostischen Verfahren (SB-IB-Q-Sortierung, Anpassungs-Q-Sort, Willoughby-Skala). Obgleich in der Untersuchung von SHLIEN, MOSAK und DREIKURS (1962) die Wartezeit der Eigenkontrollgruppe 3 Monate betrug, zeigten sich auch danach keine bedeutsamen Q-Sort-Veränderungen.

Auch in Untersuchungen zur Effektivitätsforschung neueren Datums wurde festgestellt, daß in der für eine Gesprächspsychotherapie benötigten Zeit im Durchschnitt kaum mit außerpsychotherapeutisch bedingten Änderungen gerechnet werden kann. BOMMERT u. a. (1972) berichteten, daß bei ihrer Wartegruppe (9 Wochen) mit einem ihrer Behandlungsgruppe vergleichbaren Ausmaß psychischer Beeinträchtigungen mit Ausnahme der LPS-Skalen keine signifikanten Mittelwertsunterschiede der Testdaten in der ersten und zweiten Messung auftraten (MMPI; EPI). Allerdings ergab sich von der Erst- zur Zweitmessung in der Wartegruppe eine signifikante Varianzerweiterung in der neurotischen Tetrade des MMPI, die möglicherweise als Hinweis dafür zu werten ist, daß in der Wartegruppe positive und negative Veränderungen aufgetreten sein können, falls die Varianzerweiterung nicht als statistischer Testwiederholungseffekt gedeutet werden kann. In einer Effektivitätsuntersuchung von MINSEL u. a. (1972) ergaben sich hingegen signifikante Mittelwertsunterschiede in einigen Testskalen bei der Erst- und Zweitmessung der Wartegruppe (8–9 Wochen), und zwar im Sinne einer Verschlechterung. Wartepatienten, die am Ende der Wartezeit jedoch keine Psychotherapie mehr wünschten, zeigten in einigen Testskalen des MMPI positive Änderungen, die als Abnahme neurotischer Beeinträchtigungen interpretiert werden. Außerdem zeigte sich in dieser Untersuchung ebenfalls eine signifikante Varianzerweiterung in verschiedenen MMPI- und EPI-Skalen.

Insgesamt darf also aus diesen Befunden angenommen werden, daß sich in der für die Gesprächspsychotherapie benötigten durchschnittlichen Zeit bei Kontrollgruppen im Durchschnitt keine bedeutsamen Unterschiede zwischen der Erst- und der Zweitmessung bezüglich der Werte verschiedener diagnostischer Verfahren ergeben. Die in der Untersuchung von FROHBURG ermittelte durchschnittliche Besserungsquote (prä-post-therapeutische Differenzen) kann daher nicht oder nur zum geringen Teil auf außerpsychotherapeutische Faktoren zurückgeführt werden. Anderenfalls wäre zu erwarten, daß sich die Patienten in den Wartezeiten bei den genannten Untersuchungen im Durchschnitt in einem Ausmaß ändern, das der ermittelten Besserungsquote entspricht. Bei der Gesamtveränderung von Wartegruppen sind aber eher durchschnittliche Verschlechterungen zu erwarten. Andererseits ist zu bedenken, daß die Varianzerweiterung in der Zweitmessung gegenüber der Erstmessung bei der Wartegruppe sowohl auf positive als auch auf negative Änderungen während der Wartezeit hinweist. Offenbar gibt es also neben einem gewissen Anteil „spontaner" Remission auch einen mindestens ebensogroßen Anteil „spontaner" Verschlechterung ohne Psychotherapie.

4. Daß in der Zeit vor der Therapieaufnahme bei einem größeren Teil der Patienten die Beeinträchtigungen eher größer werden, machen auch Ergebnisse mit dem Veränderungsfragebogen wahrscheinlich. MEHNERT (1969) erhob mit

ihrem VF (vgl. 6.2.3.) vor Beginn der Psychotherapie Informationen von Patienten über Veränderungen, die sich in den vergangenen zwei Monaten ereignet hatten.
Die gleiche Information wurde bei 3 anderen Probandengruppen erhoben: 1. Studenten, die eine diagnostische Beratung wünschten, 2. Probanden mit hohem Neurotizismuswert, die jedoch keine Psychotherapie beanspruchten, und 3. bei Probanden einer normalen studentischen Kontrollgruppe. Es zeigte sich, daß die prätherapeutischen VF-Werte der Patienten im Sinne einer Verschlechterung gegenüber den anderen Gruppen am stärksten verändert waren, signifikant aber nur gegen die Kontrollgruppe. Dies bedeutet, daß sich im Zeitraum von 2 Monaten vor Therapiebeginn der Zustand der Patienten nach ihren eigenen Angaben eher verschlechtert als verbessert. Dieser Effekt kann nicht durch eine besonders ungünstige Selbstdarstellung zu Psychotherapiebeginn erklärt werden (Angst vor eventueller Ablehnung der Psychotherapieaufnahme), da die Behandlung bereits zugesichert und dem Patienten bekannt war, daß der Psychotherapeut von dem VF-Ergebnis nicht unterrichtet wird.
Der von Horn (1974) entwickelte VF (6.2.3.) erbrachte bei seiner prätherapeutischen Anwendung bei neurotisch gestörten Patienten das Ergebnis, daß das Ausmaß positiver Änderungen in den beiden vorpsychotherapeutischen Monaten nicht größer war als in einer Vergleichszeit bei nicht beeinträchtigten Kontrollpersonen. Dagegen waren die negativen Änderungen in der Zeit vor der Therapieaufnahme bei Patienten hoch signifikant größer als in der Vergleichszeit bei den Kontrollpersonen.
Wir dürfen also feststellen, daß die in unserer Forschungsgruppe erreichten positiven Effekte, die wir in ihrem Ausmaß und ihrer Qualität dargestellt haben, nicht auf außerpsychotherapeutische Bedingungen im Sinne einer Spontanremission zurückgeführt werden können.
5. Ein weiteres Argument gegen die Psychotherapiebedingtheit der erzielten positiven Veränderungen besteht in der oft diskutierten Annahme, daß durch sogenannte statistische Regressionen Behandlungserfolge vorgetäuscht werden könnten. Auf die Definition der Regression als von der Ausgangsgröße abhängiger Trend zum Populationsmittelwert, auf Korrekturkonzepte und auf mögliche Ursachen der Regressionseffekte sind wir bereits im Zusammenhang mit der Entwicklung posttherapeutisch anwendbarer VF eingegangen. Mehl und Göpfert (1976) weisen in ihrer Analyse dieses Problem darauf hin, daß die Regressionsmodelle, wie sie in der Literatur diskutiert werden (Campbell und Stanley 1963, Lord 1963) eine relativ dünne empirisch-experimentelle Grundlage besitzen. Offenbar ist noch nicht einmal die Frage entschieden, ob überhaupt bei der psychotherapeutischen Effektivitätsbestimmung bzw. bei der Interpretation von Prä-post-Differenzen bei neurosediagnostisch relevanten Verfahren oder Skalen mit Regressionseffekten generell zu rechnen ist.
In unserem Arbeitskreis überprüfte Göpfert dieses Problem, indem sie im Abstand von 2 Monaten 126 psychisch gesunden Probanden zweimal das MMPI und 62 Probanden zweimal den INR vorlegte. Regressionseffekte müssen an einer Normalstichprobe analysiert werden, da sogenannte „spontane" Veränderungen in positiver oder negativer Richtung hier in der Regel nicht auftreten. Erste Ergebnisse:

- Bei 5 klinischen Skalen des MMPI ergaben sich größere Differenzwerte bei hohen Ausgangswerten ($T > 60$) als bei mittleren Ausgangswerten ($41 < T < 59$). Umgekehrt ergaben sich entgegen der Regressionshypothese aber bei 4 klinischen Skalen des MMPI und der N-Skala des INR kleinere Differenzwerte bei niedrigen Ausgangswerten ($T < 40$) als bei mittleren Ausgangswerten.
- Die Mittelwerte sanken von der Erst- zur Zweitmessung bei neun der untersuchten 22 Skalen signifikant ab, bleiben aber bei 11 Skalen gleich oder stiegen bei 2 Skalen signifikant an. Die gesonderte Berechnung zeigte, daß Mittelwertsveränderungen in den beiden Extremgruppen ($T > 60$; $T < 40$) häufiger sind als im Mittelbereich.
- Bei 5 von 22 Skalen stellte sich bei der Zweitmessung eine signifikante Varianzerweiterung ein. Berechnet man die Varianz für die beiden Extremgruppen und die Mittelgruppe der Ausgangswerte gesondert, dann ergibt sich bei zwei Dritteln der Skalen eine Zunahme der Varianz.
- Bei Betrachtung der individuellen Testwertdifferenzen wird deutlich, daß hohe Ausgangswerte häufiger absinken und niedrige Ausgangswerte häufiger ansteigen als mittlere Ausgangswerte. Aber: bei einigen Skalen zeigte sich entgegen der Regressionshypothese ein stärkeres Absinken bei mittleren Ausgangswerten.

Nach diesen vorläufigen Befunden ist also mit Regressionseffekten bei einigen Skalen der untersuchten psychodiagnostischen Verfahren zu rechnen (am deutlichsten bei den sogenannten Neuroseskalen des MMPI gegenüber den sogenannten Charakterskalen). Da sich die Regressionseffekte als skalenspezifisch erwiesen, kann vermutet werden, daß es sich weniger um rein statistisch bedingte Artefakte handelt, die sich eigentlich durchgängig zeigen müßten, sondern möglicherweise um Testwiederholungseffekte aus noch zu klärenden psychologisch-inhaltlichen Ursachen (z. B. bei der Zweiterhebung: bessere kognitive Teststrukturierung; realistischere Sichtweise durch zwischenzeitliche kognitive Verarbeitung der Items; Standpunkts- und Einstellungsänderung zu den Items durch Aussprache mit anderen Personen darüber bzw. Zurücknahme von Extremmeinungen). Inwieweit solche oder ähnliche Faktoren bei bestimmten Skalen besonders ins Gewicht fallen, bedarf weiterer Klärung. Gegen ein statistisches Regressionsmodell sprechen schließlich auch noch die teilweise direkt „gegenläufigen" Befunde: zum Teil geringere Differenzwerte bei extremen Ausgangswerten (vgl. Kommandostriche 1 bis 4).

Auch FROHBURG (1974) überprüfte an MMPI- und INR-Skalen mit großer Varianz der Meßwerte in einer Erkundungsstudie einige Konsequenzen, die sich aus der Existenz von statistischen Regressionseffekten ergeben müßten:

- Die der Regressionshypothese entsprechende Erwartung, daß sich in der Zweitmessung mehr Probanden zur Norm hin als von dieser weg verändern, wurde nicht bestätigt.
- Im Gegensatz zu GÖPFERT fanden sich keine Mittelwertunterschiede zwischen der Erst- und der Zweitmessung.
- Es ließ sich auch keine Abhängigkeit der Differenzwerte von der Höhe der Ausgangswerte feststellen.

Dementsprechend war bei extremen Ausgangswerten die Retestreliabilität auch nicht geringer als bei mittleren Ausgangswerten.

Andererseits wurde bei der Effektivitätsermittlung deutlich, daß bei prätherapeutisch stärker erhöhten Testwerten auch höhere Änderungswerte zu erwarten sind als bei nur mäßig erhöhten Ausgangswerten ($T < 60$). Dies läßt zwei Interpretationsmöglichkeiten zu: 1. Stärker gestörte Patienten verbessern sich im größeren Ausmaß, oder 2. die Beziehung zwischen Ausgangsgröße und Veränderungsgröße ist als Regressionseffekt zu verstehen. Da sich diese Beziehung auch zeigen ließ, wenn sie unabhängig von den absoluten Veränderungsmeßgrößen ermittelt wird, konnte der ersten Interpretation der Vorzug gegeben werden. Alle prätherapeutischen Testdaten wurden faktoranalysiert. Es ergaben sich 4 interpretierbare Faktoren (neurotische Persönlichkeitsstörungen, neurotisch-funktionelle Störungen, Introversion, Selbstunzufriedenheit), nach deren Bestimmungsvariablen die Patienten in 6 sogenannte Ausgangsgruppen klassifiziert werden konnten (Persönlichkeits- und funktionelle Störungen = 30%; Persönlichkeitsstörungen = 15%; funktionelle Störungen = 28%; Selbstunzufriedenheit = 12%; Introversion = 3%; keine Störung = 12%). Wenn die ersten 3 Ausgangsgruppen als stärker gestörte, die Ausgangsgruppen 4, 5 und 0 dagegen als weniger gestörte Patienten zusammengefaßt werden, dann ergibt sich, daß sich stärker gestörte Patienten zu 82% in verschiedenem Ausmaß verbessern, dagegen weniger gestörte Patienten nur zu 50%. Zwischen dem Ausmaß der Störungen und der Häufigkeit positiver Psychotherapieeffekte besteht ein signifikanter Zusammenhang ($p = 0{,}05$). Da hier das Ausmaß der Störungen aus der *Häufigkeit* prätherapeutisch erhöhter Testskalen und nicht aus der *Höhe* der Ausprägung aus einzelnen Testskalen bestimmt wurde, kann die Beziehung nicht als Regressionseffekt interpretiert werden (Frohburg 1974).

Überdenkt man diese wegen ihrer unterschiedlichen Ergebnisse vermutlich stichprobenspezifischen Befunde aus den Untersuchungen von Göpfert und von Frohburg, so stellt sich der Sachverhalt Regression in vielerlei Hinsicht als ungeklärt dar. Es ist offen, ob und in welchen Grenzen Regressionseffekte beim Einsatz der zur Veränderungsmessung häufig verwendeten Verfahren zu berücksichtigen sind. Ferner gibt es noch keine verbindlichen Antworten auf die Frage nach statistisch-methodischen und psychologisch-inhaltlichen ursächlichen Bedingungen von Testwiederholungseffekten. Obgleich von statistischer Seite bereits Modellansätze zur Korrektur von Testwertdifferenzen nach Regressionsanteilen formal erarbeitet wurden (Sachs 1969, Frohburg 1974, Krause und Lander 1975), wird ihre Anwendung erst nach Klärung der genannten Probleme möglich und sinnvoll werden. Beim gegenwärtigen Problemstand muß daher auf die Abschätzung skalenspezifischer oder genereller Regressionseffekte und auf ihre Berücksichtigung bei der Planung von Untersuchungen zur Effektivitätsbestimmung verzichtet werden (vgl. auch Cattell 1966). Dies bedeutet, daß wir regressionsbedingte Anteile bei den ermittelten Besserungsquoten zur Zeit weder ausschließen noch annehmen können.

Insgesamt ließ sich aus den im Kapitel 7 mitgeteilten Ergebnissen zeigen, daß die durch patientzentrierte Gesprächspsychotherapie bewirkten positiven Effekte weit über die zu erwartende Spontanremission hinausgehen. Sie sind eindeutig

auf die unser psychotherapeutisches Konzept definierenden Prozeßvariablen zurückzuführen.
Dabei zeigte sich auch, daß offenbar die Anzahl der in hohem Grade vom Therapeuten eingesetzten Variablen des patentzentrierten Basisverhaltens für den therapeutischen Effekt bedeutsam ist. Dies sollte in der gesprächspsychotherapeutischen Praxis besonders berücksichtigt werden.
Die erreichten Erfolge zeigten sich zunächst bei den meisten verwendeten Testskalen, wenn auch individuell in unterschiedlicher Häufigkeit. Sie betreffen viele Aspekte des gesprächspsychotherapeutischen Veränderungskonzepts. Die Effektivitätsanalyse, bezogen auf psychopathologische Veränderungsdimensionen, ergab bei 75% der Patienten signifikant positive Veränderungen in verschiedennen Veränderungsbereichen. Dieser Prozentsatz erhöht sich noch, wenn zusätzlich Beschwerdereduktionen einbezogen werden.
Das Indikationsspektrum für Gesprächspsychotherapie muß als sehr breit angesehen werden, da eine Effektprediktion aus der prätherapeutischen Psychodiagnostik bzw. aus Patienten-Ausgangsmerkmalen bisher nicht möglich ist. Zur Zeit erwiesen sich als beste Indikationskriterien die Anfangsreaktionen der Patienten auf die gesprächspsychotherapeutischen Bedingungen.
Die aufgetretenen Effekte können nicht auf außertherapeutische Wirkungen zurückgeführt oder als statistische Artefakte betrachtet werden, so daß die Effektivität der patientzentrierten gesprächspsychotherapeutischen Methode als gesichert gelten darf. Diese Aussage gilt streng genommen für die Einzelpsychotherapie, aber auch für die Gruppenpsychotherapie scheint das Konzept der patientzentrierten Gesprächspsychotherapie (ROGERS 1974) effektiv zu sein. Gruppenpsychotherapie sollte aber eher bei einem mittleren Störungsgrad durchgeführt werden, während Patienten mit größerem Ausmaß von Störungen mehr von der Einzelgesprächspsychotherapie profitieren (PAVEL und SANDER 1976). Auch MANN und v. LEHMDEN (1976) zeigten, daß eine „klientzentrierte Intensivgruppenpsychotherapie" bei gemischten psychiatrischen Patienten („abklingende oder chronische Psychosen, Neurosen, Depressionen, Suchtkrankheiten") in vielen Änderungsaspekten erfolgreicher war als bei einer Kontrollgruppe. Skeptisch stimmen hingegen die Untersuchungsergebnisse von FRANKE (1975), die allerdings lediglich die Effekte einer Gesprächs-Einzeltherapie in Gruppenform untersuchte. Hier wird deutlich, daß das gesprächspsychotherapeutische Konzept für die Gruppenpsychotherapie ohne Erweiterung durch Interaktionsvariable nur bedingt effektiv werden kann (vgl. auch TIATOR 1972 und FRANKE 1976).

Teil IV
Ausbildung in Gesprächspsychotherapie

8.
Die Ausbildungsmethodik zur psychotherapeutischen Gesprächsführung

Wenn der Erfolg psychotherapeutischer Gespräche als Funktion einer Reihe von in verschiedenem Zusammenhang ausführlich von uns dargestellten psychotherapeutischen Prozeßvariablen im Sinne psychotherapeutischer Fertigkeiten und bestimmter Gesprächsmerkmale der Patienten aufzufassen ist, dann stellt sich sehr nachdrücklich die Frage, wie künftige Gesprächspsychotherapeuten ausgebildet werden müssen, damit sie die als effektiv nachgewiesenen Fertigkeiten auch im psychotherapeutischen Gespräch realisieren können. Man darf heute als sehr wahrscheinlich annehmen, daß viele traditionelle Ausbildungsmethoden wenig geeignet sind, um Verhaltensänderungen in der angezielten Richtung konkret zu bewirken (Helm 1976, Helm und Frohburg 1976). Nach Truax und Mitchell (1971), nach Matarazzo (1971) und anderen Autoren sind solche oft üblichen Ausbildungsmethoden wie Hospitationen, Fallbesprechungen usw. für sich genommen ziemlich wertlos, da die Effekte der damit ausgebildeten Psychotherapeuten im Durchschnitt recht bescheiden ausfallen. Dies ist zwar ein hartes Urteil, doch wenn man bedenkt, daß in der traditionellen Ausbildungssituation nur selten die einzuübenden Verhaltensmerkmale konkret und operational definiert werden, so daß sie auch während der Ausbildung nicht kontrolliert werden können, d. h., daß die mögliche Verbesserung der psychotherapeutischen Fertigkeiten als Funktion des Trainings überhaupt nicht objektiviert werden kann, dann mag man solcher Kritik vielleicht nachdenklicher gegenüberstehen.
Als Maßkriterien für die Wirksamkeit einer Ausbildungsmethode sollten daher 1. das metrisch bestimmbare Niveau effektiver Psychotherapeutenmerkmale und 2. der damit verbundene Effektivitätsgrad der Studierenden bei ihren Patienten gefordert werden. In jedem Falle aber sollte die Basis der Ausbildung in soliden Kenntnissen über effektive Psychotherapeutenfertigkeiten und -methoden bestehen, statt in unüberprüften subjektiven Überzeugungen von Ausbildern und konzeptionslosem Praktizismus.

8.1. Die Wirksamkeit verschiedener Ausbildungsmethoden zur psychotherapeutischen Geprächsführung

1. *Lehr- und Kontrollanalysen* oder auch Selbsterfahrungsgruppen sind als Methoden – abgesehen von ihrem oft psychoanalytischen Inhalt – sicher gut geeignet, den Studierenden ihre eigenen sozialen Einstellungen, Reaktionsmuster, Wahrnehmungsverzerrungen usw. bewußter zu machen. Sie können sicher auch dazu beitragen, dem Psychotherapeuten die Gefühle, Erfahrungen und sozialen Wahrnehmungen von Patienten transparenter zu machen. Ihrer Anwendung liegt die Annahme zugrunde, daß sich dadurch bei Studierenden auch wirksamere psychotherapeutische Fertigkeiten einstellen.
Bisher sind aber der Gewinn an solchen Fertigkeiten und die psychotherapeutischen Effekte bei Patienten als Funktion dieser Ausbildungsmethoden selten systematisch überprüft worden. Ansätze dazu finden sich bei KREMER und R. TAUSCH (1975) und TAUSCH, A., SCHIEFELBEIN, SCHWAB und DOSSMANN (1975).
2. Bei einer anderen häufig benutzten Ausbildungsmethode, der *Fallkonferenz*, stellt ein Studierender die Probleme, die sich während der Psychotherapie mit einem bestimmten Patienten ergeben haben, dem Ausbilder und der auszubildenden Gruppe rekonstruierend vor. Diese Methode enthält nun aber eine Reihe gravierender Mängel. So konnte bereits COVNER (1944) zeigen, daß von Studierenden vorgetragene Psychotherapieberichte Auslassungen und Entstellungen wichtiger Sachverhalte enthalten, und MATARAZZO u. a. (1965, 1966) wiesen nach, daß die Fallkonferenzmethode keine wesentlichen Änderungen im psychotherapeutischen Verhalten bzw. in den Fertigkeiten von Studierenden bewirkt. MUSLIN u. a. (1964) haben einen interessanten Vergleich durchgeführt: 1. wurden psychotherapeutische Gespräche zwischen Patienten und Studierenden auf Tonband aufgenommen, 2. wurde aber ebenfalls die psychoanalytische Fallkonferenz aufgenommen, in der die Studierenden ihre psychotherapeutischen Probleme vorstellen. Der Vergleich beider Tonaufnahmen machte deutlich: Es fehlten verschiedene wichtige Themen der Patienten; die gefühlsmäßigen und affektiven Reaktionen der Patienten wurden in der Fallkonferenz oft inadäquat dargestellt; ebenso wurde die Psychotherapeut-Patient-Beziehung oft nicht richtig beurteilt. Da die auf solchen Angaben beruhenden Korrekturen der Ausbilder von diesen selbst als fehlerhaft bezeichnet wurden, muß der Wert dieser Methode zur Ausbildung künftiger Psychotherapeuten als recht zweifelhaft angesehen werden, zumal auch die realen Effekte der Fallkonferenz-Methode nie wissenschaftlich befriedigend überprüft wurden.
3. Wesentlich ausbildungseffektiver scheint ein Vorgehen zu sein, daß man als *„kollektive Verhaltensauswertung"* bezeichnen könnte. MATARAZZO u. a. (1966) haben Änderungen des Gesprächsverhaltens von Studierenden während der Durchführung verschiedener Ausbildungsmethoden auf drei Arten erfaßt: 1. Psychotherapeuten-Prüfliste für fehlerhaftes Verhalten, 2. Rollenmerkmale (autoritär, sozial usw.) und 3. kommunikationsfördernde Verhaltensmerkmale. Die geringsten Änderungen zeigten die nach der üblichen Fallkonferenz-Methode ausgebildeten Kandidaten. Mittlere positive Verhaltensänderungen wurden erzielt, wenn die Ausbilder das *konkrete* Gesprächsverhalten beobachteten und gelegentlich in die

Konferenz mit einbezogen. Die größten Verhaltensänderungen hatten aber Studierende, deren Ausbilder systematisch zweimal wöchentlich aufgenommene Psychotherapiegespräche kollektiv in der Gruppe besprachen, was Rückmeldungen über das Gesprächsverhalten ermöglichte. Der Vorteil dieses Vorgehens besteht einmal darin, daß definiertes fehlerhaftes Psychotherapeutenverhalten bzw. Psychotherapieprobleme nicht rekonstruiert werden müssen, und zum anderen wird den Studierenden ein unmittelbares Feed-back zuteil, bekanntlich eine günstige Lernbedingung.

4. Eine anscheinend entwicklungsfähige Methode hat FINNEY (1968) eingeführt, für die aber bisher noch keine Messungen des Ausbildungserfolgs vorliegen. Jedem Studierenden werden zwei Mitstudierende zugeteilt. Der eine fungiert als sein Patient, der andere hat als sein Psychotherapeut zu reagieren (bei dem er also selber Patient ist).

Der Studierende trifft sich pro Woche alternierend einmal mit seinem Quasipatienten und einmal mit seinem Quasipsychotherapeuten, nimmt die dabei durchgeführten *Rollenspiele* auf Tonband auf, transkribiert sie und wertet sie dann zusammen mit dem Ausbilder im Sinne konkreter Verhaltenskorrekturen aus. Nach 6 bis 7 Auswertungen können die Studierenden verbal mitgeteilte Inhalte richtig wahrnehmen und die wesentlichen emotionalen Inhalte fehlerfrei reflektieren. Bei diesem Programm werden die aufgezeichneten Rollengespräche in der Gruppe ausgewertet, und es erfolgen dort auch direkt Rollenspiele, wobei gelegentlich der Gruppenpsychotherapie analoge Situationen entstehen können.

5. Zur Gesprächspsychotherapie-Ausbildung scheint sich auch das sogenannte *Microcounseling* von IVEY u. a. (1968) zu eignen. Die Studierenden haben hierbei etwa 5minütige Gespräche paarweise miteinander zu führen, die mit einem Videorecorder aufgezeichnet werden und für die vorher bestimmte Instruktionen oder Modelle gegeben wurden. Nach der Auswertung muß der Student das Gespräch mit dem gleichen Quasipatienten wiederholen. Diese Methode bewirkte nach einstündiger Anwendung signifikante Verhaltensunterschiede im intendierten Sinne gegenüber einer Kontrollgruppe, bei der die Videozwischenauswertung unterblieb. Das Microcounseling läßt sich zur Bewältigung spezieller Übungsaufgaben im Rahmen der Psychotherapieausbildung auch sehr gut mit Rollenspielen verbinden, zumal die Möglichkeit besteht, gleiche Probleme (z. B. Reaktionen auf Schweigen oder Gesprächseröffnung) mit verschiedenen Quasipatienten und Quasipsychotherapeuten durchzuspielen und dann anschließend die Bildaufzeichnungen vergleichend zu analysieren. Nach WAGNER (1973) ist das Microcounseling zum Einüben spezifischer Psychotherapeutenfertigkeiten effektiver als die ausschließliche Verwendung von Beurteilungsskalen.

Über Erfahrungen mit dem Microcounseling unter Einbeziehung von Viedeorecordern berichten auch DIGIULIO und ESHLEMAN (1972), die 31 Studenten unter verschiedenen Fragestellungen zwei Gespräche von je 10 bis 15 Minuten Dauer durchführen ließen. Nach Durchführung und Auswertung der Gespräche erfragten die Autoren die Meinung der Studenten über diese Methode und die damit gemachten Erfahrungen anonym mit einem Fragebogen. In Tab. 39 sind einige Ergebnisse dargestellt.

6. Auf die Entwicklung effektiver *Lehrprogramme* für die psychotherapeutische Gesprächsführung hat die *klientzentrierte Gesprächspsychotherapie* großen Einfluß

Tab. 39:
Befragungsergebnisse von Studenten über den Einsatz von Videorecordern bei der Microcounseling-Methode (nach DIGIULIO *und* ESHLEMAN*)*

Ablenkung durch Kamera und Mikrofon	Sehr 13%	Mäßig 26%	Schwach 29%	Nicht 32%
Steigen der Nervosität durch technische Anlage	beträchtlich 23%	mäßig 23%	schwach 38%	nicht 16%
Beeinträchtigung des Partners	starke 0%	mäßige 20%	schwache 48%	keine 32%
Lernhilfe durch audiovisuelle Rückmeldung?	keine 0%	schwache 10%	mäßige 13%	starke 77%
Motivierung zur Gesprächsverbesserung	keine 6%	schwache 3%	mäßige 33%	starke 58%

ausgeübt, zumal die Ausbildung dort von vornherein selbst als Forschungsgegenstand betrachtet wurde. Wir gehen daher etwas ausführlicher darauf ein.

ROGERS (1951) stellte neben die technischen oder didaktischen Unterweisungen besonders die spezifische soziale Beziehung zwischen Ausbildern und Studierenden, um ein Modell- bzw. Erfahrungslernen zu ermöglichen. Daher sollten die Ausbilder selbst über ein höheres Niveau psychotherapeutischer Bedingungen verfügen und diese im Ausbildungsprozeß gegenüber den Trainierenden ständig zu realisieren versuchen, um in diese Richtung gehende Lerneffekte zu steigern. Die Bedeutung des Modellernens für die Ausbildung geht aus einer Untersuchung von PIERCE und SCHAUBLE (1970) hervor: Studierende erreichen nur dann psychotherapeutische Fertigkeiten, wenn deren Ausbilder selbst in den psychotherapeutischen Gesprächen mit Patienten hohe Grade psychotherapeutischer Bedingungen verwirklichen konnten. Ausbilder mit nur mittlerem oder sogar niedrigem gesprächspsychotherapeutischem Basisverhalten konnten nach einem 30wöchigen Training bei ihren Studenten keine wesentlichen Verhaltensänderungen erreichen. Nach PAGELL, CARKHUFF und BERENSON (1967) konnten Studierende, die selbst ein hohes Niveau in den Kernvariablen geboten bekamen, auch gegenüber ihren Patienten größere Fertigkeiten einsetzen, während Studierende, deren Ausbilder ein niedriges Niveau boten, auch selbst nur mäßige Fertigkeiten erreichten. Ähnliche Ergebnisse berichten PIERCE, CARKHUFF und BERENSON (1967).

Aus einer empirischen Untersuchung von HERMANN, ECKERT, INHÜLSEN und PLOG (1976) läßt sich vermuten, daß Gesprächspsychotherapie-Ausbilder ein höheres Ausmaß psychotherapeutischen Basisverhaltens verwirklichen als Dozenten einer Fachhochschule für Sozialpädagogik. Es zeigten sich auch bedeutsame Unterschiede in den Eigen*real*bildern: GT-Ausbilder erleben sich selbst stärker als positiv sozial resonant ($p=0.01$), transparent ($p=0.01$) und sozial potent ($p=0.01$) als Sozialpädagogik-Dozenten. Die Eigen*ideal*bilder stimmten dagegen hoch überein. Es ist also anzunehmen, daß in beiden Ausbildergruppen das gleiche Bild einer

idealen Ausbilderpersönlichkeit existiert, von dem sich die Dozenten allerdings weiter entfernt erleben als die GT-Ausbilder.
Aus den angeführten Untersuchungen läßt sich entnehmen, daß die Grundlage für eine Anwendung von effektiven Trainingsprogrammen in einem erfolgreichen Training der Ausbilder selbst besteht, so daß deren psychotherapeutische Fertigkeiten in die sozialen Beziehungen zu dem Studierenden mit einfließen können. Deshalb ist ein Trainingsprogramm nicht nur von seiner didaktisch-methodischen Seite her zu bestimmen; technische Fertigkeiten und theoretisches Wissen sind vermutlich nur auf der Basis von günstigen zwischenmenschlichen Beziehungen erfolgreich einsetzbar, die zum Teil mit den bisher bekannten und ausführlich dargestellten Psychotherapeutenmerkmalen zu kennzeichnen sind.
An das von ROGERS beschriebene Trainingsprogramm anknüpfend haben TRUAX, CARKHUFF und DOUDS (1964) ein Programm entwickelt, dessen drei wichtigste Elemente darin bestehen, 1. daß die Beziehung des Ausbilders zum Studenten ein Modellernen ermöglicht, 2. in einem speziellen didaktischen Training und 3. in einer Quasigruppenpsychotherapie, in der die Studierenden ihre eigenen persönlichen Probleme erfahren lernen.

Das erste Element haben wir bereits erläutert. Im didaktischen Training hören die Studenten zunächst nach einer ausführlichen theoretischen Vorbereitung etwa 25 Stunden lang vom Tonband ausgewählte Gruppen- und Einzelpsychotherapiekontakte und lernen dabei das breite Spektrum möglicher psychotherapeutischer Antworten kennen. Danach üben sie, Stichproben aus diesem Tonbandmaterial mit den empirischen Skalen für Psychotherapeuten zu beurteilen, und anschließend müssen sie selbst auf vom Tonband abgespielte Patientenäußerungen psychotherapeutisch reagieren; schließlich werden Rollenspiele durchgeführt, in denen die Studenten die Psychotherapeuten- und Patientenrolle alternierend übernehmen.
Bei ausreichendem psychotherapeutischem Niveau erfolgen Probekontakte mit Patienten, deren Aufzeichnungen kollektiv beraten werden. Nach 6wöchigem Training wird dann mit der Ausbildungsgruppe wöchentlich 2 Stunden eine Quasigruppenpsychotherapie durchgeführt, die im wesentlichen darin besteht, daß die Studierenden zusammen mit dem Ausbilder über solche persönlichen emotionalen Schwierigkeiten sprechen, die sie bei der Verwirklichung ihrer Psychotherapeutenfunktion erlebt haben.

Insgesamt werden für dieses Trainingsprogramm etwa 100 Stunden benötigt. Es hat sich gezeigt, daß auch medizinisches Pflegepersonal damit auf ein psychotherapeutisches Niveau gebracht werden kann, das nahezu dem erfahrener Psychotherapeuten entspricht und über dem Niveau von Kollegen mit abgeschlossener Universitätsausbildung einschließlich theoretischer Ausbildung in Beratung liegt (TRUAX 1966).
Die Wirksamkeit des Trainingsprogramms ist mehrfach nachgewiesen worden. BERENSON, CARKHUFF und MYERS (1966) verglichen drei Gruppen von je 12 Studierenden mit unterschiedlichen Ausbildungsbedingungen. Die erste Gruppe durchlief das Programm vollständig. Die zweite Gruppe hatte keine Feed-back-Möglichkeiten, d. h., es wurde kein Gebrauch von Beurteilungsskalen gemacht und die Quasigruppenpsychotherapie wurde durch Diskussionen über Studienprobleme ersetzt. Die dritte Gruppe wurde überhaupt nicht trainiert, sondern war auf ihre subjektiven Erfahrungen angewiesen. Vor und nach dem Training wurde das Niveau der erreichten psychotherapeutischen Fertigkeiten mit den entsprechenden

Skalen beurteilt und zusätzlich noch die Selbstexploration bewertet, die bei den Patienten verbessert werden sollte. Den größten Gewinn hatte erwartungsgemäß die Gruppe 1, dann folgte Gruppe 2, und in Gruppe 3 konnte überhaupt keine wesentliche Verhaltensänderung bei den Studenten und den Patienten gefunden werden. Diese Resultate konnten von TRUAX und SILBER (1966) wiederholt werden. TAUSCH (1973) empfiehlt ein Ausbildungstrainingsprogramm für Studenten der Psychologie, das eng an die oben skizzierten Programme angelehnt ist. Hier folgen der theoretischen Darstellung wissenschaftlicher Erkenntnisse und einem Literaturstudium:

- Imitationslernen durch Darbietung von Video- und Tonaufnahmen von psychotherapeutischen Gesprächen mit hohem Niveau des psychotherapeutischen Basisverhaltens;
- Beobachten und Vergleichen von Gesprächsstichproben mit hohem, mittlerem und niedrigem Niveau psychotherapeutischen Basisverhaltens;
- Beurteilungsübungen mit Hilfe entsprechender Skalen;
- Verbalisierungsübungen mit Hilfe von Tonbandaufzeichnungen oder Texten von Patientenäußerungen;
- Rollenspiele, wobei die Studierenden paarweise die Rolle von Patienten oder Psychotherapeuten einnehmen;
- Skalenbeurteilung des Basisverhaltens;
- Gesprächsübungen mit Versuchspersonen über deren persönliche Probleme (z. B. Schwierigkeiten im Studium);
- bei hinreichendem Niveau psychotherapeutischen Basisverhaltens werden möglichst viele einzelne psychotherapeutische Gespräche mit Patienten geführt; auch alternierende Gesprächspsychotherapie, bei der die psychotherapeutischen Gespräche abwechselnd von Studierenden und einem erfahrenen Psychotherapeuten geführt werden, oder der Einsatz des Studierenden als Co-Psychotherapeut wird empfohlen. Bei allen Übungsvarianten erhält der Studierende laufend Rückmeldungen und Korrekturen.
- In neueren Veröffentlichungen hält TAUSCH (1976) Encounter-Gruppen für „eine ideale Möglichkeit zur Förderung der entscheidenden emotionalen und sozialen Haltungen", die eine Gesprächspsychotherapie kennzeichnen.

Das Lernprogramm von MINSEL (1974) stellt mit seinen Übungseinheiten in mancher Hinsicht eine sinnvolle Ergänzung zu den erwähnten Programmen dar, zumal es u. a. viele sprachliche Formulierungsübungen enthält: Differenzierte Übungen zum Erkennen, Benennen und Formulieren des gefühlsmäßigen bzw. inneren Zustands eines Patienten; Skalentraining für die Variablen Selbstexploration und Verbalisierung; Wahrnehmen und Differenzieren nichtverbaler Informationen aus sprachlichen Patientenäußerungen vom Tonband und Einbeziehen in die Antwortformulierung; Übungen in Rollenspielen; Training eines flexiblen, konkret-verständlich-anschaulichen Antwortstils; Kennenlernen und Unterscheiden von schwierigen Gesprächssituationen sowie Sensibilisierung für eigene Erfahrungen bei schwierigen Situationen und Reflektieren eigener Handlungen bei deren Bewältigung; kurzzeitige Übungen in Realsituationen mit Patienten. Bei allen Übungen wurde versucht, Ergebnisse aus den Bereichen der programmierten Instruktion, des Micro-

counseling und Modelle zur Einstellungsänderung zu verwerten. Eine Überprüfung des Programms erfolgte durch MINSEL u. a. (1973).
Kürzlich hat STAUSS nachgewiesen, daß der GT-Trainingserfolg bei Studenten erhöht werden kann, wenn der Ausbilder ihnen unmittelbar Bekräftigungen erwünschten Verhaltens über Ohrhörer zurückmeldet, während die Studenten das Gesprächsverhalten übend praktizieren. Der Ausbilder beobachtet dabei das Gespräch vom Nebenraum über Videorecorder oder Einwegscheibe. Dieses „Verstärkungstraining" wird vom Autor besonders als Aufbaustufe empfohlen, da es bereits das Vorhandensein elementarer therapeutischer Gesprächsfertigkeiten voraussetze. Bei Studenten, die eine solche Ausbildungsform absolvieren, werden offenbar positive Persönlichkeitsänderungen bewirkt: Die Ausprägung des Merkmals „Gehemmtheit" (FPI-Skala 8) verringert sich bei gleichzeitiger Zunahme an „Offenheit" (FPI-Skala 9), während sich die Kontrollgruppe in entgegengesetzter Richtung verändert. Und während in der Kontrollgruppe das Ausmaß an „Gelassenheit" (FPI-Skala 6) und an „Extraversion" (FDE) abnimmt, bleibt es in der Experimentalgruppe unverändert (STAUSS 1976, S. 331).

8.2. Persönliche Voraussetzungen für den Ausbildungserfolg

Die Erfolge mit solchen Trainingsprogrammen zeigen eindringlich, daß die Ausbildung im psychotherapeutischen Gespräch damit verbessert werden kann. Andererseits sollte aber nicht übersehen werden, daß der Erfolg in einem Training offenbar an bestimmte persönliche Voraussetzungen der Studierenden gebunden ist, die bei der Auslese zum Training bedacht werden müssen. Es stellt sich also hier das Problem der Indikation für Gesprächspsychotherapie nicht nur für den Patienten, sondern auch für den Psychotherapeuten.

8.2.1. Persönlichkeitseigenschaften und Eignung zur Gesprächspsychotherapie

Überraschend ist zunächst, daß übliche Intelligenzkriterien für die Auslese von Psychotherapeuten eine nur untergeordnete Rolle zu spielen scheinen, denn BERGIN und SOLOMON (1970) fanden keine signifikante Korrelation zwischen der Verbalisierungsfertigkeit und der verbalen Intelligenz. Ebenso ergab sich kein Zusammenhang mit Ergebnissen von bestimmten Leistungsnoten bei Aufnahmeprüfungen.
Ein komplexes Merkmal, von WHITLEY u. a. (1967) als „kognitive Flexibilität" bezeichnet, ist von diesen Autoren im Zusammenhang mit psychotherapeutischen Fertigkeiten untersucht worden. Es handelt sich dabei um die Fähigkeit des Psychotherapeuten, sein Verhalten auf Situationen angemessen einzustellen, offen gegenüber Erfahrungen zu sein und voreilige Lösungen vermeiden zu können. Das mit diagnostischen Verfahren erfaßbare Ausmaß des Merkmals erlaubte auch, die Effektivität von Psychotherapeuten vorherzusagen, da es bedeutsam mit den Beurteilungen der Ausbilder über die Effektivität korrelierte. Dagegen bestand kein Zusammenhang mit Intelligenzwerten der Psychotherapeuten.
Aus Untersuchungen, psychotherapeutische Fertigkeiten mit Persönlichkeitseigenschaften in Verbindung zu bringen, ergab sich, daß die MMPI-Skalen Pt und D signifikant negativ mit der Verbalisierungsfertigkeit korrelieren; dies wurde in

2 Arbeiten unabhängig voneinander gefunden (BERGIN und JASPER 1969). Ferner stehen nach FOULDS (1969), der die Skalen des „Personal-Orientation-Inventory“ (POI, vgl. 6.2.1) verwendete, Eigenschaften wie Spontaneität, Kontaktfähigkeit, emotionales Reagieren und Selbstverwirklichung von Trainingsteilnehmern in enger Beziehung mit deren psychotherapeutischen Fertigkeiten, die sich in Gesprächen mit Patienten zeigten. Schließlich hingen in einer Untersuchung von GURMAN (1972) Ängstlichkeit, soziales Meidungsverhalten und depressive Verstimmungen von Psychotherapeuten negativ mit dem Grad ihrer Verbalisierungsfertigkeit zusammen.

Da nach TRUAX und MITCHELL (1971) anzunehmen ist, daß Personen, die aus ihrer eigenen Lerngeschichte heraus von vornherein ein höheres Niveau psychotherapeutischer Bedingungen realisieren können, auch ein Psychotherapeutentraining erfolgreicher absolvieren als andere, bei denen dies nicht der Fall ist, fordern diese Autoren als Auswahlkriterium für Psychotherapieanwärter eine Art Probegruppengespräch mit Patienten. Diese Gespräche, bei denen die Anwärter mit den Patienten über ihre Gefühle, Probleme, Aktiva und Schwächen zu sprechen haben, werden auf Tonband aufgenommen und nachträglich nach den Variablen des psychotherapeutischen Basisverhaltens beurteilt. Nur solche Personen werden in das Training aufgenommen, die mindestens mittlere Skalenwerte erreichen. Da die mit herkömmlichen Verfahren ausgebildeten klinischen Psychologen selbst nach einer Praxiszeit in Kliniken meistens nur Werte im unteren Viertel der Skalen erreichen, was wir nach eigenen Ergebnissen bestätigen können (HELM und FROHBURG 1974), ist es nicht verwunderlich, wenn nach diesem Kriterium nur etwa ein Fünftel aller Anwärter zur Ausbildung zugelassen wurde.

Fassen wir die Befunde zur „Indikation der Psychotherapeuten zur Gesprächspsychotherapie“ zusammen, so zeichnet sich ab, daß die intellektuellen Eigenschaften keine wesentliche Rolle zu spielen scheinen, daß aber eine flexible Denkweise, Erfahrungsoffenheit, seelische Gesundheit und gute, einfühlsame Kontaktfähigkeit sowie Spontaneität und Freiheit von Verteidigungsmechanismen gute Voraussetzungen für den Erwerb effektiver psychotherapeutischer Voraussetzungen sind. Ferner scheint ein „von vornherein“ vorhandener mittlerer Grad psychotherapeutischer Bedingungen für eine positive Auswahl von Trainingsanwärtern günstig zu sein.

Darüber hinaus läßt sich nach TRUAX, SILBER und WARGO (1966) sowie MARTIN und CARKHUFF (1968) vermuten, daß sich ein erfolgreiches Training in Gesprächspsychotherapie auch auf Persönlichkeit und Verhalten von Studierenden positiv auswirkt, denn bei erfolgreichen Trainingsteilnehmern konnten MMPI-Normalisierungen, Zunahme an Selbstvertrauen und Selbständigkeit, Verbesserung der Kontaktfähigkeit und geringere Defensivität festgestellt werden (vgl. auch STAUSS 1976).

8.2.2.
Die Wirkung von Wissensvermittlung und Verhaltenstraining

Alle Erfahrungen mit systematisch angelegten und kontrollierten Ausbildungsmethoden zeigen, daß die Wirksamkeit in dem Maße zunimmt, in dem neben der theoretischen Wissensvermittlung ein konkretes Verhaltens- und Fertigkeitstraining einbezogen wird und in dem dabei die in der Forschungsarbeit als effektiv nachgewiesenen Gesprächsmerkmale zugrunde gelegt werden (BLOCKSMA und

Porter 1947, Joslin 1965, Tausch 1973 u. a.). Wir können dies durch unsere eigenen Ausbildungserfahrungen mit Studenten der Klinischen Psychologie generell bestätigen (Helm und Frohburg 1976).

5 Personengruppen mit und ohne theoretische Kenntnisse über die Variable „Verbalisierung" wurde ein längerer Textausschnitt aus einem transkribierten Psychotherapiegespräch mit ausgesparten Psychotherapeutenäußerungen vorgelegt. In die Leerstellen hatten alle Personen solche Psychotherapeutenantworten einzusetzen, die sie für angemessen hielten. Diese Antworten wurden anschließend mit der Verbalisierungsskala beurteilt.
Tab. 40 zeigt die Verbalisierungsleistung von 5 Personengruppen:

Tab. 40:
Ausbildungserfahrungen und schriftliche Verbalisierungsleistung

Gruppen	Theoretische Kenntnisse in patient-zentrierter Gruppentherapie	*n*	Skalenmittelwert (V)	*s*
1. nichtklinische Psychologen	–	8	1,12	0,17
2. erfahrene eklektizistische Psychotherapeuten	–	16	2,61	1,14
3. Studenten der Klinischen Psychologie	+	46	5,87	1,40
4. erfahrene eklektizistische Psychotherapeuten	+	9	7,24	1,50
5. erfahrene patient-zentrierte Psychotherapeuten (mit Training)	+	5	10,20	0,24

Die Verbalisierungsmittelwerte der beiden Gruppen ohne Vorkenntnisse liegen eindeutig im unteren Extrembereich der Truax-Tausch-Skala für Verbalisierung. Die 3 Gruppen mit theoretischen Kenntnissen erbrachten dagegen unterschiedlich bessere Verbalisierungsleistungen. Vorkenntnisse bewirken demnach gewisse Verbalisierungsverbesserungen, die allerdings nicht ausreichen, da sie sich gemäß der Stufendefinition der Verbalisierungsskala nur auf unwesentliche internale Erlebnisinhalte der Patienten beziehen (vgl. 4.1.1.). Die Studenten der Klinischen Psychologie stehen auf Grund ihres theoretischen Wissens zwischen Praktikern mit und ohne Vorkenntnisse. Da sich diese begrenzte Wirkung einer nur theoretischen Ausbildung auch bei anderen psychotherapeutischen Gesprächsvariablen zeigt, wird also die Notwendigkeit der eben vorgestellten systematischen und kontrollierten Verhaltens- und Trainingsprogramme für die Ausbildung im psychotherapeutischen Gespräch recht deutlich.

8.3. Das Gesprächspsychotherapie-Ausbildungsprogramm für klinische Psychologen in der DDR (Basisverhalten)

Seit mehreren Jahren gehört die von uns aufgebaute und eingeführte erste Stufe eines Trainingsprogramms in psychotherapeutischer Gesprächsführung zum Studienplan der Fachrichtung Klinische Psychologie. Mit der Einführung der präzisierten Studienprogramme im Übergang vom 4- zum 5-Jahresstudium wurde eine 2. Aufbaustufe für den Lehrplan konzipiert, mit der allerdings noch keine konkreten Ausbildungserfahrungen vorliegen. Diese Trainingsstufen können zunächst nur die Grundlage für eine umfassende praxisnahe und wirksame Gesprächspsychotherapie-Ausbildung bieten, über die gegenwärtig in der Arbeitsgemeinschaft Gesprächspsychotherapie der Gesellschaft für Psychologie der DDR beraten wird.

Die Grundstufe unseres Trainingsprogramms umfaßt 30 Stunden. Nach einem theoretischen Einführungsteil folgt ein Diskriminationstraining mit den Skalen für Verbalisierung und Selbstexploration, das bei hinreichender Beurteilerübereinstimmung der Übungsgruppen abgeschlossen wird. Es schließt sich dann ein Verhaltenstraining an, in dem besonders die Verbalisierung auf Text- und Tonbandausschnitte und verschiedene Formulierungsverbesserungen (z. B. Konkretheit) geübt werden. Weiterhin erhalten die Studenten Verhaltensinformationen über weitere effektive Gesprächsvariablen, und schließlich werden spezielle Probleme und Schwierigkeiten bei der psychotherapeutischen Gesprächsführung besprochen, wobei exemplarisch Mustertonbänder und Texte Verwendung finden. Im folgenden stellen wir die einzelnen Abschnitte der ersten Stufe des Trainingsprogramms etwas differenzierter vor.

8.3.1. Theoretische Einführung

Zur theoretischen Einführung gehört zunächst die Darstellung der Entwicklung der Gesprächspsychotherapie und der damit verbundenen wissenschaftlichen Untersuchungen und Forschungsergebnisse dieses Gebiets. Daraus werden die gegenwärtigen Möglichkeiten für ein praktisches Verhaltenstraining abgeleitet und die effektiven Verhaltensweisen von Psychotherapeuten und Patienten begründet und erläutert. Die Ziele der theoretischen Einführung bestehen 1. darin, bei den Studenten eine kritische Sichtweise gegenüber den mit psychotherapeutischen Gesprächen verbundenen Problemen zu erreichen, 2. im Aufzeigen der Möglichkeiten, aber auch der Grenzen des Trainings, 3. in der Vermittlung von Kenntnissen über Qualifizierungs- und Kontrollmöglichkeiten für psychotherapeutische Gespräche und schließlich 4. in der Darstellung bereits bekannter Zusammenhänge über Prozeß- und Effektivitätsdaten. Wir haben in den einzelnen Kapiteln dieser Arbeit darüber ausführlich berichtet und können uns daher Einzelheiten ersparen.

8.3.2. Diskriminationstraining für Verbalisierung und Selbstexploration

Vor das eigentliche psychotherapeutische Verhaltenstraining wird zunächst eine Übung eingeschaltet, bei der die Kursusteilnehmer Äußerungen von Psychotherapeuten und Patienten mit Hilfe von Skalen beurteilen lernen. Dadurch soll eine hinreichende Sensibilität des Übenden für die vom Patienten geäußerten und in unterschiedlichem Grad vom Psychotherapeuten verstandenen emotionalen Inhalte erreicht werden. Zu diesem Beurteilungstraining verwenden wir vorbereitetes schriftliches und Tonbandmaterial.

Nach einer detaillierten Erläuterung der Verbalisierungs- und der SE-Skalen werden Beurteilungsanforderungen folgender Art gestellt:

Skalentraining zur Beurteilung der Selbstexploration

1. 5 Patientenäußerungen aus psychotherapeutischen Gesprächen mit sehr unterschiedlichem Selbstexplorationsgrad werden nach dem Durchlesen aller Äußerungen von allen Kursusteilnehmern beurteilt. Alle Skalenwerte werden für jedes Beispiel verlesen und – besonders die Extremwerte – verglichen und diskutiert. Rückmeldung erfolgt durch Angabe des Mittelwertes einer bereits trainierten Beurteilergruppe.

Beispiel: „Ich weiß schon nicht, wie ich richtig sitzen soll, weil ich Angst habe – wenn du wieder rot wirst, wenn du nun so frei und offen sitzt, dann sehen es ja alle gleich. Und das ist ja furchtbar. Die anderen sitzen doch so frei und offen da und erzählen, und ich bin so ängstlich! Schon wenn es heißt, es ist Versammlung, dann bin ich schon ängstlich."
Internale Inhalte: Ängstlich-unsicher. Angst, rot zu werden, dadurch abgewertet zu werden. Angst, bei Antizipation von bestimmten Situationen.
SE-Skalenstufe: 6.

2. 8 Patientenäußerungen aus psychotherapeutischen Gesprächen werden diesmal der Reihe nach einzeln beurteilt.
Arbeitsmodus wie unter Pkt. 1.

3. Die Patientenäußerungen aus 4 Ausschnitten (je 3 Patientenäußerungen und 3 Psychotherapeutenäußerungen) aus psychotherapeutischen Gesprächen werden der Reihe nach beurteilt und ausschnittsweise nach dem Modus von Punkt 1 bearbeitet.

Beispiel: P 1: „Ja, wir hatten letztens über Entscheidungsfähigkeit gesprochen. Und da habe ich mir doch so einige Gedanken gemacht und bin doch zu der Ansicht gelangt, daß man sich doch vorher mit der Frau aussprechen muß, bevor . . .".
T 1: „Also vor so einem größeren Schritt, da müßte man doch etwas mehr Klarheit schaffen, nicht."
P 2: „Also ich halte das nach einigen Überlegungen doch für vorteilhafter und aufrichtiger. Und gegenüber meiner Frau fühle ich mich auch anständiger und fairer, als wenn ich sie gleich vor vollendete Tatsachen stelle."
T 2: „Sie wollen ihre Frau nicht hintergehen, irgendwie, oder überfallen."
P 3: „Bloß über den Zeitpunkt der Aussprache bin ich mir noch nicht im klaren. Ich muß erst mal die Prüfung hinter mir haben. Gleich zwei solche Brocken auf einmal, das ist zuviel. Ich habe ja bisher auch überhaupt noch nicht daran gedacht, wie sie sich zu einer Trennung stellen wird."
T 3: „Sie meinen, es ist besser für Sie, erst einmal eine Belastung durchzustehen und zu Ende zu führen, so daß sich die andere Sache noch ein bißchen hinschiebt."
Internale Inhalte P 1: Klärungsansatz (SE: 7,0)
P 2: Differenzierung des Ansatzes (SE: 7,0)
P 3: Neuer Aspekt, die Sichtweise der Partnerin einbeziehen (SE: 7,0).

4. Vom Tonband werden 7 längere Patientenäußerungen abgespielt, wobei sich jeder Teilnehmer die Selbstexplorationswerte notiert. Danach Rückmeldung durch den Mittelwert einer bereits trainierten Beurteilergruppe. Berechnung der Beurteilerübereinstimmung in Vierergruppen. Bei hinreichender Konsistenz Beendigung des Selbstexplorations-Skalentrainings.

Es ist anzunehmen, daß eine präzise und subtile Erfassung der Patienten-SE durch den Psychotherapeuten sowie die sichere Diskriminierung von externalen und internalen Gesprächsanteilen eine wichtige Voraussetzung für eine gehaltvolle Verbalisierung ist. Deshalb spielt in allen Übungsabschnitten ihre Analyse eine große Rolle. Sie ist auch deshalb notwendig, damit der Übende seine eigenen Äußerungen später nicht an spekulativen Bezügen orientiert, sondern aus den Problemen der Patienten ableiten kann.

Skalentraining zur Verbalisierung

1. Darbietung von 5 Komplexen mehrerer möglicher Psychotherapeutenantworten unterschiedlichen Verbalisierungs-Grades auf eine einzelne Patientenäußerung. Auswertung analog dem Selbstexplorations-Skalentraining.

Beispiel:
Patient: „Also, ich weiß, daß die Kellner oft die Leute betrügen – und dann sind die auch noch unfreundlich beim Bedienen, aber trotzdem, ich war wieder nicht in der Lage, denen einfach kein Trinkgeld zu geben – also, das habe ich nicht fertiggebracht, obwohl ich mir sage, das hat doch der gar nicht verdient. Aber ihm das zu verweigern – ich bringe es einfach nicht über mich. Und dann mache ich es eben doch und kriege eine wahnsinnige Wut auf mich selber, weil ich zu feige bin und . . ."
T 1: „Sie sind zu feige, ihm kein Trinkgeld zu geben" (V: 6,5)
T 2: „Weil Sie da etwas machen, von dem Sie genau wissen, daß Sie es nicht tun wollten, bringt Sie das so richtig hoch." (V: 10)
T 3: „Da fürchten Sie sicher, daß der Kellner es Ihnen übel nehmen würde – und das wollen Sie nun auch wieder nicht." (V: 6 I = Interpretation)
T 4: „Sie fühlen sich in solchen Situationen sowieso nicht wohl – und da nehmen Sie sich noch ihr eigenes Verhalten übel." (V: 8)
T 5: „Trauen Sie sich das doch einfach einmal, und Sie werden sehen, daß da gar nichts weiter passiert." (V: 2)
T 6: „Vielleicht unterhalten wir uns einmal über ähnliche Situationen, in denen es Ihnen auch so ergeht." (V: 3)
T 7: „Sie können sich nicht so verhalten, wie Sie das eigentlich für richtig halten, weil Sie fürchten, daß andere Menschen Sie dann abwerten." (V: 6 I)
T 8: „In solchen Momenten regt es Sie auf, daß Sie's eigentlich nicht so machen können, wie Sie es eigentlich für richtig halten." (V: 9)

2. Darbietung von 10 Patientenäußerungen mit je 2 Verbalisierungsalternativen, die von den Teilnehmern beurteilt werden müssen. Nach Vergleich der Skalenwerte und nach der Diskussion extremer Werte gibt der Ausbildungsleiter als Modell eine optimale Verbalisierung auf die betreffende Patientenäußerung.

Beispeil:
P: „Nein, also es ist dann immer so – also der Vater meiner Braut, so möchte ich ihn vorläufig erst mal betiteln, daß der nun praktisch den ganzen Tag in einem Büro sitzt, nicht wahr? Der also, wenn ich mit derartigen Problemen an ihn herantreten würde, sagen würde: Das ist alles Quatsch, setzen Sie sich auf den Hosenboden, machen Sie das, usw., nicht wahr? Außerdem, wenn Sie meine Tochter heiraten wollen, dann müssen Sie hier – nicht? . . . vorweisen können, daß dieses und jenes usw. – also, in der Weise, nicht?"
T 1: „Ihr Schwiegervater versteht Sie nicht." (V: 4)
T 2: „Sie können ihm das nicht verständlich machen und spüren einen starken Druck, etwas leisten zu müssen." (V: 8)
Optimale Verbalisierung: „Sie fühlen sich von Ihrem Schwiegervater unverstanden und zugleich so eine Anforderung, daß Sie sich ihm gegenüber erst bewähren sollen, ja?"

3. Darbieten des Übungsmaterials aus dem SE-Skalentraining Punkt 3 und analoge Bearbeitung (V-Werte der Psychotherapeutenäußerungen in der Reihenfolge des dargestellten Beispiels: 9; 9; 8).
4. Verbalisierungs-Beurteilungen der Psychotherapeutenäußerungen aus einem längeren Psychotherapiegespräch, das vom Tonband abgespielt wird. Rückmeldung des V-Mittelwertes einer bereits trainierten Beurteilergruppe. Berechnung der Beurteilerkonsistenz.

8.3.3. Verhaltenstraining der Verbalisierung

Das Ziel dieses Trainingsteils besteht im Erlernen eigener Verbalisierungen höherer Skalenstufen. Deshalb erfolgt fortlaufend eine Konfrontation mit solchem Übungsmaterial, das eigene psychotherapeutische Antworten erfordert.
1. In transkribierte Ausschnitte von Psychotherapiegesprächen haben die Teilnehmer die weggelassenen Psychotherapeutenantworten durch eigene Verbalisierungen zu ersetzen.

Beispiel:
P: „Ich bedauere eigentlich gewisse Dinge ziemlich stark, einfach aus dem Gefühl heraus. Ich fürchte, daß sie meine Beziehungen zu anderen negativ beeinflussen können – daß der Kontakt irgendwie schlechter werden könnte."
Übungsverbalisierung: ....

Nach der Eintragung der eigenen Verbalisierung werden von allen Teilnehmern die wesentlichen internalen Inhalte der Patientenäußerungen benannt und ermittelt, in welchem Ausmaß der Teilnehmer diese in seiner Übungsverbalisierung berücksichtigt hat.

Internaler Inhalt (zum vorangehenden Beispiel): Bedauern darüber, daß bestimmte Dinge auftreten – Befürchtung, daß sie die Beziehung zu anderen trüben könnten (wesentlicher Inhalt).
Zum Abschluß dieser Übungen vermittelt der Übungsleiter zum Vergleich mit den Verbalisierungen der Teilnehmer eine optimale Verbalisierung:
Modellverbalisierung: „Im Grunde wollen Sie solche Sachen nicht, und Sie haben Angst, daß dadurch Ihre Beziehungen zu anderen getrübt werden."

2. In dieser Übung wird in der gleichen Weise wie in der vorangegangenen verfahren, nur werden die Patientenäußerungen sowohl schriftlich vorgelegt als auch vom Tonband vorgespielt.
3. Schriftliche Verbalisierungen an bestimmten Stellen längerer Psychotherapieausschnitte (ohne Psychotherapeutenantworten), die vom Tonband vorgespielt werden (ohne Paralleltext). Anschließend wieder Analyse wesentlicher internaler Inhalte und Vergleich mit Modellverbalisierung. Danach wird den Teilnehmern der schriftliche Text der Tonbandausschnitte zum nochmaligen Durcharbeiten als Hausaufgabe zur Verfügung gestellt.
4. Kontrollübung: Schriftliche Verbalisierung in einem längeren transkribierten Psychotherapie-Gesprächsausschnitt mit ausgelassenen Psychotherapeutenantworten. Der Text wird vor Trainingsbeginn ebenfalls von den Teilnehmern bearbeitet. Der Vergleich der Übungs-Verbalisierung zu beiden Zeitpunkten zeigt den

individuellen Trainingsgewinn aus der Differenz beider V-Skalenwerte (kollektive Beurteilung).
Durch dieses Training mit schriftlichen Verbalisierungsübungen in Modellsituationen kann aber lediglich die Grundlage für ein psychotherapeutisch wirksames Verhalten gelegt werden. Weitere Übungen (Rollenspiel, kontrollierte Praxis) und praktische Erfahrungen sind unerläßlich.

8.3.4. Verhaltensinformationen über weitere psychotherapeutische Kernvariablen

Wie wir im einzelnen dargestellt haben, ist nicht zu erwarten, daß die Realisierung eines hohen Verbalisierungsausmaßes allein bereits psychotherapeutisch effektiv ist, sondern daß vielmehr der kombinierte Einsatz der im hohen Grade verwirklichten Variablen des psychotherapeutischen Basisverhaltens die Wahrscheinlichkeit positiver Änderungen bei Patienten erhöht (vgl. 7.1.1.). Deshalb werden bereits in dieser Grundstufe des gesprächspsychotherapeutischen Trainings einführende Informationen über die Variablen Empathy (erweiterte Verbalisierung, Skala und Definition in 4.1.1.), positive Wertschätzung und emotionale Wärme (Skala und Definition in Abschnitt 4.1.2. und Selbstkongruenz (Skala und Definition in Abschnitt 4.1.3.) vermittelt.
Da in neuerer Zeit weitere effektive Verhaltensmerkmale des Psychotherapeuten bekannt geworden sind, werden auch hierüber erste Informationen anhand von Beispielen vermittelt (Konkretheit, Konfrontation und Ermutigung neuer Betrachtungsweisen).
1. Information über das Merkmal erweiterte Verbalisierung (EV)
Den Teilnehmern werden besonders die Vorteile des Ansprechens indirekt vom Patienten ausgedrückter internaler Inhalte verdeutlicht, wobei die Abgrenzung der EV zur Interpretation in theoretischer und konkret-praktischer Weise wegen der nachgewiesenen psychotherapeutischen Ineffektivität von Interpretationen bedeutsam ist.
1.1. Zur semantischen Differenzierung der EV werden anhand von Gesprächsausschnitten Beurteilungsübungen durchgeführt und ausgewertet. Dabei wird zunächst der gleiche Gesprächsausschnitt einmal mit der Verbalisierungsskala und zum anderen mit der EV-Skala beurteilt. Die Beurteilungsdifferenzen bei gleichen Textstellen sind zur begrifflichen Erklärung besonders brauchbar.
1.2. Durcharbeiten von 3 Übungsbeispielen, bei denen mehrere in der EV sehr unterschiedliche Psychotherapeutenäußerungen auf eine Patientenäußerung mit der EV-Skala zu beurteilen sind. Vor den Beurteilungen jedes Beispiels haben alle Teilnehmer aufzuschreiben, 1. welche internalen Inhalte vom Patienten direkt ausgedrückt und erlebt werden, 2. welche internalen Inhalte vom Patienten nur indirekt ausgedrückt, aber offenbar erlebt werden und 3. welche internalen Inhalte vom Patienten indirekt ausgedrückt werden, von denen aber naheliegt, daß sie den Patienten selbst nur unklar oder wenig bewußt sind.

Beispiel:
P: „Also immer ist mein Mann überarbeitet, der hat überhaupt keine Zeit mehr für mich – für Sachen, über die ich mich mal unterhalten möchte" (traurige Stimme).
T 1: „Sie sind ganz enttäuscht, daß er es nicht anders organisiert."
T 2: „Manchmal möchten Sie deshalb seine ganze Arbeit verfluchen."

T 3: „Das kränkt Sie, daß er für alles andere mehr Zeit hat als für Sie."
T 4: „Möchten Sie ihn denn ganz besitzen?"
T 5: „Sie fühlen da irgendwie Lieblosigkeit – oder ist es Ablehnung?"
T 6: „Sie möchten so gern, daß er sich Ihnen mehr widmet."
T 7: „Sie fühlen sich durch ihn richtig übergangen und im Vergleich zur Arbeit vernachlässigt."
T 8: „Sie sind ganz traurig, weil er sich Ihnen nicht genug zuwendet."
T 9: „Es macht Sie richtig traurig, daß sie beide so wenig Zeit miteinander haben."
In der Patientenäußerung ist

- direkt ausgedrückt: Bedürfnis, daß der Partner mehr Zeit für die Patientin haben sollte,
- indirekt und im Erleben gegenwärtig: traurige Enttäuschung über mangelnde Zuwendung und Wunsch nach Zuwendung,
- indirekt und vermutlich nicht gegenwärtig: enttäuscht vom Partner und Gefühl, ausgenutzt zu werden.

Entsprechend der unter 4.1.1. dargestellten Skala erhalten die Psychotherapeutenäußerungen in der Reihenfolge die EV-Werte: 2; 2; 6,5; 1; 2; 6; 7; 5; 2.

2. Information über das Merkmal „positive Wertschätzung und emotionale Wärme"
2.1. An Hand der TRUAX-TAUSCH-Skala für dieses Merkmal (TAUSCH 1973) und unserer Kurzform (4.1.2.) werden Definitionen und Wirkungsweise erläutert.
2.2. Erläuterung der Skalenstufen durch Beispiele.
Stufe 1:

- Was Sie da vorhaben, davon halte ich persönlich nicht viel.
- Wie konnten Sie das nur tun?
- Wenn Sie sich so verhalten, brauchen Sie sich nicht zu wundern.
- Das haben Sie sich selbst zuzuschreiben!

Stufe 3:

- Ich glaube schon, daß Sie das schaffen!
- Eigentlich liegt mir sehr viel daran, daß Sie das tun, was Sie sich da vorgenommen haben.
- Ich würde mich sehr freuen, und ich glaube auch daran, daß Sie das schaffen.
- Ja, genau, gut! Das könnte ich mir auch als einen Weg für Sie vorstellen.

2.3. Durcharbeiten von Übungsspielen, bei denen mehrere Psychotherapeutenantworten auf eine Patientenäußerung zu beurteilen sind.
3. Information über das Merkmal Selbstkongruenz (Verhaltensechtheit)
3.1. Definition des Merkmals Selbstkongruenz und Erläuterung durch Aufgliederung in 4 Verhaltensaspekte (Tab. 41).
3.2. Darstellung und Diskussion der TRUAX-TAUSCH-Skala für dieses Merkmal (TAUSCH 1973) sowie einer Kurzfassung (4.1.3.).
3.3. Anwendung der Skala an 5 psychotherapeutischen Gesprächsausschnitten, die als Ganzes zu beurteilen sind, d. h. für die jeweils ein Skalenwert gegeben werden muß.

Beispiel für Skalenstufe 2:
P: „Es ist vielleicht eher so, daß mich alle ansehen – oder – daß sie mir ansehen, daß ich das mache" (Onanie).
T: „Da kann ich Ihnen aber aus langjähriger Erfahrung sagen, daß man das so äußerlich, also von außen gar nicht bemerken kann. Das ist aber wohl Ihr Hauptproblem?"

Tab. 41:
4 Verhaltensaspekte der Selbstkongruenz

Verhaltensaspekte der Selbstkongruenz	Negativer Pol	Positiver Pol
Erlebniskongruenz	Diskrepanz zwischen dem eigenen Erleben des Therapeuten und seinen Feststellungen bzw. Äußerungen	Die Feststellungen und Äußerungen des Therapeuten decken sich mit seinem Erleben und Fühlen.
Sicherheit	Verhalten des Therapeuten wirkt defensiv und unsicher	Das Verhalten des Therapeuten wirkt sicher und frei von Angst und Verteidigung.
Natürlichkeit	Der Therapeut zeigt ein professionelles Verhalten oder spielt eine bestimmte Rolle.	Der Therapeut wirkt natürlich und persönlich.
Gefühlsverarbeitung	Eigene, auf die Therapie bezogene Gefühle gegenüber dem Patienten werden abwertend und destruktiv geäußert.	Eigene, auf die Therapie bezogene Gefühle gegenüber dem Patienten werden konstruktiv eingesetzt (z. B. SE des Therapeuten).

P: „Aber die sehen mich doch so – so forschend oder so prüfend an – ich weiß nicht, ich fühle mich ja auch so, daß man das sehen muß."
T: „Ja, Sie können es nicht richtig glauben, das kann ich auch wieder verstehen – ja – da verstehe ich Sie wirklich gut" (lacht).
(In diesem Beispiel besteht beim Psychotherapeuten eine deutliche Diskrepanz zwischen Erleben und Ausdruck. Ferner wirken seine Äußerungen unpersönlich-professionell, die letzte vielleicht auch unsicher.)
Beispiel für Skalenstufe 5:
P: „Ach, das wird doch nichts. Sie sagen mir doch hier auch nicht, was mit mir los ist, warum ich z. B. so zu meinem Kind bin. Mir sagt überhaupt niemand, was richtig ist. Alle reden nur so herum. Warum sagt es denn keiner?"
T: „Das enttäuscht Sie und verärgert Sie. Ja – und ich bin da auch etwas bestürzt, daß Sie das so ansehen – ja – und da kommt mir der Gedanke oder die Frage, warum Sie immer wieder glauben, andere Menschen müßten es letzten Endes besser wissen – also – warum Sie Ihr Kind nicht leiden können."
(Der Psychotherapeut erscheint vollkommen echt, engagiert und angemessen emotional beteiligt, er ist offen gegenüber dem inneren Zustand des Patienten und weicht nicht aus.)

8.3.5.
Spezielle Probleme der gesprächspsychotherapeutischen Praxis

Mit der Besprechung besonderer Probleme und schwieriger Situationen der Gesprächspsychotherapie wird dieser Grundkursus beendet. Sie betreffen beispielsweise die Frage, welche Informationen dem Patienten vor Beginn der Psychotherapie dienlich sind, wie das psychotherapeutische Gespräch eröffnet oder auch beendet wird, wie sich der Psychotherapeut in schwierigen Situationen des Psychotherapieverlaufs verhält (z. B. Schweigen der Patienten, Verhalten bei external sprechenden, intellektualisierenden oder stark verteidigenden Patienten). Ferner werden das zu Beginn der Behandlung dem Patienten überreichte Informationsblatt (S. 181) über den Charakter und den Ablauf der Gespräche sowie einige organisatorische Hinweise besprochen. Auch über Indikationsfragen und über Besonderheiten der Gesprächspsychotherapie in der Gruppensituation werden einführende Kenntnisse vermittelt.

8.3.6.
Die Effektivitätskontrolle des Trainingserfolgs

8.3.6.1.
Beurteilungstraining

Im Skalentraining zur Beurteilung der Selbstexploration der Patienten und der Verbalisierung der Psychotherapeuten sollte erreicht werden, daß alle Kursusteilnehmer die Patienten- bzw. Psychotherapeutenäußerungen zu den einzelnen Skalenstufen reliabel und sicher zuordnen können. Dies wird einmal daran deutlich, daß jeweils zum Ende des Beurteilungstrainings mit einer Skala sich die Reliabilität (als Beurteilerübereinstimmung) in der Regel hinreichend verbessert, d. h. Koeffizienten von $> .70$ bei den Beurteilergruppen erreicht werden. Zum anderen bestimmen wir den Trainingseffekt in der Skalenbeurteilung bei unseren Studenten auch gültigkeitsbezogen, indem wir verfolgen, wie im Verlauf des Trainings die Differenzen zwischen den eigenen Beurteilungswerten und den vorliegenden „Expertenwerten" abnehmen. Eine geringe Differenz dabei zeigt also eine treffende Beurteilung an. Zur Veranschaulichung ist in Tab. 42 die Verringerung der mittleren Differenzen $\bar{\Delta}$ zu 3 Zeitpunkten (3 verschiedene Übungsmaterialien) dargestellt.

Tab. 42:
Verringerung der Beurteilungsabweichungen vom Kriterium

Gruppe	n	$\bar{\Delta}1$	$\bar{\Delta}2$	$\bar{\Delta}3$	$\bar{\Delta}1 > \bar{\Delta}3$ (U-Test)
FS 71	10	1,77	1,58	0,85	0,001
HS 71	9	1,34	1,03	0,93	0,05
FS 72	15	1,55	1,69	0,96	0,001
Praktiker	16	1,80	1,38	0,87	0,001

8.3.6.2.
Verbalisierungstraining

Die Verbesserung der Verbalisierungsleistung der Trainingsmitglieder durch die Übungen mit schriftlichen Verbalisierungsanforderungen läßt sich nachweisen, indem die zu Beginn und am Ende des Trainings zu Patiententexten schriftlich abgegebenen Verbalisierungen mit der V-Skala beurteilt und die so erhaltenen

Werte miteinander verglichen werden. Bei einem solchen Vergleich wird eine wesentliche Verbesserung im V-Niveau deutlich, die auch über den reinen Wissenseffekt hinausgeht. Wie aus Tab. 43, Punkte 1 und 2 ersichtlich ist, übersteigen die durchschnittlichen Skalenerhöhungen jetzt in der Regel die V-Skalenstufe 8, und überdies wird die Streuung der V-Skalenwerte nach dem Training geringer.

Tab. 43:
Trainingserfolg unter verschiedenen Ausbildungsbedingungen

Gruppe	*n*	Mittelwerte		Streuung	
		1	2	1	2
1. Studenten	46	5,87	8,55	1,40	0,84
2. Psychotherapeuten mit theoretischen Kenntnissen der patient-zentrierten Gesprächspsychotherapie	4	5,67	8,07	1,30	1,23
3. Psychotherapeuten ohne theoretische Kenntnisse der patient-zentrierten Gesprächspsychotherapie	5	2,54	8,35	0,95	0,41
4. Studenten (reale Gesprächssituation)	12	2,80	8,10	0,44	0,99

Dieses Ergebnis ist insofern recht bedeutsam, da erst ab V-Skalenstufe 8 von einer problembezogenen, wesentliche internale Inhalte berücksichtigenden Verbalisierung gesprochen werden kann.

Da nun aber diese Verbesserungen in der V-Leistung auch durch theoretische Wissensanteile über psychotherapeutische Gespräche mitbedingt werden können, fragen wir, welche Verbesserungen sich bei Personen ergeben, die nicht über theoretische Vorkenntnisse verfügen und in ihren Ausgangswerten im niedrigen Skalenbereich liegen.

Darüber gibt der Vergleich der Punkte 2 und 3 in Tab. 43 Auskunft: Unter diesen Bedingungen wird der gleiche Trainingseffekt erreicht wie bei einer Ausgangsbasis, die auf Vorkenntnissen beruht. Offenbar erhöht ein praktisches V-Training das Fertigkeitsniveau auch dann, wenn theoretisch vermittelte Vorkenntnisse fehlen.

Ein schwacher Punkt des Verbalisierungstrainings besteht darin, daß sich die Trainingssituation mit ihren schriftlichen Verbalisierungsanforderungen auf Tonband oder Psychotherapietexte doch relativ weit von einer realen Gesprächssituation entfernt. Man muß daher fragen, wie sich das V-Training in einer realen Gesprächssituation auswirkt. Falls sich ergäbe, daß sich das Programm bei den Studenten im Gegensatz zur Trainingssituation nicht oder nur wenig in konkreten Verhaltensänderungen im intendierten Sinne auswirkt, wären die Übungsteile relativ wertlos.

Zur Überprüfung dieser Frage haben wir Gespräche zwischen unseren Studenten und einer psychotherapeutisch erfahrenen Kollegin arrangiert, die dabei als Patientin auftrat und den Studenten nicht bekannt war.

In diesen quasipsychotherapeutischen Gesprächen wurde die Reihenfolge der Gesprächsthemen konstant gehalten und ein etwa mittelhohes SE-Ausmaß realisiert. Ferner waren einige spezielle schwierige Gesprächssituationen systematisch in die 15-Minutengespräche eingebaut, z. B. Schweigen des Patienten oder Rat suchen. Alle Gespräche wurden vor und nach dem Training geführt, auf Tonband aufgenommen, transkribiert und ausgewertet. Die beteiligten Studenten besaßen Vorkenntnisse aus Vorlesungen (Helm und Frohburg 1976).

Vergleichen wir die Veränderungen der V-Leistungen beim schriftlichen Text und im realen Gespräch (vgl. Tab. 43, Punkte 1 und 4), dann zeigt sich: In der Realsituation werden nach dem Training ebensogute Verbalisierungen erreicht wie bei der schriftlichen Anforderung. Die Studenten werden also durch unser Text- und Tonbandtraining recht gut auf die reale Gesprächssituation vorbereitet. Das Ergebnis zeigt ferner, daß es ausreicht, wenn der Trainingseffekt mit schriftlicher Anforderung überprüft wird. Sehr deutlich ist allerdings, daß die Ausgangslage der Verbalisierung beim realen Gespräch erheblich niedriger ist als die Ausgangslage beim schriftlichen Verbalisieren. So kann angenommen werden, daß sich die Vorkenntnisse nur beim schriftlichen Verbalisieren, nicht jedoch im realen Gespräch auswirken. Hier sind die V-Leistungen ebenso niedrig wie beim schriftlichen Verbalisieren ohne Vorkenntnisse. Pointiert gesagt, bedeutet dies, daß eine Ausbildung zum psychotherapeutischen Gespräch, die nur auf Wissensvermittlung aufbaut, für die praktische Verbalisierungsfertigkeit in *realen* Situationen wertlos ist. Dies entspricht den Befunden von Blocksma und Porter (1947), nach denen sich die Diskrepanzen zwischen dem psychotherapeutischen Ausbildungserfolg durch Wissensvermittlung und dem Ausbildungserfolg durch ein gesprächspsychotherapeutisches Trainingsprogramm in Realsituationen noch vergrößerten.
Vergleicht man nun aber das Gesprächsverhalten von Absolventen des Grundkursus mit dem erfahrener Gesprächspsychotherapeuten, so werden Unterschiede deutlich, in denen sich die Grenzen dieser Ausbildungsstufe abzeichen:

1. Erfahrene Psychotherapeuten erreichen bedeutsam höhere Verbalisierungswerte (Mittelwert = 9,3) als Kursusabsolventen (Mittelwert = 8,1).
2. Erfahrene Psychotherapeuten sind in ihrer Kommunikation insgesamt deutlich aktiver und zugewandter. Ihre Verbalisierungen wirken weniger mechanisch und steif, eher flexibel und natürlich.
3. Durch das Training ist es bisher nicht gelungen, das Verhalten bezüglich der Variablen Wertschätzung/Wärme/Akzeptierung und Selbstkongruenz in wünschenswertem Ausmaß zu verbessern. Durch die Einbeziehung von Rollenspielen und Microcounseling-Methoden mit audiovisuellem Feed-back (vgl. 8.1.5.) hoffen wir, in der zweiten Ausbildungsstufe diesen Mängeln abzuhelfen. Es wird auch zu prüfen sein, ob die Teilnahme an kontrollierten Selbsterfahrungsgruppen (Speierer 1976, Pavel und Sander 1976, Tausch 1976, Leder 1976) hierbei hilfreich sein kann.
4. Nach unseren Erfahrungen ist die Orientierung des Trainings an der V-Skala zwar geeignet, die Kursusteilnehmer einem effektiven Gesprächsverhalten näher zu bringen. Doch zeigt sich auch ein Nachteil, nämlich die Studierenden an einen nicht hinreichend flexiblen, z. B. nur auf die direkt vorangegangene Patienten-

äußerung konzentrierten Antwortstil zu fixieren, so daß dem inhaltlichen Gesamtkontext nicht genügend Rechnung getragen wird. Dies kann zur Folge haben, daß die Studierenden zu wenig auf die von den Patienten nur indirekt ausgedrückten Inhalte und Erfahrungen eingehen. Es ist daher vorgesehen, nach Absolvierung des Verbalisierungstrainings ein umfangreiches Verhaltenstraining mit der EV-Skala in das Programm aufzunehmen.

Zusammengefaßt läßt sich sagen, daß die zunächst besonders die Verbalisierungsfertigkeit betreffenden Ergebnisse, die wir mit unserem Programm erreichen konnten, ermutigend sind. Dieses Training kann als erste Stufe eines umfassender konzipierten Ausbildungsprogramms sicher dazu beitragen, unsere Studenten auf die in der Praxis bestehenden psychotherapeutischen Aufgaben vorzubereiten. Die Notwendigkeit einer Weiterentwicklung effektiver Ausbildungsmethoden dieser Art erscheint dringlich, wenn man bedenkt, daß Vorträge aus Weiterbildungstagungen, Fallkonferenzen und ähnliche Ausbildungsmethoden allein kaum effektiv sind, gemessen am Kriterium der Änderung des psychotherapeutischen Verhaltens der Ausbildungskandidaten in Richtung effektiver Fertigkeiten.

9. Schlußbemerkungen zur Überführung und praktischen Realisierung der Gesprächspsychotherapie

Angesichts der Bedeutung funktioneller und neurotischer Störungen in der derzeitigen Morbiditätsstruktur kommt es darauf an, die erzielten Forschungsergebnisse so rasch wie möglich in die Praxis zu überführen. Der Hauptweg dazu besteht unseres Erachtens darin, Ausbildungsformen zu entwickeln, durch die psychotherapeutisch tätige klinische Psychologen und psychologisch vorgebildete Ärzte befähigt werden, wissenschaftlich fundierte Ergebnisse in der Praxis effektiv anzuwenden. Dies kann aber nur dann erfolgreich realisiert werden, wenn die Ausbildungsforschung selbst intensiviert wird. Unser zunehmendes Wissen um psychotherapeutisch wirksame Faktoren und Verhaltensregeln sowie unsere Kenntnisse über die Wirkungsbedingungen des psychotherapeutischen Gesprächs haben nachweislich allein noch nicht eine angemessene Umsetzung in die Praxis zur Folge. Wir haben dies mehrfach erörtert. Leider wird in manchen Publikationen dieses Problem erheblich vereinfacht dargestellt oder sogar ignoriert. Es wird auch gelegentlich verkannt, daß die wissenschaftliche Erarbeitung effektiver Ausbildungsprogramme, durch die oft zugleich die persönlichen Voraussetzungen und die Eignung der Ausbildungskandidaten zur psychotherapeutischen Tätigkeit freigelegt werden, als ein wichtiger Teil des Überführungsproblems verstanden werden muß. Eine Anwendung unüberprüfter Ausbildungsformen oder gar -systeme bleibt in wissenschaftlicher Hinsicht immer problematisch.

9.1.
Gegenwärtige Probleme der Aus- und Weiterbildung in Gesprächspsychotherapie

Die Aus- und Weiterbildung in Gesprächspsychotherapie sollte perspektivisch in dem Maße ihre Organisationsformen in der DDR finden, in welchem die Ausbildungsforschung angemessene Lehr- und Trainingsprogramme erarbeitet und zur Praxisüberführung bereitstellt.
Mit der Erarbeitung der zweiten Ausbildungsstufe und ihrer Einbeziehung in das neue Fünfjahres-Studienprogramm für klinische Psychologen wird zunächst eine Möglichkeit geschaffen, die gesprächspsychotherapeutische Ausbildung während des Studiums zu verbessern. Damit verbleibt für die Weiterbildung nach Abschluß der Fachausbildung in Klinischer Psychologie noch eine letzte Stufe, die kontrollierte Praxis, deren Erarbeitung im stationären und ambulanten Sektor psychotherapeutischer Tätigkeit noch weitgehend vor uns liegt. Die Ausbildungsinhalte und -formen, die in der Arbeitsgemeinschaft Gesprächspsychotherapie der Gesellschaft für Psychologie der DDR erarbeitet wurden, sollten aber darüberhinaus allen klinischen Psychologen und Ärzten zugänglich gemacht werden, um die gesprächspsychotherapeutische Methode in der Praxis anwenden oder in diese einführen zu können. Dies betrifft sowohl die einzelnen Stufen praxisbezogener Ausbildung als auch die theoretischen Teile der Gesprächspsychotherapie.
Um die zur Verfügung stehende Ausbildungskapazität möglichst konzentriert einsetzen zu können, wäre eine zentrale, d. h. im DDR-Maßstab durchzuführende Ausbildung sinnvoll, an der Psychologen und Ärzte einzelner Fachgesellschaften, deren fach- oder regionalbezogen arbeitende Sektionen und klinische Einrichtungen usw. teilnehmen könnten. Dabei wäre es ratsam, zunächst solche Psychotherapeuten zu qualifizieren, die sich zum Ausbildungsleiter für Gesprächspsychotherapie besonders eignen.
Hier stellt sich nun die Frage nach den recht unterschiedlichen Voraussetzungen zur Gesprächspsychotherapie-Ausbildung bei klinischen Psychologen und Ärzten bzw. Fachärzten. Diese ergeben sich zunächst aus den verschiedenen Lehrinhalten der Studienpläne, aber auch aus den unterschiedlichen postgradualen Weiterbildungsmöglichkeiten. Während der Fachstudienplan für klinische Psychologen die meisten der für die Psychotherapie relevanten medizinischen Grundlagenfächer, umfangreiche psychodiagnostische Fächer und ein breites Spektrum psychotherapeutischer Ausbildungsinhalte (etwa 1000 Stunden außer Grundlagenausbildung) umfaßt, sind im Medizinstudium lediglich 60 Stunden medizinische Psychologie mit sehr elementaren Informationen enthalten, die auch durch eine anschließende Facharztausbildung theoretisch nicht wesentlich, dagegen abhängig von der Ausbildungsklinik praktisch-psychotherapeutisch mitunter deutlich erweitert wird.
In der künftig in der DDR anzustrebenden Weiterbildung zum „Fachpsychotherapeuten" sollte daher eine zunächst zweigleisige, den unterschiedlichen Studiengängen Rechnung tragende Ausbildungsstrecke (Vertiefung medizinischer Grundlagen für Psychologen, Aneignung klinisch-psychologischer Ausbildungsinhalte für psychotherapeutisch tätige Ärzte und Fachärzte) für die grundlegen-

den Voraussetzungen sorgen. Daran sollte sich dann eine gemeinsame Endstrecke der kontrollierten gesprächspsychotherapeutischen Praxis anschließen. Auch bei der Ausbildung in anderen psychotherapeutischen Methoden erscheint ein analoges Vorgehen praktikabel und sinnvoll.
Diese Vorstellungen über die Psychotherapie-Ausbildung entsprechen dem interdisziplinären Charakter der Psychotherapie am besten und tragen dazu bei, einseitige psychologisierende oder biologisierende Sichtweisen bei der Anwendung psychotherapeutischer und damit zusammenhängender diagnostischer Methoden in der Praxis zu verhindern. Es wird damit auch zugleich der Gefahr einer pragmatischen Verwässerung dieses Gebietes vorgebaut, weil eine solche Ausbildung die kontinuierliche Einbeziehung neu erarbeiteter Forschungsergebnisse und theoretischer Verallgemeinerungen optimal gewährleistet. Schließlich wird das gegenseitige Verständnis und die Zusammenarbeit zwischen klinischen Psychologen und Ärzten in der Psychotherapie dadurch besser gefördert als durch getrennte Ausbildungswege mit unterschiedlichen Inhalten.

9.2.
Zur Integration der Gesprächspsychotherapie in die komplexe stationäre Behandlung

Mit der Frage der Praxisüberführung der Gesprächspsychotherapie eng verbunden ist ihre Integration in den psychotherapeutischen Sektor des Klinikbetriebes. Bei der ambulanten Durchführung der Gesprächspsychotherapie entstehen meistens Probleme durch die hierbei zu fordernden kontinuierlichen Kontrollen des therapeutischen Prozesses (Skalen- und Tonbandanwendung usw.), die sich bei der Gesprächspsychotherapie in Gruppenform noch zuspitzen. Ein verantwortungsbewußtes psychotherapeutisches Handeln erfordert aber unseres Erachtens trotz aller organisatorischen Schwierigkeiten, stetige Prozeß- und Erfolgskontrollen auch in der Praxis durchzusetzen.
Komplizierter gestalten sich die Probleme bei der Integration der Gesprächspsychotherapie in eine komplexe stationäre Behandlung mit ihrem meistens breiten Methodenspektrum (Beschäftigungstherapie, Gymnastikgruppen, Musiktherapie usw.). Wir sehen hierbei zwei wesentliche Aspekte, auf die im folgenden eingegangen werden soll. Diese betreffen 1. die Integration der Gesprächspsychotherapie in das Spektrum psychotherapeutischer Methoden und 2. die Funktion der Gesprächspsychotherapie in der stationären Einrichtung.
1. Erscheint es zweckmäßig, die Gesprächspsychotherapie mit anderen Behandlungsformen integrativ zu verbinden? Diese Frage ist gegenwärtig schwer zu beantworten, da wissenschaftliche Untersuchungen bzw. Ergebnisse über die Wirksamkeit solcher Methodenlegierungen kaum vorliegen. Wir haben auf S. 172 einen Ansatz zur Entwicklung kombinierter Strategien in Anlehnung an Bastine (1974) dargestellt, in dem verhaltenstherapeutische Technikelemente in das gesprächspsychotherapeutische Basisverhalten störungsspezifisch integriert werden. Weniger integrativ als schlicht kombinierend ist das von Carkhuff (1969) empfohlene Verfahren, der Gesprächspsychotherapie Übungsprogramme für sozialbezogene Verhaltensänderungen oder informative Vorträge folgen zu lassen. Diesen Überlegungen zur Kombination von Verhaltens- und Gesprächspsychotherapie steht aber die Meinung von Plog und Grawe (1976) gegenüber, die

sie mit ihren empirischen Vergleichsuntersuchungen an phobischen Patienten begründen: Da durch diese beiden Behandlungsmethoden den Patienten unterschiedliche Sichtweisen und Auffassungen über den eigenen Zustand und über ihre Lebensbedingungen vermittelt werden, wäre zu bezweifeln, ob ein Patient diese unterschiedlichen Ansichten überhaupt miteinander vereinbaren oder nacheinander übernehmen kann. „Nach unseren Ergebnissen unterscheiden sich die beiden therapeutischen Verfahren vor allem darin, wie sie die Ökosysteme – die Weltsicht – von Individuen beeinflussen" (S. 125). Unsere eigenen, allerdings unsystematischen Erfahrungen lassen es hingegen als möglich und berechtigt erscheinen, spezielle Verhaltenstherapie-Techniken mit dem gesprächspsychotherapeutischen Basisverhalten zu verbinden. Dies gilt für Selbstunsicherheits- oder Angsthierarchien und Selbstkontrollverfahren eher, als für aversives Konditionieren, das mit einer patientzentrierten Gesprächsführung praktisch und theoretisch unvereinbar ist.

Zur Frage der Verbindung von Einzel-Gesprächspsychotherapie mit Gruppenpsychotherapiemethoden werden von verschiedenen Autoren unterschiedliche Positionen bezogen. In letzter Zeit betonte besonders Tausch (1973, 1976) die Vorzüge einer Kombination der Einzel-Gesprächspsychotherapie mit Gruppenbehandlungen im Sinne von Encounter-Gruppen (Rogers 1974), aber auch mit anderen gruppenpsychotherapeutischen Formen. Auch Bednar und Lawlis (1971) halten nach Sichtung der empirischen Forschungsergebnisse zur Gruppenpsychotherapie die Kombination Gruppe/Einzel für effektiver als die Anwendung der Gruppenpsychotherapie allein.

Inwiefern eine Kombination der Gesprächspsychotherapie mit entspannenden Verfahren, wie dem Autogenen Training (Schultz 1964) als erfolgsfördernd anzusehen ist, kann gegenwärtig noch nicht entschieden werden. Wir vermuten allerdings, daß diese Kombination zweckmäßig ist, da wir in einer Erkundungsstudie mit Bergmann (1971) fanden, daß durch ein an die Gesprächspsychotherapie anschließendes Autogenes Training bei einigen Patienten sich weitere Symptomreduktionen ergaben. Ferner nehmen wir aus theoretischer Sicht an, daß die bekannten komplexen psychophysiologischen Regulationseffekte eines erfolgreich erlernten Entspannungstrainings im Sinne angstinkompatibler Reaktionen bei der reziproken Hemmung während der Gesprächspsychotherapie funktionieren (vgl. S. 45). Schließlich bestätigen auch mitgeteilte Erfahrungen aus der psychotherapeutischen Praxis die Zweckmäßigkeit dieser Methodenkombination.

Insgesamt gesehen können also für eine Kombination der Gesprächspsychotherapie mit anderen Methoden oder für die Integration in Methodensysteme noch keine endgültigen Hinweise gegeben werden. Die zukünftigen Bemühungen auf diesem Gebiet sollten unseres Erachtens von Modellen ausgehen, von denen her eine Integration von Methoden und Vorgehensweisen auch theoretisch verständlich und begründet wird. Dies bedeutet, daß pragmatische Methodenkombinationen nur als Übergang angesehen werden können, bis ihre Effektivität und komplexe Wirkungsweise geklärt sind. Als Diskussionsvorschlag für ein Integrationsmodell schlägt Franke (1976) vor, Psychotherapie als Problemlösungsprozeß zu betrachten, „d. h. der Prozeß der Therapie würde betrachtet nicht mehr unter dem Gesichtspunkt ‚Art der Therapie', sondern allein in Einheiten therapeutischen Verhaltens" (S. 217) in einem Problemlösungsprozeß mit den

Grobstadien Problemdefinition, Zieldefinition, strategische und taktische Interventionsplanung und -umsetzung. Hier hätte sich der Psychotherapeut nicht für eine bestimmte Therapiemethode zu entscheiden, sondern aus allen möglichen therapeutischen Verhaltensweisen diejenigen auszuwählen und anzuwenden, die unter den gegebenen spezifischen Bedingungen am besten zur Erreichung des definierten Therapieziels dienen.

Für ein solches methodenüberbrückendes Integrationskonzept fehlen bei realistischer Betrachtung aber gegenwärtig noch weitgehend die Voraussetzungen, da längst nicht alle kombinierbaren therapeutischen Strategien, Regeln und Techniken hinsichtlich der störungsspezifischen Qualität und Ausprägung ihrer Effekte überprüft sind. Deshalb kann eine Integration der Gesprächspsychotherapie in einen stationären Behandlungskomplex heute nur aus einem intuitiven Erfahrungswissen heraus erfolgen. Dies gilt unseres Wissens in gleicher Weise für die meisten psychotherapeutischen Methoden und Verfahrenssysteme. Da der Aufbau differenzierter Behandlungssysteme für spezielle psychotherapeutische Abteilungen oder Kliniken und die Entwicklung komplexer Therapie- und Rehabilitationsprogramme im Rahmen der Sozialpsychiatrie in der DDR besonders dringlich sind, sollte versucht werden, eine koordinierte Forschungsarbeit zum Integrationsproblem in der Psychotherapie zu entwickeln.

Damit ist bereits die 2. Frage bei der Einbeziehung von Gesprächspsychotherapie in die stationäre Behandlung berührt: Welchen Stellenwert und welche Funktion sollte die Gesprächspsychotherapie in stationären Einrichtungen bzw. in der sozialpsychiatrischen therapeutischen Gemeinschaft haben?

Zunächst erscheint es schwer vorstellbar, daß die Gesprächspsychotherapie abgehoben vom sonstigen stationären Betrieb durchgeführt werden kann, wenn die dort praktizierten Maßnahmen dem gesprächspsychotherapeutischen Basisverhalten nicht entsprechen oder sogar entgegenstehen. In diesem Falle würde der Patient sehr unterschiedlichen sozialen Anforderungen und Normen ausgesetzt sein. Verschieden eingestellte und sich verhaltende Psychotherapeuten bzw. Pfleger und Schwestern können zur Verunsicherung und damit möglicherweise zu destruktiven Effekten bei den Patienten beitragen. Bei einer ambulant durchgeführten Gesprächspsychotherapie bestehen derartige Anforderungskonflikte und soziale Unsicherheiten nicht, da die psychotherapeutischen Bedingungen homogen und stabil vermittelt werden. Mann (1976) ist deshalb der Meinung, daß die Anwendung der Gesprächspsychotherapie im stationären Klinikbetrieb nur dann erfolgversprechend sein kann, wenn sie in ein der Gesprächspsychotherapie-Konzeption entsprechendes „Grundklima" eingebettet wird. Dieses Grundklima entspricht nach Meinung des Autors der Realisierung der Prinzipien der therapeutischen Gemeinschaft (Jones 1959, Napolitani 1963, Ploeger 1972, Schirmer 1974, Bach, Feldes, Thom, Weise 1976). Gesprächspsychotherapie und therapeutische Gemeinschaft haben offenbar Gemeinsamkeiten in der Auffassung vom Wesen des Menschen und in der theoretischen Grundeinstellung, doch sind die gesprächspsychotherapeutischen Verhaltensregeln andererseits in der therapeutischen Gemeinschaft bisher nicht systematisch angewendet worden.

Mann berichtet in diesem Zusammenhang über positive Veränderungen, die durch eine gesprächspsychotherapeutische Grundausbildung von Ärzten und Psychologen eines Krankenhauses bewirkt wurden: Änderung des Stationsklimas in kurzer Zeit, Zunahme an Offenheit und Akzeptierung, Kommunikationsverstärkung und -verbesserung seitens der Psychologen, Ärzte und Pfleger (auch in Leitungsfunktionen), Erhöhung der Selbstexploration und der Realitätsnähe im verbalen Ausdruck und Zunahme an Echtheit der Patienten. In einem solchen patientzentrierten Grundklima war es dann auch möglich, gesprächspsychotherapeutische Gruppenmethoden erfolgreich einzusetzen.

Feldes, Weise und Weise (1976) halten ebenfalls die Gesprächstherapie im Sinn eines allgemeinen „didaktischen Prinzips" bei allen sozialen und psychologischen Prozessen des sozialpsychiatrischen Krankenhauses für einsetzbar und erforderlich. Sie meinen aber, daß dabei eine zu enge Anwendung für bestimmte Krankheitsgruppen oder Syndrommerkmale unzweckmäßig sei. „Es gibt nach unserer Meinung heute keinen Zweifel mehr daran, daß die psychologischen und sozialen Prozesse schizophrener, süchtiger und suizidaler Patienten eine Indikation zur Psycho- und Soziotherapie bedingen, die denen neurotischer Erkrankungen in der Dringlichkeit nicht nachstehen" (Feldes u. a. 1976, S. 71). Weise und Petermann (1976) betonen, daß das Prinzip der therapeutischen Gemeinschaft gegenwärtig das effektivste Behandlungskonzept in der Psychiatrie darstellt und fordern seine volle Durchsetzung auch in der DDR, wobei sie Gesichtspunkte für eine Neuorientierung entsprechend unseren konkreten gesellschaftlichen Verhältnissen diskutieren. Als Voraussetzung und Weg zur therapeutischen Gemeinschaft halten sie neben Gruppenmethoden die Gesprächspsychotherapie für besonders geeignet.

Die Anwendung der Gesprächspsychotherapie in Einzel- oder Gruppenform unter stationären Bedingungen ist also, abgesehen von der Frage ihrer Kombinierbarkeit mit anderen Verfahren, nur dann sinnvoll, wenn die gesprächspsychotherapeutischen Prinzipien den allgemeinen Bedingungen psycho- und soziotherapeutischen Handelns in der Klinik entsprechen. Zur Herstellung solcher Bedingungen eignet sich offenbar eine gesprächspsychotherapeutische Grundausbildung für das gesamte Stationspersonal. Insofern kann die Gesprächspsychotherapie in zweifacher Hinsicht im stationären Betrieb effektiv werden: Bei der Erzeugung eines bereits an sich therapeutisch wirksamen „Grundklimas" in Richtung der therapeutischen Gemeinschaft und zugleich bei der gezielten und unmittelbaren Anwendung der gesprächspsychotherapeutischen Methode in Einzel- und Gruppenform. Es ist zu vermuten, daß die Anwendung der Gesprächspsychotherapie als Mittel zum Aufbau eines positiven Stationsklimas andere Ausbildungs- bzw. Vermittlungsformen und -inhalte erfordert (Ziele: Kommunikationsverbesserung, Abbau hierarchisch-autoritärer Strukturen, Vorurteilsreduktion, sachbezogener und demokratischer Leitungsstil usw.) als die bereits dargestellten Ausbildungsprogramme.

Damit stellt sich zum Abschluß eine für die künftige Forschungsarbeit bedeutsame neue Frage: Können die Grundprinzipien der patientzentrierten Gesprächspsychotherapie über die speziellen psychotherapeutischen Möglichkeiten hinausgehend auch als Modellansatz für Verfahrensweisen und Regeln dienen durch die Verbesserungen der zwischenmenschlichen Beziehungen, Förderungen der Persönlichkeitsentwicklung, des solidarischen Denkens und des sozialen Handelns im Sinne des sozialistischen Humanismus mitbewirkt werden können? Bereits nachgewiesene positive Auswirkungen im außerpsychotherapeutischen Bereich (vgl. S. 161) lassen uns hoffen, daß die Anwendung gesprächspsychotherapeutischer

Prinzipien und Verhaltensregeln sich auch im Rahmen psychoprophylaktischer und psychohygienischer Maßnahmen als wirksam herausstellen wird. Ob sich darüber hinaus weitere Möglichkeiten zur Mithilfe bei der Gestaltung unserer sozialistischen Lebensweise abzeichnen, ob die in der Gesprächspsychotherapie wirksamen Faktoren auch ein Mittel zur Förderung der Persönlichkeitsentwicklung und zur besseren Gestaltung der sozialen Beziehungen in Familie und Beruf sein können, diese ideologisch und gesellschaftspolitisch bedeutsamen Fragen erscheinen uns durchaus künftiger Diskussionen würdig zu sein.

Literaturverzeichnis

AFFLECK, D. C., and S. L. GARFIELD: Predictive judgement of therapists and duration of stay in psychotherapy. J. clin. Psychol. 17, 1961

AHNERT, L., A. BÖTTCHER, M. PINCUS und K. SCHEFFEL: Untersuchungen zur Analyse von Prozeßvariablen im patient-zentrierten Psychotherapiegespräch. Diplomarbeit Sektion Psychologie. Humboldt-Universität Berlin 1974 (unveröffentl.)

ALEXIK, M., and R. R. CARKHUFF: The effects of the manipulation of client depth of self-exploration upon high and low functioning counselors. J. clin. Psychol. 23, 1967

AMTHAUER, R.: Über die Prüfung der Zuverlässigkeit von Tests – erörtert am IST. Psychol. Rdsch. 8, 1957

ANDERSON, C. A.: Effects of confronting by high- and low-functioning therapists. J. counsel. Psychol. 15, 1968

ANDERSON, W.: Personal growth and client-centered therapy: an information-processing view, in: D. A. WEXLER and L. N. RICE (Eds.), Innovations in client-centered therapy, New York/London/Sidney/Toronto 1974

ANZYFEROWA, L. I.: Einige Fragen der Persönlichkeitsforschung in der gegenwärtigen Psychologie der kapitalistischen Länder, in: E. W. SCHOROCHOWA (Hrsg.) Zur Psychologie der Persönlichkeit, Berlin 1976

BACH, O., D. FELDES, A. THOM und K. WEISE: Sozialpsychiatrische Forschung und Praxis, Leipzig 1976

BAILEY, M. A., L. WARSHAW, and R. M. EICHLER: A study of factors related to length of stay in psychotherapy. J. clin. Psychol. 15, 1959

BANDURA, A.: Principles of behavior modification, New York 1969

BANDURA, A.: Psychotherapy based upon modeling principles, in: A. E. BERGIN and S. L. GARFIELD (Eds.), Handbook of psychotherapy and behavior change, London/Sidney/Toronto 1971

BANDURA, A., D. H. LIPSHER, and P. E. MILLER: Psychotherapists approach-avoidance reactions to patients expressions of hostility. J. consult. Psychol. 24, 1960

BANDURA, A., and C. P. KUPERS: The transmission of patterns of selfreinforcement through modeling. J. abnorm. soc. Psychol. 69, 1964

BARCAI, A.: But who listens: therapeutic values of replayd tape recorded interviews. Amer. J. Psychother. 21, 1967

BARRETT-LENNARD, G. T.: Dimensions of therapist response as causal factors in therapeutic change. Psychol. Monogr. 76, 1962

BASSON, F.: An ego-strength scale which predicts response to psychotherapy. J. consult. Psychol. 17, 1953

BARRON, F.: Some test correlates of response to therapy. J. consult. Psychol. 17, 1953

BASTINE, R.: Forschungsmethoden in der klinischen Psychologie, in: W. SCHRAML (Hrsg.), Klinische Psychologie, ein Leitfaden für Praxis und Studium, Bern/Stuttgart 1969

BASTINE, R.: Klientzentrierte Gesprächspsychotherapie, in: J. B. BERGOLD (Hrsg.), Psychotherapie zwischen Selbstentfaltung und Kontrolle, München 1973
BASTINE, R.: Ansätze zur Formulierung von Interventionsstrategien in der Psychotherapie, Vortragsmanuskript. 1. Europ. Kongr. f. Gesprächspsychotherapie, Würzburg 1974
BAUM, G.: Das Polaritätsprofil – eine Methode der skalierten Befragung. Jugendforschung 3/4, 1967
BEDNAR, R. O., and G. F. LAWLIS: Empirical research in group psychotherapie, in: A. E. BERGIN and S. L. GARFIELD (Eds.), Handbook of psychotherapy and behavior change: An empirical analysis, New York 1971
BEDNAR, R. L., and S. L. WEINBERG: Ingredients of successful treatment programs for underachievers, J. counsel. Psychol. 17, 1970
BEHZADI-STARK, B.: Lerntheoretische Grundlagen der Gesprächspsychotherapie. Diplomarbeit Sektion Psychologie der Humboldt-Universität Berlin 1972 (unveröffentl.)
BEREITER, C.: Some persisting dilemmas in the measuring change, in: Ch. W. HARRIS (Ed.), Problems in measuring change, Madison 1963
BERENSON, B. G., R. R. CARKHUFF, and P. MYERS: The interpersonal functioning and training of college students. J. counsel. Psychol. 13, 1966
BERENSON, B. G., K. M. MITCHELL, and J. A. MORAVEC: Level of therapist functioning, patient depth of self-exploration, and type of confrontation. J. counsel. Psychol. 15, 1968
BERGIN, A. E.: The evaluation of therapeutic outcomes, in: A. E. BERGIN and S. L. GARFIELD (Eds.), Handbook of psychotherapy and behavior change: An empirical analysis, New York 1971
BERGIN, A. E., and L. G. JASPER: Correlates of empathy in psychotherapy: a replication. J. abnorm Psychol. 74, 1969
BERGIN, A. E., and S. SOLOMON: Personality and performance correlates of empathic understandig in psychotherapy, in: T. M. TOMLINSON and J. T. HART (Eds.), New directions in client-centered therapy, Boston 1970
BERGIN, A. E., and S. L. GARFIELD (Eds.): Handbook of psychotherapy and behavior change: An empirical analysis, New York 1971
BERGMANN, D. V.: The relationship between counseling method and client self-exploration, 1950 (zit. n. J. M. SHLIEN and F. M. ZIMRING, Research directives and methods in client-centered therapy, in: L. A. GOTTSCHALK and A. H. AUERBACH (Eds.), Methods of research in psychotherapy, New York 1966
BERGMANN, R.: Katamnestische Untersuchungen bei neurotischen Patienten nach patientzentrierter Gesprächspsychotherapie. Diplomarbeit Sektion Psychologie der Humboldt-Universität Berlin 1971 (unveröffentl.)
BERGOLD, J. B.: Probleme der Therapieforschung, in: J. B. BERGOLD (Hrsg.), Psychotherapie zwischen Selbstentfaltung und Kontrolle, München 1973
BERLYNE, D. E.: Motivational problems raised by exploratory and epistemic behavior, in: S. KOCH (Ed.), Psychology, Vol. 5, 1963
BETZ, B.: Experiences in research in psychotherapy with schizophrenic patient, in: H. H. STRUPP and L. LUBORSKY (Eds.), Research in psychotherapy, Washington 1962
BIRBAUMER, N.: Überlegungen zu einer psychophysiologischen Theorie der Desensibilisierung, in: J. C. BRENGELMANN und W. TUNNER (Hrsg.), Behaviour Therapie-Verhaltenstherapie, München/Berlin/Wien 1973
BISCHOF, N.: Erkenntnistheoretische Grundlagenprobleme der Wahrnehmungspsychologie, in: Handbuch der Psychologie, 1. Bd., Göttingen 1966
BLAU, B. A.: A comparison of more improved with less improved clients treatet by

client-centered methods, in: W. U. SNYDER (Ed.), Group report of a program of research in psychotherapy, Manuskript Pennsylvania State University 1953
BLOCK, J.: A comparison of the forced and unforced Q-sorting procedure. Educ. Psychol. measurem. 16, 1956
BLOCK, J.: The Q-Sort method in personality assessment and psychiatric research, Illinois 1961
BLOCKSMA, D. D., and E. H. PORTER: A short-term training program in client-centered counseling. J. consult. Psychol. 11, 1947
BLOCK, J., and H. THOMAS: Is satisfaction with self a measure of adjustment?, in: A. P. GOLDSTEIN and S. J. DEAN (Eds.), The investigation of psychotherapy: Commentaries and readings, New York/London/Sydney 1966
BOLDT, A.: Entwicklung einer Skala zur Erfassung der Selbstexploration von Patienten. Diplomarbeit Sektion Psychologie der Humboldt-Universität Berlin 1973 (unveröffentl.)
BOMMERT, H.: Bericht über drei Forschungsprojekte mit client-centered Psychotherapie, in: E. DUHM (Hrsg.), Praxis der Klinischen Psychologie, Bd. 2, Göttingen 1971
BOMMERT, H., W. R. MINSEL, B. FITTKAU, I. LANGER und R. TAUSCH: Empirische Kontrolle der Effekte und Prozesse klienten-zentrierter Gesprächspsychotherapie bei psychoneurotischen Patienten. Z. Klin. Psychol. 1, 1972
BOSHOWITSCH, I. L.: Die Persönlichkeit und ihre Entwicklung im Schulalter, Berlin 1970
BÖTTCHER, H. R.: Der INR-Fragebogen. Probl. Erg. Psychol. 23, 1968
BÖTTCHER, H. R.: Ein dialogtheoretischer Ansatz zur Erforschung der Gesprächsgruppentherapie, in: J. HELM, H.-D. RÖSLER und H. SZEWCZYK (Hrsg.), Klinisch-psychologische Forschungen – Ergebnisse und Tendenzen, Berlin 1976
BÖTTCHER, H. R., A. SEEBER und G. WITZLACK (Hrsg.), Psychodiagnostik – Probleme, Methoden, Ergebnisse, Berlin 1974
BRAATEN, L. J.: The movement from non-self to self in clientcentered psychotherapy. J. counsel. Psychol. 8, 1961
BRENGELMANN, J. C.: Theoretische Grundlagen der Verhaltenstherapie in: J. HELM, H.-D. RÖSLER und H. SZEWCZYK (Hrsg.), Klinisch-psychologische Forschungen – Ergebnisse und Tendenzen, Berlin 1976
BUCHHOLZ-DUBROWSKY, H.: Zur Erfassung von Interaktionsbeziehungen in patientzentrierten psychotherapeutischen Gruppengesprächen und deren Auswirkung auf die Selbstexploration. Diplomarbeit Sektion Psychologie der Humboldt-Universität Berlin 1972 (unveröffentl.)
BUTLER, J. M., and G. V. HAIGH: Changes in the relation between self-concepts and ideal-concepts consequent upon-client-centered counseling, in: C. R. Rogers, and R. F. DYMOND (Eds.), Psychotherapy and personality change, Chicago 1954
CAMERON, D. E.: Psychotherapy in action, New York 1968
CAMPBELL, D. T., and J. C. STANLEY: Experimental and quasi-experimental designs for research on teaching, Chicago 1966
CARACENA, P. F.: Elicitation of dependency expressions in the initial stage of psychotherapy. J. counsel. Psychol. 12, 1965
CARKHUFF, R. R.: Helping and human relations, New York 1969
CARKHUFF, R. R., and M. ALEXIK: Effect of clients depth of self-exploration upon high and low functioning counselors. J. counsel. Psychol. 14, 1967
CARSON, R. C., and R. W. HEINE: Similarity and succes in therapeutic dyads. J. counsel. Psychol. 26, 1962
CARTWRIGHT, D. S.: Succes in psychotherapy as a function of certain actuarial variables, J. counsel. Psychol. 19, 1955

CARTWRIGHT, R. D., and J. L. VOGEL: A comparison of changes in psychoneurotic patients during matched periods of therapy and no therapy. J. counsel. Psychol. 24, 1960

CARTWRIGHT, D. S., and B. LERNER: Empathy: need to change, and improvement with psychotherapy. J. counsel. Psychol. 27, 1963

CARTWRIGHT, D. S., and W. L. KIRTNER: Method factors in changes associated with psychotherapy. J. abnorm. soc. Psychol. 66, 1963

CATTELL, R. B.: The scientific analysis of personality, Baltimore 1965

CATTELL, R. B.: Patterns of change: Measurement in relation to state dimension, trait change lability, and process concepts, in: R. B. CATTELL (Ed.), Handbook of multivariate experimental psychology, Chicago 1966

CHANCE, J. E.: Personality differences and level of aspiration. J. counsel. Psychol. 24, 1960

CLAUSS, G., und H. EBNER: Grundlagen der Statistik, Berlin 1968

COOKE, G.: Evaluation of the efficacy of the components of reciprocal inhibition psychotherapy. J. abnorm. Psychol. 73, 1968

COVNER, B. J.: Studies in phonographic recordings of verbal material III. The completness and accuracy of counseling interview-reports. J. Gen. Psychol. 30, 1944 (zit. nach MATARAZZO 1971)

COWEN, E. L., and A. W. COMBS: Folluwup study of 32 cases treated by nondirective psychotherapy. J. abnorm. soc. Psychol. 45, 1950

DAEHLER, M. W., A. B. HOROWITZ, F. C. WYNNS, and J. H. FLAVELL: Verbal and nonverbal rehearsel in childrens recall. Child developm. 40, 1969

DENKER, P.: Results of treatment of psychoneuroses by the G. P. J. med. 46, 1946 (zit. in BERGIN 1971)

DICKENSON, V. A., and Ch. B. TRUAX: Group counseling with college underachievers: Comparisons with a control group and relationship to empathy, warmth and genuineness 1966 (zit. nach R. TAUSCH 1973)

DIGIULIO, R. A., and W. ESHLEMAN: Graduate students responsal to televised microcounseling experiences. Audiovisual Instruction 17, 4, 1972

DI LORETO, A. O.: Cognitive Psychotherapy, Chikago 1971

Direktive des IX. Parteitages der SED zum Fünfjahrplan für die Entwicklung der Volkswirtschaft der DDR in den Jahren 1976–1980, Berlin 1976

DITTES, J. E.: Galvanic skin response as a measure of patient's reaction to therapist's permissiveness. J. abnorm. soc. Psychol. 55, 1957

DITTMANN, A. T.: The interpersonal process in psychotherapy: developement of a research method. J. abnorm. soc. Psychol. 55, 1957

DOBIAS, J.: Psychotherapie im sozialistischen Gesundheitswesen, in: M. HAUSNER, St. KRATOCHVIL und K. HÖCK (Hrsg.), Psychotherapie in den sozialistischen Ländern, Leipzig 1975

Dokumente des VIII. Parteitages der sozialistischen Einheitspartei Deutschlands, Berlin 1971

DOLL, G., K. FEINDT, A. KÜHNE, I. LANGER, W. STEINBERG und A. TAUSCH: Klientzentrierte Gespräche mit Insassen eines Gefängnisses über Telefon. Z. Klin. Psychol. 1973

DYMOND, R. F.: Adjustment changes over therapy from self-sorts, in: C. R. ROGERS and R. F. DYMOND (Eds.), Psychotherapy and personality change, Chicago 1954

ECKERT, J., und H. SCHWARTZ: Prozesse in client-centered Gesprächspsychotherapie. Diss. Universität Hamburg 1973 (unveröffentl.) (zit. in MINSEL 1974 und TAUSCH 1973)

EGEL, A.: Untersuchungen zur SB-IB-Q-Sortierung von BUTLER und HAIGH, Diplomarbeit Sektion Psychologie der Humboldt-Universität Berlin 1973 (unveröffentl.)

ENDS, E. J., and C. W. PAGE: A study of three types of group psychotherapy with hospitalized male inebriates, Quartely J. Studies on Alcohol 18, 1957 (zit. in TAUSCH 1973)
ENDS, E. J., and C. W. PAGE: Group psychotherapy and concomitant psychological change. Psychol. Monogr. 73, 1959
EYSENCK, H. J.: The effects of psychotherapy. Intern. J. Psychiatr. 1, 1965
EYSENCK, H. J.: (1960, zit. in TRUAX und CARKHUFF 1967)
FARMER, R. G.: Values and personal style in psychotherapy. Psychotherapy: theory, research and practice 6, 1969
FÄTKENHEUER, S.: Die Auswirkung einiger Patienten- und Therapeutenvariablen auf die Selbstexploration in eklektisch-psychagogischen psychotherapeutischen Gruppengesprächen. Diplomarbeit Sektion Psychologie der Humboldt-Universität Berlin 1972 (unveröffentl.)
FEGER, H.: Beiträge zur experimentellen Analyse des Konflikts, in: Handbuch der Psychologie, 2. Bd., Göttingen 1965
FEINDT, K., R. SCHWAB und R. TAUSCH: Unveröffentlichte, noch nicht abgeschlossene Untersuchung (zit. in TAUSCH 1976)
FEITEL, B.: Feeling understood as a function of a variety of therapist activities, 1968 (zit. in BERGIN und JASPER 1969)
FELDES, D., H. WEISE und K. WEISE: Psychologische und soziale Aspekte der psychiatrischen Diagnostik und Klassifikation, in: O. BACH, D. FELDES, A. THOM und K. WEISE, Sozialpsychiatrische Forschung und Praxis, Leipzig 1976
FESTINGER, L.: A theory of cognitive dissonance, Evanston 1957
FEY, W. F.: Acceptance by others and its relation to acceptance of self and others: a revealuation. J. abnorm. soc. Psychol. 50, 1955
FICHTE, H.: Zur Angemessenheit des Beurteilungsmodus für die Selbstexploration und Verbalisierung. Diplomarbeit Sektion Psychologie der Humboldt-Universität Berlin 1973 (unveröffentl.)
FIEDLER, F. E.: Quantitative studies on the role of therapists' feelings toward their patient, in: O. H. MOWRER (Ed.): Psychotherapy, theory and research, New York 1953
FINNEY, B. C.: Some techniques and procedures for reading psychotherapy. Psychotherapy: Theory, Research and Practice, 5, 1968
FISKE, D. W., D. S. CARTWRIGHT, and W. L. KIRTNER: Are psychotherapeutic changes predictable. J. abnorm. soc. Psychol. 69, 1964
FISKE, D. W., and G. GOODMAN: The posttherapy period. J. abnorm. Psychol. 70, 1965
FOULDS, M. J.: Self-actualization and the communication of facilitative conditions during counseling. J. counsel. Psychol. 16, 1969
FRANK, G. H.: The effect of directive and non-directive statements by therapists on the contents of patient verbalisation. J. genet. Psychol. 71, 1964
FRANK, G. H.: A review of research with measures of ego strength desired from the MMPI and the Rorschach. J. General Psychol. 77, 1967
FRANK, G. H., L. H. GLIEDMAN, S. D. IMBER, E. H. NASH, and A. R. STONE: Why patients leave psychotherapy. Arch. Neurol. Psychiat. 77, 1957
FRANK, J. D.: Persuasion and healing, Baltimore 1961
FRANKE, A.: Überprüfung der Effekte klienten-zentrierter Gruppenpsychotherapie. Diss. Universität Bochum 1975
FRANKE, A.: Vergleich von Gesprächspsychotherapie als Einzel- und Gruppentherapie, in: P. JANKOWSKY, D. TSCHEULIN, H.-J. FIETKAU und F. MANN (Hrsg.), Klientzentrierte Psychotherapie heute. Ber. 1. Europ. Kongr. f. GT, Göttingen 1976
FRANZEN, U. und F. MERZ: Der Einfluß des Verbalisierens auf die Leistung bei In-

telligenzprüfungen: Neue Untersuchungen, Ber. Fachber. Psychol. d. Phillips-Universität Marburg-Lahn Nr. 49, 1975
FRIEDRICH, W. (Hrsg.): Methoden der marxistisch-leninistischen Sozialforschung, Berlin 1971
FRIEDMAN, A. J.: Patient expectancy and symptom reduction. Arch. Gen. Psychiat. 8, 1963
FROHBURG, I.: Zur psychodiagnostischen Erfassung von Persönlichkeitsveränderungen mit Hilfe der Q-Sortierungs-Technik, in: H.-D. RÖSLER, H.-D. SCHMIDT und H. SZEWCZYK (Hrsg.), Persönlichkeitsdiagnostik, Berlin 1970
FROHBURG, I.: Zur Indikation von Psychotherapiegesprächen. Diss. Math.-Nat. Fak. der Humboldt-Universität Berlin 1974 (unveröffentl.)
FROHBURG, I. und J. HELM: Zur Analyse der verbalen Therapeutenaktivität, in: J. HELM (Hrsg.), Psychotherapieforschung, Berlin[2] 1974
FROHBURG, I. und J. HELM: Wirkung und Messung der Selbstexploration von Patienten in psychotherapeutischen Gesprächen, in: J. HELM, H.-D. RÖSLER und H. SZEWCZYK (Hrsg.), Klinisch-psychologische Forschungen – Ergebnisse und Tendenzen, Berlin 1976
FÜRNTRATT, E.: Zur Bestimmung der Anzahl interpretierbarer gemeinsamer Faktoren in Faktorenanalysen psychologischer Daten. Diagnostica 2, 1969
FÜRSTENAU, P.: Probleme der vergleichenden Psychotherapieforschung, in: C. H. BACHMANN (Hrsg.), Psychoanalyse und Verhaltenstherapie, Frankfurt (Main) 1972
GALLAGHER, J. J.: Manifest anxiety changes concomitant with client-centered therapy. J. consult. Psychol. 17, 1953
GALLAGHER, J. J.: MMPI changes concomitant with client-centered therapy. J. consult. Psychol. 17, 1953
GALLAGHER, J. J.: Test indicators for therapy prognosis. J. consult. Psychol. 18, 1954
GARFIELD, S. L., and D. C. AFFLECK: An appraisal of duration of stay in outpatient psychotherapy. J. Nervous and Mental disease 129, 1959
GENDLIN, E. T.: Experiencing: A variable in the process of therapeutic change. Amer. J. Psychother. 15, 1961
GENDLIN, E. T.: A short summary and some long predictions, in: J. HART and T. TOMLINSON (Eds.), New directions in client-centered therapy, Boston 1970
GENDLIN, E. T., and T. M. TOMLINSON: The process conception and its measurement, in: C. R. ROGERS, E. T. GENDLIN, D. J. KIESLER and Ch. B. TRUAX (Eds.), The therapeutic relationship and its impact: A study of psychotherapy with schizophrenics, Madison 1967
GENDLIN, E. T., J. BEEBE, J. CASSENS, M. KLEIN, and M. OBERLÄNDER: Focusing ability in psychotherapy, personality, and creativity, in: I. M. SHLIEN (Ed.), Research in Psychotherapy, Vol. 3, Washington 1968
GILLAN, P.: Unveröffentlichte Untersuchung (zit. nach EYSENCK 1973)
GLIEDMAN, L. H., A. R. STONE, J. D. FRANK, E. NASH, and S. D. IMBER: Incentives for treatment related to remaining or improving in psychotherapy. Amer. J. Psychother. 11, 1957
GLIXMAN, A. F.: An analysis of the use of the interruption techniques in exp. studies of „repression". Psychol. Bull. 45, 1948
GLÜCK, G.: Untersuchung von Gesprächsmerkmalen und ihres gegenseitigen Zusammenhangs im Rahmen psychotherapeutischer Gespräche mit jugendlichen Strafgefangenen zur Unterstützung der Wiedereingliederung. Diplomarbeit Sektion Psychologie der Humboldt-Universität Berlin 1975 (unveröffentl.)
GOLDFRIED, M. R., und R. N. Kent: Herkömmliche gegenüber verhaltenstheore-

tischer Persönlichkeitsdiagnostik: Ein Vergleich methodischer und theoretischer Voraussetzungen, in: D. SCHULTE (Hrsg.), Diagnostik in der Verhaltenstherapie, München/Berlin/Wien 1974
GOLDSTEIN, A. P., and W. G. SHIPMAN: Patient expectancies, symptom reduction and aspects of the initial psychotherapeutic interview. J. clin. Psychol. 17, 1961
GOLDSTEIN, A. P., and S. J. DEAN: The investigation of psychotherapy: Commentaries and readlings, New York/London/Sidney 1966
GÖPFERT, S.: Empirisch-statistische Studien zum Nachweis von Regressionseffekten bei Persönlichkeitsfragebogen. Diplomarbeit Sektion Psychologie der Humboldt-Universität Berlin 1973 (unveröffentl.)
GUERNEY, J. B., and G. E. STOLLAK: Problems in Living, psychotherapy process research and an autoanalytic method. J. consult. Psychol. 29, 1965
GUILFORD, J. P.: Psychometric methods, New York 1954
GUILFORD, J. P.: Persönlichkeit, Weinheim 1965
GURIN, G., J. VEROFF, and S. FELD: Americans view their mental health, New York 1960
GURMAN, A. S.: Therapists mood patterns and therapeutic facilitativeness. J. counsel. Psychol. 19, 1972
GUTHKE, J.: Zur Diagnostik der intellektuellen Lernfähigkeit, Berlin 1972
GUTHKE, J.: Zur Aussagekraft von Prä/Posttestdifferenzen in der Programmierungsforschung, insbesondere zum Problem der faktoriellen Determiniertheit der Tests, in: G. CLAUSS und A. KOSSAKOWSKI (Hrsg.), Pädagogisch-psychologische Beiträge zur Entwicklung sozialistischer Persönlichkeiten, Berlin 1973
GUTJAHR, W.: Die Messung psychischer Eigenschaften, Berlin 1971
GUTSCHE, G.: Persönlichkeit als Subjekt des gesellschaftlichen Fortschritts, DZfPh 22, 5, 1974
HAHN, T.: Das individuelle Bewußtsein und die Dialektik von objektiven Bedingungen und subjektivem Faktor. DZfPh 22, 5, 1974
HAIGH, G.: Defensive behavior in client-centered therapy. J. consult. Psychol. 13, 1949
HAIMOWITZ, N. R.: An Investigation into some personality Changes occuring in individual undergoing client-centered therapy. Diss. Universität Chicago 1948 (zit. in C. R. ROGERS 1973)
HALKIDES, G.: An experimental study of four conditions necessary for therapeutic changes. Diss. Universität Chicago 1958
HART, J., and T. TOMLINSON (Eds.) New directions in client-centered therapy, Boston 1970
HARTIG, M. (Hrsg.): Selbstkontrolle. München/Berlin/Wien 1973
HARWAY, N. J., A. T. DITTMANN, H. L. RAUSCH, E. S. BORDIN, and D. RIGLER: The measurement of depth of interpretation. J. consult. Psychol. 19, 1955
HAUSNER, M., St. KRATOCHVIL und K. HÖCK (Hrsg.): Psychotherapie in sozialistischen Ländern, Leipzig 1975
HEBER, I., und R. MICHALAK: Skala zur Messung der Therapeuten-Verhaltensmerkmale „Akzeptierung des Patienten durch den Psychotherapeuten" und „Verständliche Form der Psychotherapeutenäußerung". Diplomarbeit Sektion Psychologie der Humboldt-Universität Berlin 1972 (unveröffentl.)
HEINE, R. W. (Hrsg.): The student physician as psychotherapy, Chicago 1962
HEINE, R. W., and H. TROSMAN: Initial expectations of the doctorpatient interaction as a factor in continuance in psychotherapy. Psychiat. 23, 1960
HELLER, K., R. MYERS, and L. V. KLINE: Interviewer behavior as a function of standardized client roles. J. consult. Psychol. 27, 1963
HELM, H.: Informationsbogen für Patienten zur Vorbereitung auf die Gesprächspsychotherapie, Sektion Psychologie der Humboldt-Universität Berlin 1974 (unveröffentl.)

HELM, J.: Erkenntnistheoretische Fragen und empirische Ergebnisse zum Problem Bewußtsein und Unbewußtes. Z. Psychol. 175, 1968
HELM, J. (Hrsg.): Psychotherapieforschung – Fragen, Versuche, Fakten, Berlin ²1974
HELM, J.: Zur Ermittlung und Verwertung von Gesprächsmerkmalen bei Psychotherapeuten und Patienten, in: J. HELM (Hrsg.), Psychotherapieforschung, Berlin ²1974
HELM, J.: Zur Entwicklung einer Kurzform des Persönlichkeits-Q-Sorts, in: H. R. BÖTTCHER, A. SEEBER und G. WITZLACK (Hrsg.), Psychodiagnostik – Probleme, Methoden, Ergebnisse, Berlin 1974
HELM, J.: Eine vorläufige Kurzform des Persönlichkeits-Q-Sorts (BUTLER und HAIGH), in: J. HELM, E. KASIELKE und J. MEHL (Hrsg.), Neurosendiagnostik, Berlin 1974
HELM, J.: Faktoren zur Förderung der Selbstexploration von Gruppenpatienten, Gruppentherapie und soziale Umwelt, 5. Int. Kongr. f. Gruppenpsychotherapie Zürich 1973, Bern 1975
HELM, J.: Therapiezielorientierung und Erfolgsbestimmung. Ber. Kongr. Ges. f. Psychol. d. DDR, Leipzig 1975
HELM, J.: Gesprächspsychotherapie I (Zur Methodik und Ausbildung), in: J. HELM, E. KASIELKE, J. MEHL und E. H. STRAUSS (Hrsg.), Neurosenpsychologie, Berlin 1976
HELM, J.: Gesprächspsychotherapie II (Wirkungsbedingungen), in: J. HELM, E. KASIELKE, J. MEHL und E. H. STRAUSS (Hrsg.), Neurosenpsychologie, Berlin 1976
HELM, J.: Selbstverwirklichung als Therapieziel?, in: J. HELM, H.-D. RÖSLER und H. SZEWCZYK (Hrsg.), Klinische Psychologie, Berlin 1979
HELM, J., und I. FROHBURG: Das Training psychotherapeutischer Gesprächsführung. Probl. Erg. Psychol. 48, 1974
HELM, J., und I. FROHBURG: Probleme des Trainings von psychotherapeutischen Gesprächen, in: J. HELM, H.-D. RÖSLER und H. SZEWCZYK (Hrsg.), Klinisch-psychologische Forschungen – Ergebnisse und Tendenzen, Berlin 1976
HELM, J., E. KASIELKE und J. MEHL (Hrsg.): Neurosendiagnostik, Berlin 1974
HELM, J., E. KASIELKE, J. MEHL und E. H. STRAUSS (Hrsg.): Neurosenpsychologie, Berlin 1976
HELM, J., H.-D. RÖSLER und H. SZEWCZYK (Hrsg.): Klinisch-psychologische Forschungen – Ergebnisse und Tendenzen, Berlin 1976
HELM, J., und A. THOM: Zur gesellschaftlichen Relevanz persönlichkeitsbezogener Zielstellungen in der Psychotherapie, in: J. HELM, E. KASIELKE, J. MEHL und E. H. STRAUSS (Hrsg.), Neurosenpsychologie Berlin 1976
HELM-BRODT, Ch.: Zum Zusammenhang zwischen inhaltlichen Merkmalen von Patientenäußerungen und der Höhe der Selbstexploration in der patientzentrierten Psychotherapie. Diplomarbeit Sektion Psychologie der Humboldt-Universität Berlin 1972 (unveröffentl.)
HENNIG, B., und J. MEHL: Untersuchungen der Tauglichkeit eines Kurzverfahrens zur Psychodiagnostik von Neurosen, in: J. HELM, E. KASIELKE, J. MEHL (Hrsg.), Neurosendiagnostik, Berlin 1974
HERMANN, T., J. ECKERT, W. INHÜLSEN und U. PLOG: Wer ist ein guter Ausbilder in Gesprächspsychotherapie? In: P. JANKOWSKI, D. TSCHEULIN, H.-J. FIETKAU und F. MANN (Hrsg.), Klientzentrierte Psychotherapie heute. Ber. 1, Europ. Kongr. f. GT, Göttingen 1976
HIEBSCH, H.: Sozialpsychologische Grundlagen der Persönlichkeitsformung, Berlin 1966
HIEBSCH, H., und M. VORWERG: Einführung in die marxistische Sozialpsychologie, Berlin 1968
HILER, E. W.: An investigation of psychological factors associated with premature termination of psychotherapy. Diss., Universität of Michigan 1954 (unveröffentl.)
HILER, E. W.: Wechsler-Bellevue Intelligence as a predictor of continuation in psychotherapy. J. clin. Psychol. 14, 1958

HILER, E. W.: An analysis of patient-therapist compatibility. J. consult. Psychol. 22, 1958

HILER, E. W.: The sentence completion test as a predictor of continuation in psychotherapy. J. consult. Psychol. 23, 1959

HILLSON, J. S., and G. WORCHEL: Self concept and defensive behavior in the maladjusted. J. consult. Psychol. 21, 1957

HORN, R.: Konstruktion eines Veränderungsmeß-Fragebogens zur Objektivierung des Therapieerfolgs und vorläufige Validierung. Diplomarbeit Sektion Psychologie der Humboldt-Universität Berlin 1974 (unveröffentl.)

HORNEY, K.: Der neurotische Mensch unserer Zeit, Stuttgart 1951

HOWE, E. S.: Anxiety-arousal and specifity: Rated correlates of the depth of interpretive statements. J. consult. Psychol. 26, 1962

HÖCK, K.: Zum Krankheitsbild der neurotischen Reaktion in der heutigen Zeit. Psychiat. Neurol. med. Psychol. 3, 1960

HÖCK, K.: Zur Methodik der Einleitungsphase in der dynamischen Gruppenpsychotherapie, in: J. HELM, H.-D. RÖSLER und H. SZEWCZYK (Hrsg.), Klinisch psychologische Forschungen – Ergebnisse und Tendenzen, Berlin 1976

HÖCK, K., H. SZEWCZYK und H. WENDT (Hrsg.): Neurosen, Berlin 1971

HÖDER, J., H. JOOST und P. KLYNE: Zusammenhänge zwischen Hauptdimensionen des Lehrerverhaltens und Merkmalen des Erlebens von Schülern im Unterricht. Psychol. in Erz. u. Unterricht 22, 1975

HÖRZ, H.: Blickpunkt Persönlichkeit, Berlin 1975

HUGLER, H.: Personeinschätzung neurotischer Patienten, in: J. HELM, E. KASIELKE, J. MEHL und E. H. STRAUSS (Hrsg.), Neurosenpsychologie, Berlin 1976

IMBER, St. D., E. H. NASH, and A. R. STONE: Social class and duration of psychotherapy. J. clin. Psychol. 11, 1955

IMBER, St. D., D. F. FRANK, L. H. GLIEDMAN, E. H. NASH, and A. R. STONE: Suggestibility, social class, and the acceptance of psychotherapy. J. clin. Psychol. 12, 1956

IVEY, A. E., C. I. NORMINGTON, D. C. MILLER, W. H. MERRILL, and R. F. HAASE: Microcounseling and attending behavior: An approach to Prepracticum counselor training. J. counsel. Psychol. 15, 1968

JANKOWSKI, P., D. TSCHEULIN, H.-J. FIETKAU und F. MANN (Hrsg.): Klientzentrierte Psychotherapie heute. Ber. 1. Europ. Kongr. f. GT, Göttingen 1976

JAROSCHEWSKI, M.: Psychologie im 20. Jahrhundert, Theoretische Entwicklungsprobleme der psychologischen Wissenschaft, Berlin 1975

JONES, M.: Towards a classification of the „Therapeutic Community" concept. Brit. J. med. Psychol. 32, 1959

JORSWIECK, E., und S. KETWAN: Neurotische Symptome – eine Statistik über Art und Auftreten in den Jahren 1947, 1956 und 1965. Z. psychosom. Med. 13, 1967

JOSLIN, L. C.: Knowledge and counseling competence. Personnel and guidance. J. 43, 1965 (zit. in TAUSCH 1973)

JÜLISCH, B.: Erkundungsuntersuchung über den Zusammenhang zwischen der Selbstexploration, ihren Aspekten und Daten der Veränderung des Entscheidungsverhaltens. Diplomarbeit Sektion Psychologie Humboldt-Universität Berlin 1970 (unveröffentl.)

JÜLISCH, B.: Zur Analyse von Merkmalen der „Selbstexploration" von Patienten, in: J. HELM (Hrsg.), Psychotherapieforschung, Berlin[2] 1974

KAINZ, F.: Das Denken und die Sprache, in: R. BERGIUS (Hrsg.), Handbuch der Psychologie, 1. Bd., Göttingen 1964

KAMINSKI, G.: Verhaltenstheorie und Verhaltensmodifikation, Stuttgart 1970

KANFER, F. H.: Comments on learning in psychotherapy, 1961 (zit. in L. BLÖSCHL: Grundlagen und Methoden der Verhaltenstherapie, Bern 1972)

KANFER, F. H., and A. R. MARSTONE: Conditioning of self-reinforcement responses: A analogue to self-confidence training. Psychol. Reports 13, 1963

KANFER, F. H., and G. SASLOW: Verhaltenstheoretische Diagnostik, in: D. SCHULTE (Hrsg.), Diagnostik in der Verhaltenstherapie, München/Berlin/Wien 1974

KASIELKE, E., und I. FROHBURG: Erkundungsuntersuchung zum Problem der Klassifikation neurotischer Störungen als Grundlage von Veränderungsmessungen in der Psychotherapie, in: J. HELM (Hrsg.), Psychotherapieforschung, Berlin[2] 1974

KASIELKE, E., S. MÖBIUS und Ch. SCHOLZE: Der Beschwerdenerfassungsbogen als neurosendiagnostisches Verfahren, in: J. HELM, E. KASIELKE und J. MEHL (Hrsg.), Neurosendiagnostik, Berlin 1974

KASIELKE, E., und U. MAUS: Klassifikationsforschung in der Psychopathologie, in: J. HELM, E. KASIELKE, J. MEHL und E. H. STRAUSS (Hrsg.), Neurosenpsychologie, Berlin 1976

KASTNER, G.: Vergleich der Eignung von Testbatterien mit Problemlisten zur Veränderungsmessung bei Psychotherapie. Diplomarbeit Sektion Psychologie der Humboldt Universität Berlin 1975 (unveröffentl.)

KATZENSTEIN, A.: Kurze Psychotherapie, in: M. HAUSNER, St. KRATOCHVIL und K. HÖCK (Hrsg.), Psychotherapie in sozialistischen Ländern, Leipzig 1975

KAUFMANN, P. E., and V. C. RAIMY: Two methods of assessing therapeutic progress. J. abnorm. soc. Psychol. 44, 1949

KEENEY, T. J., S. R. CANNIZZO, and J. H. FLAVELL: Spontaneous and induced verbal rehearsel in recall task. Child developm. 38, 1967

KEET, C. D.: The verbal techniques in a miniature counseling situation. Psychol. Monogr. 62, 1948

KELLER, H., und H. G. VOSS: Neugier und Exploration, Theorie und Ergebnisse, Stuttgart 1976

KELLY, G. A.: The psychology of personal constructs, New York 1955

KESSLER, C.: Semantics and non directive counseling, M. A. Paper, Univ. of Chicago 1947 (zit. in ROGERS 1973)

KEUPP, H.: Der Krankheitsmythos in der Psychopathologie, München/Berlin/Wien 1972

KEUPP, H., und J. B. BERGOLD: Probleme der Macht in der Psychotherapie unter spezieller Berücksichtigung der Verhaltenstherapie, in: C. H. BACHMANN (Hrsg.), Psychoanalyse und Verhaltenstherapie, Frankfurt (Main) 1972

KIESLER, D. J.: Some myths of psychotherapy. Psychol. Bull. 65, 1966

KIESLER, D. J., P. L. MATHIEU, and M. H. KLEIN: Sampling from the recorded therapy interview: a comparative study of different segment lengths. J. consult. Psychol. 28, 1964

KIESLER, D. J., M. H. KLEIN, and P. L. MATHIEU: Sampling from the recorded therapy interview: the problem of segment location. J. consult. Psychol. 29, 1964

KIESLER, D. J., P. L. MATHIEU, and M. H. KLEIN: Process movement in therapy and sampling interviews, in: C. R. ROGERS, E. T. GENDLIN, D. J. KIESLER and Ch. B. TRUAX (Eds.): The therapeutic relationship and its impact: A study of psychotherapy with schizophrenics, Madison 1967

KIRTNER, W. L., and D. S. CARTWRIGHT: Succes and failure in clientcentered therapy as a function of client personality variables. J. consult. Psychol. 22, 1958

KLAUS, G.: Kybernetik und Erkenntnistheorie, Berlin 1966

KLEIN, W. L.: An investigation of the spontaneous speach of children during problem solving, 1963 (zit. in HARTIG 1973)

KLIX, F.: Information und Verhalten, Berlin 1971

KOHLER, Ch.: Die wissenschaftstheoretische Situation in der Psychotherapie, in: J. HELM (Hrsg.), Psychotherapieforschung, Berlin[2] 1974

Kon, I. S.: Soziologie der Persönlichkeit, Berlin 1973
Kossakowski, A.: Über persönlichkeitstheoretische Grundlagen der pädagogischen Psychologie, in: A. Kossakowski und J. Lompscher (Hrsg.), Ideologisch-theoretische und methodologische Probleme der pädagogischen Psychologie, Berlin 1971
Köhler, W.: Die physischen Gestalten in Ruhe und in stationärem Zustand, Braunschweig 1920
Kragh, U.: The defense mechanism test: A new method for diagnosis and personal selection. J. appl. Psychol. 44, 1960
Kragh, U.: Problems of subception I: Subliminal threat and perceptual defense, II: Subliminal gradation in the visual field. Scand. J. Psychol. 3, 1962
Krasemann, I.: Skalierungsverfahren, in: V. Stoljarow (Hrsg.): Zur Technik und Methodologie der soziologischen Forschung, Berlin 1966
Kratochvil, St.: Psychotherapie in den sozialistischen Ländern, in: M. Hausner, St. Kratochvil und K. Höck (Hrsg.), Psychotherapie in sozialistischen Ländern, Berlin 1975
Kratochvil, St.: Erforschung einiger Variablen im Prozess der Gruppenpsychotherapie, in: J. Helm, H.-D. Rösler und H. Szewczyk (Hrsg.), Klinisch-Psychologische Forschungen – Ergebnisse und Tendenzen, Berlin 1976
Kraus, S.: Statistische Untersuchungen zur SB-IB-Q-Sortierung. Diplomarbeit Sektion Psychologie der Humboldt-Universität Berlin 1971 (unveröffentl.)
Krause, B., und H. J. Lander: Zu einigen Problemen der statistischen Analyse empirischer Daten, in: H. Hiebsch und L. Sprung (Hrsg.), Aufgaben, Perspektiven und methodologische Grundlagen der marxistischen Psychologie in der DDR, Berlin 1973
Krause, B., und H. J. Lander: Modellansätze zur Abschätzung des Behandlungseffekts bei Veränderungsmessungen. Vortragsmanuskript, 4. Kongr. Ges. f. Psychol. d. DDR, Leipzig 1975 (unveröffentl.)
Krause, R., J. Langer, P. Müller, R. Schwab und R. Tausch: Manuskript Universität Hamburg (unveröffentl., zit. in Tausch 1976)
Kremer, J., und R. Tausch: Prüfung von Effekten und Prozessen personenzentrierter Encountergruppen, 1975 (zit. in Tausch 1976)
Kreuzer, E. M.: Die Beziehung von Verbalisierung und Selbstexploration in patientzentrierten therapeutischen Gruppengesprächen. Diplomarbeit Sektion Psychologie der Humboldt-Universität Berlin 1972 (unveröffentl.)
Kritz, A.: Vergleich unterschiedlicher Erfassungsmethoden zur Charakteristik von Therapeutenvariablen in patientzentrierten psychotherapeutischen Gesprächen. Diplomarbeit Sektion Psychologie der Humboldt-Universität Berlin 1975 (unveröffentl.)
Krumboltz, J. D.: The effect of behavioral counseling in group and individual settings on information – seeking behavior. J. counsel. Psychol. 11, 1964
Kuhnt, J.: Trendanalysen der Variablen Selbstexploration und Verbalisierung und Schlußfolgerungen für die Entnahme repräsentativer Stichproben aus dem Therapieverlauf. Diplomarbeit Sektion Psychologie der Humboldt-Universität Berlin 1973 (unveröffentl.)
Kunzendorf, E., K. Andrzejak und M. Geyer: Zur Bedeutung soziologischer Zusammenhänge bei der epidemiologischen Erforschung und Bekämpfung der Herz- und Kreislaufkrankheiten (HHK), insbesondere der ischämischen Herzkrankheiten. Z. ärztl. Forsch. 68, 9, 1974
Lacey, J. J.: Psychophysiological approaches to the evaluation of psychotherapeutic process and outcome, in: E. A. Rubinstein und M. B. Parloff (Eds.), Research in psychotherapy, Washington 1959

LANDIS, O.: A statistical evaluation of psychotherapeutic methods, in L. E. HINSIE (Ed.), Concepts and problems in psychotherapy, New York 1937
LANG, P. J.: The application of psychophysiological methods to the study of psychotherapy and behavior modification, in: A. E. BERGIN and S. L. GARFIELD (Eds.), Handbook of psychotherapy and behavior change: An empirical analysis, New York 1971
LANGER, I., H. LIEDTKE und R. TAUSCH: Unveröff. Manuskript, Universität Hamburg (zit. in TAUSCH[5] 1973)
LANGER, I., A. RIECKHOF und A. TAUSCH: Mutter-Kind-Interaktionen in außerhäuslichen Situationen, München/Basel 1973
LAZARUS, A. A.: In support of technical eclectiscism. Psychol. Rev. 21, 1967
LEARY, T.: Interpersonal diagnosis of personality, New York 1957
LEDER, St.: Experimentelle Problemstellung bei Psychotherapie. Psychiat. Neurol. med. Psychol. 12, 1970
LEDER, St.: Psychotherapie und Gesellschaft, in: M. HAUSNER, St. KRATOCHVIL und K. HÖCK (Hrsg.), Psychotherapie in sozialistischen Ländern, Leipzig 1975
LEDER, St., B. BIGO, A. KOSEWSKA, O. CZABALA und T. WYSOKINSKA: Zum Zusammenhang zwischen therapeutischen Techniken und Charakter und Zusammensetzung der psychotherapeutischen Gruppen. Psychiat. Neurol. med. Psychol. 10, 1970
LEDER, St., und M. SIWIAK: Neurosentherapie und Einstellungsänderung, in: J. HELM, H.-D. RÖSLER und H. SZEWCZYK (Hrsg.), Klinisch-Psychologische Forschungen – Ergebnisse und Tendenzen, Berlin 1976
LEDER, St., C. CZABALA und A. KOSEWSKA: Versuch und Erfahrungen mit verschiedenen Ausbildungsmethoden für Psychotherapeuten, in: J. HELM, H.-D. RÖSLER und H. SZEWCZYK (Hrsg.), Klinisch-Psychologische Forschungen – Ergebnisse und Tendenzen Berlin 1976
LEHR, U., und H. THOMAE: Konflikt, seelische Belastung, Lebensalter, Köln/Opladen 1965
LENNARD, H. L., and A. BERNSTEIN: The anatomy of psychotherapy, New York 1960
LESSE, S.: Placebo reactions and spontaneous rhythmus; their effects on the result of psychotherapy. Am. J. Psychotherapy 18, 1964
LEWIN, K.: Dynamic Theory of personality, New York 1935
LIENERT, G. A.: Testaufbau und Testanalyse, Weinheim/Berlin 1967
LORD, F. N.: Elementary models for measuring change, in: A. D. HARRIS (Ed.), Problems in measuring change, Madison 1963
LORR, M.: Client perception of therapists: A study of the therapeutic relation. J. consult. Psychol. 29, 1965
LORR, M., M. KATZ, and E. A. RUBINSTEIN: The prediction of length of stay in psychotherapy. J. consult. Psychol. 22, 1958
LURIA, A. R.: Die Entwicklung der Sprache und die Entwicklung der psychischen Prozesse, in: H. HIEBSCH, F. KLIX und M. VORWERG (Hrsg.), Ergebnisse der sowjetischen Psychologie, Berlin 1967
LURIA, A. R., and F. C. YUDOVICH: Speech and the developement of mental processes in the child: an experimental investigation, London 1959 (zit. in HARTIG 1971)
LYNN, R.: Attention, arousel and the orientation reaction, Oxford 1966
MAGOUN, H. W.: The waking brain, Springfield 1958
MANN, F.: Die Anwendung klientzentrierter Konzepte und Methoden in der heutigen Psychiatrie, in: P. JANKOWSKI, D. TSCHEULIN, H.-J. FIETKAU und F. MANN (Hrsg.), Klientzentrierte Psychotherapie heute. Ber. 1. Europ. Kongr. f. GT, Göttingen 1976

MANN, F., F. v. LEHMDEN: Kurzbericht über eine klientzentrierte Intensivgruppenpsychotherapie, in: P. JANKOWSKI, D. TSCHEULIN, H.-J. FIETKAU und F. MANN (Hrsg.), Klientzentrierte Psychotherapie heute. Ber. 1. Europ. Kongr. f. GT, Göttingen 1976

MARSDEN, G.: Content-analysis studies of therapeutic interviews: 1954–1968, in: A. E. BERGIN and S. L. GARFIELD (Eds.), Handbook of psychotherapy and behavior change: An empirical analysis, New York 1971

MARTIN, D. G.: Gesprächspsychotherapie als Lernprozeß, Salzburg 1975

MARTIN, J. O., and R. R. CARKHUFF: Changes in personality and interpersonal functioning of counselors – intraining. J. clin. Psychol. 24, 1968

MARX, K.: Die deutsche Ideologie, in: K. MARX und F. ENGELS, Werke Bd. 3, Berlin 1968

MARX, K., und F. ENGELS: Das kommunistische Manifest, Berlin[37] 1973

MASLOW, A. H.: Toward a psychology of being, Princeton/New Jersey/Toronto/Melbourne/London[2] 1958

MATARAZZO, J. D.: The interview, in: B. B. WOLMAN (Hrsg.), Handbook of clinical psychology, New York 1965

MATARAZZO, R. G.: Research on the teaching and learning of psychotherapeutic skills, in: A. E. BERGIN and S. L. GARFIELD (Eds.), Handbook of psychotherapy and behavior change: An empirical analysis, New York 1971

MATARAZZO, R. C.: Learning the art of interviewing: A Study of what beginning students do and their pattern of change: Theory Research and Practice 2, 1965

MATARAZZO, R. G., A. N. WIENS, and G. SASLOW: Experimentation in the teaching and learning of psychotherapy skills, in: L. A. GOTTSCHALK and A. H. AUERBACH (Eds.), Methods of Research in Psychotherapy, New York 1966 (zit. in MATARAZZO 1971)

MATTHIES, H., und B. FITTSCHEN: Klientzentrierte Gruppentherapie (zit. in SCHWARTZ und ECKERT 1976)

Mc GEOCH, J. A., and A. L. IRION: The psychology of human learning, New York 1952

Mc NAIR, D. M., D. M. CALLAHAN, and M. LORR: Therapist „type" and patient response to psychotherapy. J. consult. Psychol. 26, 1962

Mc NAIR, D. M., M. LORR, and D. M. CALLAHAN: Patient and therapist influence on quitting psychotherapy. J. consult. Psychol. 27, 1963

Mc NAIR, D. M., and M. LORR: An analysis of professed psychotherapeutic techniques. J. consult. Psychol. 28, 1964

MEHL, J., und S. GÖPFERT: Theoretische und methodische Probleme der Erfolgsforschung in der Psychotherapie, in: J. HELM, E. KASIELKE, J. MEHL und E. H. STRAUSS (Hrsg.), Neurosenpsychologie, Berlin 1976

MEHNERT, Ch.: Konstruktion eines Fragebogens zur Erfassung von Änderungen bei Klienten nach Gesprächspsychotherapie. Hauptdiplomarbeit Universität Hamburg 1969 (unveröffentl.)

MEICHENBAUM, D. H.: Kognitive Faktoren bei der Verhaltensmodifikation: Veränderung der Selbstgespräche von Klienten, in: M. HARTIG (Hrsg.), Selbstkontrolle, München/Berlin/Wien 1973

MEICHENBAUM, D. H., J. B. GILMORE, and A. FEDORAVICIUS: Group insight versus group desensitization in treating speech anxiety. J. consult. Psychol. 36, 1971

MELTZOFF, J., and M. KORNREICH: Research in psychotherapy, New York 1970

MILLER, R.: Die Entwicklung der marxistisch-leninistischen Ethik und die Herausbildung der sozialistischen Persönlichkeit, in: M. KLEIN u. a. (Hrsg.): Marxistisch-leninistische Philosophie in der DDR, Berlin 1974

MINSEL, W. R.: Überprüfung der Effekte von client-centered psychotherapeutischen

Gesprächen mit psychoneurotischen Patienten. Diss. Universität Hamburg 1970 (unveröffentl.)
MINSEL, W. R.: Praxis der Gesprächspsychotherapie – Grundlagen, Forschung, Auswertung. Wien/Köln/Graz 1974
MINSEL, W. R., H. BOMMERT, R. BASTINE, I. LANGER, H. NICKEL und R. TAUSCH: Weitere Untersuchung der Auswirkung und Prozesse klientzentrierter Gesprächspsychotherapie. Z. Klin. Psychol. 1, 1972
MINSEL, W. R., W. INHÜLSEN, H. EPPEL, B. MINSEL und I. SCHULZ: Vergleich von zwei Konzepten zur Gesprächspsychotherapie anhand der unmittelbaren Kurseffekte. Manuskript in Vorb. 1973 (zit. in MINSEL 1974)
MINSEL, W. R., und I. LANGER: Forschung in client-centered Gesprächstherapie, in: U. BAUMANN und W. SCHRAML (Hrsg.), Forschung in klinischer Psychologie, Göttingen 1973
MINSEL, W. R., I. LANGER, U. PETERS und R. TAUSCH: Bedeutsame weitere Variable des Therapeutenverhaltens. Z. Klin. Psychol. 3, 1973
MINSEL, W. R., und L. WIPRICH: Ein Modell zur Erklärung des Reflektierens in der Gesprächspsychotherapie und der Versuch der Überprüfung. Manuskript 1973 (zit. in MINSEL 1974)
MITCHELL, R. M., and K. M. MITCHELL: A measure of therapist immediacy. Arkansas Rehabilitation Research and Training Center, Universität Arkansas 1968 (unveröffentl. zit. in MINSEL 1974)
MITCHELL, K. M., R. M. MITCHELL, and B. G. BERENSON: Therapist focus on clients' significant others on psychotherapy. J. clin. Psychol. 26, 1970
MITROCHIN, L. N.: Methodologische Probleme der Persönlichkeitsforschung, in: Die Persönlichkeit im Sozialismus, Berlin 1972
MJAGER, V. K., und T. M. MISCHINA: Der aktuelle Stand der Forschung zur Familientherapie bei Neurosen, in: Psychotherapie bei nervalen und psychischen Erkrankungen, Leningrad 1973 (russ.)
MJAGER, V. K.: Die Psychotherapie und Soziotherapie bei Neurotikern (vom Gesichtspunkt der Familienpsychotherapie), in: M. HAUSNER, St. KRATOCHVIL und K. HÖCK (Hrsg.), Psychotherapie in sozialistischen Ländern, Leipzig 1975
MORGENSTERN, F. S., J. F. PEARCE, and W. L. REES: Predicting the outcome of behavior therapy by psychological tests. Res. Ther. 2, Behav. 1965
MOSAK, H.: Evaluation in psychotherapy: a study of some current measures. Diss. Universität Chicago 1950 (zit. in TAUSCH[5] 1973)
MOWRER, O. H.: „Q-technique" – description, history and critique, in: O. H. MOWRER (Ed.), Psychotherapy: theory and research, New York 1953
MÖBIUS, S., und Ch. SCHOLZE: Die Entwicklung eines Beschwerden-Erfassungsbogens zur Differentialdiagnose von Neurotikern, Diplomarbeit Sektion Psychologie der Humboldt-Universität Berlin 1973 (unveröffentl.)
MUENCH, G. A.: An evaluation of non-directive psychotherapy by means of the Rorschach and other tests. Appl. psychol. Monogr. 13, 1947
MUENCH, G. A.: An investigation of the efficacy of time limited psychotherapy. J. counsel. Psychol. 12, 1965
MÜLLER-WOLF, H.-M., und B. FITTKAU: Lehrverhalten von Hochschullehrern und seine Bedeutung für Einstellungen und Verhalten von Studenten. Z. Entw. psychol. u. Päd. Psychol. 3, 1971
MURRAY, E. J.: A content-analysis method for studying psychotherapy. Psychol. Monogr. 70, 1966
MUSLIN, H. L., A. G. BURSTEIN, J. E. GEDO, and L. SASLOW: Research on the supervisory process I. Supervisor's Appraisal of the interview data. Arch. Gen. Psychiatry, 16, 1967

NAPOLITANI, F.: Die Führung einer psychiatrischen Krankenabteilung mit Hilfe von Patienten anstelle gelernter Pflegekräfte, 16. Gütersloher Fortbildungswoche 1963

NAVRAN, L.: A rationally derived MMPI scale to measure dependence. J. consult. Psychol. 3, 1954

NAWAS, M., W. WELSH, and S. FISHMAN: The comparative effectiveness of pairing averimagery with relaxation, neutral tasks, and muscular tension in reducing snake phobia. Beh. Res. Ther. 8, 1970

PAGELL, W. W., R. R. CARKHUFF, and B. G. BERENSON: The predicted differential effects of the level of counselor functioning upon the level of functioning of outpatient. J. clin. Psychol. 23, 1967

PAIVIO, A.: On the functional significance of imagery. Psychol. Bull. 73, 1970 (zit. in MEICHENBAUM 1973, S. 209)

PALLONE, N. J., and P. P. GRANDE: Counselor verbal mode, problem relevant communication and client rapport. J. counsel. Psychol. 12, 1965

PAVEL, F.-G., und K. SANDER: Psychotherapeutische Selbsterfahrungsgruppen, Gruppendynamik 4, 1974

PAVEL, F.-G., und K. SANDER: Erfahrungen und Ergebnisse mit psychotherapeutischen klientzentrierten Selbsterfahrungs- (KSE)- gruppen, in: P. JANKOWSKI, D. TSCHEULIN, H.-J. FIETKAU und F. MANN (Hrsg.), Klientzentrierte Psychotherapie heute. Ber. 1. Europ. Kongr. f. GT. Göttingen 1976

PAWLIK, K.: Dimensionen des Verhaltens, Bern/Stuttgart/Wien 1968

PEARSON, J. S.: Psychometric correlates of emotional immaturity. Diss. Universität of Minnesota 1954 (unveröffentl.)

PETERS, N., I. LANGER, W. R. MINSEL und R. TAUSCH: Bedeutsame weitere Variablen des Psychotherapeutenverhaltens (zit. nach TAUSCH 1970)

PFLANZ, M.: Soziale Krankheitsfaktoren, in: W. SCHRAML (Hrsg.), Klinische Psychologie, Berlin/Stuttgart/Wien 1970

PHILLIPS, E. J., A. RAIFORD, and E. BATRAMIS: The Q-Sort revaluated. J. consult. Psychol. 29, 1965

PHILLIPS, E. L., and I. W. AGNEW: A study of Roger's „reflection"-hypothesis. J. clin. Psychol. 9, 1953

PIERCE, R., R. R. CARKHUFF, and B. G. BERENSON: The differential effects of high and low functioning counselors upon counselors intraining. J. clin. Psychol. 23, 1967

PIERCE, R. M., and R. G. SCHAUBLE: A note on the role of facilitative responsibility in the therapeutic relationship. J. clin. Psychol. 26, 1970

PILOWSKI, I., and F. G. SPEAR: The psychiatrists role in the interview situation, Amer. J. Psychother. 18, 1964

PLATONOW, K. K.: Urbanisierung, Technisierung und die Psyche des Menschen, in: ZAGEGORODZEV (Hrsg.), Die Gesellschaft und die Gesundheit des Menschen, Moskau 1973 (russ.)

PLISCHKE, M.: Inhaltliche Differenzierung von Erfolgs- und Mißerfolgspatienten mit annähernd gleicher mittelhoher Selbstexploration, Diplomarbeit Sektion Psychologie der Humboldt-Universität Berlin 1975 (unveröffentl.)

PLOEGER, A.: Die therapeutische Gemeinschaft in der Psychotherapie und Sozialpsychiatrie, Stuttgart 1972

PLOG, U.: Differentielle Psychotherapie II, Der Zusammenhang von Lebensbedingungen und spezifischen Therapieeffekten im Vergleich von Gesprächs- und Verhaltenstherapie, Bern/Stuttgart/Wien 1976

POLLACK, J. W., and A. KIEV: Spatial orientations and psychotherapy: an experimental study of perception. J. nerv. ment. Dis. 137, 1963

PONGRATZ, C. J.: Psychologie menschlicher Konflikte, Göttingen 1961
POPE, B., and A. W. SIEGMAN: Interwiever warmth in relation to interviewer verbal behavior. J. consult. clin. Psychol. 32, 1968
PORTER, E. H.: The development and evaluation of a measure of counseling interview procedures. Educ. and Psychol. Measurement 1943
Prager Psychotherapie-Thesen 1973, in: M. HAUSNER, St. KRATOCHVIL und K. HÖCK (Hrsg.), Psychotherapie in sozialistischen Ländern, Leipzig 1975
PULZ, A.: Untersuchungen zur Itemveränderung in Fragebogen nach Psychotherapie, Diplomarbeit Sektion Psychologie der Humboldt-Universität Berlin 1973 (unveröffentl.)
RAIMY, W. C.: Self reference in counseling interviews. J. consult. Psychol. 12, 1948
RASKIN, N. J.: An objective study of the locus of evaluation factor in psychotherapy. Diss. Universität Chicago 1949 (zit. nach TAUSCH 1973)
RAUSCH, H. L., and E. S. BORDIN: Warmth in personality developement and in psychotherapy. Psychiatry 20, 1957
REECE, M. M.: „Climate" und temperal verbal reinforcement. J. clin. Psychol. 20, 1964
REHN, L. P., and A. R. MARSTONE: Reduction of social anxiety through modification of self-reinformcement: An investigation therapy technique. J. consult. clin. Psychol. 32, 1968
RICE, L. N.: Therapists style of participation and case outcome. J. consult. Psychol. 29, 1965
RICHTER-HEINRICH, E.: Psychophysiologische Methoden zur Objektivierung von Psychotherapieverläufen, in: J. HELM (Hrsg.), Psychotherapieforschung, Berlin[2] 1974
ROBERTS, R. R., and G. A. RENZAGLIA: The influence of tape recording on counseling. J. counsel. Psychol. 12, 1965
ROGERS, A. H.: Videotape feedback in group psychotherapy. Psychotherapy: Theory, Research and Practice 5, 1968
ROGERS, C. R.: Some directions and points in therapy, in: O. H. MOWRER (Ed.): Psychotherapy and Research, New York 1953
ROGERS, C. R.: The necessary and sufficient conditions of therapeutic personality change. J. consult. Psychol. 21, 1957
ROGERS, C. R.: A process conception of psychotherapy. Amer. Psychologist 13, 1958
ROGERS, C. R.: A tentative scale for the measurement of process in psychotherpy: Research in psychotherapy. Amer. Psychol. Ass., Washington 1959 (zit. in TAUSCH 1973)
ROGERS, C. R.: Die klientbezogene Gesprächstherapie, München 1973 (Client-centered therapy, Boston 1951)
ROGERS, C. R.: Encounter-Gruppen, München 1974 (dt. Übers. ROGERS: On Encounter groups, New York/Evanston/London 1970)
ROGERS, C. R., and R. F. DYMOND (Eds.): Psychotherapy and personality change, Chicago 1954
ROGERS, C. R., E. T. GENDLIN, D. J. KIESLER, and Ch. B. TRUAX: The therapeutic relationship and its impact: A study of psychotherapy with schizophrenics, 1967 (zit. nach R. TAUSCH 1973)
ROSEMAIER, H. P.: Der wissenschaftstheoretische Standort der Verhaltenstherapie als sozial-medizinisches Problem. in: M. CRAMER und P. GOTTWALD (Hrsg.), Verhaltenstherapie in der Diskussion, München 1973
RÖSLER, H.-D., H.-D. SCHMIDT und H. SZEWCZYK (Hrsg.): Persönlichkeitsdiagnostik, Berlin 1970
ROTTSCHAFER, R. H., and G. A. RENZAGLIA: The relationship of dependentlike verbal behavior to counselor style and induced set. J. consult. Psychol. 26, 1962

RUBINSTEIN, E. A., and M. A. LORR: A comparison of terminators and remainers, in outpatient psychotherapy. J. clin. Psychol. 12, 1956
RUBINSTEIN, S. L.: Grundlagen der allgemeinen Psychologie, Berlin 1961
RUDOLPH, J.: Untersuchung zur alternierenden client-centered Psychotherapy. Diplomarbeit Universität Hamburg 1971 (zit. in MINSEL 1974) (unveröffentl.)
RUDOLPH, J., I. LANGER und R. TAUSCH: Psychische Änderungen von Klienten durch Gesprächspsychotherapie und deren Bedingungen. Manuskript Universität Hamburg 1973 (zit. in TAUSCH 1973) (unveröffentl.)
RUSSEL, P. D., and W. U. SNYDER: Counselor Anxiety in relation to amount of clinical experience and quality of affect demonstrated by dients. J. consult. Psychol. 27, 1963
RYAN, W. (Ed.): Distress in the City. Cleveland: Case Western reserve, University Press 1969
SACHS, L.: Statistische Auswertungsmethoden, Berlin/Heidelberg/New York 1969
SADOWSKI, B., und D. HALBEKATH: Dimensionierung, Validierung und Normierung des Veränderungsmeß-Fragebogens von Horn. Diplomarbeit Sektion Psychologie der Humboldt-Universität Berlin 1975 (unveröffentl.)
SANDER, K.: Alternierende Gesprächspsychotherapie. Diss. Universität Hamburg 1971 (zit. in MINSEL 1974) (unveröffentl.)
SANDER, K.: Einige Anmerkungen zum Problem der Determination von Therapieeffekten durch Ausgangspersönlichkeitsbedingungen des Klienten, in: P. JANKOWSKI, D. TSCHEULIN, H.-J. FIETKAU und F. MANN (Hrsg.), Klientzentrierte Psychotherapie heute, Ber. 1. Europ. Kongr. f. GT, Göttingen 1976
SANDER, K., R. TAUSCH, R. BASTINE und K. NAGEL: Experimentelle Änderung des Psychotherapeutenverhaltens in psychotherapeutischen Gesprächen und Auswirkungen auf Klienten. Z. exp. ang. Psychol. 2, 1969
SANDER, K., I. LANGER, R. BASTINE, R. TAUSCH, A. TAUSCH und W. WIECZERKOWSKI: Gesprächspsychotherapie bei 73 psychoneurotischen Klienten mit alternierenden Psychotherapeuten ohne Abwahlmöglichkeit. Z. Klin. Psychol. u. Psychother. 10, 1972
SAPOLSKI, A.: Effect of interpersonal relationship upon verbal conditioning. J. abnorm. soc. Psychol. 60, 1960
SCHACHTER, S., and J. S. SINGER: Cognitive, social and physiological determinants of emotional state. Psychol. Rev. Physiol. 4, 1942
SCHERER, K. R.: Non-verbale Kommunikation, Hamburg 1972
SCHIRMER, S.: Neun Thesen zur Therapeutischen Gemeinschaft. Psychiat. Neurol. med. Psychol. 26, 1974
SCHLIRF, H., und P. DRUST: „Psychische Störungen" aus marxistischer Sicht, in: M. CRAMER und P. GOTTWALD (Hrsg.), Verhaltenstherapie in der Diskussion, München 1973
SCHMID, F. W.: Objektivierte Methoden zur Beschreibung und Klassifizierung psychopathologischer Verhaltensweisen. Schweiz. Z. Psychol. 19, 1960
SCHMIDT, H.-D.: Die Gültigkeit psychotherapeutischer Hypothesen unter dem Aspekt entwicklungstheoretischer Erkenntnisse, in: Ber. 2. Kongr. Ges. f. Psychol. d. DDR, Berlin 1969
SCHMIDT, H.-D.: Normativer Aspekt und Persönlichkeitsbegriff. Probl. Erg. Psychol. 48, 1974
SCHMIDT, H. D.: Die psychische Entwicklung des Menschen als Sozialisationsprozeß, Probl. Erg. Psychol. 52, 1975
SCHÖN, G. H.: Die Anwendung des „Q-Sort-Verfahrens" zur Quantifizierung von Persönlichkeitsbeurteilungen in der Klinischen Psychologie. Vordiplomarbeit des Psychologischen Instituts der Universität Hamburg 1966 (unveröffentl.)
SCHUBERT, H.: Zur Diagnostik neurotischer Personen an Hand der Reproduktion eines stückhaften Films. Z. Psychol. 172, 1965

SCHULTE, D. (Hrsg.): Diagnostik in der Verhaltenstherapie, München/Berlin/Wien 1974
SCHULTZ, J. H.: Seelische Krankenbehandlung, Stuttgart 1952
SCHULTZ, J. H.: Das autogene Training, Stuttgart 1964
SCHULZ, J. P.: Die Erfassung der Selbstexploration durch Therapiebegleitbögen. Diplomarbeit Sektion Psychologie der Humboldt-Universität Berlin 1976 (unveröffentl.)
SCHWÄBISCH, L., und M. SIEMS: Anleitung zum sozialen Lernen für Paare, Gruppen und Erzieher, Hamburg 1974
SCHWARTZ, H.-J., und J. ECKERT: Zwei Arbeiten zur Prozeßforschung: Ergebnisse und Implikationen, in: P. JANKOWSKI, D. TSCHEULIN, H.-J. FIETKAU und F. MANN (Hrsg.), Klientzentrierte Psychotherapie heute. Ber. 1. Europ. Kongr. f. GT, Göttingen 1976
SEEMAN, J. A.: A study of the process of nondirective therapy. J. consult. Psychol. 13, 1949
SEEMAN, J:. Psychotherapy and perceptual behavior. J. clin. Psychol. 18, 1962
SEEMAN, J. A.: Perspective in client-centered therapy, in: B. B. WOLMAN (Ed.). Handbook of clinical psychology, New York 1966
SEIDEL, K.: Der Krankheitsbegriff in Neurologie und Psychiatrie. Z. ärztl. Fortbild. 7, 1973
SEIDEL, K.: VII. Jahrestagung der Gesellsch. f. ärztl. Psychotherapie der DDR, Zielstellung des 1. Kongreßtages, in: Kongreß-Materialien zum 7. Kongr. d. Gesellsch. f. ärztl. Psychotherapie d. DDR, Teil I Erfurt, 1973
SEIDEL, K.: Die Stellung der Psychotherapie in der Medizin, in: M. HAUSNER, St. KRATOCHVIL und K. HÖCK (Hrsg.), Psychotherapie in sozialistischen Ländern, Leipzig 1975
SÈVE, L.: Psychoanalyse und historischer Materialismus, in: W. FRIEDRICH (Hrsg.), Kritik der Psychoanalyse und biologistischer Konzeptionen, Berlin 1977
SHAFFER, L. F.: The problem of psychotherapy. Amer. Psychol. 2, 1947
SHARP, A. A.: An experimental test of Freuds doctrins of the relation of hedonic tons to memory revival. J. exp. Psychol. 22, 1938
SHEERER, E. T.: An analysis of the relationship between acceptance of and respect for self and acceptance of and respect for others in the counseling cases. J. consult. Psychol. 13, 1949
SHERRINGTON, C. S.: The intergrative action of nervous system, New Haven 1906
SHLIEN, J. M., H. M. MOSAK, and R. DREIKURS: Effect of time limits: a comparison of two psychotherapies. J. counsel. Psychol. 9, 1962
SHLIEN, J. M., and F. M. ZIMRING: Research directives and methods in client-centered therapy, in: L. A. GOTTSCHALK, and A. H. AUERBACH (Eds.), Methods of research in psychotherapy, New York 1966
SHOBEN, E. J.: Psychotherapy as a problem of learning theory. Psychol. Bull. 46, 1949
SHOSTROM, E. L.: An inventory for the measurement of self-actualisation, San Diego 1966
SIEGMANN, A. W., and B. POPE: An empirical scale for the measurement of therapist specifity in the initial psychiatric interview, Psychol. Rep. 11, 1962
SILVERMAN, I. W., and J. G. CRAIG: Mediational performance as affected by overt verbalization during training and testing. Child developm. 40, 1969
SIMON, A.: Pilotstudie zu einem therapiezielbezogenen Einstellungs-Erfassungsbogen. Diplomarbeit Sektion Psychologie der Humboldt-Universität Berlin 1975 (unveröffentl.)
SIXTL, F.: Meßmethoden der Psychologie, Weinheim 1967
SNYDER, W. U.: An investigation of the nature of non-directive psychotherapy, J. Gen. Psychol. 33, 1945 (zit. in ROGERS 1973, S. 132)

SNYG, D., and. A. W. COMBS: Individual behavior: a new frame of reference for psychology, New York 1949 (zit. in ROGERS 1973)

SOMMER, G. R., B. MAZO, and G. F. J. LEHNER: An empirical investigation of therapeutic „listening“, J. clin. Psychol. 11, 1955

SOKOLOW, E. N.: Higher nervous functions: The orienting reflex, Amer. Rev. Physiol., 1963

SPANHEL, D., R. TAUSCH und S. TÖNNIES: Hauptdimensionen des Lehrerverhaltens und ihr Zusammenhang mit konstruktivem Schülerverhalten in 41 Unterrichtsstunden, Psychol. in Erz. u. Unterricht 1975

SPEIERER, G. W.: Dimensionen des Erlebens in klientzentrierten Selbsterfahrungsgruppen, in: P. JANKOWSKI, D. TSCHEULIN, H.-J. FIETKAU und F. MANN (Hrsg.), Klientzentrierte Psychotherapie heute, Ber. 1. Europ. Kongr. f. GT, Göttingen 1976

SPEISMAN, J. C.: Depth of interpretation and verbal resistance in psychotherapy, J. consult. Psychol. 23, 1959

SPREEN, O.: MMPI–Saarbrücken, Handbuch zur deutschen Ausgabe des Minnesota Multiphasic Personality Inventory, Bern 1963

STAUSS, H.: Unmittelbare positive Rückmeldung in der Ausbildung zum Gesprächspsychotherapeuten, in: P. JANKOWSKI, D. TSCHEULIN, H.-J. FIETKAU und F. MANN (Hrsg.), Klientzentrierte Psychotherapie heute. Ber. 1. Europ. Kongr. f. GT. Göttingen 1976

STEELE, B. L.: The amount of exploration into causes, means, goals and agent: a comparison of successfull and unsuccessfull cases in client-centered therapy. Diss. Univ. Chicage 1948 (unveröffentl.)

STEFANIDES, B.: Über die psychophysiologische Forschung zur Klassifizierung neurotischer und psychotischer Störungen. Diplomarbeit Sektion Psychologie der Humboldt-Universität Berlin 1972 (unveröffentl.)

STEPHENSON, W.: The study of behavior. Q-technique and its methodology, Chicago 1953

STICKL, E.: Untersuchungen zur Klassifikation von verbalen Patientenmerkmalen. Diplomarbeit Sektion Psychologie der Humboldt-Universität Berlin 1972 (unveröffentl.)

STOLER, N.: Client likeability: A variable in the study of psychotherapy, J. consult. Psychol. 27, 1963

STOLLAK, G. E., B. G. GUERNEY, and M. ROTHBERG (Eds.): Psychotherapy research, selected reading, Chicago 1966

STONE, A. R., J. D. FRANK, E. H. NASH, and St. D. IMBER: An intensive five-year follow-up study of treated psychiatric outpatients, in: G. E. STOLLAK, B. G. GUERNEY, and M. ROTHBERG (Eds.), Psychotherapy research, Chicago 1966

STRAUSS, E. H.: Neuere Probleme und Fortschritte in der Verhaltenstherapie, in: J. HELM, E. KASIELKE, J. MEHL, E. STRAUSS (Hrsg.), Neurosenpsychologie, Berlin 1976

STREITFELD, J. W.: Expressed acceptance of self and others by psychotherapists. J. consult. Psychol. 23, 1959

STEUSSLOFF, H., und E. GNIOSTKO (Hrsg.): Marxistisches Menschenbild und Medizin, Leipzig 1968

STRUPP, H.-H.: Psychotherapeutic technique, professional affiliation and experience level. J. consult. Psychol. 19, 1955

STRUPP, H.-H.: A multidimensional comparison of therapist activity in analytic and client-centered therapy. J. consult. Psychol. 21, 1957

STRUPP, H.-H.: The psychotherapists contribution to the treatment process. Behav. Science 3, 1958

STRUPP, H.-H.: The performance of psychoanalytic and client-centered therapists in an initial interview. J. consult. Psychol. 22, 1958

STRUPP, H.-H.: Psychoanalytic, psychotherapy and research, in: L. D. ERON, and R. CALLAHAN (Eds.), The relation of theory and practice in psychotherapy, Chicago 1969
STRUPP, H.-H., and I. V. WILLIAMS: Some determinants of clinical evaluations of different psychiatrists. Arch. gen. Psychiatr. 2, 1960
STRUPP, H.-H., M. S. WALLACH, and M. WOGAN: Psychotherapy experience in retrospect: Questionaire survey of former patients and their therapists. Psychol. Monogr. 78, 1964
SUNDLAND, D. M., and E. N. BARKER: The orientations of psychotherapists J. consult. Psychol. 26, 1962
SWENSON, C. H., and G. R. PASCAL: Duration of illness as a prognostic indicator in mental illness. J. consult. Psychol. 18, 1954
TARASSOV, K. E., und T. DISCHER: Die gegenwärtige Gesellschaft und das Problem der Adaption des Menschen, in: ZAGEGORODZEV (Hrsg.), Die Gesellschaft und die Gesundheit des Menschen, Moskau 1973 (russ.)
TASCHLYKOW, W. A.: Eine klinisch-experimentelle Untersuchung der Arzt-Patient-Beziehung im psychotherapeutischen Prozeß, in: MJASSIKOLEW, KARWASSARSKIJ und LITSCHKO (Hrsg.), Neurosen und Grenzzustände, Leningrad 1972 (russ.)
TAUSCH, R.: Nichtbewußte (sog. unbewußte) Vorgänge bei der optischen Größenwahrnehmung von Gegenständen. Psychol. Forschg. 25, 1955
TAUSCH, R.: Geprüfte Annahmen und Prozeßgleichung zur klientzentrierten Gesprächspsychotherapie. Ber. 27, Kongr. Dt. Ges. f. Psychologie 1970
TAUSCH, R.: Gesprächspsychotherapie, Göttingen 51973
TAUSCH, R.: Ergebnisse und Prozesse der Gesprächspsychotherapie bei 550 Klienten und 110 Gesprächspsychotherapeuten, in: J. HELM, H.-D. RÖSLER und H. SZEWCZYK (Hrsg.), Klinisch-psychologische Forschungen, Berlin 1976
TAUSCH, R.: Förderliche Dimensionen in zwischenmenschlichen Beziehungen, 30. Kongr. d. Dt. Ges. f. Psychol. 1976, Göttingen 1977
TAUSCH, R.: Klientzentrierte Gesprächspsychotherapie und personenzentrierte Encountergruppen, in: P. JANKOWSKI, D. TSCHEULIN, H.-J. FIETKAU und F. MANN (Hrsg.), Klientzentrierte Psychotherapie heute, Ber. 1. Europ. Kongr. f. GT, Göttingen 1976
TAUSCH, R., und G. SCHMITZ: Untersuchungen über vergangene und gegenwärtige Erlebnisinhalte in der client-centered Psychotherapie. Z. exp. angew. Psychol. 11, 1964
TAUSCH, R., H. ZEHELEIN, B. FITTKAU und R. MINSEL: Variablen und Zusammenhänge in psychotherapeutischen Gesprächen. Manuskript 1967 (zit. in TAUSCH 1973)
TAUSCH, R., W. R. MINSEL, H. BOMMERT, K. SANDER und I. LANGER: Untersuchungen über psychologische Prozesse und Effekte psychotherapeutischer Gespräche, in: Ber. 2. Kongr. Ges. f. Psychol. DDR, Berlin 1969
TAUSCH, R., H. EPPEL, B. FITTKAU, B. und R. MINSEL: Variablen und Zusammenhänge in der Gesprächspsychotherapie. Z. Psychol. 176, 1969
TAUSCH, R., und J. ROEDLER: Client-centered Gesprächspsychotherapie, in: W. SCHRAML (Hrsg.), Klinische Psychologie, Bern 1970
TAUSCH, R., K. SANDER, R. BASTINE, K. NAGEL und H. FREISE: Variablen und Ergebnisse bei client-centered Psychotherapie mit alternierenden Psychotherapeuten. Psychol. Rundsch. 21, 1970
TAUSCH, R., A. KÜHNE, I. LANGER und U. LÜCK: Merkmalszusammenhänge bei hilfreichen Gesprächen von Psychologen und Erziehern mit Jugendlichen. Z. Entw. psychol. Päd. Psychol. 3, 1971
TAUSCH, R., und A. TAUSCH: Intrapersonelle Kommunikationsprozesse, Zusammenhang mit Psychoneurotizismus. Ref. 28. Kongr. Dt. Ges. Psych. Saarbrücken 1972
TAUSCH, A., und I. LANGER: Soziales Verhalten von Richtern gegenüber Angeklagten;

Merkmale, Auswirkungen sowie Änderung durch ein Selbst-Training. Z. Entw. psychol. Päd. Psychol. 3, 1971
TAUSCH, A., A. KÜHNE, I. LANGER, G. DOLL, K. FEINDT und W. D. STERNBERG: Effekte psychologisch hilfreicher Gespräche mit sog. Strafgefangenen. Manuskript Universität Hamburg, 1972, (zit. in R. TAUSCH[5] 1973) (unveröffentl.)
TAUSCH, A., I. LANGER, B. RÖNNECKE, G. JÜRGENS und I. STEINBACH: Lebenszufriedenheit und erlebter Sozialkontakt älterer verwitweter Frauen. Z. Entw. psychol. Päd. Psychol. 3, 1973
TAUSCH, A., M. KETTNER, J. STEINBACH und S. E. TÖNNIES: Effekte kindzentrierter Einzel- und Gruppengespräche mit unterprivilegierten Kindergarten- und Grundschulkindern. Psychol. in Erz. u. Unterricht 20, 1973
TAUSCH, A., M. SCHIEFELBEIN, R. SCHWAB und A. DOSSMANN: Psychische Änderungen und Gesprächsverhalten in personzentrierten Encountergruppen. Psychol. in Erz. u. Unterricht 22, 1975
TAUSCH, R., und A. TAUSCH: Erziehungspsychologie, Göttingen[8] 1976
THETFORD, W. N.: The measurement of physiological responses to frustration before and after nondirective psychotherapy. Diss. Univ. Chicago 1949 (zit. in R. TAUSCH 1973)
THOM, A., und K. WEISE: Medizin und Weltanschauung, Leipzig/Jena/Berlin 1973
THOM, A., und K. WEISE: Ist der Begriff der „psychischen Krankheit" ein Mythos? Psychiatr. Neurol. u. med. Psychol. 12, 2, 1973
THURSTONE, L. L., and E. J. CHAVE: The measurement of attitude. A psychological method and some experiments with a scale for measuring attitude toward the church, Chicago 1929 (zit. nach KRASEMANN 1966)
TIATOR, G.: Gruppenmethoden der nichtdirektiven Psychotherapie, Manuskript d. Studienkurses der Ruhr-Univ. Bochum, Seminar Mühlheim 1972
TOEDTMANN, A., Begrüßung anl. d. 2. Soziologiekongresses d. DDR, Arbeitsgruppe Medizinsoziologie. Z. ärztl. Fortb. 19, 1974
TOMLINSON, T. M.: The therapeutic process as related to outcome, in: C. R. ROGERS, E. T. GENDLIN, D. I. KIESLER and Ch. B. TRUAX (Eds.), The therapeutic relationship and its impact: A study of psychotherapy with schizophrenics, Madison 1967
TOMLINSON, T. M., and J. T. HART: A validation study of the process scale. J. consult. Psychol. 26, 1962
TOMLINSON, T. M., and J. T. HART: New directions in client-centered therapy, Boston 1970
TRUAX, Ch. B.: The process of group psychotherapy: Relationship between hypothesized therapeutic conditions and interpersonal exploration. Psychol. Monogr. 75, 1961
TRUAX, Ch. B.: Therapeutic conditions. Psychiat. Inst. Bull. Univ. Wisconsin 10, 1961
TRUAX, Ch. B.: A tentative scale for the measurement of depth of intrapersonal exploration (Dx). Discussion papers, Univ. of. Wisconsin 1961 (zit. in TAUSCH 1973)
TRUAX, Ch. B.: A scale for the measurement of accurate empathy. Psychiat. Inst. Bull., Univ. Wisconsin Bd. 1, 1961
TRUAX, Ch. B: A tentative scale for the measurement of therapist genuineness or self congruence 1962 (zit. nach R. TAUSCH 1973)
TRUAX, Ch. B.: A tentative scale for the measurement of unconditioned positive regard. Psychiat. Inst. Bull. Univ. Wisconsin, 1962 (zit. nach R. TAUSCH 1973)
TRUAX, Ch. B.: Variations in levels of accurate empathy offered in the psychotherapy relationship and case outcome. Brief research reports, Wisconsin Psychiatric Institute, 1962 (zit. in TRUAX and MITCHELL 1971, S. 323)
TRUAX, Ch. B.: Effective ingredients in psychotherapy: An approach to unraveling the patient-therapist interaction. J. counsel. Psychol. 10, 1963
TRUAX, Ch. B.: Depth of intrapersonal exploration in Psychotherapy: Comparisons

between schizophrenic cases and counseling cases and between relatively successful and relatively unsuccessful psychotherapeutic outcomes, Mimeo-Manuscr., 1966 (zit. in TAUSCH 1973)

TRUAX, Ch. B.: Influence of patient statements on judgement of therapist statements during psychotherapy. J. clin. Psychol. 22, 1966

TRUAX, Ch. B.: Therapist empathy, warmth and genuineness and patient personality change in group psychotherapy: A comparison between interaction measures, time sample measure, patient perception measures, J. clin. Psychol. 22, 1966

TRUAX, Ch. B.: Reinforcement and nonreinforcement in Rogerian psychotherapy. J. abnorm Psychol. 71, 1966

TRUAX, Ch. B.: An approach toward training for the aide- therapist: Research and implications. Mimeo-Manuscr., 1966 (zit. in TAUSCH 1973)

TRUAX, Ch. B.: Therapist interpersonal reinforcement of client selfexploration and therapeutic outcome in group psychotherapy. J. counsel. Psychol. 15, 1968

TRUAX, Ch. B.: Therapist focus on client defense mechanism and client outcome. Manuskript (zit. in TRUAX and MITCHELL 1971), (unveröffentl.)

TRUAX, Ch. B., and R. R. CARKHUFF: Concreteness: A neglected variable in research in psychotherapy. J. clin. Psychol. 20, 1964

TRUAX, Ch. B., and R. R. CARKHUFF: Significant developments in psychotherapy research, in: L. E. ABT and B. F. RIESS (Eds.), Progress in clinical Psychology, New York 1964 (zit. nach R. TAUSCH[7] 1973)

TRUAX, Ch. B., and R. R. CARKHUFF: Experimental manipulation of therapeutic condition. J. consult. Psychol. 29, 1965

TRUAX, Ch. B., and R. R. CARKHUFF: Toward effective counseling and psychotherapy: Training and practice, Chicago 1967

TRUAX, Ch. B., R. R. CARKHUFF, and J. DOUDS: Toward an integration of the didactic and experiental approaches to training in counseling and psychotherapy. J. counsel. Psychol., 11, 1964

TRUAX, Ch. B., R. R. CARKHUFF, and F. KODMAN: Relationships between therapist offered conditions and patient change in group psychotherapy. J. clin. Psychol. 21, 1965

TRUAX, Ch. B., and K. M. MITCHELL: Research on certain therapist interpersonal skills in relation to process and outcome, in: A. E. BERGIN and S. L. GARFIELD (Eds.), Handbook of psychotherapy and behavior change, London/Sidney/Toronto 1971

TRUAX, Ch. B., and L. D. SILBER: Personality and psychotherapeutic scills. Unveröff. Manuskript, Univ. of Arcansas, 1966 (zit. in MATARAZZO 1971)

TRUAX, Ch. B., L. D. SILBER, and D. G. WARGO: Personality change and achievement in therapeutic training. Manuskript 1966 (zit. in MATARAZZO 1971) (unveröffentl.)

TRUAX, Ch. B., D. G. WARGO, and L. D. SILBER: Effects of group psychotherapy with high accurate empathy and nonpossessive warmth upon female institutionalised delinquents. J. abnorm. Psychol. 71, 1966

TRUAX, Ch. B., D. G. WARGO, J. D. FRANK, S. D. IMBER, C. C. BATTLE, R. HOEHN-SARIC, E. H. NASH, and A. R. STONE: Therapist empathy, genuineness, and warmth and patient therapeutic outcome. J. consult. Psychol. 30, 1966

TRUAX, Ch. B., and J. WITTMER: The effects of therapist focus on patient anxiety source and the interaction with therapist level of accurate empathy. J. clin. Psychol. 27, 1971

TSCHESNOKOWA, J. J.: Das Selbstbewußtsein der Persönlichkeit, in: SCHOROCHOWA (Hrsg.), Zur Psychologie der Persönlichkeit, Berlin 1976

TSCHEULIN, D.: Ausbildung im therapeutischen Basisverhalten. Diss. Würzburg 1972 (zit. in MINSEL 1974) (unveröffentl.)

ÜBERLA, K.: Faktorenanalyse, Berlin/Heidelberg/New York 1968

van der Veen, F.: Basic elements in the process of psychotherapy. J. consult. Psychol. 31, 1967
Vargas, M. J.: Changes in self-awarenes during client-centered therapy, in: C. R. Rogers and R. F. Dymond (Eds.), Psychotherapy and personality change, Chicago 1954
Wagner, I.: Erfahrungsbericht über die Verwendung audio-visueller Hilfsmittel in der Psychotherapieausbildung. Bochum 1973 (unveröffentl.)
Walker, A. M., R. A. Rablen, and C. R. Rogers: Developement of a scale to measure process changes in psychotherapy. J. clin. Psychol. 26, 1962
Waskow, I.: Counselor attitudes and client behavior. J. consult. Psychol. 27, 1963
Waskow, I., and P. Bergmann: Does theoretical orientation influence ratings of „warmth-acceptance"? J. consult. Psychol. 26, 1962
Weber, E.: Grundriß der biologischen Statistik, Jena 1967
Weiss, R. L., L. Krasner, and L. P. Ullmann: Responsivity to verbal conditioning as a function of emotional atmosphere and pattern of reinforcement. Psychol. Reports 6, 1960
Welsh, G. S.: MMPI profils and factor scales A and R. J. clin. Psychol. 21, 1965
Wexler, D. A.: A cognitive theory of experiencing, self-actualization, and therapeutic process, in: D. A. Wexler and L. N. Rice (Eds.), Innovations in client-centered therapy, New York/London/Sidney/Toronto 1974
Wexler, D. A., and L. N. Rice (Eds.): Innovations in client-centered therapy. New York/London/Sidney/Toronto 1974
Whithorn, J. C., and B. J. Betz: A study of psychotherapeutic relationship between physicians and schizophrenic patients. Amer. J. Psychiat. 111, 1954
Withley, J. M., N. A. Springthall, R. L. Mosher, and R. T. Donaghy: Selection and evaluation of counselor effectiveness. J. counsel. Psychol. 14, 1967
Wolfram, E.: Die ethischen Grundlagen der Bestimmung allgemeiner Ziele in Psychodiagnostik und -therapie. Fachwettbewerbsarbeit der Sektion Psychologie der Humboldt-Universität Berlin 1974 (unveröffentl.)
Wolfram, E.: Entwicklung eines dimensionierten Persönlichkeits-Q-Sort zur Neurosendiagnostik. Diplomarbeit Sektion Psychologie der Humboldt-Universität Berlin 1975 (unveröffentl.)
Wolfram, H.: Der Entscheidungs-Q-Sort (EQS) als Methode in der Neurosendiagnostik, in: J. Helm, E. Kasielke und J. Mehl (Hrsg.), Neurosendiagnostik, Berlin 1974
Wolpe, J.: Praxis der Verhaltenstherapie, Berlin/Stuttgart/Wien, 1972
Worchel, P.: Anxiety and repression. J. abnorm. Psychol. 50, 1955
Wulff, E.: Psychoanalyse als Herrschaftswissenschaft, in: Psychiatrie und Klassengesellschaft, Frankfurt (Main) 1972
Wygotsky, L. S.: Denken und Sprechen, Berlin 1964
Wyrwich, H.: Untersuchungen zum verbalen Therapeutenverhalten bei patientzentrierter Psychotherapie. Diplomarbeit (1971) und noch nicht abgeschlossene Dissertation an der Sektion Psychologie der Humboldt-Universität Berlin (unveröffentl.)
Zeller, A. F.: An experimental analogue of repression. Psychol. Bull. 47, 1950; J. exp. Psychol. 40, 1951
Zimmer, J. R., and S. Anderson: Dimensions of positive regard and empathy. J. counsel. Psychol. 15, 1968
Zimring, F. M.: Theory and practice of client-centered therapy: a cognitive view, in: D. A. Wexler and L. N. Rice (Eds.), Innovations in client-centered therapy. New York/London/Sidney/Toronto 1974
Yalom, J. D.: The theory and practice of group psychotherapy, New York 1970

Sachwortverzeichnis

GPSR Compliance

The European Union's (EU) General Product Safety Regulation (GPSR) is a set of rules that requires consumer products to be safe and our obligations to ensure this.

If you have any concerns about our products, you can contact us on ProductSafety@springernature.com

In case Publisher is established outside the EU, the EU authorized representative is:

Springer Nature Customer Service Center GmbH
Europaplatz 3
69115 Heidelberg, Germany

Batch number: 10809636

Printed by Printforce, the Netherlands